TENIR DEBOUT

Mélissa Da Costa, trente-cinq ans, a conquis son public avec son premier roman, *Tout le bleu du ciel*. Elle s'est imposée comme une autrice incontournable. Ses sept autres romans, *Les Lendemains*, *Je revenais des autres*, *Les Douleurs fantômes*, *La Faiseuse d'étoiles*, *La Doublure*, *Les Femmes du bout du monde* et *Tenir debout*, sont également des best-sellers et ont captivé plus de quatre millions de lecteurs.

Paru au Livre de Poche :

La Doublure
Les Douleurs fantômes
La Faiseuse d'étoiles
Les Femmes du bout du monde
Je revenais des autres
Les Lendemains
Tout le bleu du ciel

MÉLISSA DA COSTA

Tenir debout

ROMAN

ALBIN MICHEL

ISBN : 978-2-253-25171-2 – 1re publication LGF

À Yann et Pauline,
fiers et beaux.
Debout.

À tous ces couples
qui traversent la maladie ou le handicap côte à côte.

« Les gens sont comme des vitraux. Ils brillent tant qu'il fait soleil, mais, quand vient l'obscurité, leur beauté n'apparaît que s'ils sont illuminés de l'intérieur. »

Elisabeth KÜBLER-ROSS

1

Éléonore

Les mines sont lugubres dans cette salle d'attente à l'odeur de désinfectant et de vieux magazines. Les regards sont fermés, fuyants. Nul ne songerait à croiser celui de son voisin. Tout juste si les yeux se posent sur l'écran de télévision allumé. Les actualités du jour n'intéressent personne. On suit les allées et venues des soignants dans le couloir à travers la porte entrebâillée, on jette un coup d'œil furtif audehors comme pour s'assurer que le monde extérieur continue de tourner et on s'étonne de trouver un ciel toujours bleu, automnal, des oiseaux qui volent avec insouciance.

Contrairement à mes voisins, j'ignore l'extérieur, et le couloir ne m'intéresse pas vraiment. Je sais qu'on ne viendra pas me chercher tout de suite. Sauf si cela tournait mal. Sauf s'il mourait pendant l'intervention. C'est possible. Je n'ai pas lu les statistiques avant de venir. D'ailleurs je ne sais même pas vraiment ce qu'ils sont censés réparer. Je sais juste que c'est sérieux, qu'il faudra six à dix heures d'intervention. Ils ont parlé de « polytraumatisme ». Qu'est-ce que c'est censé signifier ? Je sortais de la salle de sport quand j'ai écouté le message vocal. Je suis venue sans réfléchir. Maintenant, j'ai les cheveux luisants et plaqués en arrière par la transpiration, une légère hypoglycémie me donne le tournis et j'ai froid dans ma tenue en lycra, mais peu m'importe puisque seule une chose m'intéresse : les autres femmes dans la salle d'attente. Mon cœur est sur le point d'exploser, pourtant je scrute leurs postures, la façon dont leurs mains se cramponnent l'une à l'autre, l'angoisse qui déforme leurs traits, le vide dans leurs yeux. Je me demande : l'une d'elles endure-t-elle le tiers de ce que j'endure ? L'une d'elles attend-elle des nouvelles d'un homme comme François, un homme dont la seule évocation la bouleverse, dont la voix annihile sa volonté ? L'une d'elles attend-elle des nouvelles d'un homme dont elle a un besoin viscéral ? Un homme sans qui elle mourrait ?

Et en les observant, j'en doute. Elles s'inquiètent, s'impatientent, se tourmentent, mais aucune d'entre elles ne se meurt comme je me meurs à cet instant précis. *Toute vraie passion ne songe qu'à elle*, écrivait Stendhal. Je suis la preuve de cet égoïsme. Je l'incarne dans cette salle d'attente. Je scrute les femmes et je me pleure : je pleure ma peau privée de François, mon corps et tous mes sens devenus inutiles s'il ne me revient pas.

Je n'ai jamais rien vécu qui s'approche de cette passion. Je n'ai que vingt-quatre ans, mais j'en suis certaine : une ardeur comme celle-là ne se rencontre qu'une fois dans une vie. Certains diront que c'est son indisponibilité qui m'a rendu François si indispensable, lui qui est tellement hors d'atteinte. C'est peut-être vrai… Comment peut-on capturer un comédien qui n'est réellement vivant que sur scène, dans la grâce de sa propre prestation et, parfois, à l'apogée de l'orgasme ? C'est ainsi qu'était François : insaisissable, multiple, un mystère. Penser à lui dans cette salle d'attente m'est aussi apaisant que douloureux. Je m'apprête à me lever pour faire quelques pas quand j'entends une voix connue dans le couloir. Je reconnais la silhouette. Grande, fine, élancée. Une posture désinvolte, des cheveux longs comme ceux de François, ramenés en arrière, un jean clair, une chemise blanche sous son trench-coat. Antoine. Ils se ressemblent tous les deux. Ils ont souvent joué sur scène ensemble. Leur similitude leur a parfois donné l'occasion d'être la doublure l'un de l'autre, ou d'incarner deux frères, voire un père et son fils. Pourtant, la ressemblance s'arrête à leurs silhouettes. Antoine ne dégage pas cette chaleur suave que François trimbale partout avec lui. Antoine a quelque chose de commun, de rassurant. C'est le type sympa, fiable, sur qui on peut compter. Si je devais lui associer une couleur, je lui donnerais le bleu. Ou le vert. Une couleur franche, simple. On lui fait confiance, on l'aime d'emblée, mais on ne se jetterait pas du dixième étage pour lui. François, lui, serait la couleur orange. Une couleur chaude, perfide, tout en nuances et en reflets, une couleur qui louvoie. Si on se colle à lui, on s'y brûle. Et tout à fait volontairement.

Antoine est dans le couloir, en discussion avec un médecin. Le temps que je me précipite, le médecin est reparti. Je m'agrippe à son bras. Il sent le propre. Le savon de Marseille et l'odeur légère d'un déodorant musqué. Moi je sens la transpiration séchée et l'angoisse.

« Léo... »

Il me prend dans ses bras. Je recule, me dégage. Ce n'est pas le moment. Vraiment.

« Qu'est-ce qu'il a dit ? »

Il a quelque chose d'égaré au fond des yeux.

« Il dit qu'il faut attendre. Nous n'aurons pas de nouvelles avant deux ou trois heures. Que s'est-il passé ?

— On ne m'a pas dit grand-chose. Juste qu'il était à scooter. Pressé. Il a refusé la priorité à droite... C'était un bus.

— Le pronostic vital est...

— Allons fumer une clope. »

Je ne peux pas l'entendre. Si on me force à l'entendre, alors il me faudra réfléchir sérieusement à la nécessité de rester en vie.

Nous sortons de l'hôpital sans un mot. Il fait claquer son briquet devant les portes vitrées. Je suis gelée dans ma tenue de sport trop légère. Terrifiée aussi. Mes dents s'entrechoquent.

« Tu n'as pas croisé Isabelle ? » demande-t-il.

Je secoue la tête.

« Elle a été prévenue ? poursuit-il.

— En premier j'imagine. »

Il ignore mon ton acerbe, vérifie son téléphone.

« Je devrais essayer de l'appeler, dit-il. Tu m'attends ici ? »

Je le regarde s'éloigner. Je tire sur ma cigarette pour m'emplir de fumée, ne pas penser à Isabelle. Pour ça aussi je préfère rester dans le déni. Je tâtonne dans mon sac en toile. Il ne contient que mon portefeuille et mon téléphone. Je déverrouille mon smartphone. En fond d'écran apparaît une image de François et moi. À l'intérieur d'un café parisien. Épaule contre épaule, je souris à l'objectif. François, non, il sourit rarement, mais il a une telle intensité dans le regard qu'il fascine quiconque croise son reflet. Ce soir-là, je porte une chemise noire en dentelle qui dévoile les bretelles rouges de mon soutien-gorge. Mon bras tendu prend la photographie. François a les deux coudes posés sur la table. Il porte une chemise grise. Derrière nous, un large miroir joue à nous révéler nos dos, celui de François, légèrement penché en avant au-dessus de son café, le mien cambré, offrant mes reins. C'est ainsi que je suis en présence de François : sensuelle, offerte, ouverte. Pleinement réveillée à la vie. S'il s'éteint, je n'aurai plus qu'à m'éteindre à mon tour.

Antoine ne revient pas. Quelques mètres plus loin, il est en conversation téléphonique avec Isabelle. Il chuchote. Il la préfère à moi, sans doute. Neuf ans, ça forge une amitié. Je m'en moque. Du moins c'est ce dont je tente de me persuader. Je déverrouille encore ce fichu téléphone. Je ne sais pas ce que je cherche en le faisant. L'heure n'a pas d'importance. Deux à trois heures à attendre, a dit le médecin. C'est ce cliché de nous deux que je guette, auquel je m'accroche de toutes mes forces. L'image que nous renvoyons. Le couple que nous formons. Nous sommes beaux, je crois. Plus beaux que François et Isabelle. C'est certain.

Son visage anguleux, tout en ombres, ses pommettes saillantes, ses yeux vert-de-gris, ses sourcils qui assombrissent son regard, le creusent, lui donnent tant de gravité. Et ses cheveux. Ses mèches brunes qui tombent sur ses épaules lui donnent cet aspect androgyne qui me le rend plus homme encore, plus viril, plus puissant. Et ce mouvement… Ce geste du poignet, tout en indolence, pour replacer ses mèches en arrière… Je crois que c'est ainsi que j'en suis tombée amoureuse.

À côté du François de la photographie, il y a moi. Mon reflet figé sur l'écran. Éléonore Lambray. Mince mais pas maigre. Comme lui. Juste frêle ce qu'il faut pour lui donner l'avantage, pour qu'il paraisse peser plus lourd, être plus fort, pour lui donner l'envie de m'entourer, de me posséder. Nos corps semblent avoir été sculptés pour s'imbriquer à la perfection, se reconnaître, se réclamer. Mon visage ressemble au sien. Fin, pâle, encadré de cheveux sombres eux aussi. Mais plus longs. Si les cheveux de François atteignent à peine ses épaules, les miens descendent jusqu'à mes reins. Je n'ai pas ses yeux verts. Les miens sont noirs. Je pourrais avoir des origines italiennes que ça n'étonnerait personne. En scrutant nos reflets, je nous trouve ce je-ne-sais-quoi qui fait dire que nous sommes assortis. Nous baignons dans la même lueur. Le même clair-obscur. Si mon double photographique avait le malheur de s'éloigner de François cependant, il perdrait cette lumière. Ne resterait qu'un visage pâlot et trop fin, que plus personne ne remarquerait. François, lui, continuerait d'attirer les regards. Avec ou sans moi il est entouré de cette aura fascinante.

La main d'Antoine, posée sur mon épaule, me ramène au présent, au froid vif de cette fin d'octobre.

« Elle était avec un docteur. Elle arrive dans trente secondes. »

Je n'ai pas vraiment le temps de prendre conscience de cette phrase, de ce qu'elle sous-entend. Je suis encore dans mon monde. Dans mes pensées qui m'éloignent de cette réalité. J'écrase ma cigarette, range mon téléphone dans mon sac en toile. Puis j'entends le bruit de la porte vitrée automatique et celui de talons qui foncent droit devant. L'instant d'après, elle est là, devant nous, ses cheveux blonds fatigués, son teint gris, ses traits tirés. Il m'est parfois arrivé de trouver Isabelle jolie, bien que très mal assortie à François. Pourtant, ce matin, je la trouve plus décolorée que jamais. Elle ne salue pas Antoine. Elle se poste devant moi. Les pans de son manteau laissent apparaître un pull trop grand, noir, à demi rentré dans son pantalon. Elle fait peine à voir ainsi. Ses yeux parcourent ma silhouette froidement, ma silhouette mince, moulée dans ma tenue de sport. La silhouette d'une femme de vingt-quatre ans sa cadette. Je sais que derrière le chagrin, la panique, la peur, l'étourdissement, il reste une petite part de son esprit suffisamment lucide pour imaginer les mains de François sur ce corps.

« C'est toi Éléonore, hein ? »

Je n'ai pas le temps de réagir. Je suis ailleurs. Hagarde. Vaguement nauséeuse. La clope sur mon estomac vide. La peur. Sa main atteint ma joue dans un claquement sec. Une gifle banale, mesquine, que je n'ai pas eu le temps d'anticiper.

« Isa ! » proteste Antoine.

Avec quelques secondes de retard, il s'interpose entre nous deux. Ma joue est brûlante mais je la sens à peine. Isabelle a les lèvres qui tremblent, le souffle rauque, épais. Elle s'agrippe à l'épaule d'Antoine comme si elle allait s'effondrer. Elle a beau se montrer en colère, je vois bien qu'elle est sur le point de craquer, d'éclater en sanglots. Elle n'est plus que ce corps mou, trop vieux, déserté par François. Mais je n'y peux rien, moi. C'est François qui s'est emparé de moi.

« Il est fichu. Handicapé. Tu vois… Je te le laisse bien volontiers. »

Je secoue la tête. Elle dit n'importe quoi. Cette folle ne sait pas ce qu'elle raconte. Antoine parle d'une voix blanche :

« Qu'est-ce que tu dis ?

— La moelle est touchée. Il est fichu.

— Arrêtez ! je m'interpose. Vous racontez n'importe quoi ! »

C'est ma voix qui tremble ainsi ?

Antoine fixe Isabelle, plus grave que jamais, insistant : « Tu es sûre ? C'est le médecin qui t'a dit ça ? »

Isabelle ferme les yeux, refoule ses larmes, cherche le courage, s'agrippe plus fort encore à Antoine.

« Un morceau de la vertèbre cassée…

— Eh bien ? la presse-t-il.

— Un morceau de la vertèbre cassée s'est niché dans la moelle. Ils essaient de lever la compression de la moelle épinière pour éviter que les dégâts ne se répandent. Ils… Ils doivent aussi stabiliser le rachis pour… pour éviter les lésions secondaires. »

Elle répète des termes techniques. Y comprend-elle quelque chose ? Antoine insiste : « Le rachis ? La moelle ? Tu es sûre ? »

Elle ment. Je tourne les talons. Vite. Trop vite. Elle ment.

« Léo ! Où tu vas ? » lance Antoine.

Je ne me retourne pas. Ils s'agrippent l'un à l'autre derrière moi pour ne pas flancher. Des perdants. Des faibles. Ils ne croient pas en François. Ils l'ont déjà condamné. Enterré.

Si je reste avec eux une seconde de plus, la peur et le doute commenceront à s'insinuer dans mon esprit. Il ne faut pas. J'entends Antoine qui m'appelle encore. Les portes vitrées s'ouvrent, m'avalent. Je retrouve la chaleur des couloirs surchauffés de l'hôpital. Pourtant je tremble toujours. Qu'a-t-elle dit, l'autre folle ? La moelle touchée. Les jambes fichues. Elle ne connaît pas François. François n'a rien à craindre d'un morceau de vertèbre brisée. François n'a rien à craindre d'un autobus. Cette nuit même, François était en moi, au-dessus de moi, ses mains immobilisaient mes poignets. Il me faisait jurer de ne pas jouir avant lui. Il était menaçant. Brûlant. Fiévreux. *Jure tout de suite !* Sa main cramponnait mon menton pour m'obliger à le regarder dans les yeux. C'est là que l'orgasme a pris possession de moi, quand j'ai plongé dans ses prunelles ombrageuses. Alors il a planté ses dents dans mon cou. C'était terrible d'avoir mal ainsi, et pourtant pas encore assez.

J'aurais voulu qu'il me brise davantage. Dans le couloir de l'hôpital, mes doigts frôlent la peau de mon cou. J'ai les marques de ses dents ici même. Une cicatrice rouge. Sensible. Cet homme-là, celui qui a fait ça, n'a rien à craindre d'une vertèbre brisée.

2

Éléonore

La voix du chef de service me hante encore des heures plus tard. *Vous êtes une parente ? Si vous n'êtes qu'une simple amie, je ne peux pas vous autoriser à entrer…* Je n'ai pas quitté la salle d'attente. La nuit est tombée. Antoine est parti, revenu avec une soupe de miso chaude et quelques gyozas qu'il m'a forcée à avaler. Isabelle s'est fait ramener chez elle en taxi. On la contacterait, elle. On la tiendrait informée de chaque étape de l'opération, du réveil de François. Elle est sa femme. Sur le papier, elle est sa femme, et je ne suis qu'une simple amie. Dans cet hôpital, personne ne sait que François a loué un camion de déménagement pour le week-end prochain. Qu'il a déjà fait ses cartons. Que dans six jours très exactement nous sommes censés emménager dans un deux-pièces parisien. Que la procédure du divorce avec Isabelle est la prochaine étape, une simple formalité. L'essentiel est dit : Isabelle est quittée, répudiée. Mon nom et mon prénom figurent avec ceux de François sur notre bail. Je ne suis pas une simple amie, non. Je suis la moitié de François. Celle qui mérite d'être à ses côtés en salle de réveil, à chaque seconde où il devra se battre pour émerger, respirer, ne pas sombrer. Et si on me refuse l'accès à sa chambre pour le moment, peu importe. Je resterai ici dans cette salle d'attente, j'y dormirai, je m'y laisserai mourir.

L'écran de télévision continue de faire défiler les actualités du jour. La salle s'est vidée. Avec moi demeure une femme portant un foulard rose et qui semble partager quelque chose de semblable. Je reconnais sur ses traits un peu de ce qui m'étreint et me torture. Qui est cet homme dont elle attend des nouvelles ? Un mari ? Un amant ? A-t-elle des marques similaires aux miennes dans le cou ? Pourtant, l'infirmière qui apparaît avec un sourire rassurant lui annonce : « Votre fils est réveillé, il va bien. »

La femme au foulard disparaît à petits pas pressés. Je me sens plus seule que jamais.

J'ai dû sombrer. Quand j'ouvre les yeux, ma nuque est douloureuse, mon corps engourdi. J'ai plus froid que jamais. La salle est déserte. Un SMS d'Antoine accompagne trois appels manqués.

J'espère que tu es rentrée te reposer. Isabelle m'a appelé à l'instant : François est sorti du bloc. Il est stable. Je t'embrasse. Bonne nuit.

« Il est stable. » Ça veut dire quoi ? Qu'il ne va pas mourir tout de suite ? Qu'il ne va pas mourir du tout, pas à cause de cet accident en tout cas ? Ou qu'il va se mettre sur ses jambes demain ? J'appelle Antoine, tombe directement sur son répondeur. Il a coupé son téléphone, ce con. Et s'il y avait une urgence ? Si l'état de François s'aggravait ? L'horloge dans le coin gauche de mon écran indique deux heures du matin.

L'équipe a changé en fin de journée. Peut-être que ceux-là me laisseront approcher, voir François même juste une minute. Je me lève le cœur battant, m'accrochant à cette idée. Je ne sais pas si François a été transféré à un autre étage, un autre service. Une infirmière arrive dans le couloir en face de moi, fronce les sourcils en me voyant tituber. Je suis épuisée, je ne sais pas vraiment vers où me diriger.

« Madame ? Vous cherchez quelqu'un ? »

Elle prend une de mes mains glacées dans la sienne.

« François, dis-je. François Louvier. »

Quelque chose s'éclaire dans son regard. L'a-t-elle déjà vu au théâtre ?

« L'accident de scooter ?

— Ce matin, oui.

— Qu'est-ce que vous faites encore là ? »

Elle me houspille gentiment. Puis, constatant les tremblements de ma main toujours enfermée dans la sienne : « Vous êtes sa femme ? »

J'acquiesce. Il y a tant d'égarement sur mon visage qu'elle ne songerait jamais à mettre en doute mes propos.

« Il a quitté la salle de réveil. Il est en réanimation. Il a repris conscience quelques instants mais il s'est rendormi.

— Ce n'est pas grave. Je veux juste le voir.

— Bon. Je ne suis pas censée vous emmener là-bas en pleine nuit mais… ça restera entre nous. Venez. »

Elle me fait un signe du menton. Nous nous dirigeons vers l'ascenseur. L'infirmière enfonce le bouton d'appel.

« Il est encore tôt pour évaluer tous les dégâts bien sûr mais… »

Elle me sonde. Suis-je le genre de personne à vouloir savoir ? Ou de celles que le déni rassure ?

« Il faut vous préparer. C'est mauvais.

— Ça veut dire quoi ?

— Il ne remarchera peut-être jamais. »

Un silence plane dans l'ascenseur. Je ne réagis pas. Ce ne sont que des paroles en l'air. Elle n'est qu'une simple infirmière. Pas un médecin. Encore moins un chirurgien. Elle n'en sait rien. Et quand bien même… Ils ne connaissent pas François comme je le connais moi… Il ne se laissera pas terrasser par un banal accident de scooter. D'ailleurs il en a déjà eu un, à nos débuts. Il montait sur scène vingt minutes plus tard, à peine égratigné. Double entorse de la cheville, avait annoncé son médecin le lendemain. « Ah. » Voilà la seule réaction qu'avait eue François. Il boitillait vaguement le lendemain et le surlendemain encore un peu. Mais ensuite il avait oublié qu'il était censé avoir mal. Voilà ce que je devrais expliquer à l'infirmière si j'en avais le courage, mais je suis épuisée par cette journée d'attente angoissée.

Un léger tintement nous indique que nous sommes arrivées au bon étage. Le bouton portant le numéro 4 s'éclaire en rouge. Rouge sang. Rouge vie. Rouge passion. Voilà ce qu'il va se passer : François va ouvrir les yeux en me voyant arriver. Il souffrira peut-être malgré les calmants mais je lui dirai : « Chut, je suis là. » Et dès que l'infirmière nous aura laissés seule à seul, je saurai comment réparer tout ça, l'effacer, n'en faire qu'un lointain souvenir. Il n'a jamais su me résister et moi non plus. Quand je serai sous le drap, quand je m'occuperai de lui, il ne pourra rien me refuser. Pas même de remarcher. Il enfouira ses doigts dans mes cheveux et il promettra tout ce que je lui demanderai. François est ainsi : un impulsif, un passionné, guidé par ses désirs. François est la vie dans toute son intensité.

« On lui a donné des calmants. Il dort d'un sommeil lourd mais vous pouvez lui parler. »

Je reste sans voix, figée devant le spectacle. Je ne sais pas ce que je m'étais imaginé exactement mais c'est au-delà de tout. Dans cette chambre ultra-médicalisée, au milieu de ce lit entouré de barrières, une pâle copie de mon François se dessine. Il dort, bien entendu, mais ce n'est pas cela qui me fige. Il gît, enfermé dans un corset qui le maintient des pieds jusqu'à la nuque. Une momie. Il me paraît mort. À ses poignets, un cathéter relié à une poche à perfusion. Des tuyaux acheminent de l'oxygène jusqu'à ses narines. Le teint grisâtre sous la lumière blafarde ne m'évoque rien. *Ce n'est pas lui. C'est une erreur. Ce n'est pas François.* Et j'ai presque envie de rire. Quelle méprise ! Quel soulagement ! La machine émet des bips réguliers. Un rythme cardiaque se dessine sous la forme d'une courbe en dents de scie. Le panneau au-dessus de son lit indique François Louvier, né le 22 avril 1978. Je secoue la tête. Non. Ce n'est pas lui. François est grand, François me domine de quelques centimètres. Il est mince mais athlétique. Il respire la force, la santé. Cet homme-là est minuscule. Un petit soldat rafistolé enfermé dans une coque. Il me paraît frêle. Enfantin. Risible.

Une chaise est déplacée au sol, produisant un affreux couinement qui vient un instant étouffer les bips stridents.

« Asseyez-vous, madame Louvier.

— Ça ira. »

En réalité je m'apprête à repartir sans avoir vraiment conscience de mes gestes, de mes pieds qui reculent. *Une erreur, une vulgaire erreur. Ce n'est pas lui.*

« Madame, vous devriez vous asseoir. »

Ce ne sont pas mes jambes qui flageolent ainsi. Non, bien sûr que non. Puisque ce n'est pas François dans ce lit. Mon François a de beaux cheveux bruns dans lesquels j'aime enfouir mon nez. Ils sentent le feu de bois ou quelque chose qui s'en approche. Ce doivent être les salles de théâtre poussiéreuses qui leur donnent ces effluves lourds et boisés. Or ce François-là n'a pas de cheveux longs. Quelques mèches échappées d'une charlotte seulement. Sans ses cheveux ce n'est pas lui. Et puis… Tout cela est parfaitement ridicule : François ne dort jamais ainsi sur le dos, droit et figé. Il s'allonge toujours sur le côté, et à mon grand désarroi il me tourne le dos pour s'assoupir. Il m'oblige à aller me coller contre lui, à plonger dans sa nuque pour l'enlacer. Jamais il ne prendrait cette position.

« Je crois que vous devriez vous faire raccompagner. On peut vous appeler un taxi ? »

Je sors de ce moment d'égarement, découvre l'infirmière en face de moi. Je suis assise. Quand me suis-je laissée tomber sur la chaise ? Je n'en ai aucun souvenir. Un gobelet de café se trouve dans la main de l'infirmière. Les arômes me sortent définitivement de ma léthargie. Je me lève. Un peu brutalement. Elle recule, étonnée.

« Je vais rentrer. »

Je suis à la porte quand elle me rattrape enfin, la surprise passée.

« Vous voulez que je vous appelle un taxi, madame Louvier ? »

L'image d'Isabelle apparaît dans mon esprit.

« Je ne suis pas Mme Louvier.

— Pardon ?

— Cet homme n'est pas mon mari. »

Je ne vois pas le trouble que je sème en elle. Pourtant c'est vrai. Tout cela est vrai. Donc le reste également. L'homme dont le corps est maintenu dans une coque rigide n'est pas François.

« Madame ! »

C'est trop tard. Je disparais. Mes baskets claquent. Le double battant s'ouvre, se referme dans un bruit mat. Les escaliers. La minuterie. Les marches, quatre à quatre. La rampe glaciale. Alors que j'arrive sur le palier du deuxième étage, mon pied glisse. Je me sens chuter et atterrir lourdement sur les fesses. Un léger craquement. Pourtant je ne ressens aucune douleur. Juste le choc qui me maintient immobile, le cœur battant, quelques secondes. Puis la douleur irradie. Mon bassin. Mon dos. La peur.

« Putain de merde ! »

Mon cri se répercute dans toute la cage d'escalier, monte dans les étages. Pourtant personne n'apparaît. Personne ne vient voir, ne me demande de la fermer, ne s'inquiète de ma chute, ne me prend par l'épaule. Personne ne me demande si j'ai mal. Je suis là, parcourue de sanglots incontrôlables, avec cette odeur de transpiration qui me colle à la peau depuis ce matin et une fatigue immense qui s'abat sur moi. Je suis là avec l'image de François enfermé dans une coque, et qui n'est plus François. Et personne ne me demande si j'ai mal…

3

François

J'ai mal. C'est à peu près la seule réalité dont j'aie conscience. J'ai mal. Atrocement. C'est diffus. Comme un halo qui irradie en continu dans mon dos jusqu'à ma nuque et mes mâchoires. Chaque inspiration, chaque expiration, comme si mes côtes avaient été écartelées, puis broyées minutieusement jusqu'à ce qu'il ne reste que des miettes. Je souffre mais je serre les dents. Si j'ouvre la bouche, si je parviens à produire un grognement, ils me demanderont : « Tout va bien, monsieur Louvier ? Vous avez mal ? »

Alors je ne saurai pas faire autre chose qu'acquiescer. Et ils injecteront quelque chose dans leur foutue perfusion qui me fera dormir de nouveau. Un sommeil lourd. Presque une mort. Ce sera libérateur mais ma conscience s'échappera de nouveau. Je perdrai à nouveau la réalité que je tente d'approcher en vain. Où je suis, pourquoi, depuis quand… Tout se mélange, tout se confond, se dilue dans la douleur.

Une femme a prononcé le mot « accident » hier. Hier ? Était-ce hier ? Depuis quand suis-je là, dans cette autre réalité ? En enfer… Suis-je en enfer ? Je ne sais pas. Je ne sais plus. Il me semble que je suis en train de rêver. Ça doit être ça. Un cauchemar. Dans une poignée de minutes je serai réveillé dans mon lit. Bon sang, vivement ! Mon lit. Je trouverai près de moi le visage de Léo. Ou d'Isabelle. Je ne sais plus. Avec laquelle me suis-je couché ? quand ? dans quelle autre réalité ?

Elle sera près de moi, donc. Je pourrai lui dire : *Quel cauchemar je viens de faire, putain !* Léo, si c'est elle, répondra par un grognement endormi en fronçant les sourcils dans son sommeil. Je l'embrasserai, car je me fiche de la réveiller, de la déranger, de l'offusquer. Nous sommes ainsi, elle et moi. Passionnés, effervescents, des enfants pourris gâtés qui refusent la frustration. Je me collerai contre elle, contre son corps tout chaud, contre ses seins nus, et je pourrai rire de ce terrible cauchemar. *J'étais emprisonné en enfer. Je te jure. Je ne pouvais plus bouger. La moindre respiration était un supplice ! Je tentais de me réveiller, de revenir à la réalité, mais dès que j'ouvrais les yeux il y avait cette présence à côté de moi. Une forme blanche. Et quoi que je dise, quoi que je tente de bredouiller, elle m'injectait quelque chose dans les veines qui me faisait dormir de nouveau.* Léo s'amusera de mon récit. Je ne la laisserai pas se moquer. Je lui réclamerai une gâterie, histoire de me remettre totalement de mes émotions. Elle s'exécutera. Elle s'exécute toujours. C'est pourquoi je suis fou d'elle.

Si c'est Isa à côté de moi ? Bon… Je fais taire la vague de déception. Elle est ma femme après tout. Celle que j'ai choisi d'épouser. À une époque je l'ai aimée autant qu'Éléonore. Différemment mais avec une intensité égale. Si c'est elle dans le lit, alors je ne l'embrasserai pas. Nous ne faisons plus ce genre de choses depuis pas mal de temps. Pourquoi ? Je ne sais pas. Le temps. L'habitude. Une barrière s'est installée entre nous, nous coupant de tout élan de tendresse spontané. Nous faisons encore l'amour parfois, chacun restant dans ses pensées, plus par besoin qu'autre chose. Je prends Isabelle par-derrière pour ne pas voir son visage. Elle peut s'évader. Elle fixe le mur, s'enfuit quelque part. Je le sens. À sa façon de m'échapper, de ne pas réagir à ma peau, à mes à-coups, mais à autre chose de plus subtil qui se vit sur un autre tempo. Une réalité qui se déroule derrière ses paupières closes. J'ai juré à Léo que je ne touchais plus Isabelle. C'est presque vrai. Il y a eu quelques coïts, rapides, sans tendresse ni passion. Ça ne compte pas vraiment. C'est surtout Isabelle qui les a provoqués. Parce que cela faisait quatre mois que nous ne nous étions pas touchés. Parce qu'elle se sentait triste, parce que la balance indiquait deux nouveaux kilos, que la ménopause se préparait et qu'elle voulait penser que rien n'était perdu. Une fois ou deux c'est moi qui ai provoqué la chose. Je ne sais pas vraiment pourquoi. Léo était dans son studio, ailleurs, loin, trop loin. Ma femme était là. Son sourire, ses bavardages, sa façon de brosser ses cheveux avant de se coucher. Ça a fait naître en moi quelque chose de bref, de fragile. Un pincement au cœur. Un reste d'affection. Un éclat de notre amour d'alors. Je n'ai pas voulu le laisser échapper. J'ai fait l'amour à ma femme en ne pensant qu'à elle, pas à Léo. J'ai eu l'impression de réparer mon infidélité en embrassant son cou, en jouissant d'elle et d'elle seule, sans autre pensée. Je n'ai rien dit à Léo. Quel mal y a-t-il à aimer encore un peu sa femme ?

Je divague… Où en étais-je ? À mon réveil de ce terrible cauchemar. Si Isa se trouve dans le lit, alors je lui raconterai mon cauchemar comme à Léo. Elle sourira, les paupières closes. Puis elle dira : « Puisque tu es réveillé, va nourrir le chat, je l'entends gratter. » Isa et moi ne sommes plus dans l'amour fou mais nous formons une équipe. À la vie comme à la scène. Un tandem.

« Monsieur Louvier ? »

Je sens quelque chose de frais posé sur mes joues. On dirait deux petites mains. Léo ? Isa ?

« Monsieur Louvier… Vous pouvez ouvrir les paupières ? »

Pendant que je divaguais, la douleur s'est faite plus diffuse, plus supportable. Je l'ai reléguée au second plan. Mais tout à coup, cette interruption dans ma réalité la fait revenir de plein fouet. Elle reprend sa place. Son omnipotence. Je voudrais me crisper, me recroqueviller, mais je me sens contenu, bloqué. Je n'ai d'autre choix que d'essayer d'ouvrir les paupières, car je veux savoir, à la fin, sortir de cet état comateux, affronter la réalité. La lumière m'aveugle, me brûle la rétine. Je sens mon estomac vriller. Une vague de nausée me soulève.

« Vous faites une petite chute de tension, rien de grave. »

Un jet de bile brûlant sort. Le décor tangue tandis que je tente de reprendre mon souffle. Deux formes s'activent. La vérité me revient en pleine face.

Je partais pour la répétition de la pièce *Voyous, vous dites ?*. Une daube. Une comédie avec de grosses ficelles bien lourdes. Je ne pouvais pas refuser, selon Isabelle. C'était sa meilleure amie qui avait écrit le scénario. *Un geste d'amitié.*

« Dernière fois ! » je l'avais avertie.

Je ne peux pas vraiment m'opposer à Isabelle. Ma carrière, je la lui dois en grande partie. Je suis donc allé à cette répétition avec dix minutes de retard. Dans ma tête je pestais. *Une daube, presque une erreur pour ma carrière.* Je ne jure que par le classique. C'est là-dedans que j'excelle, tous les journalistes vous le diront. La rue Riquet était bouchée. Pour patienter je me suis mis à dresser la liste des trucs que j'aurais pu faire si je n'avais pas eu à aller à cette foutue répétition. Faire l'amour à Éléonore. Appeler Antoine et quelques autres amis pour le déménagement du week-end prochain. Faire livrer des fleurs à Isabelle – elle en reçoit trois fois par semaine depuis que je lui ai annoncé que je la quittais, elle ne me répond toujours pas au téléphone pour autant… Commencer à chercher un avocat pour le divorce. Pas tout de suite, non. Ne pas la brusquer. Mon départ est déjà bien assez difficile à encaisser pour elle. *Pour une gamine de dix-huit ans de moins que toi !* Le feu tricolore et la file interminable de voitures. Je bous. Rien à foutre. Je prends à droite dans une minuscule ruelle à sens unique. Jamais emprunté ce chemin. Je ne le connais pas. J'accélère. Personne en vue. Puis l'ombre dans un angle mort à ma droite. Une forme imposante, rapide, qui fond droit sur moi. Je tourne la tête.

Un autobus. Trop tard. Le bruit assourdissant du klaxon. Le brusque revirement. Inutile. Je vole.

Un blanc. Je ne sais plus ce qui s'est passé. En tout cas je suis retombé sur le sol. Quand j'ouvre les yeux, quelques secondes se sont écoulées, à moins qu'il s'agisse de minutes. Une voiture s'est placée en travers de la route pour me protéger. Deux personnes sont penchées sur moi. Le bus a grimpé sur un trottoir, fait voler en éclats une vitrine. J'entends une sirène de pompiers au loin. Des voix qui semblent toutes répéter en canon « Tout va bien ? » dans un joli chœur mêlant timbres rauques, doux, voilés, aigus, excessivement inquiets.

« Vous revenez à vous ? Vous avez mal ? »

Cette voix-là est plus proche. Claire. Agréable. Je suis toujours dans la ruelle, en train de tenter de me relever. Je veux évaluer les dégâts. Mon scooter encastré contre une façade. Le rétroviseur et un morceau de carrosserie plus loin, sur la chaussée. Du sang sur mes avant-bras. Mes jambes indemnes, devant moi. Ma difficulté à respirer, comme si quelque chose comprimait mes poumons, m'enserrait. Je n'ai pas mal. Pas encore. *Rien de grave.* Je repousse la femme qui me tend une main. Je prends appui sur mes bras, pousse, tente de me hisser. C'est là qu'une douleur atroce irradie le haut de mon corps, me coupe le souffle. J'ai l'impression qu'on m'a arraché puis tordu une à une chaque côte, qu'un wagon entier m'a broyé le torse. Puis je les perçois… Les fourmillements qui remontent le long de mes jambes jusqu'à ma taille. Étrange. Ce n'est pas normal. Je le pressens. Tout se remet à tanguer autour de moi. La sirène des pompiers se fait toute proche. Assourdissante. Le chauffeur du bus hurle, se défend, tente de s'expliquer auprès des badauds.

« Monsieur ? »

La panique commence à m'envahir. Ces fourmillements-là, dans mes jambes, ce n'est pas normal. Et cette douleur… Cette affreuse sensation d'avoir la cage thoracique écrasée en milliers d'éclats d'os.

« Je ne peux pas me lever. »

Je prononce ces quelques mots à voix haute. Dans la ruelle et dans la chambre d'hôpital. Les mêmes, avec une intonation identique et la même incompréhension étonnée, à vingt-quatre heures d'écart.

« Je ne peux pas bouger. »

Les badauds disparaissent. La ruelle s'efface. Le présent engloutit la sirène des pompiers. Ne restent qu'un bip régulier, aigu, et une petite bassine qu'on maintient sous mon menton, recueillant ma bile. Les ombres blanches tournoient autour de moi.

« N'essayez pas de bouger. On va vous redonner un peu de morphine. Vous avez mal ? »

Je ne peux pas me relever ni incliner ma nuque. Mon champ de vision est bloqué au plafond, jusqu'au haut de la porte dans le mur d'en face et aux ombres blanches qui évoluent.

« Ce sont vos côtes qui vous font souffrir. Elles sont cassées. »

J'agrippe le visage de l'une des infirmières quand elle passe dans mon champ de vision. Deux yeux bleus comme Isabelle, des cheveux châtain clair. Elle est jeune. Elle est belle. Elle respire l'innocence, comme

Éléonore, ce quelque chose de candide qui m'excite tant.

« Ne me laissez pas. »

J'ignore ce que je cherche à dire par là. Je crois que je suis terrorisé à l'idée qu'elle disparaisse de mon champ de vision, qu'elles se remettent toutes à tournoyer autour de moi tels des faucons sans que je puisse les voir, immobilisé et criblé de douleurs.

« Personne ne va vous laisser, monsieur Louvier. »

Une légère sensation chaude dans mon poignet gauche au moment où le médicament passe dans ma veine. Dans quelques secondes, je ne pourrai plus lutter, je m'endormirai de nouveau, lourd et nauséeux.

« Où je suis ? Je vais mourir ?

— Tout va bien, monsieur Louvier. Vous êtes en réanimation. On vous ramènera en chambre en fin de journée quand votre état sera stabilisé. »

Je m'imagine en train d'essayer d'attraper sa main. La retenir. Mais ma vision se voile. La douleur recule. Je plonge de nouveau dans l'obscurité.

4

Éléonore

Rien n'a changé dans mon studio. J'en fais le constat au matin alors que j'émerge lentement, les paupières collées de sommeil, le corps lourd. J'ai sombré à peine la porte refermée hier soir. J'ai retiré mes vêtements, plongé sous la couverture. Je ne crois pas avoir rêvé. J'ai oublié pour quelques heures que ma vie venait de s'effondrer. Le soleil est entré par les rideaux que je n'avais pas fermés et il éclaire maintenant mon intérieur. Rien n'a changé, tout est à la même place qu'hier, quand François se préparait pour partir en scooter. C'était hier. Juste hier, et ça me semble déjà être dans une autre réalité, à une époque lointaine. Sur mon lit double, l'oreiller de François porte encore la marque de son crâne. Je n'y ai pas touché. Il a son côté du lit et moi le mien. Même quand je dors sans lui, je me tiens à notre partage de l'espace. Sur la table basse à côté du lit se trouvent toujours le cendrier plein de mégots et mon briquet posé en équilibre incertain sur le bord. Hier, à la même heure, la première chose que j'ai faite en me levant a été de saisir ce briquet et le paquet de cigarettes dans la poche de mon manteau. François a râlé en me voyant ouvrir la fenêtre sur l'air glacial de l'automne.

« Déjà la clope à la bouche ! »

Il m'a claqué les fesses en passant avant de me voler une cigarette.

« Pousse-toi. »

Il a pris place à côté de moi. Je lui ai allumé sa clope. J'aime faire ça. J'ai l'impression de le couver. On a regardé le jour se lever sur l'avenue de Flandre. Le soleil n'était pas encore visible au-dessus des immeubles haussmanniens mais le ciel se teintait des premières lueurs chaudes et les appartements s'éclairaient un à un. Le ballet des voitures avait déjà démarré.

« Ça va encore empester dans ton studio. »

François supporte mal mes douze mètres carrés, le manque d'espace et de luminosité, le bruit de l'avenue de Flandre, mais nous n'avons que cela pour le moment. Chez lui, Isabelle se réveillait probablement, préparait son café dans leur cuisine avec terrasse au sixième étage, un appartement plein de charme rempli de plantes vertes avec vue sur l'église Saint-Ambroise. Dans le XIe. Se tirer avec sa maîtresse exige quelques concessions. François fait mine de s'en plaindre, mais au fond tout ce qui lui importe, c'est d'avoir quatre murs et un toit. Le minimum pour assouvir nos désirs. Et puis nous aurions bientôt notre chez-nous. Rien de comparable au duplex qu'il occupait avec Isabelle – elle est celle qui ramène une bonne partie de l'argent à la maison –, mais nous serions bien dans notre cinquante mètres carrés face aux Buttes-Chaumont. Nous aurions nos deux noms sur l'interphone, la boîte aux lettres et la porte d'entrée, et ce bonheur n'avait aucun équivalent. Un pied de nez à tous ceux qui s'étaient évertués à me mettre en garde : *Il ne quittera jamais sa femme, passe ton chemin.* Camille la première.

Mes yeux poursuivent leur inspection minutieuse, ignorant la douleur diffuse dans mon corps. Plus loin, la table rabattable encore déployée. Ma cafetière italienne. Nos deux tasses sales. Hier, François a bu la sienne debout, tout en consultant son téléphone, inscrivant l'adresse de son rendez-vous pour vérifier la circulation.

« Putain, y a déjà du monde ! La rue Riquet est bouchée ! »

Il s'est agité, rangeant son téléphone dans sa poche arrière, cherchant son casque du regard.

« Tu m'embrasses ? »

Il a levé les yeux au ciel, empoigné ledit casque, replacé ses cheveux en arrière, s'est baissé pour être à ma hauteur. Hier j'étais assise sur le minuscule tabouret qui fait office de chaise pour mes repas.

« Tu es insatiable, toi, hein ? »

Il m'a embrassée avec cette espèce de violence qui le caractérise. Un baiser brûlant, presque une punition, un baiser joueur qui me met au défi d'en réclamer d'autres. Mais nous n'avions pas le temps. Une main sur mes seins, rapide, furtive, avant qu'il ne fasse volte-face. Il était pressé, il est parti en oubliant son écharpe rouge – elle trône là, toujours à l'endroit où il l'a laissée hier : derrière ma porte d'entrée, suspendue à un crochet. Si pressé qu'il n'a pas couvert son cou. Si pressé qu'il a refusé une priorité. *Bravo François, bien joué.*

La tristesse s'abat comme une chape de plomb sur mes épaules. *Ils se sont trompés.* Je passe une main sur mon visage épuisé. Les médecins et leurs diagnostics rapides. Qu'est-ce qu'ils en savent au fond ? Ce ne sont que des probabilités. Il faudrait que je me lève mais je n'y arrive pas. Je me sens lourde, épuisée. Je tends la main vers le sol, tâtonne jusqu'à trouver mon téléphone portable. Je l'ai laissé allumé toute la nuit mais personne n'a appelé. Ni Antoine ni l'hôpital. Je ne figure pas sur les contacts d'urgence de François. Isabelle, elle, y figure. J'ai cru que cela prendrait fin un jour, que j'occuperais la place légitime avec cette séparation, avec cet emménagement à venir. C'était compter sans son putain d'accident. *François, où tu avais la tête ? Ce n'était qu'une répétition. Une de plus dans ta longue et prometteuse carrière. Ils auraient râlé pour la forme, bien sûr. Tu es toujours en retard. Mais cela n'aurait pas changé le cours de ta vie. Alors que ce refus de priorité…*

Le téléphone retombe sur l'oreiller. Un rappel s'affiche pour dans une heure : Casting. Je ferme les yeux. Si j'avais le pouvoir de me rendormir instantanément je le ferais. Tout oublier pour quelques heures encore. Ce casting, qu'est-ce que c'était déjà ? Tout me paraît si lointain, appartenant à une autre vie, un passé révolu. Je fais l'effort de replonger dans ma mémoire. C'était pourtant important, ce casting… François m'avait préparée. La nuit avant l'accident, il m'a forcée à répéter encore et encore jusqu'à deux heures. Et si c'était ça ? La fatigue qui l'avait rendu distrait… Qui l'avait projeté contre l'autobus ? Je tente de chasser ces pensées. Le casting… ça me revient. Un spectacle monté par un ami de François. Du boulevard. *Idéal pour débuter*, avait déclaré François. *Pas besoin d'y mettre beaucoup de sentiments. Pas besoin d'exceller, non. Une bonne dose d'énergie et de motivation suffira.* Je savais ce que François pensait de ce genre de théâtre : tout juste bon pour les amateurs. Moi ça m'allait très bien. Je n'avais jamais fait ça. Jamais passé un casting. Jamais joué sur une vraie scène. Avant François, je n'avais même jamais imaginé monter sur les planches un jour. Le théâtre, je le vivais dans la salle, assise dans l'obscurité, tous les sens ouverts, tremblant, retenant mon souffle, laissant couler mes larmes. J'étais une fervente spectatrice, une admiratrice excessive. Il m'était arrivé de collectionner les articles de presse sur quelques comédiens que j'aimais par-dessus tout. Je rangeais les coupures dans un classeur plastifié. Personne ne le savait. Pas même Camille, qui partageait pourtant ma passion. C'était mon secret, honteusement gardé.

Avant François, je caressais des rêves plus simples, plus accessibles : administratrice. Cela me paraissait être un métier fait pour moi. Gérer les budgets d'une compagnie de théâtre. Planifier et superviser les projets artistiques pour en assurer la viabilité et le bon déroulement. Être le bras droit du directeur artistique. J'avais couplé mon master en arts du spectacle à une licence en économie et gestion. Ma voie était tracée. Je n'étais pas faite pour être sur scène, sous les feux des projecteurs, mais je voulais prendre part à la magie des spectacles, être une petite pièce de la mécanique fantastique. J'étais ouvreuse deux soirs par semaine quand j'avais besoin d'argent pour payer mon loyer et les frais d'inscription à la fac. Je regardais les pièces par le mince interstice entre les portes battantes. Je trouvais ça fabuleusement excitant. Et puis, François avait posé les yeux sur moi. François m'avait flattée, outrageusement. Il m'avait laissée penser que je pourrais avoir ma place sur scène un jour. Un rêve absurde… Qui n'était pas vraiment le mien mais qui faisait battre mon cœur plus fort et trembler mes mains. Ce n'était pas la scène qui me rendait fébrile mais François, son regard sur moi plein de certitudes.

Une pluie fine se met à tomber. Le bruit étouffé, apaisant des gouttelettes sur ma vitre me sort de ma léthargie douloureuse. Je me douche, enfile des vêtements au hasard dans ma garde-robe. Du noir des pieds à la tête. Une écharpe en laine marron. Dans mon esprit, nulle interrogation. Je me rends à l'hôpital. Que pourrais-je faire d'autre ?

Je tape un rapide texto à l'ami de François pour l'avertir de mon impossibilité d'être au casting ce matin. Je ne dis rien de l'accident. Je ne dis presque rien d'ailleurs. Quelques mots qui ne cherchent même pas à être polis. Je suis ailleurs. Tant que je n'en ferai pas mention, à personne, l'accident ne sera pas vraiment réel. L'est-il ? Et la sentence ? La nuit a passé. Les équipes médicales ont dû changer. Le diagnostic a probablement évolué. S'il a recouvré ses esprits, il leur aura dit à tous : *Foutez-moi la paix, enlevez-moi cette merde !* Ils l'auront débranché, sorti de la coque. Il sera là, assis sur le bord de sa fenêtre, fumant dans sa blouse blanche qui dévoilera une partie de son dos.

Je passe du rouge sur mes lèvres, du mascara sur mes cils. Ne pas changer mes habitudes. François m'aime ainsi, soignée spécialement pour lui. Il ne faut pas que je lui montre que les choses ont changé, que notre monde s'est fissuré, que je vis au bord de l'abîme et que lui se trouve tout au fond. Non. Les choses doivent être comme elles étaient hier quand nous nous préparions dans notre studio. Alors je parfume mon cou. Il pourra sentir les notes de tubéreuse de mon *Poison* de Dior. Des arômes lactés évoquant ceux de la noix de coco et des notes solaires entre le nectar de miel et l'amande. Dans la boutique où je l'avais acheté, la vendeuse avait récité les quelques mots inscrits sur l'emballage : parfum exotique, vénéneux et érotique. C'était quand je travaillais en tant qu'ouvreuse au Théâtre Saint-Jean. François y jouait Dom Juan les mardis et vendredis soir. *Poison*, je l'ai porté pour lui. Quelle fleur plus puissante que la tubéreuse aurait pu faire tourner la tête à Dom Juan ?

J'aime bien penser à nos débuts. Ça éloigne l'hôpital qui s'approche pourtant dangereusement. Plus que trois stations de RER. J'enfouis mon nez dans mon écharpe, me laisse étourdir par les notes camphrées. François en Dom Juan… C'est ainsi que je l'ai découvert pour la première fois, en dehors des photos en noir et blanc publiées sur internet, en dehors d'un nom qui résonnait vaguement dans ma tête. Ce nom, je l'avais aperçu une fois ou deux en tête d'affiche. Je n'avais encore jamais vu l'acteur sur scène. C'est un mardi soir que je l'ai rencontré pour la première fois. Je m'en souviens parfaitement. C'était l'avant-première de leur spectacle. Le Théâtre Saint-Jean ne proposait que du classique ou du classique revisité par des mises en scène contemporaines, mais ce soir-là, c'était la version la plus authentique de Molière qui se donnait. Je prenais place en tant qu'ouvreuse, en compagnie de Camille, quand il est apparu dans son costume de maître : pantalon bouffant, collerette blanche, cape et chapeau d'époque. Cette vision était incongrue et j'aurais pu en sourire s'il n'avait pas été si intimidant. Je l'ai trouvé indolent, détaché. Oui, détaché de tout. Indifférent aux regards impressionnés que nous posions sur lui. Et beau, cruellement beau avec ce trait noir sous les yeux que lui avait dessiné la maquilleuse. Il s'est adressé à nous comme si nous nous connaissions : « Salut ! L'une d'entre vous aurait du feu ? »

Camille a perdu ses mots, s'est empourprée. Nous ne côtoyions que rarement les comédiens du Théâtre Saint-Jean. Nous avions une telle admiration pour le sixième art que nous étions intimidées par n'importe quel artiste. Devant François ce fut encore pire. Il avait un tel flegme. Une telle assurance… J'ai tendu mon briquet, muette. Il a allumé sa cigarette, m'a rendu le briquet en déclarant : « Bien. Tu seras mon feu. »

Il est sorti dans la rue, inspirant une bouffée libératrice. Derrière lui, Camille et moi échangions des regards aussi atterrés qu'amusés.

« C'est qui ce type ? » a enfin chuchoté Camille.

Nous ne le quittions pas des yeux : son dos, ses cheveux plaqués en arrière par une couche de gel, son chapeau dans une main et sa cigarette dans l'autre. Il fumait, absorbé par le trafic dans la rue.

« C'est Antoine Moutard ? »

Camille parcourait la liste des comédiens sur l'affiche du hall.

« Ou François Louvier… »

Nous avons sorti nos téléphones le plus discrètement possible. Toutes les deux penchées sur nos écrans comme deux gamines en pleine conspiration.

« C'est lui. François Louvier. »

Le beau visage émacié s'affichait sur l'écran, encadré de ses mèches brunes. Nous avons sursauté quand les portes vitrées se sont rouvertes. François a traversé le hall, charriant avec lui un vent frais et quelques senteurs de tabac. Il est passé devant nous sans un regard puis il est reparti comme il était arrivé, par une porte dérobée qui donnait accès aux loges.

Bien. Tu seras mon feu. J'ignorais ce qu'il avait voulu dire. Cette phrase m'a hantée toute la soirée et plus encore. Plus tard je finirais par comprendre. Ça n'avait rien de romantique ni de poétique. Je n'étais pas sa lumière dans la nuit ou quelque connerie de ce genre, non… François paumait toujours son briquet, comme bon nombre de ses affaires, et il avait toujours besoin d'un porteur de feu non loin de lui. C'était plus pragmatique, mais j'ai pris ce rôle très à cœur. Devenir son feu. À partir de ce mardi soir, j'ai eu soin d'avoir toujours dans ma poche un briquet fonctionnel, prêt à être dégainé. Je changeais parfois de couleur, de forme pour le faire sourire, pour lui donner l'opportunité d'une plaisanterie. C'est ainsi que tout a commencé.

5

François

C'est la souffrance qui m'indique que je reviens à moi, que je me suis relevé de l'obscurité, extirpé du sommeil lourd. *Plus jamais*, me dis-je. *Tu lutteras, mon vieux. Plus de morphine.*

J'ai l'impression de mourir chaque fois que je me sens partir. Ne plus flancher. Faire face au mal. Mais c'est terrible, cette sensation d'être comprimé dans un étau de douleur. Je n'ai pas récupéré assez d'énergie pour ouvrir les paupières mais j'entends des voix. Des voix familières. Isa. Tout près. Antoine. Des chuchotements. Isa, Antoine. C'est comme si l'étau de douleur se desserrait enfin un peu. Comme si j'étais de retour au monde. Réel. Vivant. Isa, tout près. Le salon se dessine, perdu entre deux réalités. Ses plantes vertes. *Bon sang, François, la* Maranta leuconeura *en plein soleil ! À quoi tu pensais ?* Isabelle agenouillée devant sa pauvre plante aux feuilles desséchées, qui fait sa moue habituelle. Nez froncé. Sourcils sévères. *J'ai dû la déplacer en passant l'aspirateur.* Je sais qu'elle lève les yeux au ciel. Elle croit que je n'écoute jamais quand elle parle. C'est faux. Je n'ai juste pas sa capacité à retenir la foule de détails dont elle m'abreuve chaque jour. Isabelle est une femme brillante, d'une intelligence hors norme. Elle ne se rend pas compte.

— *Tu te moques de mes plantes comme du reste !*

— *Quel reste ?*

— *Tout, François. Tu te moques de tout.*

— *Absolument pas !*

Si nous avions six années de mariage de moins, je me déplacerais pour l'enlacer, pour emprisonner ses hanches, la faire râler un peu plus et dévorer son cou. Mais nous n'en sommes plus là. Je reste assis sur mon tabouret de bar devant mon rôle à apprendre. Distrait. Absolument pas concentré. Depuis que je couche avec Léo, je n'ai plus la tête à mes rôles. Antoine s'en est vite rendu compte. Ce n'est qu'une question de temps avant qu'Isa comprenne.

« On ne la reverra pas. »

Je ne suis plus tout à fait dans le salon mais je ne suis pas dans la réalité pour autant. J'entends les mots d'Isabelle sans savoir si elle s'adresse à moi. À quel moi ? Celui du souvenir qui a bousillé sa plante verte ? Le moi au corps en lambeaux ?

« On ne la reverra jamais. »

Antoine se racle la gorge. Il n'est pas à l'aise. Je ne sais pas de quoi ils parlent ainsi, tout bas, à mon chevet, mais quand Antoine se gratte la gorge, c'est toujours signe d'un malaise poliment exprimé.

« Elle n'est qu'une gamine amoureuse d'un rêve. Le rêve s'est envolé. Brisé. »

Voilà qu'Isa se met à renifler. Une chaise grince.

« Allez, Isa », chuchote Antoine.

Il s'est levé pour la consoler, je suppose.

« Coucher avec un homme marié, un comédien en tête d'affiche, avec un joli carnet d'adresses, c'est amusant, non ?

— …

— C'est moins amusant de s'occuper d'un infirme. De s'enchaîner à un boulet. Elle va déguerpir. »

Un silence pesant. Isabelle se mouche longuement. Antoine n'ose intervenir qu'au bout de quelques secondes : « Il n'a pas dit ça ?

— Si.

— Tu es sûre ?

— Il a dit *fichu*, c'est fichu, la marche. Plus jamais. »

Un sanglot. Il faut que j'ouvre les yeux maintenant. Je ne sais pas de quoi ils parlent mais quelque chose s'affole dans ma poitrine, endort momentanément la sensation d'être passé entièrement sous le bus, de ne plus avoir un seul os intact. Ce sont mes doigts qui répondent d'abord. Tout engourdis. Ils parviennent quand même à remuer légèrement. Je m'agrippe au drap. Un hoquet m'indique qu'Isabelle m'a vu bouger. La chaise grince. Une main brûlante se pose sur la mienne, la recouvre, la serre. Elle est mouillée. J'ouvre les paupières, lutte contre le léger vertige. Je ne vois qu'elle. Son visage penché sur le mien. Les larmes au bout de son nez. Ses yeux bleu délavé, tristes. Les rides au coin de ses paupières. C'est ma femme. Ma femme Isa. Elle grimace à travers ses larmes. Elle croit qu'elle affiche un sourire. Son sourire, il fait peur. Il affole encore davantage la bête dans ma poitrine.

« François ! »

Elle pose son front contre le mien et ce geste ravive brutalement toutes les douleurs tapies en moi. Ma nuque. Mes épaules. Mes coudes. Mes côtes. Mon dos.

« Isa, lâche-moi. »

Elle serre plus fort, croit me rassurer en s'arrimant ainsi à moi, murmure : « Je suis tellement soulagée de te voir réveillé… J'ai cru que… j'ai cru… »

Antoine l'agrippe par le coude, la fait reculer tout doucement. A-t-il lu la douleur sur mon visage ? A-t-il remarqué comme mes mains se sont mises à tirer sur le drap, comme mes jointures sont blanches, mes yeux affolés ?

« Isa, viens. »

Il la prend par l'épaule, me libère.

« François, ça va ? »

Je ne l'entends pas. Je n'ai d'yeux que pour elle, pour la tristesse infinie au fond de ses yeux. Mes pensées se mélangent. Les fleurs que je lui ai fait livrer sans relâche et son silence radio. Sa présence aujourd'hui. Ses yeux qui ne m'en veulent plus, je crois. Et ses mots… *C'est fichu, la marche. Plus jamais.* L'affolement dans ma poitrine.

« Qu'est-ce que tu as dit, Isa ? »

Ma voix est rauque, cassée par l'intubation. Je la reconnais à peine.

« Qu'est-ce que tu as dit ? je répète plus fort. À propos de moi ? *Fichu*. Tu as dit *fichu* ! »

Ça me lance dans toute la mâchoire, ça redescend dans la nuque, le long des épaules. Ils échangent un regard. Isabelle murmure quelque chose qui ressemble à : « Non. Toi. Moi je ne peux pas. »

Antoine fuit mon regard. Il se gratte la gorge, encore.

« Je vais chercher un médecin, c'est mieux, non ? »

Elle acquiesce, vite. Il déguerpit sans demander son reste. Les yeux bleu délavé d'Isa s'échappent maintenant. Ses larmes continuent de couler en silence.

« Quel jour on est ? »

J'ai perdu toute notion du temps, de l'heure. La lumière est douce. Une lumière matinale. Pour le reste, je ne sais pas depuis combien de temps je suis plongé dans ce sommeil chimique.

« Mardi.

— L'accident a eu lieu hier ?

— Oui.

— Je suis paralysé ?

— Quoi ? »

Elle se fige devant la fenêtre. « Paralysé », je sens que ce n'est pas le mot qui convient. Je peux bouger mes doigts. Ma nuque légèrement. Le reste je ne sais pas, ils m'ont coincé dans cette coque. La bête recommence à s'affoler dans ma poitrine. Mes jambes. Les fourmillements. Je sais ce que ça signifie. Je crois. Est-ce cela ? J'aurais perdu mes jambes ? Pourtant elles sont là. Je les sens. Je sens leur poids qui pèse sur le matelas. J'ai l'impression qu'elles sont légèrement à côté de mon corps, comme décalées, mais peu importe cette légère erreur d'appréciation. Mon cerveau va juste devoir se remettre du choc, se reconnecter doucement.

« Qu'est-ce qu'ils m'ont fait ? L'opération… Pourquoi je ne peux plus bouger ? Pourquoi je suis là-dedans ?

— Ils t'ont fixé une plaque à la colonne.

— Pourquoi ?

— Pour stabiliser ta vertèbre cassée. Éviter que… qu'elle n'aggrave la lésion… qu'elle ne touche la moelle à d'autres endroits. Je crois… je ne suis pas médecin. Tu devrais attendre. Ils vont t'expliquer. »

Elle revient vers moi avec lenteur, comme si elle pesait des tonnes. Elle renifle, prend ma main de nouveau, mais ses yeux sont restés ailleurs, à la fenêtre, au loin.

« La moelle épinière ne peut pas être touchée. Regarde. Regarde mes doigts. »

Je les fais bouger sous sa paume. Elle s'efforce de sourire avec cette même affreuse grimace.

« Tu vois, dis-je.

— Oui. »

Des pas nous indiquent qu'Antoine est de retour. Il est accompagné d'un type en blouse blanche à l'air pressé. Une belle gueule pour sa cinquantaine. Des cheveux blancs clairsemés. Un teint hâlé. Des avant-bras musclés. Il a un œil sur son bipeur, l'autre sur moi, vaguement.

« Bonjour, monsieur Louvier, c'est moi qui vous ai opéré hier. »

Il range le bipeur dans sa poche avant. Il a des mouvements vifs, alertes. Si c'est lui qui m'a opéré alors ça va. Je lui fais confiance. Il décroche une pochette du pied de mon lit, la parcourt du regard rapidement comme pour réviser, relire ses notes, puis la range.

« Bon. Je ne vais pas vous abreuver de jargon médical. On a fait ce qu'il fallait pour immobiliser votre vertèbre cassée et stabiliser votre colonne. Vous avez une plaque qui restera là à vie, dans la colonne vertébrale. La moelle a été touchée. Par un morceau de vertèbre. Je ne vais pas y aller par quatre chemins : vous ne remarcherez plus. On n'est pas là pour nourrir de faux espoirs mais pour vous accompagner au mieux. On va vous orienter vers un centre de rééducation. Vous apprendrez pendant quelques mois à vous adapter à votre nouvelle situation. La vie ne s'arrête pas. Loin de là. L'acceptation est le premier pas vers le rétablissement. »

Il tapote le bout de mon lit. Il tapote mon pied. Insensible. Ce type avec sa gueule de Mark Sloan et son après-rasage au vétiver ne me revient plus, tout à coup.

« Mon équipe se tient à votre disposition pour répondre à vos questions. »

Je ne me choque pas de la suite : de le voir jeter un œil à sa montre, déclarer qu'il est attendu, qu'il repassera plus tard si j'en fais la demande. Il quitte la pièce d'un pas rapide et léger. Je ne suis pas sûr d'avoir compris. D'être dans la réalité. Je fixe mon pied. Mon pied droit, celui que le docteur vient de tapoter. Celui qui n'a pas réagi, pas transmis l'information à mon cerveau. Si je le pouvais, je me redresserais, je me donnerais un coup de poing dans le tibia pour être sûr, mais je suis coincé, immobilisé, avec ce fichu plafond et le haut de la porte dans mon champ de vision. Avec Isa à ma gauche qui ne lâche pas ma main et Antoine qui se mord le poing, tête baissée.

« Isa ? »

Elle me fixe, effarée. Je lis l'appréhension dans ses yeux.

« Oui ?
— Touche mes jambes.
— Pardon ?
— Touche mes jambes, s'il te plaît. »

Elle ne réagit pas, reste ainsi, idiote, les bras ballants.

« Arrête de pleurer, merde ! »

Elle sursaute, étouffe un sanglot. J'ai envie de la secouer. Antoine s'approche, prudent.

« François, écoute…
— Touche mes jambes. Pose ta main dessus. »

Il s'exécute. Parce que Isa est comme une poupée de chiffon, toute molle, à deux doigts de s'effondrer. Parce qu'il a toujours fait ce que je lui demandais. Me couvrir quand j'étais avec Léo. Mentir pour moi. Protéger mes arrières.

« Comme ça ? » demande-t-il.

Il a les deux mains sur ma jambe droite, il la presse avec délicatesse.

« Plus fort.
— Tu es sûr ?
— Et l'autre ! L'autre aussi ! Mais appuie. Vraiment. Je suis sûr que je les sens encore. Je les sens qui pèsent, qui sont là, sur ce lit. »

Alors Antoine appuie, tape comme je lui indique, pince.

« Tu ne pinces pas vraiment ! Pince, je te dis ! »

J'ordonne dans le vide. Antoine a arrêté son manège, s'est redressé.

« Merde, tu fais chier ! Tu ne joues pas le jeu ! Tu n'essaies pas vraiment ! »

Je sens quelque chose se presser au fond de ma gorge. Quelque chose d'inhabituel. Des larmes. Pourquoi ? Ce n'est pas comme si… Ce docteur Sloan, il était tellement pressé, comment être sûr qu'il n'a pas lu de travers, lu le mauvais dossier, tiens, il n'a même pas mentionné mon nom ni mon âge ! Je suis certain que ça va revenir. Si j'avais perdu mes jambes, comme il le prétend, je n'aurais pas cette sensation qu'elles sont là, devant moi, légèrement à côté du reste de mon corps, un peu plus à gauche. Cette curieuse sensation d'être déboîté, le corps ici et les jambes là-bas. Mais les jambes quelque part. Les jambes. Mes jambes. Je les sens, bon sang !

Isa me prend de court. Elle a séché ses larmes. S'est redressée. Sa voix est plus sûre, plus dure aussi. Amère.

« T'en fais pas, va. J'ai signé pour le meilleur et pour le pire, pas vrai ? Dans la santé comme dans la maladie. C'est ça, le mariage. Traverser les épreuves ensemble. C'est pas du cul. C'est pas une vulgaire histoire de cul. »

Elle détourne le regard comme si mes pupilles la brûlaient. Elle m'en veut encore. Elle est toujours blessée, déchirée. Le sera toujours un peu. Mais elle porte son alliance. Je le remarque maintenant. L'autre jour, quand je lui ai annoncé que je partais, que notre mariage prenait fin, elle l'a jetée à travers le salon. Elle ne pleurait pas. Elle faisait front, amère. Elle criait un peu. Les larmes sont venues après, quand la porte a claqué. Je le sais parce que je suis resté plusieurs minutes derrière, sur le palier. Je l'ai entendue sangloter puis chercher l'alliance, la déposer dans le vase de l'entrée. Elle ne l'a pas remise à son doigt. Chaque fois que je l'ai croisée ensuite, au Théâtre Saint-Jean ou ailleurs, elle ne la portait plus. Mais ce matin, elle la porte.

Je n'ai plus de jambes, je crois… J'ai une plaque de fer dans le dos. Des douleurs à me faire venir les larmes. Léo n'est pas venue. Est-elle seulement au courant ? J'étais sur le point de déménager, de vivre avec elle, de l'aider à monter sur scène, mais je suis sur un lit d'hôpital, sanglé comme un rosbif. Je n'ai plus de jambes… Et ma femme porte son alliance. Je vais aller dans un centre de rééducation. Quand ? Pourquoi ? Qu'a-t-il dit déjà ?

Pourquoi je pleure ?

Isabelle passe ses mains sur mes joues, essuie les larmes, dépose un baiser sur mes lèvres. Un minuscule baiser sec. Plein de rancœur.

« Allez, on fera face. »

Antoine s'éclipse dans le couloir, nous laisse seuls, Isa et moi.

6

Éléonore

Ils le lui ont annoncé. Comme ça, de but en blanc. Sans le préparer. Il paraît que le chirurgien est entré dans la chambre entre deux patients, pressé, indifférent, et qu'il lui a dit : « Je ne vais pas y aller par quatre chemins : vous ne remarcherez plus. » Il paraît que François a pleuré, qu'il est avec Isabelle, qu'il vaut mieux que je ne le rejoigne pas tout de suite.

Antoine me raconte tout cela au-dessus d'un café serré, à la cafétéria du hall de l'hôpital. Il est pâle, fatigué, les yeux cernés. Je ne l'ai jamais vu comme ça. Il est voûté au-dessus de son gobelet en carton. Dans la vitre, j'observe nos deux silhouettes et j'ai envie de partir en courant. Je renvoie une image erronée, je m'en aperçois en détaillant mon reflet : maquillée, parfumée, apprêtée, comme si j'allais prendre un verre avec un ami, comme si je n'étais pas tout à fait effondrée, comme si je prenais tout cela avec légèreté. Je parie qu'Isabelle fait bonne figure, elle, avec ses cheveux sales et non peignés, ses vêtements mal assortis qu'elle aura enfilés au saut du lit, ses rides qui accentueront sa fatigue mentale. Moi j'ai l'air d'une midinette inconséquente, frivole et insensible.

C'est pour ça qu'Antoine vient de m'éconduire, j'en suis sûre. C'est pour ça qu'il vient de me lancer froidement : « Il vaut mieux que tu reviennes plus tard. Demain. Demain, c'est bien. »

Et je ne parviens à rien répondre car le moindre mot me ferait éclater en sanglots. Alors il s'imaginerait que je joue la comédie pour me rattraper. Il se frotte les tempes. Il fait vieux. Il fait ses quarante-deux ans. Jusqu'alors je n'avais jamais réalisé le fossé qui nous séparait lui et moi, François et moi.

« Tu ne devais pas passer un casting ?

— Quoi ?

— Ce matin. Tu devais passer un casting pour la pièce *Hilary mon amour*. »

J'esquisse un signe de la main. Je m'en fous. De cette pièce. Du théâtre. De pas mal de choses.

« Tu devrais y aller. »

Je reste interdite face à lui.

« Quoi ?

— C'est ce que tu voulais, non, te lancer sur scène ?

— Non. Enfin si… je ne sais pas. François pensait que ça serait bien…

— François a beaucoup insisté auprès de Théo pour te donner une chance de passer l'audition. »

Tout cela me paraît dérisoire. Je ne sais plus très bien ce qu'il essaie de faire : m'éloigner d'ici, de François, d'Isabelle ? Ou me protéger, d'une certaine façon ?

« Tu as encore le temps d'y aller. Il n'est que dix heures trente.

— Je veux juste… Je voudrais voir François.

— Il est toujours en réa. Tu iras le voir plus tard, quand il sera en chambre. Je lui dirai que tu es passée. »

Je secoue la tête. Les larmes sont là, tout près. Il les voit. Il repousse son gobelet de café comme si cela l'écœurait tout à coup.

« Écoute, Léo, je gère, OK ?

— Ça veut dire quoi ?

— Je ne peux pas ajouter une scène de ménage à tout ça, tu vois ? »

Je me mords la lèvre. Je ne veux pas pleurer. Pas maintenant, devant lui. Il pose une main sur mon bras comme pour se faire pardonner sa dureté.

« Va passer ton casting. Laisse-les, Isa et lui. Ils ont besoin de se parler. Je lui dirai que tu es venue. Que tu reviendras. D'accord ? Tu veux que je lui laisse un message ? Tu veux écrire un mot ? »

Il fouille dans ses poches à la recherche d'un ticket de caisse, de n'importe quoi où griffonner. Je secoue la tête, déglutis. Puis je dénoue mon écharpe. L'écharpe imprégnée de mon parfum. Ça lui fera du bien, je crois.

« Donne-lui ça. »

Antoine la saisit, la dépose sur ses genoux.

« Promis. »

Je me lève sans trop savoir pourquoi. Je n'ai aucune envie d'aller à ce casting. Je ne veux être nulle part ailleurs qu'au chevet de François. Être là, juste là, même sans trouver le moindre mot à dire.

« Allez, file. Passe l'audition. Vide-toi la tête pour quelques heures. »

C'est lui, tout à coup, qui me paraît inconséquent. Je pourrais le lui dire mais j'ai la désagréable impression d'être chassée comme une gamine, avec hâte : *Allez, file, va jouer ailleurs. Laisse les adultes régler leurs problèmes entre eux.* Et c'est ça, précisément, qui m'empêche de répliquer, de me comporter en adulte, d'imposer mon choix, d'exiger de voir François. Je baisse la tête, me dirige vers la sortie sous le sourire forcé d'Antoine. Dehors, le vent glacial vient fouetter mon cou. J'ai laissé mon écharpe à Antoine. Je me sens nue, fragile, plus brisée que jamais.

Qu'est-ce que je fais là ? Pourquoi j'ai écouté Antoine ? Je me pose la question en boucle. Je me la pose tout au long de cette maudite matinée. Dans le RER qui m'éloigne de l'hôpital. À chacun des pas qui me conduisent comme une automate jusqu'au local de Théo, ce vague ami de François. Je me la pose encore en sonnant à l'interphone et me présentant, en chaussant un semblant de sourire sur mes lèvres gercées. Je ne connais pas Théo, je ne l'ai jamais vu. Pourtant il me tutoie, me prend par l'épaule pour me pousser en avant.

« Tu es là finalement ? Je croyais que tu avais un imprévu…

— Je suis là. »

C'est un homme de cinquante ans qui s'habille comme s'il en avait vingt. Chemise à carreaux ouverte sur un tee-shirt blanc, jean troué, baskets.

« Allez, viens, on est en retard. Je vais te faire passer entre les deux autres. »

Il me fait pénétrer dans un hangar sombre et humide, une vaste pièce sans chauffage. Je regrette déjà. Au premier pas que je fais, je regrette. Je voudrais partir, m'enfuir, n'avoir jamais écouté Antoine, j'aurais dû rester dans le couloir face à la chambre de François pour pouvoir m'y glisser quand Isa partirait.

« Tu as une chaise là pour patienter. »

Je rejoins deux autres filles de mon âge environ qui attendent sur des chaises en plastique. Des étudiantes en art. Cheveux bleus pour l'une, roses pour l'autre. Le rôle exigeait-il qu'on ait les cheveux teints d'une certaine façon ? Je ne crois pas. Mais tout me paraît si loin désormais. Il y a à peine quarante-huit heures, je récitais mes répliques pendant que François formait des ronds de fumée avec sa bouche, à demi nu dans mon lit.

— *Hilary est une crétine. Une stupide jeune fille en quête d'attention. Tu devrais adopter une voix de crécelle. Forcer le trait.*

— *J'aime pas ça…*

— *Tu te prends trop au sérieux. Ce n'est qu'un boulevard. Tu ne dois pas hésiter à tourner ton personnage en ridicule.*

— *Je ne suis pas sûre d'être faite pour ça, la scène.*

J'avais la frousse, François le sentait. Il aurait pu me dire : *D'accord, laisse tomber alors*. Mais il était persuadé qu'être sur les planches me rendrait vivante, complète, comme lui-même l'était. Il pensait qu'une fois ma peur surmontée, sous les projecteurs, je gagnerais en estime, je prendrais dix ans, je cesserais de douter de moi à tout va. C'est pour cela qu'il me poussait.

Au fond du hangar, à peine masqué derrière un paravent, Théo reprend sa place de directeur de casting face à une candidate dont je devine la silhouette.

« Allez, Manon, recommence. »

Une voix claire, sûre d'elle, s'élève. Elle force le trait, elle. Elle ose. Elle connaît les répliques par cœur. Elle ne vient pas de laisser seul dans un lit d'hôpital l'homme pour qui elle pourrait mourir. Pour elle, c'est une matinée normale. Elle a quitté son lit, son homme ou sa femme, va savoir, a avalé un café, a relu ses répliques tout en croquant dans une biscotte beurrée. Puis elle a pris le temps de se laver les cheveux, a peut-être emporté un bouquin dans sa besace pour lire dans le métro, est arrivée ici en avance, confiante. Et maintenant elle est là, à la place où elle doit être, l'esprit tout entier tourné vers ce rôle, vers ce rêve de monter sur scène, d'interpréter cette pin-up d'Hilary. Moi je n'ai rien à faire là. L'homme que j'aime est hospitalisé, sans moi. Je n'ai pas une once de talent pour être comédienne. D'ailleurs, ai-je vraiment souhaité l'être un jour ou ai-je cédé au caprice de François, à sa lubie soudaine de me faire monter sur les planches ? Je ne sais plus…

Je triture mon briquet dans ma poche. J'aimerais fumer, m'emplir de nicotine, m'offrir un répit et m'éclaircir les idées… Au lieu de quoi, je sors mon téléphone de ma poche, je tape un message à Antoine. *Pourquoi tu m'as fait partir ???* Trois points d'interrogation, l'expression de mon désarroi, de mon incompréhension. J'attends les points de suspension qui m'indiqueraient qu'il est en train de répondre mais le message reste notifié « non lu » et la boule dans ma gorge grossit, m'empêchant presque de respirer.

« C'est ton premier casting ? »

La fille à ma gauche, celle aux cheveux bleus, est penchée vers moi, un sourire amical aux lèvres.

« Pardon ?

— T'as l'air stressée. C'est ton premier casting ?

— Ouais… »

Je suis incapable de prononcer un autre mot. Mes yeux ne quittent pas l'écran, guettent la réponse d'Antoine. Mes doigts tremblent.

« Je devrais peut-être partir. »

La fille me regarde sans comprendre.

« Quoi ? Attends, ça va être ton tour. C'est normal d'être stressée. Je suis toujours stressée et c'est mon onzième casting. Ce serait dommage de partir maintenant. »

J'ai ramené mon manteau contre moi. Je suis sur le bord de la chaise. Je vais partir. Je dois partir. C'est à ce moment qu'un message arrive sur mon téléphone. Antoine. *Je ne sais pas…* Le bas de l'écran indique « Antoine est en train de taper un message ». J'attends la suite. Il y a forcément une suite… À côté de moi, la fille aux cheveux bleus chuchote : « Ça va ? », mais je ne l'entends pas. Une deuxième phrase arrive : *Isa peut gérer ça.* Je réponds vite. Mes doigts pianotent presque tout seuls. *Gérer quoi ??* Encore ces fichus points d'interrogation qui signent mon désespoir affolé. Dans le fond du hangar, une chaise racle le sol. Théo parle. J'ai l'impression que le passage de Manon prend déjà fin. Dans un instant, après l'avoir raccompagnée, il m'appellera… Mais je ne peux pas bouger. Toute mon attention est centrée sur l'écran de mon téléphone. La réponse d'Antoine qui arrive : *Gérer tout.* Ça ne veut rien dire. J'ai envie de le crier. Je m'apprête à lui répondre *Quoi ?* Mais un autre message arrive, suivi d'un autre, comme si Antoine les tapait au fil de ses pensées, sans réfléchir :

Le centre de rééducation.

Le quotidien à venir.

Ce sera une vie entre quatre murs, entre parenthèses.

Plus loin, Théo raccompagne la jeune fille. Ils traversent le hangar. Il me jette un regard, m'adresse un signe du menton qui signifie : *À toi, prépare-toi.* J'en ai à peine conscience. Je tape à toute vitesse : *Qu'est-ce que tu en sais ??*

Nos messages s'entrecroisent, désordonnés, brouillons :

Isa a la carrure pour ça.

Et moi je suis bonne à rien ?

Arrête. Tu sais bien…
Isa a signé pour le
meilleur et le pire…
Tu n'as pas idée
de ce qui t'attend Léo…

J'arrive. Je viens le voir
dès que j'ai expédié
ce casting à la con.

Une main sur mon épaule. Je sursaute. Théo en face de moi, légèrement agacé :

« On y va ou on n'y va pas ? On a déjà pris assez de retard. »

Je range le téléphone dans ma poche, déglutis. *On n'y va pas. Je suis désolée. François est à l'hôpital.* Voilà ce que je devrais répondre au lieu d'acquiescer bêtement. François a raison. Je suis incapable de m'imposer. Et je ne suis pas certaine que monter sur scène et devenir comédienne me donne davantage d'assurance. Je suis une cause perdue. Mais je n'abandonnerai pas François. Je ne laisserai pas Isabelle ou Antoine penser que je n'ai pas les épaules, que ma jeunesse m'empêche de prendre soin de lui. J'ai eu un instant de faiblesse cette nuit, c'est vrai, devant son corps inanimé. J'ai fui. Mais c'était le choc. C'est passé. Je sais ce que je dois faire maintenant. Expédier ce casting. Foncer dans le métro puis le RER. Me rendre à l'hôpital. Exiger de voir François, sans passer par Antoine. M'adresser directement à l'accueil. Me présenter dans sa chambre, peu importe qu'Isabelle y soit, peu importent les regards qu'elle ou l'équipe soignante poseront sur moi. Montrer à François que je suis là, que je serai là, que je ne disparaîtrai pas.

« Allez, on se dépêche. »

Théo me presse. Tout en lui est insupportable : son look ridicule, son air condescendant, son irritation. Pourtant je m'exécute en silence. Plus vite j'en aurai terminé, plus vite je serai à l'hôpital.

7

François

Léo n'est pas venue. Je suis dans cette chambre et elle n'est pas là. L'accident a eu lieu hier. Léo n'a pas daigné rappliquer.

Isa est partie se prendre un café au distributeur. Ses yeux bleu délavé ont disparu. J'en suis presque soulagé. C'est assez difficile de faire face à ses émotions sans avoir en plus à supporter celles des autres. Celles de la femme qu'on a trompée, quittée et qui est pourtant la seule présente, en ce moment critique. Par pitié, en souvenir de nos années communes, par culpabilité à l'idée de m'abandonner… Sans doute un mélange de tout cela. C'est plus insultant que le reste encore… Je pensais que Léo viendrait. Elle avait pourtant juré…

— *Tu m'aimes ?*

— *Je t'aime.*

— *Qu'est-ce que t'en sais de ce que ça veut dire aimer ? T'as tout juste vingt-quatre ans.*

Je la défiais dans ce bar enfumé, balayé de lumières rouges, dans ce petit couloir où nous nous étions isolés. Parce que là-bas, à la table, il y avait mes amis, nos amis à Isabelle et moi. Parce que je ne pouvais pas embrasser Léo là-bas, glisser mes mains dans son dos, empoigner ses fesses. Nous étions donc là, dans ce corridor minuscule qui menait aux toilettes, croyant bêtement que les autres n'avaient rien compris à notre petit manège. Ça se voyait comme le nez au milieu de la figure que je la désirais, que c'était une lutte permanente de ne pas la toucher, de ne pas mordre son cou.

— *Je le sais.*

Elle était là, avec son petit visage torturé, ses grands yeux noirs qui brillaient si fort. Ils me criaient qu'elle m'aimait. Elle n'avait pas besoin de le dire, de le répéter. Je le savais. Je le sentais. Mais j'aimais ça, jouer avec elle, la pousser dans ses retranchements. Ça m'excitait, et elle, je crois que ça la rendait encore plus amoureuse.

— *C'est pas satisfaisant comme réponse.*

J'ai fait mine de partir, de la planter dans le couloir. Détestable. Son visage a été traversé par un vent de panique. Elle a saisi ma main, lâché dans un souffle :

— *S'il t'arrivait quoi que ce soit, je crois bien que je mourrais.*

Je ne m'attendais pas à ça. Elle a senti qu'elle me troublait. Ses yeux ont flanché, elle ne savait pas comment réagir. En dire plus ?

— *Ah ouais ?* j'ai dit en feignant le détachement.

— *Je préférerais mourir que vivre sans toi.*

J'ai souri, satisfait.

— *Viens là.*

Je l'ai attirée à moi avec violence. J'ai saisi son visage à deux mains. Je l'ai bouffée. Elle ne le soupçonnait pas mais à l'intérieur de moi tout s'affolait.

Cette nana avec sa candeur, sa fraîcheur, son innocence, était en train de me rendre dingue. J'étais persuadé d'une chose : si elle s'en apercevait, je me perdrais. Je l'ai crue ce soir-là. De retour à notre table, entouré de mes amis de la troupe de théâtre, je me sentais surpuissant. Invincible. Je la regardais de l'autre côté de la table, à côté de son amie Camille, celle qui était trop timide pour aligner trois mots. Léo avait les mains tremblantes en reprenant son mojito, elle n'osait plus regarder personne. Alors j'ai cru qu'elle disait vrai… Qu'elle m'aimait ainsi. Au point de mourir.

Pourtant je suis dans ce lit d'hôpital, avec une plaque accrochée à ma colonne vertébrale, des médecins qui racontent n'importe quoi, me condamnent, mon ex-femme qui pleure comme une Madeleine, des douleurs à vouloir me jeter par la fenêtre, et elle n'est pas là.

À côté de moi une infirmière m'explique quelque chose, j'écoute à moitié. Elle évoque un matelas à air pour éviter les escarres tout le temps que je devrai rester immobilisé sur le dos. Un matelas qui se gonfle et se dégonfle régulièrement pour éviter de comprimer une partie de mon corps. C'est mieux pour mon confort aussi. Ça évitera quelques douleurs. La pompe à morphine, le petit bouton pour libérer une dose supplémentaire.

« Si la douleur devient insupportable. Mais n'en abusez pas.

— Le bouton est là ? »

Elle confirme. J'actionne la pompe à morphine. J'en ai assez vu pour aujourd'hui. Pas envie de supporter les douleurs. Pas envie de retrouver les yeux délavés d'Isa. Pas envie… J'appuie une fois, deux fois, trois fois. L'infirmière me fait les gros yeux.

« On a limité le dosage, monsieur Louvier ! Je vous l'ai dit, il ne faut pas en abuser. »

Ses gros yeux. Elle me prend pour un gosse. À la porte, une silhouette se dessine. Mon cœur se serre. Espère. Mais ce n'est qu'Antoine. Il a les cheveux gras. Une sale tronche. Je ne l'ai pas remarqué tout à l'heure, mais maintenant oui.

« Quoi ? »

Il recule d'un pas à mon ton agressif. J'ai envie qu'ils me fichent la paix, tous. Qu'ils disparaissent.

« Elle a laissé ça pour toi. »

Je reconnais alors l'étoffe de laine marron. Je l'ai déjà vue à son cou. Ses mèches brunes emprisonnées à l'intérieur. Son menton qu'elle dissimulait dedans quand elle était gênée ou intimidée. Antoine s'approche, dépose l'écharpe sur mon torse. Le parfum m'emplit tout à coup. Son parfum. Il se mêlait à l'odeur de nos clopes, à celle de nos peaux, de notre transpiration, de nos fluides. Ce parfum, c'est elle tout entière. C'est quelque chose qui pourrait me faire chialer sans crier gare. Je ferme les yeux, serre les dents.

« Laisse-moi dormir. »

Antoine observe un temps de silence.

« Elle va venir. Plus tard.

— Laisse-moi. »

Je ne sais pas comment il le prend. Je garde les paupières fermées. Dans mon corps, je sens la morphine qui commence doucement à faire son effet. La somnolence revient. Une légère vague de nausée aussi qui s'estompera quand je serai parti dans ce sommeil chimique. Les douleurs se font plus diffuses. Antoine ajoute d'autres choses à propos d'Éléonore. Cafétéria. Hall. Partir. Théo. Revenir. Je ne saisis rien. Je n'essaie même pas. J'accueille avec soulagement l'oubli.

8

Éléonore

Au moment où je franchis le hall de l'hôpital, fonçant tête baissée, le souffle court, je repère Antoine. Je fais mine de ne pas le voir. Pas maintenant. J'ai ruminé ma colère pendant tout cet interminable trajet en transports en commun. Le troisième de la journée. Pas pour rien celui-là. Je me le suis répété comme une ritournelle : *Quoi qu'il arrive, qu'Isabelle soit là ou non, tu prends place à côté de lui, dans sa chambre. Tu as ta place. Il t'a choisie.* Antoine m'a écrit quelques messages que j'ai tous laissés dans le vide.

Léo, ne le prends pas comme ça.
J'essaie juste de rendre les choses moins difficiles.
Tu es en route ?
Tu arrives ?
Il dort.

Alors quand il se dirige vers moi, j'accélère encore le pas. Je vise le guichet d'accueil sans lui jeter un regard, mais je comprends qu'il m'interceptera avant. Il n'y manque pas. Sa main se referme sur mon bras.

« Léo. »

Je me dégage de sa prise.

« Tu m'en veux. Je pensais bien faire. C'était maladroit de ma part, désolé… Je pensais… Je pensais que c'était mieux pour toi. »

Devant mon mutisme obstiné, il ajoute, plus bas : « Il n'émerge pas. Ça fait deux heures trente. »

Il réussit à semer un peu de panique en moi, à lever ma colère.

« Comment ça ?

— Il a actionné la pompe à morphine pour se rendormir. L'infirmière dit que c'est normal. Il préfère oublier que faire face. Elle dit que c'est normal cette phase de déni. »

Je secoue la tête, franchement agacée. Je lui en veux encore pour ce matin, de m'avoir chassée, de m'avoir privée de François ne serait-ce qu'une poignée d'heures. J'en veux à toutes ces infirmières qui débitent des stupidités sans connaître François le moins du monde.

« Comment ça a été ton casting ?

— Merdique. »

Pire que merdique en réalité. Pathétique. J'ai oublié une réplique sur deux. Je n'ai pas retrouvé le bon ton, celui que François m'avait incitée à prendre, avec ces mimiques stupides, ces tics de langage, ces fins de phrases traînantes. L'ai-je seulement eu un jour ? Hilary m'a toujours irritée. Je n'ai jamais cru à ce rôle. Je n'aurais jamais dû me présenter ce matin. Théo ne masquait pas son désespoir face à moi. Il m'a laissée débiter une scène entière simplement parce que j'étais envoyée par François. Si j'avais été une candidate lambda, il m'aurait interrompue à coups de « ça ira, merci ». J'aurais préféré qu'il le fasse, que je cesse de m'embourber dans la honte de moi-même, dans l'humiliation. J'ai fini par essuyer une larme d'un revers de main, déclarer : « Il vaut mieux que j'arrête, non ? »

Il n'a pas osé dire : *Oui, en effet*. Il m'a gratifiée d'un sourire hypocrite : « Je t'en prie, poursuis. »

Mais je me suis levée en secouant la tête.

« Il vaut mieux que je parte. »

Je me suis excusée. De quoi au juste ? Je ne savais pas. De lui avoir fait perdre son temps, d'avoir cru l'espace d'une seconde que je pouvais endosser le costume de comédienne, de m'être laissé berner par François et sa vision déformée de moi. D'être ici au lieu de là-bas. *Ils lui ont annoncé qu'il ne remarcherait plus jamais et je n'étais pas là.* Théo a voulu me raccompagner. J'ai refusé. Me suis excusée de nouveau. Il a vu mes larmes, n'a rien dit d'autre que : « Ciao ! » J'ai filé dans la rue. Je me suis effondrée sur un banc.

« Tu veux monter le voir ? Isa est partie se reposer. Viens, je t'accompagne. »

Je me sens si stupide, tellement en dessous de tout que je serais capable d'éclater en sanglots de nouveau, devant Antoine. Alors j'acquiesce, je le laisse me guider jusqu'à l'ascenseur, appuyer sur un bouton.

« Il a quitté la réanimation. Isabelle lui a obtenu une chambre individuelle. »

Dans le miroir de l'ascenseur je croise mon reflet. Mon mascara a coulé, laissant des traces noires sur mes joues. Le rouge à lèvres a disparu, effacé d'un geste rageur à la sortie du casting. Je suis vidée de toute énergie, de toute volonté. Je m'appuie contre la paroi, en proie à une fatigue immense. Antoine hésite à poser une main sur mon épaule, se ravise.

« Je t'accompagne à la porte de sa chambre et je te laisse. J'irai te chercher à manger avant de partir, d'accord ? »

Alors les larmes s'échappent. La douceur d'Antoine. Sa prévenance. Le soulagement d'être là, tout près de François. Antoine chuchote : « Allez, t'en fais pas. »

Je sais ce qu'il pense. Il songe que je n'ai pas les épaules. Pas comme Isa. Que je ne tiendrai pas le choc, ni maintenant ni plus tard, quand il faudra porter François à bout de bras, quand il n'y aura plus les infirmières, plus personne pour m'aider. Moi aussi je l'ai pensé. Je le pense depuis des années : je ne vaux pas grand-chose. J'ai besoin de m'arrimer à plus fort que moi. Ça a été François. Mais je ne peux pas ployer. Je ne peux pas donner raison à Antoine. À Isabelle et à tous ces gens qui se sont mis à chuchoter sur mon passage quand ils ont su que François allait vivre avec moi : *Encore une opportuniste prête à vendre son cul pour monter sur les planches !*

Les portes de l'ascenseur s'ouvrent. Antoine me pousse en avant. Nous faisons quelques pas ensemble. Il tend le bras, m'indique une chambre, ajoute quelques mots que je n'entends pas.

« Antoine, attends. »

Mais je l'ai murmuré si bas qu'il ne m'a pas entendue. Il est reparti. Et moi je ne me suis jamais sentie à ce point seule et désemparée.

Je ne suis pas aussi surprise que la veille en découvrant le corps de François figé dans ce lit, relié à ces machines. Je lui trouve même meilleure mine. On lui a retiré sa charlotte. Ses cheveux tombent autour de son visage, me le font paraître plus familier. J'approche une chaise de son lit à petits pas, comme si je n'avais pas vraiment le droit d'être là, comme si on allait me chasser en me découvrant auprès de lui. Je m'y laisse tomber tout en jetant un coup d'œil à la porte que j'ai soigneusement fermée. Ça va mieux. Cette porte close entre nous et le reste du monde. Les bruits me parviennent de façon étouffée. Je respire plus légèrement. Je me défais de mon manteau, dépose mon sac à main sur le sol. J'hésite quelques secondes puis murmure tout bas : « Je suis là. »

Je ne sais pas s'il m'entend. On dit que les personnes plongées dans le coma peuvent entendre leurs proches, mais qu'en est-il de quelqu'un qui a forcé sur la morphine ?

« Je suis désolée, j'aurais dû être là ce matin quand ils t'ont annoncé la… enfin tu vois… »

Je me sens ridicule à parler toute seule ainsi. Alors je me tais. Je reste figée sur ma chaise. Il me faut de longues minutes avant d'oser tendre ma main vers lui, doucement, avant d'oser ce contact physique. Parce que ses poignets sont percés de cathéters, parce que j'ai peur de lui faire mal, peur de le réveiller, de ne savoir faire face. Parce que je doute d'en avoir le droit. Pourtant, quand ma main rencontre son bras, c'est un immense soulagement qui m'envahit. Un grand calme. Mes doigts sur sa peau. Les bips des machines qui s'atténuent dans ma tête. Le va-et-vient des voitures que j'aperçois sur le parking, à travers la fenêtre, et qui me berce. Cette porte fermée. Mon écharpe que je vois, posée sur son torse, sous le drap. Je resserre mes doigts autour de son bras, le caresse doucement.

« Je suis là. Je ne pars plus. Promis. »

Un son étouffé en provenance de mon sac à main m'indique que la batterie de mon téléphone entre en phase critique. Mon chargeur est à l'appartement, probablement au pied du lit. Tant mieux. Le reste du monde peut bien tourner sans moi. Je n'ai rien de mieux à faire, personne dont j'attende des nouvelles, aucun autre endroit où être. Je suis ici, tout entière auprès de François. Je pose mes lèvres sur son bras, tente d'y retrouver son odeur. Il l'a perdue, bien sûr. Il sent l'hôpital. Mais il y a quelque chose de familier dans ce contact : le grain de sa peau, le relief de ses veines, la douceur de ses poils. C'est lui. Je reprends mon souffle. Les événements de ces deux derniers jours se font plus lointains. Le message vocal. L'accident. La nuit dans la salle d'attente. Le casting humiliant. Peu importe. D'autres épreuves nous attendent. Douloureuses. Délicates. Pas des moindres. Peu importe. Dans ces baisers que je dépose sur son bras, il y a mille promesses. Je ne partirai plus. Je le lui ai juré.

François

Elle est venue. Elle est là. Je crois. Il m'a semblé apercevoir son visage tout près, dans un angle de mon champ de vision. Tout droit il y a le plafond et la télévision. À gauche, une zone de lumière, probablement une fenêtre. Je ne peux pas tourner la tête. À droite, c'est là qu'est son visage. Il est barbouillé. Je crois qu'elle a pleuré. Elle a l'air fatiguée. Elle est là, je crois… Suis-je en train de rêver ? Peut-être… La morphine m'empêche d'émerger, me fait halluciner. Si je le voulais, peut-être pourrais-je tenter de revenir à moi mais… *Fichu fichu…* À quoi bon ?

Éléonore

La nuit tombe par la fenêtre. Un ciel bleu-noir sans étoiles, sans nuages non plus. Sur le parking, le ballet des voitures s'est calmé. Les visites seront bientôt terminées. Les lampadaires se sont allumés. Au loin, sur le boulevard, les phares des voitures et quelques feux de stop. La circulation semble dense. Tout cela me semble loin, si loin. Ici je suis à l'abri. Cinq heures que je suis là, au chevet de François, immobile sur cette chaise, ma main contre son bras. Je n'ai pas fait un pas, pas songé à aller aux toilettes ou à me passer de l'eau sur le visage dans la minuscule salle de bains de la chambre. J'ai avalé le sandwich jambon-beurre qu'Antoine m'a rapporté, j'ai laissé la tarte au citron meringuée dans son sachet. Je n'ai pas vraiment retrouvé l'appétit. Pas encore. Le petit gobelet de café a refroidi. Je n'y ai pas touché non plus. Cinq heures que je suis plongée dans ce drôle d'état second, calme et apaisé. Les pas et le roulement des chariots dans le couloir me bercent.

Les bips des machines de François me rassurent. Si je reste ici, ça ira. Je me répète cette phrase en boucle. J'appréhende le moment où on me mettra dehors, où je retrouverai le vent glacial de la fin octobre, les gens, le bruit, l'agitation.

« Vous voulez mettre la télévision ? a demandé l'infirmière qui est passée plus tôt.

— Non. »

Je l'ai regardée s'agiter, vérifier l'écran des machines, noter quelque chose sur un calepin, soulever une paupière de François, prendre sa température en lui glissant un thermomètre dans l'oreille, et sa tension. Puis elle a décroché une petite poche en plastique située sur le côté du lit.

« Qu'est-ce que c'est ? »

Je craignais de comprendre. Elle a confirmé mes doutes : « Une sonde urinaire. Je change les poches.

— C'est… temporaire ?

— Tout dépendra. »

Je n'ai pas voulu l'interroger davantage. J'ai senti la peur qui revenait, ainsi que des pensées terribles. Incontinent. À quarante-deux ans. Sans l'usage de ses jambes et incontinent. *Tant qu'il est ici, ça ira.* La phrase est revenue, une ritournelle. *Ils prennent soin de lui. Tant qu'il est ici, ça ira.* L'infirmière a continué de s'agiter autour du lit, a remis une poche vide. *Et les selles, c'est pareil ? Bon sang, arrête !* J'ai fait le vide dans ma tête, j'ai serré le bras de François avec plus de force. C'est là qu'il m'a semblé le voir cligner des yeux. Brièvement. J'ai cru apercevoir ses pupilles mais ça n'a duré qu'une paire de secondes. Un temps infime qui m'a fait revenir à l'essentiel.

François vivant. Évidemment. Peu importe le reste. Incontinent, ce n'est pas un drame. On peut vivre en fauteuil. J'ai pressé son bras de nouveau, espérant provoquer une autre réaction. Rien.

« Je vous allume le néon quand même ? »

L'infirmière était sur le point de partir. Le soleil était couché. Bientôt, François et moi serions plongés dans l'obscurité. J'aurais préféré mais j'ai acquiescé et elle a allumé.

Maintenant j'entends les chariots dans le couloir et les pas du personnel soignant. C'est l'heure de la distribution des repas. Dans un instant, la porte s'ouvrira, venant troubler notre bulle. On m'annoncera que l'heure de fin des visites est arrivée. Alors il faudra affronter le reste du monde. Celui qui tourne encore. Les transports en commun bondés, l'avenue de Flandre à pied, mon studio vide et glacial. La solitude. J'ai le souffle coupé rien qu'à y songer. *Ici ça va, ailleurs non.*

Je suis en train de remettre mon manteau, la pendule indique dix-huit heures trente quand la porte claque contre le mur et qu'un dos s'engouffre à reculons, suivi d'un chariot.

« Non, indique quelqu'un dans le couloir. Pas de repas pour la 515. M. Louvier est nourri par sonde. »

La silhouette m'apparaît. Une infirmière cadre si j'en juge le ton autoritaire, son badge accroché à la poitrine et sa façon de m'interpeller : « Mademoiselle Lambray ?

— Oui. »

Je me lève. La lumière vive du couloir a envahi notre bulle, ainsi que les odeurs de purée industrielle et de jambon sous vide. Elle me rejoint d'un pas vif.

« Je voulais vous voir avant que vous ne partiez. On m'a, disons, informée de la situation particulière de M. Louvier. »

Je la dévisage sans comprendre.

« Sa situation personnelle. Mme Louvier, vous, M. Louvier. »

Elle a un tic agacé. Je détourne le regard. Un réflexe.

« Mme Louvier m'a passé un charmant appel cet après-midi après avoir trouvé la porte de la chambre de son mari fermée et qu'on l'a informée que vous étiez là. Elle est repartie furieuse et m'a téléphoné depuis le parking. Honnêtement, je ne suis pas là pour régler les querelles de couple, alors si vous pouviez arranger ça ensemble… »

Je ne comprends pas. Elle parle trop vite. Isabelle ici ?

« C'est-à-dire ?

— Elle m'a assommée avec ses obligations professionnelles. Elle est dans le milieu du spectacle, c'est ça ? C'est ce que j'ai compris en tout cas.

— Je… Oui…

— Elle a besoin d'être sûre que le créneau du matin lui soit réservé. C'est le seul où elle puisse venir au chevet de son mari, pardon, ex-mari. C'est OK pour vous ?

— Pardon ?

— Vous vous partagerez le temps de visite. Mme Louvier le matin. Vous l'après-midi. »

Elle me fixe, attendant une réponse. Je déglutis. Elle me gratifie d'un sourire qui n'en est pas un.

« Parfait. C'est une affaire qui roule, donc. Bonne soirée, mademoiselle Lambray. »

Elle disparaît. Les dames poussant le chariot ont disparu. Ne restent que moi au milieu de la chambre, mon manteau sur le dos, et François, indifférent à tout cela.

Je m'effondre sur le siège du RER. Une fatigue immense s'abat sur moi. L'impression de n'avoir pas dormi depuis des semaines. Si je n'y prends pas garde, je pourrais m'endormir. Rater mon arrêt. Me retrouver au terminus. Je tente de consulter mon téléphone pour me maintenir éveillée mais la batterie est vide. Je fixe les lumières au-dehors, la vie, attrape une image ou deux en passant. Un homme sortant d'une boulangerie avec une petite boîte de pâtisserie surmontée d'un ruban. Fête-t-il un anniversaire ? Celui de ses enfants ? A-t-il des enfants ? Plus loin, à un arrêt de bus, un adolescent fume, le regard dans le vide, l'air triste. Premier chagrin d'amour ? Échec scolaire ? Là, alors que nous traversons un centre-ville, une femme passe d'un pas vif, elle sourit, en pleine conversation téléphonique, un bouquet de fleurs dans la main. Un cadeau de son mari ? De son amant ? Un cadeau de pot de départ ? Si j'avais eu la moindre confiance en moi, j'aurais inventé des scénarios. Je crois que j'aurais aimé écrire pour le théâtre, plus que toute autre chose. Les idées fusent, mon imagination s'emballe à la moindre scène de vie. J'ai toujours du mal à me canaliser. Mais ensuite je me dégonfle, je me décourage avant même d'attraper un stylo. À quoi bon ? Qui est-ce que ça intéresserait, ces tranches de vie quotidienne, banales, trop communes ? Qui est-ce que ça ferait vibrer ? Personne… Il n'y a que l'éphémère qui fasse vibrer, l'interdit, la transgression. Notre histoire à François et moi aurait pu être digne d'un film. Une passion dévorante entre un homme marié et une étudiante en art, de près de vingt ans sa cadette. Une obsession jamais assouvie. Mouais… C'est si commun…

Il y a quelque temps, alors que nous venions de signer le bail, j'ai caressé l'idée d'écrire pour de vrai. Parce que François comptait m'offrir ce luxe de disposer de mon temps comme je le souhaitais. Il avait insisté : il paierait entièrement le loyer de notre futur appartement. *Ça te laissera l'esprit libre. De quoi te concentrer sur le théâtre et ton jeu de scène.* Il le faisait pour me permettre de me lancer dans le théâtre. En pensant à bien. Camille avait tiqué. *Tu vas te faire entretenir ?* Et elle avait un peu terni mon enthousiasme. Pas trop longtemps. Vivre avec François était un projet trop incroyable pour se laisser ternir. Qu'importe qu'il paie le loyer, je m'occuperais du reste : les courses, les charges… Je savais que je garderais mon petit boulot d'ouvreuse, parce que cela tenait plus de la passion que de la nécessité financière. C'était un moment à part, vécu avec Camille, dans l'ambiance feutrée des petits théâtres parisiens. Des répliques volées. Le cœur battant. L'œil collé à l'interstice. Pour le reste, je venais juste d'avoir les résultats favorables de mes derniers examens, validant mon double cursus. J'avais laissé passer septembre – septembre avait été consacré à la recherche de notre futur appartement. Octobre touchait à sa fin et François s'était obstiné à me faire répéter pour le casting de la pièce *Hilary mon amour*. Mes candidatures pour des postes d'administratrice étaient restées à l'état de projets. Au fond, sans oser me l'avouer, je me laissais bercer par les projets fous de François, la vie rêvée qu'il me promettait : lui et moi sur les planches, une vie d'artistes, faite de lumières, de fêtes jusqu'au petit matin et d'amour. Camille tentait de me maintenir les pieds sur terre.

« Les places sont chères… Même en étant la petite amie d'un comédien reconnu, rien n'est gagné. Tu devrais quand même candidater. Un emploi d'administrateur en CDI c'est toujours ça de pris. »

Je la soupçonnais d'être jalouse. C'était stupide, elle était lucide, juste lucide. Je m'en aperçois ce soir alors que je rentre de l'hôpital, alors que le fantasme imaginé par François vient de voler en éclats.

Oui, il y a peu de temps, j'ai caressé l'idée d'écrire. Lorsque j'habiterais avec François, me disais-je. Entre deux soirées en tant qu'ouvreuse, entre la répétition du prochain casting et un entraînement à la salle de sport, j'aurais largement le temps de m'essayer à l'écriture. Faire naître une pièce de théâtre… Donner vie à des personnages tout droit sortis de mon imagination. Je ne l'aurais jamais avoué à François. J'aurais nommé le fichier autrement pour qu'il ne le repère pas sur mon ordinateur. « Avis d'impôt ». Ou

« Factures gaz ». Cela aurait tenu du secret. Mon seul et unique secret pour lui.

Mais François a été fauché par un bus. François est enfermé dans une coque, immobilisé dans un lit. Il est nourri par un tuyau et une infirmière vide ses poches d'urine. Ce soir, écrire me semble aussi farfelu que réserver un voyage pour les Canaries. Mon horizon s'est réduit à une minuscule fenêtre : demain. La visite à François demain. L'après-midi, pas le matin. Le matin c'est Isabelle. Espérer le voir réveillé. Obtenir un regard. Une parole. Au-delà de cette visite il n'y a rien. Ou alors si : la visite suivante. Pas plus.

J'ai mis une heure quarante à regagner mon studio. Une panne de métro. Un « incident voyageur ». Je n'ai qu'une idée : ingurgiter ce que je trouverai dans mon réfrigérateur et dormir. Oublier cette journée. Oublier tout. Récupérer des forces pour faire face demain.

Je mets mon téléphone en charge tout en me débarrassant de mon manteau, ouvre le réfrigérateur. Il est vide. Je prévoyais d'y aller aujourd'hui, après le casting. C'était prévu dans mon programme juste avant la salle de sport, puis j'aurais dû rejoindre François et Antoine qui voulaient prendre un verre avec des amis dans le Marais en fin de journée. À l'heure qu'il est, nous devrions être installés dans ce bar. François fumerait dehors et je serais à côté de lui, fumant aussi pour l'accompagner. Antoine ronchonnerait en disant qu'ils nous attendaient pour commander une planche apéritive. Dans ce monde rêvé, cette réalité parallèle qui se poursuit sans nous, nous serions insouciants, légers, un peu ivres. Heureux.

Je fais taire mes pensées. Si je commence à songer à cela, je me perdrai, je le sais. Alors je me concentre sur l'essentiel : éplucher une carotte que je mangerai ainsi, avec un peu de sel et de moutarde. Dénicher du fromage blanc au fond du pot que François a laissé presque vide. Remplir mon estomac avec ce que j'ai. Puis dormir.

Au moment de prendre une douche rapide, pas vraiment rassasiée mais éreintée, j'allume mon téléphone. Si l'hôpital m'appelle… Je me déshabille, commence à faire couler l'eau, quand les notifications arrivent, les unes après les autres, remplissant mon appartement vide d'un vacarme soudain. J'hésite à regarder. J'ai envie de rester dans ma bulle, dans cet état qui m'a tenue éloignée du reste du monde cet après-midi. Mais les notifications continuent d'affluer et je me décide à jeter un coup d'œil. C'est fini. La bulle est loin. La réalité, la vie qui continue, les responsabilités, les obligations, la suite… tout cela vient de me rattraper brutalement. Un SMS de Camille : *On se rejoint directement devant le Théâtre du Temps ?* Un deuxième message, datant d'à peine une heure : *Qu'est-ce que tu fous ???* Puis une ribambelle de *Tu vas bien ? Réponds !* J'ai oublié que j'avais un emploi. Durant cet après-midi hors du temps, j'ai oublié le reste de ma vie : mon travail d'ouvreuse, mes responsabilités, le quotidien qui ne souffre aucune pause, pas même lorsque l'homme que l'on aime est plongé dans un coma morphinique. Le reste des notifications continue de m'enfoncer petit à petit. Un SMS laissé par Théo en fin de journée : *Merci d'être passée ce matin. Le rôle a été décroché par une autre candidate mais ne te décourage pas. Le bonjour à François. A +.* Sans langue de bois, ça donne : *Tu as été pathétique.* Je n'attendais pas beaucoup mieux…

Les appels manqués défilent. Bon nombre proviennent de Camille, mais parmi eux s'est glissé un numéro que je ne connais pas. Une ligne fixe qui a tenté de me joindre trois fois. Je consulte le répondeur, une boule dans la gorge.

« Madame Lambray, ici Mathilde, de l'agence immobilière Auzon. Vous ne m'avez pas confirmé l'heure pour l'état des lieux de sortie de votre studio samedi. J'espère que vous n'avez pas eu de contretemps. Rappelez-moi. Belle fin de journée. »

Le mail arrive à cet instant précis, m'achevant tout à fait. La société Rent and Drop. La confirmation de réservation du douze mètres cubes pour vendredi matin huit heures. François devait conduire le camion. Il devait contacter des amis pour nous aider à charger et décharger. D'abord ses affaires dans l'appartement qu'il occupait avec Isabelle puis les maigres effets personnels de mon studio meublé. Nous avions prévu de payer une raclette à tout le monde le soir venu. François devait s'en occuper… Mais François dort, assommé de morphine, et l'agence immobilière s'apprête déjà à me mettre dehors. J'ai trois jours pour gérer seule le déménagement au milieu de toute cette tourmente, tenter de ne pas perdre mon job d'ouvreuse et maintenir tant bien que mal le reste de ma vie à flot. *Bon Dieu, François, dans quelle merde tu me laisses !*

Je lui en veux. Ce soir, à bout de nerfs, je suis en colère contre lui.

9

François

Il y a une routine immuable chaque jour qui passe ici, en enfer. Je peux prévoir chaque événement, l'anticiper et me plonger dans le coaltar. Le matin, en tout cas le moment où la source de lumière apparaît à ma gauche, le grand défilé commence. *Bonjour, monsieur Louvier, bien dormi ?* Elles débarquent à deux en général et je deviens la chose qu'on manipule. On redresse le dossier de mon lit, on écarte ma blouse. L'une m'enfonce un thermomètre dans l'oreille, me colle le brassard à tension. L'autre s'occupe de ma toilette. Gant, savon, elle me *rafraîchit*, comme elle dit. Elles parlent de la météo, du froid qui s'installe dehors et des pluies qui ne cessent pas. Elles s'imaginent que j'ai besoin d'être ancré dans la réalité. Que les nouvelles du monde m'intéressent. Je ne desserre pas les mâchoires, parce que je n'ai pas envie de parler avec elles, rien à leur dire. Parce que ma pompe à morphine est vide. Parce que si elles voulaient que je leur réponde, elles se placeraient devant moi, dans mon champ de vision, elles m'offriraient au moins leur visage. Au lieu de quoi je dois deviner leurs traits en fonction de leur voix. Jeune. Jolie. En chair. Métisse. Gros seins. Je fais des déductions. Quand elles finissent par passer dans mon champ de vision je suis toujours déçu. Elles sont toujours trop vieilles, trop maigres, trop quelconques. Aucune n'égale Éléonore, qui est devenue ma mesure officielle. Antoine dit qu'elle est trop bien pour moi, trop jeune en tout cas, que nos chemins se sépareront beaucoup trop vite. Il n'y connaît rien. Il n'a jamais été fichu de garder une femme plus de six mois, alors ses leçons…

Les aides-soignantes, donc… Pendant qu'elles font ma toilette, elles me proposent d'allumer la télévision. Je grogne oui parce que c'est une des rares choses dans mon champ de vision. Mais je m'endors très vite. Les images qui s'agitent m'épuisent. Plus tard dans la matinée, elles me réveillent de nouveau. Je découvre en général Isabelle, les yeux rivés sur son téléphone, occupée à faire tourner sa boutique tout en veillant son ex-mari volage. Elle me sourit, me sort toujours la même phrase : « Je ne voulais pas te réveiller. Ça va ? »

Les aides-soignants sont plus nombreux à ce moment-là. Il faut me manipuler précautionneusement, comme un objet fragile, me placer sur le côté. On vérifie ma cicatrice, on refait le pansement, on nettoie. J'aime ce moment car il me permet de voir autre chose que le plafond et la télévision. Le mur, la minuscule salle de bains que je n'utilise jamais parce que je suis cloué au lit, invalide et presque mort, la chaise sur laquelle se trouve Isabelle. Je peux l'observer plus en détail. Noter sa tenue : un tailleur sombre, immanquablement, une chemise bleue ou crème, parfois blanche. Elle porte son alliance et une perle dans son cou. C'est moi qui la lui ai offerte pour nos cinq ans de mariage. Isabelle est soignée quand elle vient me voir car elle file ensuite au travail. Le premier jour, elle a beaucoup pleuré, laissé voir son désarroi. Maintenant non. Elle est redevenue le roc que je connais. Solide. Calme. Elle pose des questions aux soignants, retient chaque détail, s'enquiert des changements, des améliorations. Moi je n'écoute pas. Seule est tangible ma douleur. Incessante. Sauf quand la pompe à morphine est rechargée, quand je peux appuyer de nouveau et soulager mes souffrances. Maintenant, en plus d'avoir mal au dos, à la nuque, aux épaules, aux coudes et aux côtes, j'ai mal à la gorge. À cause de la sonde gastrique. C'est aussi pour ça que je parle le moins possible. J'ai horreur de cette présence dans ma gorge.

Isa n'a pas essayé de m'embrasser de nouveau. Elle s'est reprise. A-t-elle changé d'avis ? Pour le meilleur mais pas pour le pire… Quand elle est là, elle se contente de poser sa main sur la mienne et de parler de nos amis communs, du théâtre, de la troupe, des spectacles qui fonctionnent et des flops. Je n'écoute pas. J'appuie discrètement sur la pompe à morphine jusqu'à piquer du nez. Ensuite je l'entends chuchoter : « Je vais te laisser te reposer… »

Et je ne fais rien pour la retenir. Je ne suis plus vraiment là de toute façon.

L'après-midi est plus calme. Pas de grand défilé. Pas de toilette, pas de soins. Un contrôle des constantes vers quinze heures, suivi d'une vidange.

Léo est venue un jour à quinze heures. Je crois que c'était mercredi. Je l'ai découverte au moment où on me réveillait. J'étais tellement shooté… J'ai voulu parler. Dire un truc con pour montrer que ça allait. *Ben alors, tu me sautes pas dessus ?* Seul un grognement rauque est sorti de ma bouche. Un gémissement faiblard. Celui d'un ivrogne ou d'un vieux édenté. Ça m'a énervé. J'ai appuyé sur la sonnette pour appeler une infirmière. Qu'on m'enlève ma sonde naso-gastrique, merde ! Elle a mis cinq bonnes minutes à arriver. Cinq minutes pendant lesquelles Léo, inquiète, a tenté de s'enquérir de mon mal-être.

« Tu as mal quelque part, François ? Tu veux boire ? »

Je ne voulais pas la regarder. J'étais prodigieusement agacé tout à coup. J'arrivais à peine à articuler quelque chose. Envie de sortir du coaltar mais j'avais forcé la dose. Je ne supportais plus ses yeux pleins de compassion, pleins de larmes. J'aurais souhaité qu'elle ne soit pas venue, qu'elle ne soit pas là. Quand l'infirmière est enfin arrivée, Léo s'est mise en retrait, quelques pas en arrière. Elle n'a rien demandé. Pas comme Isa. Elle a tenté de se faire oublier.

« Qu'est-ce qui vous arrive, monsieur Louvier ?

— Enlevez-moi ma sonde. »

J'ai dû répéter plusieurs fois. Cela donnait laborieusement : *En-eu-véa-ha-son.* À force de gesticulations, elle m'a compris mais elle m'a opposé un refus net.

« Vous ne pouvez pas encore vous nourrir naturellement. En fin de semaine, nous tenterons de la retirer. »

Je ne sais plus ce qui s'est passé. Un trou. Un vide qui m'a aspiré. L'instant d'après, l'infirmière maudite était partie. Ne restait que Léo qui chuchotait : « Ça va. Ça va aller mon amour. »

Avec ses lèvres tout près de moi que j'aurais pu dévorer, mais plus aucune réaction ne me venait. J'étais le néant. Elle est restée ainsi, à me caresser le visage doucement, jusqu'à ce que la nuit tombe. Elle a tenté de parler plusieurs fois mais c'était comme avec la télévision. Impossible de comprendre, de m'agripper à ses mots. La seule chose à laquelle j'étais capable de m'accrocher, c'étaient ses lèvres minces et teintées de rouge. Elle les avait maquillées. Comme quand elle m'ouvrait la porte de son studio avec les pupilles brillantes. Comme quand elle sortait fumer avec moi devant le Saint-Jean. Elle appliquait du rouge, rapidement, fixant son reflet dans l'écran de son téléphone, puis elle me rejoignait. Ça me rendait dingue. Léo a mis du rouge sur ses lèvres. Comme avant. Et si elle le fait, c'est que tout ne s'est pas effondré.

Dans la chambre 515, tout en me caressant le visage, elle a murmuré : « Ne t'en fais pas, je m'occupe de tout. »

Cela faisait suite à d'autres phrases, je crois.

« Tout sera prêt pour ton retour. »

Elle a embrassé mes lèvres sèches. J'aurais voulu réclamer un autre baiser mais j'ai fermé les yeux. J'étais épuisé. Elle est partie. J'ai appuyé sur le bouton de la pompe à morphine.

Depuis mercredi, Léo n'est pas revenue.

*

Je ne sais plus quel jour nous sommes. Peut-être vendredi. Ou samedi. Le jour est faiblard. La lumière qui provient de la gauche est blanche, étouffée, presque celle d'un matin neigeux. A-t-il neigé ?

Isa est déjà là, ce qui signifie qu'il doit être au moins dix heures. Je sais qu'elle est là car je reconnais son parfum – plus épicé que celui de Léo, plus strict, plus acide – et j'entends le bruit de son smartphone, le bip insupportable des touches qu'elle actionne pour taper je ne sais quel message, pour répondre à je ne sais quel mail. Elle n'a jamais voulu le désactiver. Au lit, le soir, lorsque j'essayais de dormir, elle rédigeait encore des messages et je grognais. *Coupe-moi ça !* Elle faisait ce petit bruit agacé avec sa langue. Je l'imaginais lever les yeux au ciel. *Tu ne sais pas ce que c'est, toi, les responsabilités.* Isa avait toujours été rigoureuse, ponctuelle, fiable et digne de confiance. Elle embrassait sa carrière de metteuse en scène à la perfection. Moi j'étais fait pour plus de légèreté. Si je n'avais pas été le comédien que je suis, capricieux et fantasque, vivant selon mes envies les plus impulsives, j'aurais été un autre genre d'artiste : trompettiste, graffeur, magicien, sculpteur, ou même trapéziste. Je n'aurais pas pu vivre autrement. J'étais fait pour la désinvolture.

C'est sans doute pour ça que j'ai trompé Isa l'année de mes quarante et un ans. La crise de la quarantaine. J'ai retrouvé en Léo l'insouciance, la liberté que j'aime tant. Mais Léo penche du côté d'Isabelle. Elle a la tête sur les épaules. Elle n'a rien d'une artiste.

Administratrice de théâtre. Voilà ce à quoi elle rêve. On ne peut pas rêver à quelque chose d'aussi chiant à vingt-quatre ans. Il y a tant d'expériences à vivre, à ressentir dans son corps avant cela ! La scène déjà… La scène… Je suis certain qu'elle sortirait de sa coquille en montant sur scène. Elle a un physique qui capte l'attention, une voix claire et limpide, une prestance dont elle n'est même pas consciente. Le reste suivra. Le ton, le jeu de scène, l'élocution, la gestuelle, tout cela se travaille.

Bon. Donc Isa est là ce matin. Je me demande si les soignants sont passés plus tôt, pour ma toilette, pour prendre mes constantes. Il m'arrive de plus en plus d'oublier, de ne plus savoir. Apparemment, la morphine peut créer un peu de confusion.

« Il neige ? »

Ma voix est rauque à cause de la sonde nasale. Ils me l'ont retirée hier, il me semble, je ne sais plus vraiment, mais ma voix peine à retrouver son timbre normal.

« Bonjour, François. »

Les mots d'Isabelle claquent, comme un petit fouet vif. Sa chaise racle. Elle se lève. Je la découvre dans mon champ de vision. Cheveux attachés. Lèvres pincées. L'air fatigué. Sa chemise bleu ciel n'est pas repassée. Un mauvais jour.

« Salut, dis-je.

— Ça va ?

— Il neige ?

— Non. Il ne neige pas. Il y a du brouillard. Et je vais bien, merci. »

Voilà, c'est bien elle. Mon ex-femme et ses humeurs fluctuantes. Je regrette qu'Antoine ne soit pas là, je pourrais m'enquérir de Léo. Mais Antoine n'est pas revenu, en tout cas jamais quand j'étais réveillé. À Isa je ne peux pas demander où est Léo. J'ai appris qu'elle avait demandé que lui soit réservée une plage horaire de visite, de façon à ne jamais la croiser. C'est une infirmière qui a vendu la mèche. Je suis en garde partagée, donc…

« Tu as vu les médecins ?

— Oui. »

Isa fait des allers-retours dans la chambre, elle ne peut s'en empêcher.

« Arrête de bouger. Je n'arrive pas à te suivre.

— Moi non plus je ne parviens pas à te suivre.

— Pardon ? »

Elle se plante droit dans mon champ de vision, bras croisés.

« Ils envisagent de te transférer en centre de rééducation en début de semaine prochaine.

— Ah. C'est ça qui te met de sale humeur ?

— Pourquoi je serais de sale humeur ?

— Une impression. »

Elle me foudroie du regard. Avant, je parvenais à m'accommoder de ses sautes d'humeur, de nos querelles. Avant j'étais libre de mes mouvements, il me suffisait de changer de pièce. Je la laissais grogner dans mon dos. Je m'installais au balcon et je me grillais une clope. Mais je peux à peine bouger la nuque. Le manque de nicotine me rend irascible, presque aussi irascible que la douleur incessante. Je ferme les yeux, m'apprête à actionner le petit bouton, mais Isabelle crie : « Non ! Ça suffit ! Arrête avec ça ! »

Elle bondit près de ma tête, m'enlève le boîtier des mains.

« Laisse-moi ça. J'ai un mal de chien.

— Non !

— Pardon ?

— Tu n'as pas mal. Tu fais ça dès que je commence à évoquer la rééducation, ton état de santé, tes jambes et tes capacités de récupération. Tu fuis.

— Il n'y a rien à évoquer.

— Ah non ? »

Je sens la colère me gagner. Si elle continue, je vais lui crier des insanités. Je me connais.

« Tu refuses d'en parler.

— Arrête de jouer les psys. Parler, ça ne fait pas marcher. Parler, ça ne sert à rien à part soulager ton besoin irrépressible de *tout* contrôler !

— C'est peut-être parce que tu n'as jamais voulu parler qu'on en est là aujourd'hui !

— Où, là ?

— À nous séparer dans une telle situation ! Regarde-nous ! Même pas foutus de faire front dans un moment pareil ! »

Elle me prend un peu de court. Je reste la bouche entrouverte, et elle, elle recommence à faire les cent pas, le visage plus fermé que jamais.

« Antoine est en train de vider notre appartement au moment où je te parle. Il récupère tes cartons. »

J'ai du mal à reconnecter avec la réalité. Merde ! Ça me revient. Le déménagement. Je n'ai prévenu personne. Je devais nous trouver de la main-d'œuvre. Et le camion ? Léo a-t-elle réussi à gérer ?

« Il m'a sortie du lit à sept heures trente. Il était confus, il osait à peine me regarder. Tu vois, il avait honte, lui. Il avait honte pour toi ! Elle… elle n'a pas osé se pointer, bien sûr. Elle était en bas, dans le fourgon en double file. Et ensuite, quand j'ai dû sortir de l'appartement, quand je suis passée à côté du véhicule, elle a baissé la tête. J'aurais dû la faire monter ? Lui proposer un café, tu penses ? »

Je ne desserre pas les mâchoires. Pas envie d'entrer dans son jeu, d'alimenter sa provocation.

« Tu vas vraiment le faire ?

— Quoi ?

— Emménager avec cette gamine de passage ?

— C'est ce qui était prévu.

— C'était prévu, mais tu vas le faire… dans ton état actuel ?

— Merde, arrête de parler de moi comme ça ! »

Elle semble surprise un instant de m'entendre gronder aussi fort qu'elle.

« Dans quel état tu penses que je suis ?

— Arrête. On ne va pas jouer à ça !

— Dans quel état tu penses que je suis, Isabelle ? »

C'est elle qui tente de s'échapper maintenant. Elle me tourne le dos, se plante devant ce que j'imagine être la fenêtre.

« Diminué.

— Ah oui, diminué ?

— Tu vois bien…

— Non. »

Un silence. Une respiration.

« Paraplégique. C'est ce qu'ils ont dit.

— Ils n'en savent rien ! Je sais ce que je sens. Et je sens mes jambes. Quand je serai en centre de rééducation, quand j'aurai un vrai docteur en face de moi, on en reparlera !

— Tu seras probablement en fauteuil, François. Il te faudra un logement adapté et des soins à domicile. Elle sera finie, l'époque où tu batifolais avec une jeune fille. »

Elle a de la chance d'être loin de moi, hors d'atteinte. Je crois que si j'avais été en face d'elle avec mon corps valide, je l'aurais attrapée. Je ne l'ai jamais touchée. Mais ce matin je sens que je pourrais. Juste pour qu'elle se taise.

« Dégage ! »

Elle ne se démonte pas. Elle pourrait filer mais elle me porte le coup de grâce. Parce que je l'ai trahie, trompée, humiliée, bafouée. Parce que ce matin, Antoine et Léo la dépossèdent de tout ce qui lui restait encore de moi.

« Tu ne pourras plus te servir de ta queue, François. Comment tu voudrais la satisfaire ? »

Un bruit métallique couvre ses paroles. J'ai saisi le pied à perfusion en acier et je l'ai renversé de toutes mes forces. Il s'écrase au sol. Isa étouffe un cri de surprise. Moi, un grognement de douleur. Le cathéter, emporté par les tubes, vient de s'arracher de mon poignet. Une tache de sang grandit, recouvre ma main.

« François ! »

Isa se précipite.

« Dégage !

— Attends, je ne voulais pas…

— Ne reviens jamais ! Ni ici ni au centre de rééducation !

— François… »

La porte s'ouvre. Une aide-soignante alertée par le bruit.

« Qu'est-ce qu'il se passe ici ? »

Isa tente de répondre. Je crie pour couvrir sa voix : « Remettez-moi ça en place et donnez-moi une dose de morphine !

— François, déglutit Isa.

— C'est ta faute si je suis là aujourd'hui…

— Quoi ?

— C'est toi qui as voulu que j'accepte ce foutu rôle dans ce foutu boulevard à la con ! C'est à cette répétition de malheur que je me rendais quand je me suis fait percuter !

— Arrête… »

L'aide-soignante l'écarte sans ménagement. Elle replace le pied, démêle les tuyaux, ronchonne.

« Tu ne le penses pas… »

La voix d'Isabelle est si faible que ce pourrait être un murmure. Je persiste : « C'est ta faute. Et ça, c'est une bonne raison de te quitter. Maintenant, pars ! Nos avocats s'occuperont des formalités. Je ne veux plus avoir affaire à toi. »

Isa recule. L'aide-soignante me fixe avec un air de reproche à peine déguisé. Je lui aboie dessus : « Rebranchez-moi ça, vous ! »

Puis je plante mon regard sur l'écran de télévision, allumé presque nuit et jour. Pas de son. Je m'en fous, je bouillonne, je serais incapable d'entendre quoi que ce soit. Je fixe les images d'un jeu télévisé. Je leur trouve à tous des têtes de cons, mais ils me sont plus supportables qu'Isa à cet instant précis.

10

Éléonore

La nuit est tombée sur la rue Manin. L'asphalte s'est illuminé d'une farandole de phares et de feux de stop. Jaune. Rouge. Nuit. De l'autre côté de la rue, le parc des Buttes-Chaumont, plongé dans l'obscurité. Quelques lampadaires tremblotent, produisant un faible halo. Une silhouette ou deux passent encore, emmitouflées dans des manteaux, promenant un chien en laisse. Elles forment de petites taches de buée dans le noir de la nuit. L'appartement est bruyant. Les moteurs qui ronronnent, les klaxons des automobilistes énervés, les pétarades des motos et des scooters. Nous ne l'avions pas noté quand nous l'avions visité. Il faisait jour alors. C'était en milieu de matinée. La circulation était moins dense. Ou nous avions été éblouis par le temps radieux, les rayons qui dardaient sur le parc, la verdure, les oiseaux, les vallons, le toit du temple de la Sibylle que nous apercevions entre les feuillages, depuis notre cinquième étage, le salon de trente mètres carrés, ses hautes fenêtres. Nous n'avions pas entendu le bruit de la circulation.

Peut-être que si je l'entends autant ce soir, c'est aussi à cause du silence qui m'entoure. Nous aurions dû être une dizaine dans cet appartement, terminant de pousser les cartons contre les murs, pressés de casser la croûte. François aurait monté en quatrième vitesse la table, aidé par Antoine qui se serait occupé des chaises. Les autres se seraient rués sur les bières, les bouteilles de vin et le saucisson. Je pense que Camille et moi aurions préparé les pommes de terre, dans la minuscule cuisine qui jouxte le salon. Nous aurions disposé la charcuterie dans un plat, aurions installé l'appareil à raclette, au milieu des cadavres de bouteilles et des rires. François m'aurait saisie par la taille, embrassée à pleine bouche comme il aime le faire en public, surtout devant ses amis quadragénaires. Il m'aurait appelée Mini toute la soirée. Mini pour « Mini-portion ». Il aime ce surnom autant que je le déteste. Je me serais enivrée parce que ç'aurait été une belle soirée, le début d'une nouvelle vie. Une vie aux côtés de François.

Mais aucun rire ne résonne dans le salon, dépourvu de tout relent de fromage fondu ou de vin. Le bruit de la circulation envahit tout l'espace. Dans mon dos se trouvent des piles de cartons à n'en plus finir. Il me faudra des semaines pour en venir à bout. Antoine a tout déposé ici puis il est parti. Il fallait rendre le camion avant dix-neuf heures. Avec cette circulation dense, il craignait de ne pas y arriver. Camille est toujours là, elle. Discrète, efficace. Elle finit de mettre de l'ordre dans la cuisine. *Les couverts, les assiettes, les verres, les épices, tout ce dont tu as besoin dans l'immédiat.* Elle n'ose pas partir tout de suite, me laisser seule dans cet appartement trop grand et glacial. Le chauffage peine à réchauffer les lieux. Je n'ai qu'une hâte : qu'elle s'en aille, que je puisse me retrouver seule, ne plus avoir à faire bon visage. Je veux juste me laisser tomber sur le lit, oublier les cartons, insulter le bus qui a percuté François, la terre entière, le destin, la vie. Je veux m'effondrer tranquillement, sans personne pour me lancer des regards pleins de compassion et s'assurer que ça ira. Car non, ça n'ira pas. Plus jamais.

« Tu t'en sors ? »

Une porte de placard claque. La voix de Camille me parvient : « J'ai presque terminé. »

Je sors mon téléphone de ma poche. J'ai déjà tenté de joindre le service de neurochirurgie trois fois mais la ligne était occupée. C'est le moment de réessayer. J'appuie sur la touche d'appel puis je fixe une forme sombre dehors. Bonnet et gants noirs, brassard orangé passé au coude gauche. Un gardien de nuit. Il évacue les derniers badauds des Buttes-Chaumont, s'apprête à fermer les grilles. Je suis surprise par la voix qui résonne dans le combiné, féminine, vive : « Service de neurochirurgie, bonsoir.

— Je… Bonsoir, euh… Je voulais savoir si François Louvier était réveillé… Chambre 515… Je… J'aurais aimé lui dire quelques mots. »

Un soupir un peu las mais le ton reste aimable : « Un instant je vais voir. »

C'est le numéro qu'on m'a transmis pour contacter François. Sans excès, m'a-t-on précisé. Je ne l'ai utilisé que très peu. J'ai l'impression de déranger chaque fois que je le fais et je ne suis jamais assurée qu'on me réponde.

« Il était sur le point de s'endormir. Je vous le passe.

— Merci. »

J'y crois si peu que je m'agrippe au chambranle de la fenêtre.

« Allô ? » lance François.

Au son de sa voix, je comprends qu'il est encore shooté à la morphine. Le timbre est pâteux, traînant.

« C'est moi. C'est Léo. Comment tu vas ? »

Il grommelle. Je ne saisis pas tout. Il me semble de mauvaise humeur sans que je comprenne si c'est mon appel qui l'irrite ou autre chose.

« Tu voulais dormir ? Je te dérange ? Je peux rappeler demain… »

Un nouveau grognement. Je sens une pointe d'irritation. Il ne fait aucun effort. Moi qui me bats pour entendre sa voix depuis ce matin…

« Je voulais juste te dire que je suis dans notre appartement. Au moment où je te parle, je suis devant les Buttes-Chaumont. À la fenêtre du salon. Les cartons sont loin d'être défaits… ça me prendra des semaines mais… tout sera prêt pour ton retour. Je te promets. La rue est un peu bruyante mais on s'y fera. »

Un silence. J'ose un sourire tremblotant.

« François, tu es là ? Tu m'entends ? »

Un souffle dans le combiné puis un déclic. Il a raccroché.

Je n'ose pas me retourner car j'entends le parquet grincer dans mon dos. Je sais que Camille est là, derrière moi. Si je me retourne, qu'elle voit les larmes dans mes yeux, elle se fera un devoir de rester auprès de moi cette nuit et je n'en ai aucune envie.

« Il était fatigué, dis-je d'une voix mal assurée qui ne trompe personne.

— Tu le rappelleras demain. »

Le parquet craque de nouveau. Elle est tout près, son épaule touche presque la mienne.

« La vue doit être chouette de jour. »

Je tente de renifler en silence. Je ne suis pas sûre d'y parvenir.

« Oui. C'est pour ça qu'on l'a choisi. »

Un instant de silence. Nous regardons le gardien qui referme la grille du parc. Le reflet de Camille se trouble dans la vitre. Son visage se tourne vers moi.

« Tu veux que je reste dormir ici ce soir ?

— Non. Ça va.

— Tu es sûre ?

— Oui. »

Elle m'étreint. Rapidement. Maladroitement. Je reste figée.

« J'ai trop sommeil de toute façon. Je vais juste m'écrouler. »

Je parviens à esquisser un sourire crispé. Elle me le rend, recule. Je ne bouge pas tandis qu'elle récupère son manteau, son écharpe et son sac à main. Puis, quand je vois son reflet passer dans la vitre, je la rejoins dans l'entrée.

« Merci d'être venue. Merci pour ton aide.

— Tu parles…

— On se voit mardi ?

— Repose-toi. À mardi. »

Elle fait quelques pas dans le couloir, se retourne comme pour s'assurer que je ne me suis pas déjà effondrée, mais je suis toujours là, droite, dévastée mais debout.

« Rentre bien. »

C'est dans la cuisine que je m'effondre. En découvrant la table que m'a dressée Camille sur le minuscule bar. Un œuf au plat dans une assiette, quelques traits de ketchup qui dessinent un sourire et une tranche de pain qu'elle a réussi à griller dans le minifour, tartinée de beurre. Un verre rempli de jus de fruits. Une page de son agenda arrachée et son écriture qui dit : *Désolée, j'ai fait avec les moyens du bord. Camille.*

Je pleure au-dessus de mon œuf au plat et le sourire de ketchup se brouille. Bientôt il ressemble à une mare de sang.

Je ne sais pas si la douche m'a fait du bien. Je me sens vidée, épuisée, mais je n'ai plus de larmes. L'eau était tiède, le ballon n'avait pas eu le temps d'atteindre sa température maximale. Je me suis enroulée dans un peignoir en coton puis j'ai enfilé un pyjama molletonné. Je claque encore un peu des dents, même si je commence à me réchauffer. J'ai réussi à avaler l'œuf au plat de Camille et le pain. Je n'ai plus de forces, plus d'entrain, mais je n'ai pas envie d'aller me coucher. François m'a raccroché au nez. Aujourd'hui, j'ai géré notre déménagement seule avec l'aide précieuse d'Antoine et de Camille. J'ai conduit ce foutu douze mètres cubes en plein Paris. Pendant que j'attendais en double file en bas de chez François et Isabelle, elle est descendue, elle est passée à ma hauteur et a donné un coup dans le rétroviseur. Je me suis verrouillée de l'intérieur. J'ai eu peur, puis honte. J'ai baissé le regard. Aujourd'hui, j'ai porté les cartons de François à bout de bras. Antoine a réussi à mobiliser Sofiane, un ami de leur bande, pendant sa pause déjeuner. Pour déplacer la machine à laver. Je les ai entendus chuchoter. J'ai attrapé les mots « paraplégique » et « moelle épinière ». Je suis sortie fumer.

Oui, aujourd'hui j'ai fait en sorte que la vie continue, que les projets lancés par François se concrétisent, qu'il ait son appartement avec vue sur les Buttes-Chaumont quel que soit notre avenir. J'ai pris soin de son existence, cernée par une cinquantaine de cartons. J'ai signé les papiers, vidé mon compte en banque pour payer la caution. J'ai fait tout ça en serrant les dents, en ne laissant rien paraître. J'ai trouvé cette force à la seule idée de pouvoir lui annoncer ce soir : *On a notre chez-nous, mon amour. Je l'ai fait. On y sera bien*. J'étais persuadée que je lui rendrais son sourire, que je le sortirais de sa léthargie, que cette annonce serait comme une petite étincelle dans cette nuit d'automne. Mais François m'a raccroché au nez. Sans un mot.

François

J'aurais dû quitter Isabelle il y a bien longtemps. Peut-être même n'aurais-je jamais dû l'épouser.

Malgré la morphine, la colère et l'amertume sont toujours là. *Tu vas le faire… dans ton état actuel ?*

C'est la femme blessée qui a parlé ? A-t-elle voulu m'attaquer, me faire mal ? Ou est-ce qu'elle s'imagine qu'elle est la voix de la raison ? *Diminué*. Plus de jambes. Plus de queue. *Elle sera finie, l'époque où tu batifolais avec une jeune fille.* Je lui en foutrais des diminués ! Elle verra quand je serai sur mes pieds, elle verra si je suis diminué, si elle me voit toujours comme un type foutu.

Si je pouvais me lever, j'irais dehors. Je m'allumerais une clope. Je donnerais des coups de pied dans un arbre, dans un mur, dans un pneu, dans n'importe quoi. Je rêve d'entendre du placo qui s'effrite, du verre qui se brise, le bruit de mes os qui craquent. Mais je suis immobilisé. Je ne peux que fixer ce fichu plafond qui me rend dingue et cette foutue télévision dans laquelle j'ai envie de shooter. Je n'ai personne contre qui laisser exploser ma colère. Les infirmières m'évitent. Sans doute à cause de mes regards noirs. Elles marchent sur la pointe des pieds, s'éclipsent très vite. J'ai failli exploser sur Léo au téléphone tout à l'heure. Elle me parlait de l'appartement, de ce putain d'appartement qui appartient à ma vie d'avant, qui ne m'évoque plus rien maintenant. Elle était là, avec sa voix innocente, à me parler de la vue, de la circulation ! La circulation bruyante ! Qu'est-ce que ça peut bien me faire ? J'étais à deux doigts de devenir insultant alors j'ai préféré raccrocher. Je savais que ça la blesserait, qu'elle essuierait quelques larmes. Léo est comme ça : trop sensible. Trop jeune peut-être. Mais je n'étais pas en état de m'apitoyer sur son sort, non. Plus après les mots d'Isabelle qui coulaient comme un venin en moi. *Tu seras probablement en fauteuil, François. Il te faudra un logement adapté et des soins à domicile. Tu ne pourras plus te servir de ta queue. Comment tu voudrais la satisfaire ?*

J'ai fermé les yeux pour ne plus voir ce plafond de malheur. Je me suis répété pour la centième fois de la journée : *Si Isabelle dit vrai, je me flingue. Hors de question de mener une vie de chien.* Et je le pense. Somnifères, sectionnement des poignets, gaz, pendaison… Je trouverai. Je ferai en sorte de ne pas me rater. Je suis fait pour la légèreté. Ou pour rien.

Éléonore

Impossible de me résoudre à aller dormir. Assise sur le parquet dans mon pyjama molletonné, je fixe les piles de cartons dans le salon. Ma pile est minuscule. Six cartons. Trois portant l'indication *Vêtements*. Un intitulé *Linge de lit et serviettes de bain*. Les deux derniers indiquent : *Divers, bricoles*. Des photos, mon ancienne chaîne hi-fi, mon ours en peluche d'enfant, quelques éléments de décoration. On ne pèse pas bien lourd à vingt-quatre ans… À côté de ma pile, le barda de François. Quarante-deux ans de vie. Un mariage. Je réalise que c'est cela qui trône dans le salon : son mariage. Ou ce qu'il en reste. Et je sens ma tristesse s'alourdir davantage. Un mariage brisé. Une vertèbre brisée. Un avenir brisé. Que reste-t-il de vivant ici ? À part moi… Et encore…

Je tente de chasser ces idées noires en me levant. Mes doigts frôlent les cartons. Ils ne portent pas d'indications. François n'est pas organisé. Il a tout mélangé. L'important comme le futile. Le fragile et le lourd. Et cette pensée me fait sourire malgré moi. Je songe que ce pourrait être pire. Je pourrais être ici, dans cet appartement vide et sans les cartons. Si l'accident avait été plus brutal, François serait à la morgue à l'heure qu'il est, ou déjà sous terre. Antoine ne serait pas venu m'aider à charrier ses affaires. Je n'aurais pas signé le bail à nos deux noms. Je ne l'aurais pas entendu grommeler dans le combiné ce soir. Si tel était le cas, s'il était mort, je crois que je serais debout, la fenêtre ouverte, en train d'envisager sérieusement de sauter dans le vide. Mais les cartons sont là… Tout le bric-à-brac de François. C'est lui que j'ai ici, auprès de moi, des morceaux de lui. Ses vêtements, son parfum, ses écharpes qu'il remettra un jour, bientôt, quand il sera là. Ses albums photo, ses coupures de presse, ses costumes de comédien, son seul et unique smoking que je ne l'ai jamais vu porter, ses vinyles, sa platine, ses jeux vidéo d'adolescent, sa console. Si je fouille, j'y trouverai peut-être d'autres trésors encore, des parties de lui que je n'ai pas encore eu le temps de découvrir, qui sait ?

Alors je sens quelque chose s'animer dans ma poitrine, prendre vie.

Je devrais probablement aller me coucher. Demain, il faudra nettoyer de fond en comble mon studio, refaire quelques joints, remplacer les ampoules de la salle de bains, tenter de masquer le trou dans mon mur avant l'état des lieux qui se fera à midi. Mais je n'ai aucune envie d'aller m'allonger dans le noir. Je fais chauffer un peu d'eau dans notre minuscule cuisine, attrape un sachet de thé au hasard, le noie dans le liquide bouillant, puis je m'installe en tailleur dans le salon, un cutter à la main. À nous deux, François.

François

On peut mourir d'une overdose de morphine ? Ce doit être plus doux qu'une pendaison... On doit partir paisiblement, plongé dans les souvenirs, de tendres hallucinations. Je pourrais partir en baisant Léo. *En faisant l'amour, François !* Elle me reprenait chaque fois, faussement vexée. *C'est plus beau.*

— *Ah ouais, et ça, c'est pas beau ?*

Elle ne se dégageait pas, non. Elle aimait autant que moi que ce soit moche, impulsif, irréfléchi, mal, inconsidéré, trop rapide, fiévreux et douloureux parfois. Oh Léo... Qu'est-ce qu'il va advenir de nous ?

Éléonore

Il a fallu que je tombe là-dessus. Premier carton. Le plus haut de la pile à côté du radiateur tiède. Un carton comme les autres. Et pourtant, le premier objet que j'en sors est cet album. Un album à la couverture de cuir noir, fermé par un ruban blanc. En lettres dorées, une date : 13 août 2011. Je comprends avant d'ouvrir.

François n'a jamais été très bavard sur son mariage, sa vie commune avec Isabelle. J'ai toujours trouvé sa pudeur pleine de respect. Je n'ai jamais osé insister. Le mystère est resté entier. Je ne sais pas ce que François a pu reprocher à Isabelle, si tant est qu'il lui ait un jour reproché quelque chose. Chaque fois qu'il m'a parlé d'elle, c'était en des termes élogieux, avec admiration. Isabelle, avant de s'appeler Louvier, portait le nom de Giacometti. Son père était un immigré italien. En entrant au Conservatoire national d'art dramatique, elle a fait modifier l'orthographe de son prénom pour qu'il paraisse plus français. Isabella est devenue Isabelle. Il semble que cela lui ait porté chance. François dit qu'elle a connu une ascension fulgurante dans le milieu, pour quelqu'un qui n'avait ni le réseau ni les codes. La jeune blonde aux yeux bleus qu'on aurait pu prendre pour une midinette naïve s'est imposée comme une metteuse en scène implacable, capable de faire le pied de grue devant l'appartement des comédiens les plus renommés pour les convaincre de jouer pour elle. Jamais froissée par un refus. Jamais découragée. Certains acteurs ont cédé par lassitude, d'autres par défi, amusés par sa personnalité coriace. *C'est au culot qu'elle s'est forgé une place et une réputation*, a déclaré un jour François. L'autre atout d'Isabelle, toujours d'après lui, est le point d'honneur qu'elle a mis à ne refuser aucun projet, à ne bouder ni les scénarios bancals ni les auteurs inconnus. Pour chaque spectacle, elle s'est donnée corps et âme, qu'il s'agisse d'une adaptation d'une œuvre classique prisée par la presse parisienne ou d'une simple comédie populaire. Par cette attitude professionnelle, elle a gagné le respect de beaucoup sans jamais chercher à l'obtenir. Et quand elle a croisé la route de François Louvier, trente et un ans, à une audition quelconque, elle a perçu en lui ce que personne n'avait remarqué avant. On le décrivait lunatique, nonchalant, parfois insolent. *Il aurait pu être bon s'il l'avait voulu*, avait déclaré son agent à Isabelle. Ce à quoi Isabelle avait rétorqué : *Faites en sorte qu'il le veuille, alors !*

On n'offrait à François que des rôles de bellâtre dans des comédies sans âme, à cause de sa belle gueule et de ses yeux vert-de-gris. Isabelle lui a proposé le rôle principal dans une version revisitée d'*Othello*. Une histoire de chair, d'amour et de mort. François avait excellé. Parce que c'était un rôle pour lui. Parce qu'on lui offrait enfin la confiance qu'il recherchait. Parce qu'il couchait avec Isabelle, la metteuse en scène, et en retirait une assurance immense. Je ne saurai jamais vraiment. Mais tous leurs amis s'accordent sur un seul et même point : Isabelle a propulsé François. Il n'était rien avant de la connaître. Et je crois que c'est la pensée la plus douloureuse pour moi : je ne serai jamais ce genre de femme qui porte un homme. Je suis de celles qui n'ont que leur jeunesse et une beauté tout éphémère pour les satisfaire un temps. Mais après ?...

J'ouvre l'album de mariage pour faire taire mes pensées. Je m'attendais à des clichés classiques : une mariée en robe blanche, avec un voile peut-être, un chignon, au bras d'un marié en smoking noir. J'imaginais un parc, un château, le parvis d'une église, deux alliances dans un panier en osier. J'ai devant moi une tout autre image : une mariée en pantalon et chemisier noirs, les cheveux laqués, plaqués en arrière, et les lèvres écarlates. À ses côtés, François dans un smoking blanc cassé. Ils avaient brisé les codes, inversé les couleurs. Ils posent assis sur le capot de la Ford Mustang cabriolet louée pour l'occasion, dos à dos, dans une attitude de défi. Bon sang, ils sont beaux… Je ne peux m'empêcher de le penser. Beaux et forts, inatteignables. Elle et sa coiffure rock, son look à la garçonne et ses talons aiguilles. Lui et ses cheveux noués en catogan, le sourire ravageur. Il paraît plus jeune qu'elle. C'est encore vrai aujourd'hui. Isabelle a six ans de plus que lui et le visage plus marqué. Le poids des responsabilités. Lui a continué à se laisser porter par la vie. Et par Isabelle… Je crois que c'est ce qu'elle lui a reproché avec le temps. De n'avoir pas su grandir avec elle. Pourtant elle est restée fidèle, à lui, à leur mariage, alors que lui… Je ne sais pas trop quelle leçon il faut tirer de tout cela…

Je ne déteste pas Isabelle. Je ne l'ai jamais détestée, même quand je suis tombée amoureuse de François. Elle m'a toujours inspiré une certaine fascination. La première fois que je l'ai vue, c'était au Saint-Jean. Je ne savais pas qui elle était : directrice du théâtre, directrice artistique, metteuse en scène ? Elle avait une telle allure, une telle prestance, que j'en avais déduit qu'elle était importante. Je ne connaissais pas son nom. Si je l'avais su, j'aurais compris qu'elle était la femme de François. Mais tout le monde l'appelait « Isa ». Isa tout court. Elle ne venait pas souvent. Quand elle le faisait, c'était en coup de vent. Elle semblait occupée ailleurs, très prise.

Un soir, peu après le coup du « feu » et ma première rencontre avec François, j'ai entendu des éclats de voix qui provenaient d'une loge. La porte s'est ouverte à la volée et il en est sorti furibond, marchant à grands pas. Elle est apparue, le visage fermé, les bras croisés, et elle a crié dans son dos : « C'est ça, fuis ! »

François est revenu sur ses pas mais la porte s'était refermée sur Isabelle. Je me suis demandé s'il allait toquer, s'excuser ou au contraire alimenter la dispute, mais il s'est posté face à moi, le regard noir, et j'ai compris avant qu'il ne prononce un mot car il avait retourné ses deux poches. Vides.

« Le feu ? »

Il a saisi mon briquet et malgré sa colère j'ai cru deviner l'ombre d'un sourire sur ses traits.

Plus tard, les comédiens sont partis prendre un pot. Isabelle avait disparu en taxi. J'ai récupéré mon manteau. J'étais seule, Camille étant grippée. Je suis sortie du théâtre et je suis tombée sur François. Il était là, sur le trottoir, pianotant nerveusement sur son téléphone tout en fumant une énième cigarette.

« Tiens, ton feu ! » a-t-il lancé alors que je m'apprêtais à filer, enveloppée dans mon écharpe.

C'était un soir de mars et il faisait froid. Il m'a tendu une clope.

« T'en veux une ? »

J'ai tourné la tête autour de moi, pauvre idiote, pour être sûre que c'était bien à moi qu'il s'adressait.

« OK. »

Dans le silence et le froid venteux de cette nuit, j'ai cherché quelque chose pour lancer la conversation, briser la glace. Je n'ai trouvé que cela : « C'est tendu avec la metteuse en scène, non ? »

Un haussement d'épaules m'a répondu.

« Avec la metteuse en scène, ça va. Elle fait son job. Avec ma femme, c'est plus compliqué. »

Je n'ai pas compris, j'ai froncé les sourcils.

« Isabelle Louvier », a-t-il ajouté.

Et j'ai saisi, avec une petite pointe de je-ne-sais-quoi dans la poitrine.

« Je ne savais pas…

— On ne t'en demande pas tant. »

J'ai failli être vexée par sa réplique mais elle a été suivie d'un regard plus scrutateur et d'une question surprenante : « On vous traite bien ?

— Pardon ?

— Les ouvreuses.

— Oui… On n'est pas à plaindre… On passe des soirées au théâtre et on a quelques pourboires. Y a pire comme petit boulot d'étudiant. »

Il a tiré plus fort sur sa clope.

« Ta copine n'est pas là ?

— Camille ? Non, elle est malade.

— Tu as quelqu'un pour te raccompagner ?

— Oh, je… je vais prendre le métro. »

Il a secoué la tête, fouillé dans la poche arrière de son jean.

« Prends ça pour le taxi.

— Vraiment ça ira. »

Il m'a planté le billet dans la main sans un mot. Il avait encore son maquillage noir autour des yeux et sa chemise de scène.

« Ne traîne pas, il fait un froid de canard. Il y a une station de taxis au coin de la rue. »

Alors que j'acquiesçais en remontant mon col de manteau, il a lancé tout à trac : « Hé, le feu !

— Oui ?

— C'est quoi ton prénom ? »

J'ai souri. Lui aussi.

« Éléonore.

— Compassion, a-t-il asséné en écrasant sa cigarette.

— Pardon ?

— Ça vient du grec *eleos*, qui veut dire "compassion". »

Je n'ai su que faire de cette information. J'ai hoché la tête. Il m'a désigné un taxi qui ralentissait, à une dizaine de mètres.

« Bonne nuit !

— À toi aussi ! »

Je me suis engouffrée dans le taxi en songeant : quand je vais raconter ça à Camille…

Ce soir-là François m'est apparu désarmant, oscillant de l'assurance nonchalante à la plus grande prévenance en un quart de seconde. Dans le taxi qui s'éloignait, je me suis laissé envelopper dans une chaleur douce qui n'avait que peu à voir avec la soufflerie du véhicule. Isabelle Louvier m'était déjà sortie de la tête.

L'album de mariage entre les mains, je tourne les pages une à une, lentement. Je découvre la cérémonie : à la mairie seulement. Puis le vin d'honneur en extérieur. Une troupe d'amis comédiens improvisant une scène comique, à en juger par l'air hilare de l'assemblée. Le bras de François au creux des reins d'Isabelle. Son regard posé sur elle. J'ai toujours jugé que j'avais un avantage : vingt-quatre ans de moins qu'elle, le corps neuf, vigoureux, une peau lisse frémissant à la moindre caresse, des yeux de biche qui rendaient François fou, une légèreté qu'Isabelle avait perdue avec les années. Pourtant, face aux clichés de leur mariage, je dois bien l'admettre : si j'avais connu François en même temps qu'Isabelle, je n'aurais jamais eu aucune chance de lui plaire. Elle m'aurait éclipsée par son énergie et sa lumière. Je ne suis pas comme elle. Je ne brille pas. Je suis de celles qui s'épanouissent dans l'ombre. Comme le camélia. Je me fanerai sans éclat.

Les clichés se succèdent. Après le vin d'honneur, le repas sous une jolie verrière avec piste de danse, un groupe de jazz. Et le dessert : une pièce montée de fromages de toutes sortes. J'imagine sans peine la tête de mes parents, de toute ma famille, très classique, s'il me prenait l'envie de faire un truc pareil. Je ne peux m'empêcher d'en sourire. C'est tout François, ça… Ne jamais faire comme les autres.

À la fin de l'album, quatre pages pour les photographies de groupe. Parents et grands-parents. Amis : nombreux. Témoins. Antoine, je le reconnais sans peine. Grand et mince comme François, les cheveux noués en catogan lui aussi. Il n'a pas tellement changé. Il porte ce jour-là un costume dans le style années vingt : veste et pantalon en tweed marron clair, gilet à carreaux et casquette de golf. Il pose entre François et Isabelle, un bras autour de chacun, fait mine d'embrasser François sur la bouche.

L'amertume m'envahit à cette image. Antoine, le témoin du mariage de François et Isabelle, le témoin de leur bonheur, de leur complicité, qui s'est occupé aujourd'hui de clore le dernier chapitre de leur vie commune en m'aidant à transporter tous les cartons. Je referme l'album d'un geste sec. Je me sens épuisée tout à coup. Ces clichés ne me disent plus rien qui vaille. Ils m'apparaissent comme la preuve que rien ne dure, que les brefs instants de bonheur se paient cher.

11

François

Dimanche. Il y a une semaine, je passais ma dernière journée debout sans le savoir… Si j'avais su, j'en aurais profité. Je ne serais pas resté au lit une bonne partie de la journée à fumer et à faire répéter son texte à Léo. D'ailleurs, qu'est-il advenu de ce casting ? De ce rôle d'Hilary qu'elle détestait tant ? J'essaie de m'y intéresser un tant soit peu mais mon esprit s'éteint déjà. Aucune importance. Plus rien n'a vraiment d'importance.

Je suis allongé sur le dos, immobilisé dans un corset depuis sept jours. Sept jours à fixer un plafond et une télévision. Sept jours à morfler jour et nuit sauf quand je dors enfin, quand la morphine me libère. Je ne sais pas combien de temps il faudra pour que mes côtes et ma nuque cessent d'être si douloureuses. Sept jours entre horreur et irréalité. Parfois j'y crois, parfois je me dis que ce n'est qu'un cauchemar, une hallucination particulièrement coriace. Une hallucination qui n'en finit jamais. À chaque réveil je suis toujours là, le corps meurtri, incapable de faire bouger le moindre muscle de mes jambes. À chaque réveil je me dis : ce sera le bon. Il faut bien que l'horreur prenne fin. Elle prend toujours fin, non ? Pourtant, il n'y a pas d'amélioration. À aucun niveau. Il me semble même que les douleurs s'amplifient. L'immobilisation forcée a ankylosé mon corps, raidi mes muscles, rigidifié mes articulations. Le moindre mouvement des épaules est un supplice. Quant au mental… Comment dire ? Je m'enfonce. Je coule. Voilà. La mince étincelle d'espoir, le sursaut de colère que j'ai eus s'éteignent déjà. Il a suffi d'un rien, d'un acte médical anodin pour eux.

Car il est des choses qu'on ignore quand on est valide : on est chanceux de pouvoir faire un truc aussi banal que chier. Ouais… Il paraît que c'est un des effets secondaires de la morphine. Ralentir le transit. Le bloquer même. Ce matin, en guise de grasse matinée, je n'ai pas eu les caresses de Léo, non. J'ai eu droit au gant et à la vaseline. Aux remontrances du corps médical : *Il va falloir freiner la morphine, monsieur Louvier. Sinon ce sera ça tous les deux jours.*

Peut-on tomber plus bas ?

Éléonore

Hier, samedi, je n'y suis pas allée. Je n'ai pas pu. Une immense fatigue. Un rhume coriace. Des douleurs partout. Le moral à zéro. J'aurais été incapable d'affronter François mutique, François en colère, François odieux. Je suis restée enfermée dans l'appartement, à m'efforcer de vider les cartons, mais même ça, je n'ai pas réussi. Antoine est passé dans la journée pour me rapporter mon permis de conduire, récupéré auprès de l'agence de location du camion de déménagement.

« Tu t'en sors ? »

Il a vu au premier coup d'œil que je ne m'en sortais pas.

« Tu veux que je t'aide ?

— Non, ça va. »

Je lui ai servi un café immonde. Il s'est entêté à vider un carton ou deux tout en parlant pour deux : « Les copains lui ont tourné une petite vidéo. Ça lui fera du bien, je crois. Ils étaient tous sous le choc. Ils se sont dit que ça pourrait lui remonter le moral.

— Mmh.

— Tu ne penses pas ?

— Je ne sais pas. Hier soir il m'a juste raccroché au nez. Sans un mot. »

Antoine a bu son café.

« Ils viendront le voir quand il aura droit aux visites. Quand il sera transféré au centre de rééducation. Du temps aura passé, ça ira mieux. »

J'ai fait mine d'acquiescer.

« Tu vas le voir aujourd'hui ?

— Non. Je prends le travail à dix-huit heures. J'irai demain.

— Moi aussi, j'irai demain. On peut y aller ensemble ? »

Donc je me prépare en ce dimanche matin morose en attendant qu'Antoine passe me prendre. Il a commandé un Uber pour nous éviter d'attendre le RER en vain. Je n'ai pas le cœur à me maquiller. Je me contente d'une touche de parfum, d'un peu d'anticerne, puis je me poste devant les larges fenêtres de notre salon qui me paraît encore bien vide. Je n'ai pas ouvert les cartons de décoration, je suis incapable de monter seule le canapé en kit livré hier. La table et les chaises attendent, entreposées dans le couloir de l'entrée. Je n'ai aucune plante verte. Ainsi le salon est mort, comme le reste de l'appartement. La cuisine, pourtant minuscule, me paraît presque grande. La chambre est nue, avec un lit double et une armoire qu'il me faudra monter un de ces jours. Mes vêtements traînent dans des sacs en plastique. La salle de bains est le seul endroit de cet appartement qui semble à peu près habité, avec mes tubes de crème et de gel douche éparpillés un peu partout. Il y manque l'essentiel : l'odeur de l'after-shave de François, son peignoir bleu roi, ses serviettes roulées en boule.

Il y a tant à faire pour redonner vie à ce cinquante mètres carrés, et j'ai si peu de courage…

Je passe la plus grande partie de mon temps scotchée à la fenêtre du salon à regarder le reste du monde : les voitures qui transportent des gens actifs qui roulent vers un but, un rendez-vous. J'aime observer le passage des piétons dans la rue, les enfants qui courent ou sautillent, les couples qui marchent bras dessus bras dessous, les pensifs, les pressés, les indifférents. Dans le parc des Buttes-Chaumont aussi, malgré le froid et l'humidité qui s'installent. J'ai repéré le gardien : celui qui ouvre les grilles à sept heures et les ferme à dix-neuf heures. Et quelques habitués : des habitants du quartier, les propriétaires de chien surtout et quelques joggeurs. Ça me rassure de regarder le mouvement dehors, moi qui suis incapable de faire un geste. La vie continue. J'y puise un certain apaisement.

Ce soir, c'est Halloween il me semble. J'ai aperçu quelques enfants déjà déguisés, un petit seau en forme de citrouille à la main. J'ai vu des affiches annonçant des soirées à thème, çà et là, dans des bars du quartier. Je les ai vues sans les voir, en rentrant du Théâtre du Temps hier, à minuit. Camille a réussi à sauver ma place d'ouvreuse alors je continue comme avant. Je m'y présente en tenue de service : pantalon noir et chemisier blanc, j'accueille, je salue, je déchire les tickets, je répète les phrases habituelles : *Troisième rangée à gauche, place 32*. Parfois j'accompagne la personne si elle est âgée, si elle marche avec des béquilles ou si elle semble perdue. Hier il y avait un homme en fauteuil roulant à la représentation. Seul. Il n'y avait personne à ses côtés : ni femme ni compagnon. J'ai pleuré quand les lumières se sont éteintes dans la salle. Camille a dit : « Viens, on va se faire un café. » On a bu un café tiède du distributeur dans le hall d'entrée parcouru de courants d'air. Elle a demandé : « Tu veux parler ? » J'ai dit non. On a regardé les flyers qui annonçaient divers spectacles, en commentant à voix haute ceux qu'on aimerait voir. Je mentais. Il n'y en avait aucun que j'aurais aimé voir. Je ne songeais qu'à une chose : à François, que j'avais laissé seul à l'hôpital toute la journée parce que je manquais de courage.

Allez, ça suffit, tu y vas ce matin. Je tente de me reprendre, dans mon salon désert. Oui, j'y vais aujourd'hui. Je ne l'abandonne pas. Plus jamais. Antoine sera avec moi si François décide de se montrer ombrageux. Je n'aurai pas à l'affronter seul. L'interphone sonne à ce moment précis, comme si Antoine me répondait. Je jette un dernier regard au parc – les joggeurs matinaux se croisent en se saluant d'un signe de tête – puis je rejoins l'entrée, récupère mon manteau et mon sac à main.

Antoine a réussi à me rassurer pendant le trajet jusqu'à l'hôpital.

« Tu sais bien, c'est François. Il est impulsif. Ce n'est pas contre toi. L'autre jour, malgré le corset, il a réussi à lancer son pied à perfusion par terre avant de chasser Isabelle à grand renfort de cris. Alors un peu de silence au bout du fil, ce n'est pas grand-chose. Il faut lui laisser le temps. Il reviendra à lui. »

Antoine a acheté une boîte de chocolats et des magazines. Trois exemplaires de *Théâtre(s)*. Moi je n'ai rien pensé à prendre. Trop déboussolée. Trop à côté de mes pompes.

« C'est pas grave. L'essentiel, c'est qu'il te voie », assure-t-il.

Je me sens presque armée pour cette visite en entrant dans le hall de l'hôpital, marchant au même rythme qu'Antoine. Puis, devant l'ascenseur, il me lance : « Ce soir, on boit un verre avec les autres pour Halloween. Pas grand-chose. On n'a pas vraiment la tête à… C'est juste histoire de faire quelque chose quand même. Tu viens avec nous ? »

Et je suis incapable de trouver quoi que ce soit à répondre.

« Tu peux venir avec Camille. Ça te changerait les idées. »

Les portes s'ouvrent. Lumière blafarde. Mon visage pâle.

« Je verrai. »

Je n'irai pas. C'est François qui avait lancé l'idée de cette fête d'Halloween. *Prendre un pot et terminer quelque part.* Quelque part où on danse, où on ferme les yeux, on écarte les bras, on sent les vibrations de la musique résonner dans chaque cellule de son corps, où on se sent jeune, invincible, indomptable. C'est ça qu'il aimait dans les soirées jusqu'au petit matin : l'impression de posséder le monde.

Il dort. Voilà une demi-heure déjà que nous sommes là et François n'a pas frémi. Antoine m'a laissé la chaise près du lit. Lui, il se promène dans la chambre, il tâche de trouver des choses à dire : « Toutes les dates de son spectacle ont été annulées jusqu'à décembre. Ils ne se prononcent pas sur un report. Ils attendent d'en savoir plus sur son état de santé. Peut-être qu'ils envisageront de lui trouver un remplaçant. Enfin pour l'instant, ils ont juste suspendu le spectacle… »

Quand il s'épuise, il finit par se poster à côté de ma chaise.

« Tu veux voir la vidéo qu'ils lui ont faite ?

— Si tu veux. »

Il pose son téléphone portable sur le lit de François, près de son visage, peut-être dans l'espoir que le son le réveillera. Ou alors, il s'imagine que François fait semblant de dormir – j'ai envisagé cette possibilité moi aussi – et il veut lui faire entendre le message de ses amis pour provoquer une réaction. À l'écran il y a toute la bande. Que des comédiens, sans exception. Bien que metteuse en scène, Isabelle y a été admise à l'époque où elle n'avait pas tant de responsabilités, où elle sortait avec François jusqu'au milieu de la nuit, mais cela lui a passé. Elle a continué de fréquenter la bande mais elle préférait organiser des dîners à leur appartement plutôt que faire la tournée des bars. Plus tard, Camille et moi avons été admises nous aussi bien que simples ouvreuses, des étudiantes fauchées. François nous avait invitées sans rien demander à personne. Certains nous avaient adoptées d'office, comme Antoine, parce qu'il a bon fond. D'autres avaient tiré la tronche – pas parce que nous étions ouvreuses mais parce qu'ils sentaient bien ce qui se tramait entre François et moi et qu'Isabelle était leur amie –, pourtant aucun n'avait osé dire quoi que ce soit. Je n'ai pas développé de grandes amitiés dans ce groupe mais j'y ai noué quelques liens.

Sur l'écran, donc, ils sont tous là. C'est Coco qui parle, avec son grand sourire et ses cheveux crépus. Elle en fait des tonnes, sourit trop. Elle est maladroite à force de vouloir prétendre que tout va bien. Autour d'elle, certains visages sont figés, ont plus de mal à donner le change. Pourtant, tous adressent des coucous à la caméra, promettent de vite débouler, dès qu'il aura droit aux visites, et l'embrassent très fort à grands coups de baisers qui claquent.

« T'en penses quoi ? » Antoine m'observe, incertain.

Je hausse les épaules : « On devrait peut-être attendre un peu avant de lui montrer…

— Ouais, dit-il. On attend quelque temps. »

Dans la chambre, le silence retombe.

« Je joue ce soir… il faut que je me douche, que je repasse ma tenue. Je devrais… »

Antoine ne termine pas sa phrase, récupère son manteau. Une heure trente, et François n'a pas bougé une paupière.

« Oui. Rentre.

— Tu restes un peu ?

— Une petite heure. »

Je le raccompagne à la porte. Nous sommes aussi démunis l'un que l'autre. Nous nous claquons une bise. Rien d'autre.

Plus tard, des soignantes passent, changent la poche à urine sans un mot, sans se soucier de son sommeil qui n'en finit plus. Est-ce ainsi chaque jour ? Un interminable état comateux ?

Au moment où je décide de me lever, plus vidée encore que je ne l'étais ce matin, je crois apercevoir quelque chose qui brille au coin de sa paupière. Je m'approche.

« François ? »

Il reste de marbre. La larme pourtant je ne l'ai pas rêvée. Elle est là, elle perle puis se décroche, roule le long de sa joue. Je la frôle du bout du doigt pour m'assurer qu'elle est réelle et je me retrouve avec cette petite goutte salée sur ma peau. Comme un lac minuscule échoué sur mon corps. Je passe ma main sur la joue de François. Notre premier contact aujourd'hui.

« Je reviendrai demain », dis-je.

Puis je recule d'un pas, guette. Rien.

« Je t'aime. »

Je mets une éternité à enfiler mon manteau, à réajuster mon écharpe et mes cheveux. Pourtant il ne cille pas. Il ne me retient pas. Il me laisse partir.

12

François

Il y a enfin une bonne nouvelle dans ce cauchemar : on va me transférer en centre de rééducation. Dans la matinée. On va me transporter couché sur le dos. Solidement accroché à une civière, bloqué dans mon corset. Mais je vais quitter cette chambre, ce plafond immaculé qui n'offre même pas une ou deux fissures auxquelles s'accrocher. Cette télévision murale que je ne peux plus voir en peinture. Je vais m'éloigner de cet hôpital maudit où un chirurgien incompétent m'a balancé une bombe un matin et s'est tiré sans états d'âme. Je ne l'ai jamais revu. Là-bas ce seront de vrais docteurs. Ils sont spécialisés dans les lésions de la moelle épinière. Ils sauront de quoi ils parlent. Là-bas on saura lire mon dossier, évaluer mon état de santé en toute objectivité. Je pourrai leur dire que je sens mes jambes peser, que rien n'est perdu, que j'ai vaguement le sentiment de les avoir près de moi, décalées par rapport au buste. Je pourrai demander d'autres examens, d'autres avis. Là-bas ils ne se contenteront pas de vider ma vessie, de s'enquérir de mes intestins et de me remplir de purée insipide. Bon Dieu, j'ai hâte de me tirer. Là-bas, ça ira mieux.

J'y verrai plus clair. Je pourrai recommencer à parler à Léo. Je m'excuserai de mon silence. On pourra de nouveau faire des plans, on avisera. La rééducation, les rendez-vous médicaux, les béquilles pour m'aider à marcher les premiers temps. On s'arrangera.

« Quand est-ce qu'on m'emmène ? »

L'infirmière lève la tête de mon entrejambe. Elle est en train de changer ma sonde. Rien qu'à l'idée que j'ai un tuyau enfoncé là, dans l'urètre, je pourrais gerber.

« Vous êtes si pressé de nous quitter, monsieur Louvier ?

— Vous n'avez pas idée. »

Elle pense que je plaisante, sourit en secouant la tête.

« Avant midi, c'est sûr.

— C'est loin, midi.

— Tatata, il est déjà dix heures. »

Deux heures à fixer le plafond. Si elle avait la moindre idée de ce que ça représente, elle la bouclerait. La pompe à morphine étant bloquée – j'ai déjà atteint la dose maximale ce matin –, je m'abrutis des images à la télévision. Un documentaire animalier. Un lion dévorant une gazelle. Il faut au moins ça pour calmer mes nerfs.

Éléonore

Le gardien est arrivé en retard ce matin pour ouvrir les grilles. Cela a créé un esclandre car le vieux monsieur au ciré rouge avec son caniche faisait le pied de grue depuis près de dix minutes. Je n'ai pas entendu leurs voix, en pleine heure de pointe, c'est impossible, mais j'ai vu leurs larges gestes chargés d'agacement.

Plus loin, sur la rue Manin, il y a eu un accident. Rien de grave. Un seul camion de pompiers, qui est reparti à vide : pas de blessé. Ça a bouché jusqu'à dix heures. Le concert de klaxons m'a obligée à fermer les fenêtres.

À part jouer les commères, j'ai déballé le canapé en kit de son carton mais je l'ai laissé au milieu du salon. J'ai vérifié mon téléphone pour la dixième fois. Pas de nouvelles du transfert de François. Personne ne m'a donné d'heure. Il est inutile d'aller le voir à l'hôpital : le temps que j'arrive, il sera probablement déjà parti. Et si je me pointe là-bas et qu'il n'y est pas, ce ne sera guère mieux…

Je fais réchauffer mon café auquel je n'ai pas touché et je m'efforce d'installer enfin la table et les chaises qui traînent dans le couloir de l'entrée. Ce n'est pas grand-chose mais ça me donne l'impression que j'avance, que l'appartement prend vie. C'est pourtant loin d'être le cas. Les piles de cartons continuent de me narguer. L'album de mariage est resté sur le plancher à côté d'une affiche A3. *Othello*. Le nom de François Louvier en tête d'affiche. Son premier grand rôle, offert par Isa. Celui qui l'a lancé. Il a gardé ce document toutes ces années, soigneusement enroulé dans un élastique. Et me revient en tête ce souvenir brûlant. Notre premier baiser dans l'arrière-cour d'une boîte de nuit après de longs mois de tension insoutenable. Ce soir-là il n'y avait plus tenu. C'était un soir de pleine lune. Il paraît que dans les commissariats les soirs de pleine lune sont les plus agités, qu'on y constate une augmentation des crimes et délits, des agressions en tout genre. La pleine lune réveille nos pulsions, nous pousse à passer à l'acte. Ce soir-là, François s'est emparé de moi.

— *Viens.*

Il avait la voix grave, le regard acéré. Il n'aurait souffert aucun refus. C'est en cherchant à fuir ses amis, ceux qu'Isabelle connaissait, que nous avons atterri dans cette arrière-cour. Nous n'avions pas encore atteint le mur en pierre qu'il écrasait ses lèvres contre les miennes, enfouissait ses mains sous mon chemisier. Ça n'avait rien de doux. C'était électrique. Passionné. Violent.

— *Putain, Léo. Je n'arrive plus à apprendre un seul de mes foutus rôles depuis que tu traînes tout le temps autour de moi.*

C'était comme un reproche, et pourtant il se serrait plus fort contre moi encore.

— *Non, arrête de faire ça. Arrête de baisser la tête, de détourner les yeux. J'aime pas quand tu m'échappes comme ça. Ta timidité, elle me rend fou. Je ne sais pas ce que tu penses. Je sais plus si tu veux de moi. Léo, je t'en supplie. Regarde-moi.*

Et il était implorant. Au comble d'un supplice que je ressentais tout aussi fort que lui.

— *François*, j'avais murmuré.

Il savait à quoi je pensais à cet instant précis : à Isabelle. Jusqu'alors, pendant ces longues semaines de trouble, à échanger des regards ambigus, à mêler nos doigts sous les tables des bars, à nous frôler les genoux dans le plus grand secret, nous avions pu prétendre que nous ne faisions rien de mal. Mais les baisers, ce soir, dans la cour obscure, ses mains sur mes seins, son sexe dur contre mes hanches, ce n'était pas rien. Alors François, reculant d'un pas et retrouvant sa gravité, avait récité les paroles d'*Othello* en y mettant toute son âme, tout son cœur : « *Que celui qui est volé ne s'aperçoive pas du larcin, qu'il n'en sache rien, et il n'est pas volé du tout.* »

Il avait l'œil brillant, la pupille insolente. J'ai murmuré oui. Il n'a pas demandé ce que je voulais dire par là. Sans doute avait-il compris. Ce oui, c'était un oui à toutes les demandes qu'il pourrait formuler. Il pouvait faire de moi ce qu'il voudrait. *Ad vitam aeternam.*

Le téléphone qui sonne me sort de mes feuilles de notes que je noircis depuis près d'une heure. Mon cœur s'accélère mais ce n'est pas le centre de rééducation ou l'hôpital. C'est ma mère.

« Éléonore, ça va ? Tu nous as appelés… Tout va bien ? »

Je comprends l'inquiétude dans sa voix. Cela fait bien longtemps que je n'avais pas appelé la maison. Pas sans raison valable en tout cas. J'ai fui le minuscule bourg bourguignon dans lequel j'ai grandi à dix-huit ans, soulagée de trouver la vie, l'agitation, l'effervescence de Paris. *Plus jamais je ne retournerai habiter là-bas* : je me le suis juré et j'ai tenu ma promesse jusqu'à aujourd'hui. Mes parents doivent se contenter d'une visite à Noël, que j'essaie d'écourter le plus possible. Quatre jours maximum. Et d'une visite plus longue l'été : dix jours, pas plus. Ce n'est pas que je n'aime pas mes parents ou leur présence. C'est juste que me retrouver dans ce petit village sans vie me file le bourdon, me ramène à une époque où j'avais l'impression de me dissoudre. L'enfance à la campagne a été agréable mais l'adolescence a été un supplice. Comme ils étaient longs, ces mois d'hiver qui n'en finissaient plus et qui ressemblaient à une mort lente, ces soirées sombres, silencieuses, les rues noyées sous le brouillard ou sous la pluie. Et tous ces vieux roulant les « r », ces jeunes traînant leurs baskets au hasard, de la place de l'église au monument aux morts, cherchant une occupation. Le manque de perspectives, voilà. Là-bas, rien ne m'attendait, j'en étais persuadée. Là-bas il n'y avait pas de théâtre, pas de troquets, pas d'université, pas de musique qui résonnait, pas de vie. Et définitivement pas d'avenir pour l'ado mal dans sa peau que j'étais. Là-bas, je n'aurais jamais rencontré François.

« Ça va, ça va », dis-je dans le combiné.

Ce qui ne convainc pas ma mère et elle n'a pas tort. J'ai bien quelque chose à lui demander. J'en ai honte mais vers qui d'autre pourrais-je me tourner ? Les calculs qui s'étendent sur la feuille devant moi sont sans appel : mon contrat d'ouvreuse ne suffira plus. Les quatre heures de travail quatre soirs par semaine étaient bonnes pour les rêveries de François, pour ses chimères fantaisistes. Mais tout cela s'est fracassé sur la réalité. Il ne fera jamais de moi une comédienne. Je ne vivrai jamais d'amour et d'eau fraîche dans l'atmosphère feutrée des théâtres. Il me faut un vrai job maintenant, sans tarder. Et laisser de côté ma dignité.

« Et vous, ça va ? je demande pour gagner du temps.

— Ça va, répond ma mère d'une voix qui manque de conviction.

— Le commerce ? »

Mes parents tiennent une boulangerie. Le seul commerce du bourg. La seule boulangerie à dix kilomètres à la ronde. Ainsi nous étions le centre névralgique du village… C'est dire…

« Je ne trouve pas de vendeuse pour me remplacer. Ça dure depuis huit mois.

— Et celle que vous aviez ?

— Partie. Elle a suivi son mari à Dijon. Personne ne reste ici… On va devoir s'y faire. »

Un peu d'amertume dans sa voix. Je ne vois pas comment poursuivre. Et les chiffres se mélangent devant mes yeux : loyer, internet, électricité, eau, charges locatives, abonnement de transports en commun, courses. « Salle de sport », je l'ai rayé. C'était un luxe que je m'offrais avec un tarif spécial étudiant. À vrai dire, c'est stupide, mais mon physique, c'est tout ce que j'avais pour faire la différence. J'ai songé que faire du sport pouvait m'aider, me donner un peu de confiance en moi. J'étais persuadée qu'en ayant une plastique irréprochable je tiendrais à distance un certain nombre de problèmes. Risible.

« Et papa ?

— Ça va. Tu le connais. Il mourra à ses fourneaux sans jamais se plaindre. Toi ça va, à Paris ? Tes candidatures, ça avance ? »

J'ai la bouche sèche. Hors de question de lui avouer que je n'ai encore candidaté à aucun poste d'administrateur, que je me suis contentée de ma passion dévorante pour François et de ses idées stupides de castings.

« Je… Disons que c'est plus compliqué que ce que je pensais…

— Ah ? Tu as eu des entretiens ?

— Pas encore. C'est compliqué. »

Un silence un peu pesant envahit le combiné.

« Tu as besoin d'argent ? On peut te faire un virement. »

Voilà. Elle sait. Elle comprend la raison de mon appel.

« Pas grand-chose. Mais… Oui… ça pourrait m'aider… Je vous rembourserai. »

Je me donne la nausée. Mais que puis-je faire d'autre ?

« Et ce nouvel appartement que tu devais prendre en colocation ?

— C'est un peu ça le problème aussi.

— C'est-à-dire ?

— Le colocataire, il… il lui est arrivé une sacrée tuile. Un accident de scooter. Il est à l'hôpital. Ce n'est pas encourageant… il… »

Je mords mon pouce. Très fort. Ce n'est pas le moment de laisser entendre des sanglots.

« Il va en avoir pour de longs mois en rééducation.

— Oh… Tu vas devoir assumer le loyer seule, c'est ça ?

— Oui. »

Nouveau silence. J'imagine ma mère le nez au carreau, observant la rue principale du village envahie par un brouillard opaque de novembre qui ne se lèvera pas de la journée.

« Tu ne peux pas rendre l'appartement ? Trouver un logement pour toi uniquement ? Quelque chose que tu puisses payer ? »

Je ne comprends pas vraiment la bouffée de colère qui m'étreint la gorge tout à coup, le ton acide que prend ma voix : « Et quoi ? Le laisser tomber ? Il fera quoi quand il sortira du centre si je ne suis pas là ? Si l'appartement qu'on avait choisi est loué à quelqu'un d'autre ? »

Un blanc. Interminable. Si ma mère s'interrogeait sur la nature de mon lien avec ce prétendu colocataire, elle est maintenant fixée.

« Bon, on te fait le virement. Dis-moi combien, d'accord ?

— D'accord. »

Le stylo que je triturais nerveusement craque entre mes doigts. Je regarde l'encre couler, tacher mes lignes de calculs.

Je n'ai pas dit à mes parents que je fréquentais quelqu'un. Un comédien tête en l'air, désinvolte mais connu dans tout Paris. Un homme marié depuis neuf ans. De dix-huit ans mon aîné. Ce n'était même pas ça, le problème, devoir leur avouer… C'était François. Avant que je parte chez mes parents, en juillet, il m'avait dit : « Tu m'emmènes dans tes valises ? »

Et ça m'avait troublée. Parce que derrière la taquinerie j'avais entrevu autre chose : la possibilité que notre relation prenne une tournure plus solide, plus officielle. Mais François, devinant mon émotion, s'était empressé de freiner mon élan.

« Ne me réponds pas oui ! Je déconnais !

— Je n'ai rien dit…

— Ouais, mais tu m'as fait peur. J'ai cru que tu allais me proposer de rencontrer tes parents.

— Et alors, ça aurait été si terrible ? »

J'avais eu du mal à ravaler ma fierté.

« Je suis pas le gendre idéal, Léo. Je ne suis qu'un sale type jamais rassasié de leur fille et qui laisse des marques dans son cou. »

Je n'avais rien trouvé à répondre. On allait habiter ensemble, il allait quitter Isabelle, alors c'était sans importance…

François

Le centre de rééducation de Garches me paraît immense, du moins ce que j'en vois depuis mon lit sur roulettes. J'ai l'impression qu'on parcourt des kilomètres de couloirs, de salles de vie, d'espaces communs. Une légère odeur de chlore. Il y a donc une piscine… J'entends quelques voix, le murmure d'une conversation, je surprends le bruit de béquilles sur le lino, un rire. On rit ici ? Ça me rassure presque. J'avais raison. Le cauchemar de l'hôpital prend fin. Ici c'est le lieu de l'espoir, des vrais diagnostics, de l'après. Le brancardier qui me conduit en chambre a la trentaine. Il est sympathique, sourit, salue le personnel que nous croisons. Ils se connaissent. L'ambiance a l'air différente, plus légère. On a débranché ma pompe à morphine il y a deux heures. Le temps des formalités administratives et du transfert. Pour le moment, ça va. Je me sens mieux que ces huit derniers jours. J'entrevois un peu de lumière au bout du tunnel. Mais je sais que ce n'est que de courte durée. Bientôt la douleur reviendra et tout sera sombre.

« Vous êtes en chambre double », indique le brancardier.

Nous sommes arrêtés devant une porte ouverte. Je n'aperçois pas le numéro ni l'intérieur de la pièce. Je suis toujours dans mon corset. Mon champ de vision se limite à ce type et au plafonnier.

« Enchanté, mec ! » lance une voix dans mon dos.

Le brancardier se met à manœuvrer pour me faire entrer dans la pièce et j'aperçois le visage de celui qui m'a salué. La quarantaine comme moi. Cheveux bruns coupés ras. La peau marquée par des cicatrices d'acné coriace. Il est assis dans un fauteuil roulant. Il s'apprête visiblement à quitter la chambre, une veste de jogging sur le dos, une bouteille d'eau posée sur les genoux.

« Moi, c'est Ryan. »

Je ne percute pas, ne réponds pas, parce que tout cela est bien trop étrange pour moi. Passer d'un milieu austère, ultra-médicalisé, à ce centre où on s'interpelle comme dans une colonie de vacances…

« Lui, c'est François, indique le brancardier.

— À plus alors ! »

Un bruit de roues qui s'éloignent. Puis plus rien. Je suppose qu'il est parti. Je reste muet tandis que le brancardier m'installe côté fenêtre. En forçant sur ma pupille au maximum, je peux apercevoir le linteau et un morceau de ciel.

« Vous allez me rebrancher ma morphine ? »

Ce sont les premiers mots qui sortent de ma bouche.

« J'en sais rien. Je vous laisserai voir ça avec les docs. Moi, je suis que livreur. »

Il sourit, amusé. J'ai envie de lui casser la gueule. Ça y est, ma mauvaise humeur revient déjà.

« Il faut qu'ils rebranchent ma morphine. Et je veux voir un médecin.

— Quel médecin ?

— N'importe lequel. Un vrai médecin. Un spécialiste de la moelle épinière.

— Ça tombe bien. Il n'y a que ça ici. »

Il rit encore.

« Tant mieux. Je veux en voir un aujourd'hui.

— Aujourd'hui je ne sais pas si ça va être possible… Je demanderai en partant mais je ne vous garantis rien. »

Il sifflote en rehaussant les barrières du lit. J'ai envie de pleurer.

« Dites-leur aussi que je ne veux pas de visites.

— Ah non ?

— J'aurai des visites quand j'aurai vu un médecin. Pas avant.

— Entendu, chef ! »

Il m'adresse un clin d'œil. Je fixe les plafonniers. Trois ronds de la taille d'un 33 tours qui traversent la pièce en diagonale. Un, deux, trois. Trois, deux, un. Je m'accroche à ça pour ne pas entendre l'autre siffler.

Éléonore

Il est seize heures quand je reçois un appel du centre de rééducation. Une voix de femme. Douce, agréable.

« Vous êtes sur le formulaire de contacts de François Louvier. Je vous appelle pour vous informer qu'il est bien arrivé dans notre établissement. Il est installé en chambre. Il est épuisé par le transfert. Aussi je pense qu'il vaudrait mieux repousser votre visite si vous aviez prévu de venir ce soir. Il a besoin de se reposer. »

Je déglutis, fixe la rue dehors. La circulation commence à se densifier. Le jour décline. Une pluie de novembre balaie les carreaux. Je me sens morose.

« D'accord », dis-je.

Je crois qu'elle peut entendre à ma voix l'étendue de ma déception car elle ajoute avec douceur : « Rappelez-nous à ce numéro demain. Nous pourrons vous le passer. Il a récupéré ses effets personnels, dont son téléphone portable. Quand il retrouvera un peu de forces, je suis sûre qu'il l'allumera, il pourra vous contacter directement. Pour le moment il passe encore l'essentiel de son temps à dormir.

— D'accord », je répète.

Je me raisonne. À l'heure qu'il est, je serais arrivée à la fermeture de l'établissement de toute façon. J'ai réalisé tout à l'heure, en vérifiant l'itinéraire, qu'aller voir François serait un parcours du combattant. Prendre le métro ligne 7 *bis* aux Buttes-Chaumont jusqu'à Louis-Blanc, puis changer pour la ligne 7, attraper à Auber le RER A jusqu'à la Défense. De là, sauter dans le train de banlieue ligne L. Arrivée à Garches-Marnes-la-Coquette, attendre un bus de la ligne 360 pour arriver au centre de rééducation. J'ai failli pleurer en réalisant l'ampleur de ce qui m'attendait. J'ai tout fait pour ne pas songer qu'avec un travail à temps plein je ne pourrai m'y rendre que le week-end.

« Je vous souhaite une belle fin de journée, me dit la femme dans le combiné.

— Merci. Vous aussi. »

Je ne travaille pas ce soir. Nous sommes lundi. Je ne verrai donc pas Camille. Je ne mettrai pas le nez dehors. Et je le regrette presque. Dans une heure il fera nuit. J'allumerai la télévision pour me faire une présence et je me planterai à la fenêtre pour observer la rue. À dix-neuf heures le gardien viendra fermer les grilles du parc. Ensuite je ne sais pas comment j'occuperai ma soirée, comment je comblerai le vide et éloignerai mon cafard.

13

François

« Moi aussi je suis resté alité H24 sur le dos dans un corset. Je sais ce que c'est. »

Ryan mâche ses céréales en faisant un bruit insupportable. Je n'étais pas prêt à passer en chambre double, à me confronter à un autre être humain, moi qui supporte déjà à peine ma propre personne. Ryan n'est pas méchant mais il faut qu'il passe son temps à me parler.

« Quarante jours.

— Quoi ? »

Il a réussi à obtenir mon attention. Je tourne la nuque au maximum jusqu'à avoir une vision tronquée de lui assis dans son lit et dévorant son petit déjeuner.

« C'est possible de rester alité aussi longtemps ?

— Oh oui. Et même plus si nécessaire. Quarante jours c'était déjà l'enfer. Je devenais fou. »

Scrunch, scrunch. C'est moi qui vais devenir fou avec ses bruits de mastication.

« Moi je ne resterai pas alité aussi longtemps, je déclare.

— Ah bon ? Ils te l'ont dit ?

— Ce n'est pas si grave ce que j'ai. Je sens le poids de mes jambes.

— Ça ne veut rien dire, ça. Moi aussi je le sentais. J'avais l'impression qu'elles étaient en l'air. C'était complètement dérangeant ! J'avais beau les voir dans le lit, j'avais toujours la sensation qu'elles étaient surélevées en direction du plafond, tu vois.

— Moi je les sens dans mon lit.

— Mais tu ne sens pas le chaud ni le froid, ni quand on les touche, pas vrai ? »

Un, deux, trois. Trois, deux, un. Les plafonniers. Mon échappatoire.

« Je suis pas médecin, mec. Tu as raison d'attendre l'avis des pros, mais il ne faut pas se faire de film non plus. Ici on est tous arrivés convaincus qu'on remarcherait un jour, qu'on était une erreur de diagnostic ou plus déterminés et obstinés que les autres. La grande majorité sont repartis en fauteuil et j'ai compris que ce serait mon cas aussi. »

Pas moi. Je le pense si fort que je suis sûr qu'il le devine. Je suis comédien, moi. Je travaille sur scène, chaque soir ou presque. Un acteur en fauteuil ça n'existe pas. À part dans *Intouchables*. Et encore, le mec était valide. Ils n'ont même pas été foutus de trouver un seul type en fauteuil capable de jouer le rôle. Moi, je sais jouer. Et je ne finirai pas en fauteuil.

« Tu vas commencer la kiné ?

— Je ne sais pas.

— Tu auras sûrement des séances de kiné dès que tu pourras t'asseoir et être un peu plus mobile. Tu étais sportif ? »

Et voilà qu'il boit son café maintenant avec autant de discrétion qu'il mâche ses céréales. Ou alors je ne supporte plus rien. Mais ici, on m'a diminué les doses de morphine. Il paraît qu'ils veulent éviter de créer de la dépendance. Alors on me laisse souffrir inutilement. Quant à la clope, j'en rêve chaque nuit. Même la journée, chaque micro-sieste s'accompagne du goût de la cigarette.

« Sportif, non. Pas plus que ça. Le sexe, ça compte ? »

Je lui arrache un éclat de rire mais moi ça ne m'amuse pas tant que ça au fond.

« Ouais, ça compte. Plus tu es sportif, plus vite tu récupères. À quel niveau, ta lésion ?

— Quoi ?

— Moi je suis para D11/D12. Et toi ? À quel niveau tu es lésé ? »

Je fixe le plafonnier d'un air interrogatif. Il se marre.

« C'est du chinois pour toi tout ça. Mais tu verras, tu finiras par parler comme nous. »

Jamais. À ce moment-là, trois coups sont toqués à la porte. Quelqu'un entre que je ne distingue pas. Une voix féminine, chantante, entonne : « Bonjour, Ryan, la forme ?

— La forme.

— Bonjour, François, comment s'est passée cette première nuit ? »

Elle apparaît enfin au-dessus de moi. Une petite trentaine, un visage frais, des cheveux châtain cuivré. Des yeux marron surmontés d'un trait de crayon vert.

« Je suis Elsa, l'infirmière de jour. Nous ne nous sommes pas encore croisés. Comment ça va au niveau des douleurs ? »

J'entends Ryan qui repousse son plateau. Moi j'ai du mal à parler parce que je la trouve jolie et amicale. J'ai du mal à faire la mise au point entre le François comédien, toujours prompt à engager la conversation avec son regard de charmeur à la con, et le François immobilisé dans son lit, le François dont on fait la toilette, dont on vide la poche d'urine toutes les trois heures, à qui on donne à manger à la cuillère. L'homme ou le malade. Je ne sais plus vraiment car elle a un si joli sourire…

« J'ai… Il me faudrait plus de morphine. »

Elle grimace sans se départir de son sourire, comme si elle s'attendait exactement à cette réponse.

« L'hôpital vous a donné de mauvaises habitudes.

— Je ne peux pas avoir mal comme ça nuit et jour.

— On trouvera une solution alternative. Le chef de service va passer vous voir.

— Quand ?

— Dans une demi-heure.

— J'ai des interrogations à propos de mon dossier médical.

— Il se fera un plaisir d'y répondre. »

Elle se décale légèrement, disparaît de mon champ de vision. Quand elle réapparaît, elle me tend un verre d'eau avec un comprimé. Un foutu anti-douleur.

« Ce n'est pas de la morphine ?

— Non. Mais ça ira, François. »

Elle me trouble, à m'appeler par mon prénom. À l'hôpital, c'était du *monsieur Louvier* à tout va, j'avais l'impression d'être en maison de retraite.

« Vous avez pris votre petit déjeuner ? »

Je secoue la tête. Elle me tapote le bras.

« Je vais appeler quelqu'un pour vous nourrir. »

Et elle disparaît. Comme ça. Elle ne laisse aucun parfum derrière elle. Je crois qu'elles n'ont pas le droit de se parfumer pour travailler. C'est dommage. J'aime le parfum des femmes. Je pouvais bander rien qu'en sentant celui de Léo sur une autre femme dans la rue.

« On est bien lotis, hein ? » résonne la voix de Ryan dans un coin de la pièce.

Il est en train de se faire un brin de toilette dans ce que j'imagine être notre salle de bains. Je ne réponds pas mais il poursuit quand même : « C'est mieux de les trouver à notre goût, les infirmières. Ce sont les seules femmes qui vont nous toucher pendant les dix prochains mois… au moins ! »

Il ricane, fier de lui. Je sens mes mâchoires qui se crispent. *Un, deux, trois. Trois, deux, un.*

Ce n'est pas ainsi que j'imaginais le rendez-vous médical. C'est bête, chaque fois que je me le suis représenté, je me trouvais dans un bureau, installé dans un fauteuil en position assise face au docteur.

J'avais eu le temps de préparer mes questions. Je menais l'entretien. Au lieu de quoi je me trouve allongé, toujours immobilisé dans mon corset, tandis qu'autour de mon lit se trouvent le chef de service et deux autres personnes en blouse blanche. Un kiné, je crois, et un ergothérapeute. Ils m'ont pris de court, la dernière cuillère de fromage blanc à peine avalée. Ils se sont présentés mais je n'ai rien entendu car j'essayais de déglutir sans m'étouffer. Je déteste manger couché. Je déteste être bloqué dans cette position nuit et jour. Maintenant l'entretien se poursuit et rien ne se passe comme prévu, jusqu'au fil de la conversation, qui m'échappe totalement.

« Vous aurez deux séances de kiné par jour. Matin et après-midi. Une heure à une heure trente en fonction de votre état de fatigue. Vous pourrez profiter de la piscine et de la salle de sport. Ici nous avons aussi un psychologue, un psychiatre, une psychomotricienne, un musicothérapeute les mercredis, des profs de sport, une ostéopathe. Vous pourrez également voir une assistante sociale dans un second temps pour commencer à envisager votre sortie. Mais revenons-en à la rééducation en tant que telle. Elle se fera sur trois axes principaux. »

Les stagiaires prennent des notes. Ryan part à sa séance de kiné. J'entends le bruit de ses roues qui quittent la chambre. J'attrape quelques mots du chef de service : « Dans un premier temps, nous mettrons l'accent sur la rééducation viscérale. Par là j'entends la rééducation vésicale et rectale. »

Un, deux, trois. Trois, deux, un. Un aller, un retour. Et si j'en saute un ? Un, trois, deux. Deux, un, trois.

« Les deux autres piliers de la rééducation sont tout aussi importants l'un que l'autre : la rééducation motrice et psychologique. Par ailleurs, je vous invite à consulter nos psychologue et psychiatre sans trop tarder. C'est dans les premiers moments que le blessé médullaire est le plus démuni et le plus fragile. Il est important de ne pas laisser une dépression nerveuse s'installer trop longtemps. »

De quoi ils parlent ? *Hein, de quoi vous parlez ? Je ne suis pas là, je compte les plafonniers. Vous vous en rendez compte ? Êtes-vous réellement sur mon dossier médical ? C'est quoi cette dépression nerveuse ?*

« Monsieur Louvier, tout va bien ? Vous me semblez un peu ailleurs… »

Tous les regards convergent vers moi, un peu douloureusement. Je dois avoir une expression à faire pâlir.

« Monsieur Louvier, si vous avez des questions vous ne devez pas hésiter. Nous sommes là pour y répondre.

— Eh bien en fait, j'aimerais qu'on revoie mon dossier. »

Le chef de service rajuste ses lunettes à monture ronde. Un léger trouble. Je reprends le dessus, je le sens.

« Votre dossier ?

— Oui. Ma lésion. Mes chances de récupération. Tout ça.

— On ne vous a rien dit à l'hôpital ?

— Non. Pas vraiment.

— Bon… »

Il se gratte la gorge, consulte quelques pages perdues au milieu de sa pochette.

« On m'a pourtant notifié que vous aviez été informé… »

Il laisse planer le silence, reprend en lisant les notes : « Lésion au niveau de la vertèbre D10. Paraplégie complète. Absence totale de sensibilité et de motricité en dessous de la lésion. »

Je sens l'énervement monter.

« Je vais remarcher, non ? Il y a des chances quand même ? Vous pourriez me donner un deuxième avis ?

— Je ne comprends pas.

— Refaire les examens. Avec votre matériel ici. Vous ne pourriez pas tout recommencer du début ? Vérifier qu'ils ne se sont pas trompés ? »

Un silence. Le kiné et l'ergothérapeute fixent le drap au niveau de mes jambes. Le chef de service, lui, ne se défile pas, ne rehausse pas ses lunettes.

« Je suis désolé, le diagnostic est clair et sans appel. Il n'y a rien à vérifier. Bien sûr, il y a toujours des marges d'erreur quant aux chances de récupération, mais dans un cas comme celui-ci… n'espérez pas remarcher un jour. Votre meilleure option maintenant est de développer au maximum le reste de vos fonctions motrices afin de vous adapter le mieux possible à ce nouveau corps, à une vie en fauteuil… »

Je n'écoute plus. François Louvier était déjà presque mort face au docteur Sloan. Il a fallu que l'espoir s'immisce, tente de le maintenir en vie faiblement. Cette fois, c'est clair : François Louvier est mort. Rien ni personne ne pourra le ranimer. *Un, deux, trois*. Le rideau peut tomber.

Éléonore

Je sens le regard de Camille peser dans mon dos quand je dépose l'enveloppe sur le comptoir.

« Pour Gilles. Il faut qu'il signe les deux exemplaires et qu'il m'en remette un. »

Derrière son comptoir, le jeune guichetier acquiesce.

« Je vais le poser sur son bureau. Il le signera en arrivant demain. Tu le récupéreras jeudi. »

J'aurais pu remettre ma lettre de démission plus tôt, en début de soirée, avant de prendre mon poste, mais je voulais l'annoncer à Camille de vive voix d'abord. *Je ne vais pas pouvoir continuer*... Elle n'a pas eu l'air surprise. Déçue, oui. Étonnée, non. Vu les circonstances... Nous sortons dans l'air glacial et humide du grand boulevard. À cette heure, en pleine semaine, Paris semble déjà dormir. Et François ?

« Tu sais, dit Camille, moi aussi je ne vais pas tarder à arrêter. »

Elle se plante à côté de moi pendant que j'allume une cigarette. Elle souffle un peu de buée, passe d'un pied sur l'autre pour se réchauffer.

« J'ai une piste pour un job, ajoute-t-elle.

— Vraiment ?

— Chargée de programmation culturelle à la mairie du XIIe. »

J'écarquille les yeux d'étonnement et d'admiration. « Rien n'est joué. J'ai passé deux entretiens. Il en reste un. Il sera décisif.

— Tu ne m'avais rien dit. Bravo !

— Je ne voulais pas t'embêter avec ça… Tu avais autre chose en tête.

— Tu démarrerais quand ?

— Oh… Il faudra d'abord passer par un stage. Tu sais comment c'est dans le milieu. Six mois minimum avec une indemnisation de stage à pleurer mais… si ça me permet de décrocher le poste…

— Carrément ! »

Je suis heureuse pour elle, même si je dois faire taire cette petite pointe d'amertume. Je ne peux m'empêcher de songer à ma propre liste de candidatures. J'ai coché toutes les cases à l'agence d'intérim, ne voulant me griller aucune chance. *Manutentionnaire. Agent d'entretien. Agent d'accueil. Serveuse.* C'est idiot mais j'ai le sentiment que la roue a tourné. Il y a quelques semaines, Camille se démenait pour postuler d'un bout à l'autre de Paris pendant que je me la coulais douce, préparant sans trop y croire le casting que François m'avait décroché. J'étais celle qui se pavanait au bras de François Louvier, celle qui s'apprêtait à emménager dans un appartement face aux Buttes-Chaumont, qui vivait dans l'insouciance, pendant que Camille envoyait ses CV. Elle écumait aussi les sites de rencontres, sans succès. Elle était l'éternelle célibataire, celle qui s'accroche aux mauvais garçons. Il n'y a jamais eu de rivalité malsaine entre nous mais je savais qu'elle m'enviait. Elle m'enviait François et l'existence facile qu'il s'apprêtait à m'offrir. Aujourd'hui il me semble que la vie a rectifié le tir, tenté de réparer les injustices.

« Tu sais, j'avais relevé quelques annonces intéressantes. Je n'en ai plus besoin maintenant. Je pourrais te les envoyer.

— Laisse tomber.

— Il y avait un poste d'assistant administratif dans un théâtre du XVIe. Sous la direction de l'administrateur. Il colle tout à fait à ton profil.

— Je ne peux pas perdre trois semaines en entretiens et tests bidon. Je ne peux pas me permettre de faire six mois de stage. »

Mon irritation transparaît, tant et si bien que Camille se tasse, la tête rentrée dans les épaules.

« Tu peux quand même postuler… Tout en prenant un job alimentaire. »

La vérité c'est que je manque d'énergie, que je me sens ensevelie sous le poids des responsabilités. Je croule sous la moindre tâche. Je n'ai toujours pas vidé les cartons, mon appartement ressemble encore à un entrepôt. J'attends désespérément un appel de François, ou juste un SMS. Je suis en suspens. Toute mon existence est suspendue à un signe. Il fait le mort.

« Je t'enverrai les annonces, d'accord ? »

J'écrase ma cigarette, acquiesce.

« Tu veux boire un café ?

— Non, je vais rentrer.
— Tu prends le métro ?
— Je rentre à pied. »

Camille n'insiste pas, entoure mon épaule, dépose un baiser sur mes deux joues.

« Fais attention à toi. Envoie-moi un message quand tu es arrivée. »

Je parviens à lui sourire, à lui adresser un petit signe de la main.

Depuis que je vis seule dans cet appartement, sans nouvelles de François, j'oscille entre des envies contradictoires : retrouver un peu de chaleur humaine, voir du monde, être entourée, et fuir dès que je suis en présence de mes semblables. Camille, mes autres collègues du théâtre, de simples voisins de métro. Aussitôt que je me trouve en leur présence, je voudrais être seule. Il y a comme un fossé entre nous. Je ne fais plus partie du même monde.

C'est pourquoi je préfère rentrer seule. Peu importe qu'il soit minuit, que le froid soit glacial, que je parcoure des trottoirs sombres. C'est ainsi que je me sens en accord avec mon humeur : seule dans l'obscurité.

Je sors mon téléphone portable de mon sac. J'ai envie d'un peu de musique dans mes oreilles. Un truc qui chante le spleen, qui me donne envie de pleurer pour autre chose que pour moi. Et François. En déverrouillant l'écran, j'aperçois les six appels manqués d'Antoine. Mon sang se glace. Je m'arrête au milieu du trottoir, me fais insulter par un cycliste

Uber Eats pressé. Son état a-t-il pu se dégrader ? Je rappelle sans réfléchir. Je compte les sonneries. Une, deux, trois. La voix d'Antoine me cueille, anxieuse :
« Léo ? Tu as vu ?
— Quoi ? Qu'est-ce que j'ai vu ? »
J'ai l'impression que mon cœur s'est arrêté, que chaque fonction vitale de mon corps s'est mise en pause, dans l'attente de la nouvelle.
« Il a dû récupérer son téléphone portable.
— Pourquoi ? Qu'est-ce qui s'est passé ?
— Il ne t'a pas appelée ? Écrit ?
— Non. »
Je vérifie mon écran mais je n'ai aucun signe de vie de François.
« Qu'est-ce qu'il y a ? Antoine ?
— Il a supprimé son profil de tous les réseaux sociaux, sans un mot. Facebook. Instagram. Twitter. Il a même crashé son site internet. François Louvier n'existe plus. Il a disparu de la Toile. Comme si… »
La voix d'Antoine flanche.
« Comme s'il voulait signifier qu'il était… *mort.* »
J'ai un moment d'absence. Un bourdonnement dans les oreilles. Je suis partagée entre deux émotions contradictoires : le soulagement – ce n'est donc que ça – et l'inquiétude, car une autre idée germe, maléfique.
« Léo ? T'es là ? J'ai essayé de l'appeler vingt fois mais ça ne répond pas. Il a coupé son téléphone. »
Je regarde l'heure sur mon écran. Minuit moins dix. Trop tard pour appeler le centre. Pourtant il faudrait en avoir le cœur net.

« Je me suis dit que tu avais peut-être une explication…, poursuit Antoine.

— Tu crois qu'il s'est… Qu'il a cherché à… Qu'il est peut-être en train de…

— Non… Non, Léo ! Ce n'est pas ce que j'ai voulu dire. Il est bien surveillé là-bas, j'en suis certain. Et puis dans l'état où il est, que voudrais-tu qu'il fasse de fâcheux ? Je suis désolé, je n'aurais pas dû t'appeler pour si peu. C'est que… j'ai été si surpris de recevoir ces notifications… »

J'hésite à poser la question, d'une voix mal assurée : « Et Isabelle ? Elle sait peut-être quelque chose…

— Oh, Isabelle… Non. Il l'a même retirée de sa liste de visiteurs. »

Un silence.

« Je vais appeler le centre, dis-je. Histoire d'être sûre que…

— Ouais. D'accord. Tiens-moi au courant. »

Je l'entends qui change de position dans son fauteuil en cuir, soucieux.

« Léo ?

— Oui ?

— Tu es toute seule ? Je veux dire… tu rentres toute seule, là ?

— Oui.

— Tu devrais prendre un Uber. Tu veux que je t'en commande un ?

— Non. J'aime mieux marcher.

— François n'aimait pas que tu rentres seule si tard. Tu aurais dû m'appeler. Je t'aurais raccompagnée. »

Je suis si perplexe que je ne trouve rien à dire.

« Léo ?

— J'appelle le centre. Je te tiens au courant. »

Je raccroche vite, avant que les larmes ne me trahissent. Elles jaillissent n'importe quand en ce moment. La moindre petite attention me transforme en fontaine. Et celles d'Antoine plus encore que les autres. Il était son témoin de mariage, son meilleur ami, son complice à la scène comme à la ville. Depuis que François est immobilisé, le corps brisé, j'entends parfois sa voix dans celle d'Antoine. J'essaie de m'en persuader en tout cas, puisque François ne me parle plus…

Il va bien, il dort. Il est sous somnifère. Je répète à Antoine les paroles que m'a transmises une gentille infirmière de nuit. Si elle a semblé surprise par mon appel, elle a paru sensible à ma détresse et s'est empressée de me rassurer avec douceur.

« Bon. Il dort alors. »

J'entends le soupir de soulagement d'Antoine, son rire nerveux.

« Désolé de t'avoir dérangée pour rien. »

Je suis en bas de chez moi, de chez nous. Je déverrouille la porte, les doigts ankylosés par le froid. L'émotion retombée, je me sens épuisée.

« Tu es arrivée, c'est bon ? demande Antoine.

— Oui. Je suis dans le hall d'entrée.

— La prochaine fois, prends un Uber…

— Il n'y aura plus beaucoup de prochaines fois. J'ai donné ma démission.

— Ah… Plus de théâtre alors ?

— Il faut bien payer le loyer. »

Je ne veux pas m'appesantir davantage.

« Si je peux faire quoi que ce soit…, dit Antoine.

— Pour le moment j'ai juste besoin de dormir un peu. J'irai voir François demain. Première heure.

— Tu l'embrasseras pour moi.

— Promis. »

Je n'allume aucune lumière dans l'appartement. Je referme la porte derrière moi, m'éclaire de la lampe de mon téléphone portable pour aller jusqu'à la chambre, puis je me laisse tomber ainsi, tout habillée, mon manteau sur le dos. Je retire mes chaussures, les jette plus loin. Je m'empresse de vérifier les affirmations d'Antoine. Le site web de François, annonçant ses dates de spectacles, présentant sa revue de presse, faisant l'éloge de son talent, annonce désormais « erreur 404 ». Sur Instagram, un message m'indique : « Le profil n'existe plus. » Ainsi il disait vrai… *François Louvier n'existe plus.* Je fixe l'écran. Auparavant, sur cette même page, se trouvait le visage de François décliné sous tous les angles. En noir et blanc, toujours. François est un adepte du noir et blanc. François penché sur un script dans l'obscurité d'une salle de théâtre vide. François reflété dans un miroir, en train de se faire maquiller dans sa loge. François fumant une cigarette dans une cour intérieure, le visage dissimulé par une mèche de cheveux. François et Antoine prenant la pose à la fin d'une représentation.

J'ai tellement parcouru ses réseaux sociaux que je les connais par cœur. La première photo du compte de François était une affiche pour le spectacle *La Promesse de l'aube*, adapté du roman de Romain Gary. La dernière, publiée la veille de l'accident, un cliché de nos jambes entremêlées au milieu des draps froissés du lit. Un réveil en noir et blanc. C'était dimanche. Il m'aidait à réciter mon texte pour le casting.

— *Tu la postes ?*

J'étais incrédule. Cruellement heureuse.

— *Oui. Pourquoi ?* avait-il demandé avec détachement.

Il savait pourquoi. Ce serait ma première apparition sur son compte officiel. La première trace de mon existence dans sa vie. Mes jambes. À moi. Entremêlées aux siennes. Dans un lit. Une façon de crier au monde entier : c'est elle, je lui fais l'amour, elle est à moi, je suis à elle. J'aurais détesté voir mon visage sur son compte – je ne suis pas armée pour faire face aux critiques et commentaires des réseaux sociaux, aux blagues douteuses, mesquines. Mais mes jambes, ça m'allait. C'était infiniment plus intime, plus beau aussi.

Je me réveille à six heures trente le lendemain matin. Comme je n'arrive plus à dormir, je me lève et je me prépare. J'effectue le même rituel qu'avant, même si ce rendez-vous n'a rien de galant : shampoing, séchage tête en bas pour le volume, blush, mascara, une touche légère de rouge à lèvres, mon parfum, bien sûr. Ça me rassure tout ça. Le maquillage, les bijoux, ça m'a toujours donné l'impression d'une carapace, d'une armure qui ne dit pas son nom. Je bois mon café à petites gorgées tout en enfilant mes bottes. Dehors il pleut. Le parc est désert. Je n'ai vu passer qu'un joggeur en imperméable et une vieille dame avec son chien. Je déteste novembre. Je déteste l'obscurité qui engloutit la ville dès dix-sept heures, le manque de lumière, la morosité. Noël et les fêtes sont encore bien loin. Je déteste ce mois de novembre plus encore que tous ceux que j'ai eu à vivre jusqu'à aujourd'hui, même les plus déprimants en plein cœur de ma Bourgogne natale.

Il semblerait que les deux lignes de métro, le RER, le train de banlieue et le bus ne soient finalement qu'une mise en bouche dans ce trajet interminable pour rejoindre François : alors que l'autobus me dépose devant le centre, sous une pluie battante, je me rends compte que j'ai encore le poste d'accueil à passer, puis les barrières de sécurité.

« Quel service ? »

Je n'ai pas la dénomination exacte. L'homme me demande ma carte d'identité, appelle dans son talkie-walkie.

« Le nom du patient ? »

J'ai l'impression que ce cauchemar ne prendra jamais fin.

« Bien, vous remontez l'allée, vous prenez le chemin qui part à gauche jusqu'à un croisement. Ce sera le deuxième bâtiment sur la droite. »

Je cours sous une pluie torrentielle. Mes cheveux dégoulinent, mon écharpe est humide, mes pieds glissent. Je manque de m'étaler à l'entrée du bâtiment dénommé « Unité de pathologies médullaires ».

Le parcours n'est pas terminé pour autant. Il faut de nouveau se présenter à l'accueil, montrer le badge visiteur qui m'a été remis au poste d'entrée.

« François est en soin actuellement, m'indique la standardiste après avoir passé un coup de téléphone. C'est votre première visite ?

— Oui.

— Alors on va vous faire faire un petit tour du centre. »

Elle sourit. Je n'y parviens pas. Je me demande si je vais réussir à voir François un jour.

C'est un jeune homme qui se poste devant moi, me propose de le suivre.

« Vous vous y perdrez au début mais rassurez-vous, vous prendrez vos marques. Ce n'est pas aussi grand que ça en a l'air. »

En effet, je me sens perdue, déboussolée. Je suis le jeune homme dans le dédale des couloirs, acquiesce à ses propos. Pourtant je n'enregistre pas grand-chose. À chaque détour, je cherche le visage de François comme si je m'attendais à le voir surgir d'un couloir. Mais ce sont les traits d'autres personnes en fauteuil que je découvre. Jamais ceux de François.

Le centre me paraît moins austère que l'hôpital. Ici il y a une salle à vivre, une cafétéria où quelques résidents prennent le petit déjeuner en discutant. Là, dehors, un coin fumeurs a été aménagé à côté du réfectoire. Un homme de l'âge de François s'y grille une cigarette, appuyé sur une béquille. Il y a des plantes vertes, des baies vitrées, des voix et des rires. Il y a même des photos aux murs qui représentent l'équipe soignante et les malades en train de fêter un anniversaire. Quelques cartes postales venant d'endroits paradisiaques. Des remerciements sous forme de jolies calligraphies.

« Nous allons entrer dans le plateau de rééducation pluridisciplinaire », me prévient le jeune homme en poussant une porte à double battant.

C'est un autre monde que je découvre dans cet espace immense, où déjà le travail commence pour certains patients. L'endroit est à mi-chemin entre la salle de sport et le cabinet de kinésithérapie. Matériel de musculation, tapis de course, vélos d'appartement, parcours avec pentes douces pour les fauteuils roulants. Une blouse blanche encourage un patient qui lève des poids au-dessus de sa tête. Plus loin, une femme en peignoir se fait pousser en direction de l'espace balnéo. Je songe : *Il sera bien ici.* C'est plus fort que moi. Je suis toujours tendue, dans l'attente de retrouver François, mais quelque chose s'est dénoué en moi.

« Il y aura accès ? je demande.

— Tous les jours. Dès qu'il le voudra. »

Il sera bien, oui.

« Vous voulez en voir plus ? interroge le jeune soignant.

— Non, ça ira. J'aimerais bien voir François maintenant. »

Il me sourit.

« Alors on y va. »

Nous arrivons devant sa chambre au moment où l'équipe soignante en sort avec un chariot rempli de matériel de soin. Parmi le personnel, il y a cette femme avec un sourire solaire. Des cheveux châtain cuivré dont quelques mèches s'échappent de son chignon, un trait vert surlignant ses paupières. Un badge sur sa poitrine indique qu'elle s'appelle Elsa.

« Vous venez rendre visite à François ? » me demande-t-elle avec douceur.

Mon guide acquiesce plus rapidement que moi.

« Ça lui fera du bien », dit-elle.

Et je lui trouve un petit air triste en prononçant ces mots. Pourtant je suis à mille lieues d'imaginer l'état d'esprit de François et l'accueil glacial qui m'attend. J'ai encore en tête les photographies joyeuses sur les murs et la piscine de balnéothérapie où les malades semblaient apaisés, flottant sans douleur. J'ai encore en tête mes pensées rassurantes : *Il sera bien ici.*

« Je vous laisse avec lui. À plus tard », me lance le jeune accompagnant.

Il me sourit avant de s'éclipser. Je fais un pas timide dans la chambre mais je m'arrête net. Devant moi, dans le lit, ce n'est pas François. C'est un autre homme au crâne rasé qui pianote sur son téléphone, lève un œil interrogateur.

« Oui ? Vous cherchez ?… »

Un mouvement à sa droite me fait tourner la tête. Dans un second lit, à côté de la fenêtre, se trouve François. Il est toujours immobilisé sur le dos, bloqué dans son corset. Il porte toujours des bas de contention, a toujours une perfusion reliée à son poignet. Je me raidis. Ce n'est pas tant son état physique qui me glace – même s'il semble avoir perdu quelques kilos depuis ma dernière visite –, que son regard, le bref coup d'œil qu'il me lance, dénué de toute chaleur, avant de fixer un écran de télévision qui braille un spot publicitaire.

« Ah, c'est pour François ! lance l'autre homme avec amusement. Il ne m'a pas dit qu'il avait une nana ! »

Je ne bouge pas. Je reste figée sur le pas de la porte, incapable de répondre à cet homme, incapable de faire un pas vers François qui, le regard rivé sur l'écran, s'obstine à m'ignorer.

« Entre », poursuit l'autre homme comme s'il était parfaitement insensible à cette tension. « Je suis Ryan, son coloc. Je vais vous laisser. J'ai ma séance de kiné dans dix minutes. »

Suivent des minutes interminables où je n'ose pas faire un geste. Ryan se contorsionne dans son lit, prend appui sur ses bras, se soulève, gagne quelques centimètres en direction du bord du matelas et de son fauteuil roulant. Il progresse petit à petit. Je me demande si je devrais l'aider, s'il serait correct de le lui proposer ou totalement maladroit. Je ne le connais pas. Alors je reste figée. Il y a François à côté qui continue de fixer son écran, les mâchoires serrées, le visage fermé.

« T'occupe pas de moi ! dit Ryan en surprenant mon regard sur lui. Je gère. Je suis plus rapide à chaque fois. Prends une chaise, installe-toi. »

Je fais quelques pas maladroits en direction du lit de François. Dans mon dos, Ryan ahane, gémit, soupire. Je me racle la gorge, espérant obtenir un regard de François, mais il reste de marbre. Je sens l'agacement sur chacun de ses traits. Il est tendu. Est-ce ma présence qui l'irrite à ce point ?

« Je peux m'asseoir ? »

Je l'ai murmuré pour que Ryan n'entende pas mon ton mal assuré. François tend la télécommande devant lui, monte le son. La télévision braille maintenant, tant et si bien qu'elle couvre les halètements d'effort de Ryan. Je prends place sur la chaise. Je fixe la fenêtre. Les branches nues des arbres. La pluie qui tape aux carreaux. J'attends que Ryan déguerpisse.

« Et voilà ! » scande-t-il, triomphant, quelques longues minutes plus tard.

Je ne réponds rien, ne me retourne pas. Je ne sais plus ce que je fais là. Pourtant il ajoute : « À plus ! »

Et je m'efforce de répliquer : « À plus tard. »

Ma voix meurt sur mes lèvres. J'entends la porte qui claque. Je lève le regard vers François mais il ne cille pas. Il continue de fixer l'écran et sa voix ressemble à un crissement de ferraille rouillée quand il lâche : « Je ne t'ai pas demandé de venir. »

J'ai besoin de quelques secondes pour réagir, surmonter la déception, l'incompréhension.

« Je sais, j'ai… J'ai pensé que ça pourrait te faire plaisir. »

Il produit un sifflement agacé.

« Eh bien non. »

Je me tasse au fond de ma chaise. Les secondes recommencent à défiler. À l'écran débute une émission littéraire. François zappe avec impatience, de plus en plus vite. Dix chaînes y passent. Vingt. Trente.

« Tu crois que ça me fait plaisir de te voir ici ? » reprend-il brusquement.

Je ne sais plus ce que je suis censée répondre, comment je dois réagir sans attiser encore sa colère, son agressivité.

« Je… Je pensais… que peut-être…

— Oh, Léo, réveille-toi ! C'était sympa de te baiser de temps en temps. C'était marrant. Ça passait le temps. Mais c'est tout. »

Mon souffle se bloque comme si je venais de recevoir un uppercut en plein diaphragme. 31, une chaîne météo. 32, une publicité pour du dentifrice. 33, un flash info.

« Eh bien ? Tu m'as entendu ? Qu'est-ce que tu fais encore là ? Bouge ! »

Il me regarde enfin. Son regard est comme une gifle cinglante. S'il pouvait bouger, là, maintenant, il me saisirait par le col, me repousserait sans ménagement. Il me ferait mal. J'en suis persuadée.

« Comment il faut te le dire ? Je ne veux plus te voir ici. Je ne veux plus te voir tout court. Je n'ai pas besoin d'une gamine en manque d'estime d'elle-même dans les pattes. »

C'est plus fort que moi. Les larmes se pressent au coin de mes yeux. Je ne comprends pas… À la télévision, une série américaine démarre avec fracas. Les rires enregistrés fusent. Des rires qui envahissent la pièce. J'ai dû rater quelque chose. Forcément…

« Oh non, tu ne vas pas pleurer, hein ! Voilà ce que c'est de vouloir se taper des gamines de vingt-quatre ans. Des drames et des larmes, bonjour l'ambiance ! »

Il soupire froidement.

« Tu n'aurais pas dû venir. Mon silence n'était pas assez clair ? Tu aurais dû comprendre. Au lieu de quoi je suis obligé de t'avoir en face à face. J'ai jamais été doué pour les ruptures, moi. »

Encore les rires à la télé. Une hilarité générale qui n'en finit pas. Je me lève. Je cherche un mouchoir dans ma poche. J'ai la tête qui tourne. Je ne sais plus vraiment ce que je fais. François me désigne d'un geste dédaigneux la table de chevet de Ryan.

« Sers-toi en Kleenex. Et referme la porte en partant. »

Je me prends les pieds dans une des roulettes de la table de chevet, me récupère maladroitement. Je veux fuir maintenant. M'éloigner des rires. M'éloigner de François. Je saisis un mouchoir et je me dirige vers la porte. Dans mon dos, je l'entends jurer. Le son de la télévision étouffe en partie sa voix. Je comprends pourtant quelques mots : « De toute façon… me foutre en l'air. »

Je me fige, la main sur la poignée. Je m'apprête à prononcer son prénom, à me retourner doucement. S'il pleure, je m'avancerai vers son lit, je prendrai ses mains dans les miennes, je poserai mon front sur le sien. Je lui chuchoterai que tout va bien. Mais quelque chose explose à quelques centimètres de moi. La télécommande. Elle se fracasse contre la porte et vole en trois morceaux. Les piles roulent sous les lits. Une télécommande lancée avec brusquerie par un François que je ne connais pas. Acerbe, agressif, menaçant.

« Tu dégages, oui ou non ? »

Je réalise qu'il m'a visée, qu'avec un peu plus de précision il aurait atteint mon crâne. Alors, même si mes mains tremblent, j'ouvre la porte. Je fonce dans le couloir. Les larmes me brouillent la vue. Je ne vois pas l'infirmière aux jolis cheveux châtains, plus loin, derrière son chariot, qui me dévisage avec inquiétude. Je ne vois que les panneaux verts « issue de secours » que je m'efforce de suivre d'un pas précipité en essuyant les larmes qui ruissellent. *Va crever, François.*

Je marche au hasard, me perds dans les couloirs, manque de percuter un malade en fauteuil. Je m'arrête pour reprendre mon souffle, me moucher. Je déverrouille mon téléphone. Pour quoi faire ? Je n'en ai pas la moindre idée. Appeler Antoine. Et quoi ? Renifler au bout du fil ? Je ne sais pas. Je ne sais plus. Si je n'appelle pas Antoine, qui alors ? Je raccroche au bout d'une sonnerie. *Idiote.* Je range le téléphone au fond de ma poche.

« La sortie s'il vous plaît ? » je lance à la première personne que je croise.

Dehors je retrouve la pluie, le froid. Je récupère ma carte d'identité au poste d'accueil. Le bus n'arrivera pas avant vingt minutes. Tandis que je me mets à l'abri, au fond de ma poche mon téléphone sonne. Je découvre un SMS. François. *Alors c'est tout, tu vas partir comme ça ?* Un autre arrive dans la foulée : *Tu disais m'aimer.* Je ferme les yeux très fort. Je n'ai plus une larme à verser. Je n'ai plus l'énergie de rien. Ni de lui répondre, ni de faire demi-tour pour le retrouver dans sa chambre, ni de lui faire face. Il m'a anéantie, vidée de toute substance. Dans mes mains, mon téléphone sonne de nouveau. Je m'apprête à l'éteindre pour le faire taire une bonne fois pour toutes quand je me rends compte que ce n'est pas François. C'est Antoine qui rappelle.

« Léo, tu as essayé de me joindre ? »

Seule ma respiration lui répond, haletante, épuisée.

« Léo ?

— Oui.

— Qu'est-ce qu'il y a ?

— J'abandonne.

— Quoi ?

— François… J'abandonne. »

Je ne lui laisse pas le temps d'en demander plus. Je raccroche.

François

Si elle part je me fous en l'air. C'est l'idée qui m'a traversé quand je l'ai vue se diriger vers la porte, avec son Kleenex froissé. Elle a posé la main sur la poignée. J'ai craché : *De toute façon il vaut mieux que tu partes, je vais juste me foutre en l'air.* Elle n'a pas réagi. M'a-t-elle entendu ? Elle est restée là, avec sa main qui s'apprêtait à ouvrir la porte. Elle allait partir. Alors je n'ai pas réfléchi. J'ai jeté ce que j'avais sous la main. Pour qu'elle reste. Je l'ai vue se raidir, bondir sur le côté. Elle fixait les piles qui roulaient au sol, les morceaux de télécommande. Elle était blême. Quand elle a réalisé que je l'avais ratée de peu, j'ai lu la peur dans son regard. Alors c'est moi qui ai eu peur. De moi. J'ai crié du plus fort que je pouvais : *Tu dégages, oui ou non ?*

Elle a sursauté encore. Et elle est partie. Elle avait des larmes plein les yeux.

Si elle ne revient pas, je me foutrai en l'air.

14

Éléonore

« Et ça, tu veux le mettre où ? »

Penché au-dessus d'un carton, Antoine brandit une collection de cravates que je n'ai jamais vues, et pour cause, François n'est pas du genre à en porter. Bleu marine, grise, vert canard, noire.

Je soupire. Je ne sais plus où stocker les affaires de François. La penderie est déjà pleine.

« Donne. »

Je me relève du petit tas de bibelots que j'étais en train de trier. Qui aurait cru que François gardait autant de choses superflues, comme des jeux de clés inutiles, des cartes postales jamais envoyées, un presse-papiers rouillé ou des clés USB par dizaines ?

Je me dirige vers Antoine, installé en tailleur plus loin dans le salon, et j'attrape les cravates qu'il me tend.

« Je ne les ai jamais vues, dis-je.

— C'est sans doute Isabelle qui les lui achetait… Elle désespérait de le voir s'habiller correctement.

— Ah oui ? Moi je l'aime bien avec son look… son look… »

Je cherche le terme qui convient. Décontracté chic ? Bobo parisien ? Étudiant en art ? Son trench-coat beige, ses chemises et ses pantalons en lin, ses jeans troués, ses bottines montantes, ses foulards autour du cou.

« Son look d'ado attardé ? sourit Antoine. C'est ainsi qu'Isa le qualifiait. Par la même occasion, elle me taclait aussi, je crois… »

Je me retiens de souffler qu'Isabelle n'a aucun goût. Cette guerre entre Isabelle et moi est vaine : nous voilà en train d'installer François auprès de moi. Il paraît qu'Isabelle a contacté un avocat. Le divorce n'est plus qu'une question de mois. Je n'ai plus rien à craindre de leur mariage. Et aujourd'hui je ne sais même plus si c'est une bonne chose d'avoir remporté cette bataille… D'être, moi, responsable de cet homme devenu irascible, méconnaissable.

Je file dans la chambre, suspends la collection de cravates dans notre penderie, puis je m'arrête quelques secondes devant le reflet du miroir. Ma silhouette disparaît dans une tenue de sport usée, ample, mes grosses chaussettes chaudes aux pieds. J'ai attaché mes cheveux n'importe comment, en chignon désordonné. J'ai l'air épuisée : les traits tirés et des ombres sous les yeux. Sans Antoine et son insistance, j'aurais laissé traîner les cartons encore de longues semaines. Pas l'énergie. Plus le goût à rien. Il l'a senti et il s'est imposé chez moi sans prévenir. *Allez viens, ça ira plus vite à deux.*

Ça me fait du bien qu'il soit là. Depuis la visite à François, j'ai du mal à refaire surface. Je ne sais plus que répondre à ses SMS tour à tour suppliants et désarçonnants. Alors que le bus m'emportait l'autre jour, j'ai reçu : *Tu me laisses ici, avec la télécommande en morceaux et la télévision à plein volume sur une sitcom pourrie. Je suis coincé comme ça pour des heures, tu sais… Jusqu'à ce qu'une infirmière passe. Ça ne te fait pas sourire ?*

Je crois qu'il a essayé de la jouer légère, de dédramatiser la situation, mais le SMS suivant était de nouveau empli de colère.

Pars sans te retourner, tu as raison !

J'ai coupé mon téléphone jusqu'au lendemain. Quand je l'ai rallumé, c'est un florilège de messages décousus que j'ai découvert.

C'est fini pour de bon ?
Tu es fâchée ?
Pourquoi tu ne réponds plus ?
Tu ne vas plus jamais revenir ?
Tu n'attendais que ça, pas vrai ?
Pouvoir décamper
et me laisser tomber.
Tu vas revenir ???

Je croyais que tu
ne voulais plus de moi.

Moi aussi je croyais.
Mais maintenant
je te demande de revenir.
Léo ?
Tu reviendras… ?

Peut-être, si tu t'excuses…

Reviens s'il te plaît.

Ce ne sont pas des excuses.

Je t'aime.

Bien sûr que j'irai. J'ai juste besoin d'un peu de temps. De digérer ses paroles, son regard assassin, son agressivité.

Je m'assois quelques minutes au bout du lit. Je déverrouille mon téléphone portable. Un réflexe. François n'est pas réapparu sur les réseaux sociaux. Au dire d'Antoine, il n'a donné signe de vie à personne, a ignoré les appels et les messages des amis de leur groupe. À Antoine, qui tentait de le joindre sans relâche, il a réclamé la paix. *Laisse-moi respirer.* Alors Antoine respecte son silence. Il attend qu'il se manifeste de nouveau. À moi, François écrit. Je suis la seule. Et loin d'en être flattée, cela me terrifie. Si je suis la seule à pouvoir le soutenir, je crains de n'être pas assez forte.

« Léo ? m'appelle Antoine depuis le salon. Tu veux qu'on s'arrête ? Qu'on se prenne un café ? On peut ouvrir le vin que j'ai apporté. »

La prévenance d'Antoine, François l'aurait eue auparavant. De façon déguisée, bien sûr. Il aurait lancé : *Viens, on s'arrête, je vais te saouler pour mieux te déshabiller ensuite.* Il nous aurait préparé un plateau avec deux verres de vin rouge, des crackers et quelques tranches de comté. Il se serait moqué de ma tenue négligée avant de m'embrasser sur le front. Il était comme ça, François, à jouer les insensibles et les désinvoltes, mais attentionné et aimant. Aujourd'hui c'est différent... Aujourd'hui il me terrifie.

Je me lève avec lassitude.

« Va pour le vin. »

Dans le salon, je trouve deux verres à pied, à même le parquet, près de ma fenêtre, mon poste d'observation. Antoine s'y est accoudé. Il regarde la rue, le trafic qui se raréfie en ce vendredi soir. Dans la ville, les bars se remplissent. Les restaurants commencent sans doute à dresser leurs tables. Dans une autre vie, François et moi serions sans doute allés chercher des sushis chez le japonais du coin.

« Je crois que ça a fini par l'agacer, François, cette manie qu'elle avait de l'infantiliser. »

Il me faut quelques secondes pour réaliser qu'Antoine poursuit la conversation démarrée plus tôt au sujet des cravates de François et de son look décrié par Isabelle.

« Elle a pris en main sa carrière, c'était logique vu son statut, puis elle a pris en main leur mariage tout aussi naturellement : le quotidien, les finances, les vacances, les projets. En faisant ça, elle s'est épuisée, surchargée, et petit à petit découragée. Elle s'est mise à le lui reprocher. Et lui, ça ne l'a amusé qu'un temps de se laisser porter. Il en a eu assez d'être traité comme un gosse, d'être dirigé sans cesse. »

Un silence. Nous plongeons dans nos verres de vin. La suite je la connais. Je l'ai devinée entre les mots de François, dans ses silences aussi. Ils ont fini par s'éloigner comme ça, progressivement, vivant ensemble mais menant des vies parallèles. François est resté le jeune comédien désinvolte et fêtard qu'elle avait connu. Elle, elle est devenue une femme importante, ambitieuse, qui aspirait à d'autres choses, une autre vie. Elle a commencé à fréquenter d'autres cercles que leur groupe d'amis communs : des directeurs artistiques, des journalistes, des critiques, des agents.

« Pourquoi elle ne l'a pas quitté si ça lui pesait tant ? je demande.

— Il faut croire que malgré tout ce qu'elle pouvait lui reprocher elle l'aimait, ce sale gosse. Elle n'a jamais su cacher à quel point elle admirait son talent de comédien. Il l'agaçait et la fascinait tout à la fois. Même après toutes ces années de vie commune. »

Nous restons silencieux quelques secondes.

« Avec toi j'imagine qu'il a trouvé un nouveau souffle… et une plus grande estime de lui-même. Les rôles se sont inversés. Il était celui qui guide, qui prend en charge. Je crois que… je crois que c'est pour ça qu'il s'est mis en tête de te faire monter sur scène. Je crois qu'il rejouait inconsciemment sa rencontre avec Isabelle. »

Sa clairvoyance me laisse un instant sans voix. Troublée. Il le sent car il enchaîne, retrouvant une certaine légèreté : « Tu as quelque chose de prévu ce soir ?

— Quoi ? Non… Pas vraiment.

— Tu as quelque chose ou pas ?

— Camille et les filles voulaient que je les rejoigne boire un verre.

— Tu n'iras pas ?

— Non. Je ne crois pas.

— Tu devrais… Je veux dire, je joue dans une heure trente. Je vais devoir filer. Je ne pourrai pas rester et t'aider dans tes cartons. Tu devrais sortir et t'aérer un peu. »

Un haussement d'épaules peu convaincu. Je ne me sens absolument pas d'humeur festive. Je ne voudrais pas gâcher ce pot organisé par Camille pour fêter l'obtention de son stage et futur poste à la mairie du XIIe. Et puis je me sens terrassée de fatigue. Une nuit de douze heures, voilà ce dont j'ai envie.

« Écoute, lance tout à coup Antoine en se tournant vers moi. Va prendre ta douche, habille-toi. Je m'occupe de vider les cartons qu'on a ouverts.

— Quoi ? Non !

— C'est la meilleure chose à faire ce soir. Boire un verre ou deux, se changer les idées.

— Laisse tomber.

— Tu reprendras des forces… pour retourner à Garches. »

Je me renfrogne. Il me prend le verre vide des mains, fait un geste du menton en direction du couloir et de la salle de bains.

Plus tard, je regarde Antoine partir. Depuis mon poste d'observation, je vois sa silhouette s'éloigner en direction du métro. Son trench-coat beige, ses cheveux longs malmenés par le vent, sa besace passée en bandoulière. Ce pourrait être lui. Ce pourrait être François qui part jouer au Saint-Jean. Je pose ma main sur le carreau glacé comme si je cherchais à le retenir, mais il disparaît.

Que vais-je faire maintenant ? J'ai lavé mes cheveux, revêtu un jean, un chemisier, enfilé mes bottines à talons. Antoine était là qui surveillait tout en lavant les verres. Mais maintenant il est parti. Je pourrais me déshabiller, me glisser sous les draps, fermer les yeux. Je pourrais appeler le centre et demander des nouvelles de François… Ce serait un nouveau coup de massue sur la tête car il n'a pas écrit aujourd'hui. S'il n'a pas écrit, c'est qu'il est au plus mal. Et que pourrais-je bien y faire, moi qu'il repousse autant qu'il réclame ? Je n'ai pas su faire face l'autre jour, je l'ai laissé me chasser, m'humilier, hurler, sans rien dire. Je n'ai pas essayé de combattre, de lui tenir tête, de m'imposer, lui assurer que je resterais quoi qu'il dise. Je suis juste partie comme une voleuse. Ce n'était pas ce qu'il attendait de moi visiblement. Et s'il recommence ? Saurai-je faire face cette fois ? J'en doute. La photographie de leur album de mariage me revient : Isabelle bras croisés, regard conquérant, lèvres écarlates. Elle saurait, elle. Elle en a vu d'autres. Elle l'a hissé vers le sommet toutes ces années. Peut-être aurait-il mieux valu qu'il ne me choisisse pas. Peut-être ai-je fait une erreur de le vouloir pour moi.

Je me détourne de la fenêtre. Je n'aime pas avoir des pensées pareilles. Si je reste ici, ça va continuer, tournoyer dans mon esprit toute la nuit. Oui, Antoine a raison. Il vaut mieux que je sorte. Une heure ou deux. Peut-être qu'après j'y verrai plus clair. Peut-être que j'aurai le courage de me rendre à Garches demain.

Elles sont surprises de me découvrir passant la porte du bar. Elles avaient dû parier sur mon absence. Il n'y a que trois chaises autour de la table, ainsi que trois cocktails. Elles semblent heureuses, cependant, de me voir débarquer. Elles se lèvent toutes les trois d'un bond. Camille me serre contre elle, hèle un barman, commande un quatrième cocktail à mon intention. Audrey me frotte le dos, s'empresse d'aller me chercher une chaise. Mélanie me fait quatre bises au lieu de deux.

Nous étions toutes dans la section « arts du spectacle » à l'université Paris-VIII. C'est ainsi que nous nous sommes rencontrées. Camille et moi avions sympathisé devant la salle de notre premier cours. Audrey et Mélanie se connaissaient depuis le lycée. Nos deux duos se sont mélangés assez vite.

« Comment ça va ? demande Mélanie alors que nous nous asseyons.

— Ça va.

— Tu as bonne mine.

— Merci…

— Et lui ? »

Audrey lance un regard courroucé à Mélanie, qui hausse les épaules, l'air de dire : *Je ne vois pas le problème.*

« Eh bien il… ça ne va pas très fort…

— Il souffre beaucoup ?

— Je suppose, il… il ne me dit pas grand-chose. La plupart du temps il dort… ou il feint de dormir, quand il ne me chasse pas de sa chambre en hurlant. »

Je fais mine de plaisanter mais ça ne prend pas. Audrey tourne la paille dans son verre, mal à l'aise. Mélanie me fixe avec pitié. Camille se racle la gorge : « C'est normal. Il a beaucoup à encaisser.

— Oui », approuve Mélanie.

Elles se taisent, hésitent à poser d'autres questions, ne savent pas si leur amitié exige qu'elles s'intéressent au sort de François ou au contraire me ménagent. J'ai plombé l'ambiance. Avant d'entrer dans le bar, je les ai observées pendant quelques secondes. Elles riaient. Désormais elles évitent de se regarder.

« Qu'en disent les médecins ? poursuit finalement Mélanie. Camille me disait que la moelle était touchée.

— Oui.

— C'est définitif ?

— Apparemment. »

Cette fois il n'y a plus personne pour trouver les mots justes. Je sens le silence s'appesantir, alors je tente de ranimer l'ambiance comme je le peux : « Et vous, ça va ? »

Elles se redressent. Les visages s'animent de nouveau. Elles sont soulagées de passer à un autre sujet, plus léger. Je ne leur en veux pas. Moi-même je suis sortie de mon appartement pour essayer de me changer les idées, de penser à autre chose. Je trempe mes lèvres dans mon cocktail tandis qu'elles me font le point sur leur vie actuelle. Audrey se sépare du type avec qui elle était depuis quelques semaines, sans regrets. Mélanie enchaîne sur un deuxième stage au sein de la compagnie de cirque dans laquelle elle se trouve. À la clé, un vrai poste de cheffe de projet. Du moins on le lui promet.

« Je vais gérer les relations publiques, m'occuper du lien avec les journalistes, de la rédaction des communiqués de presse ! »

Trois réactions enthousiastes autour de la table. Je m'efforce de me laisser entraîner dans cette vague d'approbation en souriant.

« Et toi Camille, ce poste à la mairie ? »

Je perds le fil un instant, consulte l'écran de mon téléphone sans y penser. Rien de François. Un SMS d'Antoine : *Tu es sortie ?* Je textote : *Oui, je suis au bar.* À l'heure qu'il est, il doit s'apprêter à monter sur scène. Et François ? Quand je reviens à moi, à notre tablée, les filles s'extasient sur la programmation culturelle qu'aura à gérer Camille : la fête de la Musique, la grande exposition sur Jean-Paul Gaultier à la Cinémathèque française, le Festival de théâtre des lycéens au printemps avec Jean Racine à l'honneur. Audrey annonce avec fierté qu'elle sera parmi les organisateurs de Solidays. Tout cela fait briller leurs yeux. Avant j'aurais jubilé avec elles. Mais tout m'est indifférent maintenant. Je suis en train de terminer mon cocktail quand elles se tournent vers moi, intriguées par mon silence.

« Et toi ? demande Audrey.

— Moi ?

— Tu en es où de tes castings ? »

Camille tente d'intervenir : « Ce n'est pas vraiment le bon moment pour Léo, vous savez, avec tout ça… »

Les yeux bleus de Mélanie me fixent et une tristesse lancinante m'envahit.

« J'ai un peu laissé tomber, dis-je.

— Ah bon ? Tu postules à des postes d'administrateur alors ?

— Je ne m'y suis pas vraiment mise.

— Une autre tournée ? » suggère Camille avec prévenance.

Mais je cherche mon manteau sur le dossier de la chaise.

« Je vais rentrer, je déclare.

— Quoi ? Déjà ?

— Je suis fatiguée. Et puis je dois aller au centre de rééducation demain. Il faut que je me lève tôt. »

Mélanie s'apprête à répliquer, tenter de me retenir, mais Camille lui fait signe de laisser tomber. Je fouille dans mon portefeuille à la recherche de pièces de monnaie.

« C'est bon, c'est cadeau », lance Audrey.

Je les salue d'un geste de la main, file précipitamment, me faufilant parmi les clients du bar. Dans la rue, j'ai l'impression de respirer un peu mieux. Le froid m'apaise. Je formule dans ma tête la réponse que j'aurais dû donner à leur question : *Je ne cherche pas de boulot. J'en ai déjà trouvé un. Je commence lundi matin au Coccimarket d'en bas de chez moi. Je ferai de la mise en rayon*. Pourquoi ne l'ai-je pas dit ?

Par fierté ? Par peur de lire le reflet de ma propre désillusion dans leurs yeux ? Je ne sais plus à quoi me raccrocher, quel domaine de ma vie tient encore debout, mais j'ai la vague impression que mes amitiés sont en train de prendre l'eau.

15

François

Je ne comprends pas pourquoi Ryan est toujours joyeux. Il faut être le dernier des imbéciles pour afficher un tel bonheur quand on est fichu, fini, bon à rien, à peine un demi-homme. Je pense qu'il essaie de se tromper lui-même. Il ne doit pas avoir le courage de se foutre en l'air alors il sourit, il chantonne, il parle fort. Mais le résultat est le même : il ne pourra plus jamais marcher, courir, nager, assister à un concert, draguer une femme, faire l'amour. Il ne pourra plus voyager, danser, s'habiller seul, sauf au prix d'efforts épuisants. Il vivra le cul collé à un fauteuil, avec une sonde dans le pénis, et ça, personne ne peut le supporter.

Je ne lui parle pas, sauf quand j'y suis obligé. Et sauf la nuit dernière. J'ai murmuré dans la nuit. Il a allumé la lampe, appelé une infirmière. Sale con. Saleté d'enfoiré. Ce matin, Elsa était plus douce que d'ordinaire. Elle avait forcé le trait vert sur ses yeux. Elle a dit : « Il faudra aller voir le psychiatre quand vous reprendrez quelques forces. C'est nécessaire.

— Non. »

J'ai toujours mal. Mes côtes surtout. Je me demande à quoi bon. Tout pourrait s'arrêter si facilement.

Ce matin nous sommes samedi. Je le sais car le flash info le mentionne à la télévision. Ryan n'a pas kiné, pourtant il se prépare, souffle comme un buffle depuis un quart d'heure pour enfiler sa veste de jogging et coiffer une casquette. Il va faire un ping-pong avec les autres légumes du centre. Je me demande pourquoi ils jouent à ça. Pourquoi ils ne veulent pas voir qu'ils n'ont plus droit qu'à ça, que ce n'est pas du sport ce qu'ils font. C'est une mascarade. Le spectacle criant d'un manque de dignité. Bon sang, je n'aimerais pas les voir à l'œuvre.

« Attends ! » je lui lance.

Ryan s'immobilise au moment de passer la porte. Il semble surpris que je lui adresse la parole. Pas de rancœur dans ses yeux. Pourtant, cette nuit, je n'y suis pas allé de main morte. *Je ne suis pas un putain de légume ! Je ne finirai pas comme vous ! Vous avez tous renoncé, c'est votre problème ! Je ne me chierai pas dessus à vie ! Si vous n'avez pas eu le courage de terminer ça proprement, je suis désolé pour vous !*

« Quoi ? demande-t-il, un peu las. Tu vas encore me demander mes lames de rasoir ?

— Non.

— Bon, alors quoi ?

— Il y a des clopes à acheter ici ?

— T'as pas droit à ça avec tes médicaments. Et puis ils t'ont mis des patchs à la nicotine.

— Y a des clopes à acheter, oui ou non ?

— Oui.

— Tu peux m'en rapporter ? »

Il hésite. Je garde les mâchoires serrées. Pas question de supplier. Il cédera. Il se souvient forcément du calvaire que c'était de rester bloqué sur le dos jour et nuit pendant des jours et des jours sans entrevoir la moindre porte de sortie.

« OK. »

Ça m'arrache la gueule de lui dire mais je lâche : « Merci. »

Il s'en va sans rien répondre. Je le déteste du plus profond de mon être mais je n'ai pas d'autre choix que de ravaler ma fierté. Je suis dépendant de tout le monde maintenant. Même des autres légumes du centre.

Pourquoi cette nuit ? Pourquoi j'ai craqué à trois heures du matin, pourquoi j'ai chuchoté : *Ryan ? Ryan, tu dors ?...*, jusqu'à ce qu'il se réveille ? On était vendredi soir. C'est terrible un vendredi soir ici, dans mon état. Un vendredi soir enfermé dans un corps inutile, invalide, à supporter la douleur. Dans ma vie d'avant, le vendredi était le jour de la semaine que j'attendais avec impatience. Les représentations du vendredi étaient toujours les meilleures. Il y avait ce je-ne-sais-quoi dans l'air qui rendait le public réceptif, léger. La perspective du week-end peut-être. Le théâtre vibrait d'une atmosphère à part, comme si nous respirions sur le même tempo. On obtenait plus d'ovations que n'importe quel autre jour de la semaine. Le vendredi soir était festif. Toute la bande était là, au grand complet. Personne ne cherchait à échapper à la tournée générale. Camille et Léo étaient là sans faute : pas de cours ni d'examens pour les faire rentrer plus tôt. Elles venaient danser avec nous. Le vendredi, Léo portait des talons, un petit sac verni et des boucles d'oreilles. C'était soir de fête. Je l'aimais encore plus intensément que les autres jours.

C'est parce qu'on était vendredi soir que j'ai craqué. *Il faut que ça cesse.* Cette pensée s'est imposée à moi. Il faisait noir et je fixais les plafonniers. Je ne pouvais pas les voir dans l'obscurité mais à force de les avoir en face de moi tout le jour durant, leur image s'était imprimée sur ma rétine et je les voyais. Comme trois ronds agressifs qui m'empêchaient de trouver le repos. La phrase revenait : *Ça doit cesser.* Combien de temps encore prisonnier de mon corps, dépossédé de tout ce qui faisait que j'étais moi ? Ce n'était pas une question de douleur physique, non. C'était à cause de ma vie qui s'était arrêtée et de la parodie d'existence qui m'attendait.

— *Personne ne saura que tu me les as mises entre les mains.*

J'ai vraiment cru que Ryan pourrait m'aider.

— *T'es pas sérieux, mec.*

— *Une lame. C'est tout. Je ferai ça vite.*

— *Non.*

— *En quelques minutes, ce sera terminé. Tu pourras appeler l'infirmière. On débarrassera mon corps aussitôt. Tu n'auras pas à… à contempler ça…*

Je le voulais. Si fort. Je me sentais tout à coup extrêmement lucide. Comme si mon cerveau s'éveillait enfin.

— *Tu verras, tout va s'arranger, mec*, m'a dit Ryan. *Dans quelque temps, tu seras heureux de ne pas avoir fait cette connerie. Tu retrouveras tes anciens plaisirs, je te promets. Tu verras que tout n'a pas changé, qu'il reste tout un champ de possibles.*

— *Tu fais quoi ?*

Il allumait la veilleuse au-dessus de son lit.

— *Ryan ?*

— *Tu dois en parler à quelqu'un qui peut t'aider.*

— *Tu appelles qui ? Lâche ça !*

J'avais tenté de me redresser mais cela avait ravivé toutes les douleurs de mon corps. J'avais étouffé un gémissement. Je pleurais quand l'équipe de nuit est arrivée. Je n'avais jamais pleuré de ma vie. Même quand j'avais quitté Isabelle. Mais la nuit dernière, j'ai pleuré. J'ai supplié qu'on me laisse partir. On m'a donné un calmant et un somnifère. Pourtant ce matin, la pensée est toujours là : *Il faut que ça cesse.* Je veux faire ça vite, avant que Léo revienne. Car elle reviendra, et je veux la voir autant que je le redoute. J'ai peur de perdre mes moyens si elle pose ses lèvres sur les miennes. Peur de ne plus vouloir mourir. Pas tout de suite.

« Tu as les clopes ? Qu'est-ce que tu as fichu ? Je t'attendais ! »

J'ai débité tout cela alors que les deux roues avant du fauteuil de Ryan passaient la porte. Je n'ai fait que guetter son retour, obstinément. La télévision ne parvient plus à m'abrutir suffisamment. Du tabac. Je ne pense qu'à cela depuis qu'il est parti.

« Tiens ! »

Il lance le paquet de clopes, qui atterrit entre mes jambes, à un endroit qu'il m'est impossible d'atteindre.

« Allume-m'en une. »

Il m'en veut encore un peu car il prend tout son temps pour se débarrasser de sa veste de jogging et arriver jusqu'à moi en naviguant entre nos deux lits.

« Tu me dois dix balles, dit-il en faisant jaillir une petite flamme orange.

— Sers-toi dans mes affaires. Dans le placard. »

Pourtant il ne bouge pas. Il porte la cigarette à mes lèvres dans ce même geste qu'avait Léo et que je trouvais terriblement sensuel. Mais c'est Ryan qui est face à moi, avec sa tenue qui sent la transpiration et son visage bouffé par l'acné mal cicatrisée. Je ferme les yeux et j'emplis mes poumons de fumée. Bon sang, ça, ça pourrait me réconcilier avec la vie. Au moins le temps d'une bouffée. Je vide mes poumons lentement. Même la douleur dans mes côtes est acceptable avec un peu de nicotine dans mes poumons. Ryan reste entre nos deux lits comme s'il attendait d'être sollicité de nouveau.

« Ce que tu as demandé cette nuit », lâche-t-il soudain.

Je me raidis. Je n'ai pas envie d'en parler, pas du tout.

« Je l'ai demandé moi aussi, poursuit-il. Au début. Je ne voyais que cette issue. C'est normal.

— Peut-être bien que tu aurais dû le faire. »

Mon ton glacial lui coupe la chique. Un instant seulement.

« Peut-être, oui, répond-il après un silence.

— La vie que t'as… Que vous avez tous, ici… C'est pas une vie.

— C'est ce que tu penses.

— Dis-moi la vérité. »

Je le fixe avec intensité. Je ne veux pas qu'il puisse esquiver.

« Tu ne peux plus le faire, hein ?

— Faire quoi ?

— Niquer. Baiser. Sauter une femme. »

Il détourne le regard.

« C'est vraiment tout ce qui t'intéresse ? Ta queue ? Ta queue plutôt que tes jambes ?

— Tu y arrives encore ?

— Je ne sais pas.

— Ah non ?

— Ma nana m'a quitté après l'accident. »

Je m'étouffe avec la fumée. Une vilaine quinte de toux qui réveille mes douleurs, me fait grimacer.

« C'était déjà pas la joie avant l'accident. Je suppose que ça n'a rien arrangé.

— Elle est partie… comme ça ?

— Elle est restée les premiers temps, quand j'étais au fond du trou. Puis, quand j'ai retrouvé la posture assise, elle a déclaré que c'était trop compliqué avec le petit.

— Le petit ? Tu as un fils ?

— Ouais. »

Je me sens un peu con, tout à coup, avec ma mauvaise humeur que je lui envoie à la gueule toute la journée.

« C'était devenu trop compliqué de faire les allers-retours au centre, et puis le petit avait besoin de grandir dans un environnement moins anxiogène. Résultat, elle a vendu notre appartement, elle a changé de ville et de mec. Elle m'amène le petit une fois toutes les trois semaines. Il reste la journée. Il n'a pas vraiment l'air de se rendre compte de ce qui m'arrive. Il est toujours joyeux.

— Il a quel âge ?

— Cinq ans. »

Je ne sais plus quoi dire. Je me contente de fumer en ayant l'impression de m'asphyxier, de respirer moins bien à chaque bouffée.

« Je crois qu'on peut encore le faire. Je veux dire… On ne sent rien mais techniquement ça fonctionne encore. C'est chaotique, pas toujours très durable, mais c'est faisable, avec des efforts. C'est Paulo qui m'a dit ça.

— Paulo ?

— Il est para lui aussi. D10. Sa femme est là tous les week-ends. Il a une chambre seul. »

Il me lance un clin d'œil. Pourtant, l'ombre n'a pas quitté son visage.

« Il s'appelle comment ton gosse ?

— Marlon.

— Comme Marlon Brando ?

— Ouais. Ma nana, c'était son acteur favori. Un fantasme vivant, elle disait. »

Il écarte les bras, cynique.

« Pas étonnant qu'elle ait fichu le camp. On est loin du fantasme. »

Ça me met mal à l'aise qu'il se dénigre. Moi j'ai le droit de le traiter de légume, je suis en colère et con. Mais lui…

« Je suis sûr que t'as rien perdu. T'as Elsa maintenant », je lui dis.

Il sourit.

« Ouais, j'ai Elsa et Corinne, Nora, Sofia…

— Voilà, c'est ce que je dis. T'as rien perdu, et elle, elle doit s'en mordre les doigts ! »

Je lui tends mon mégot pour qu'il l'écrase. Il le récupère, manœuvre pour aller ouvrir la fenêtre, l'écrase sur le rebord puis laisse l'air frais entrer et chasser l'odeur de cigarette. C'est à ce moment que nous entendons toquer deux petits coups à la porte. C'est elle. C'est Léo.

Éléonore

Au premier coup d'œil dans la chambre, je sens quelque chose s'alléger dans ma poitrine. Il n'a pas son regard noir de l'autre jour ni son visage figé. Il a l'air un peu ailleurs, comme si je venais interrompre quelque chose. Sans doute une discussion entre son colocataire et lui. L'air frais qui entre par la fenêtre ne masque pas l'odeur de tabac, et l'idée qu'il ait pu fumer me soulage aussi. C'est lui. C'est tout lui. Tout n'a pas été englouti dans ce choc contre l'autobus.

« Salut ! » lance Ryan en faisant pivoter son fauteuil. « Entre, entre ! »

Il me fait signe d'avancer. François, lui, reste silencieux, mais quelque chose dans ses yeux s'anime en me voyant. C'est un meilleur jour. Je crois que je n'ai pas à craindre de fureur inexpliquée.

« Je peux ? » je demande à François en désignant la chaise à côté de son lit.

Il hoche la tête. Ryan fait cogner son fauteuil contre le lit, s'excuse.

« Je m'en vais, ne vous inquiétez pas ! » lance-t-il avec un regard entendu à François.

Je ne sais pas de quoi ils ont parlé mais il semble y avoir entre eux une connexion qui n'existait pas l'autre jour. J'attends qu'il parte puis je m'installe à côté du lit de François, sans oser toutefois le toucher.

« Alors tu me remplaces ? Tu t'es trouvé un nouveau feu ? »

François a besoin de quelques secondes pour comprendre que je tente de blaguer. Un bref sourire illumine son visage, qu'il ne peut tenir pour autant.

« Tu veux bien me tourner vers la fenêtre ? demande-t-il.

— Tu veux que je déplace ton lit ?

— Légèrement. Je ne vois plus l'extérieur depuis trois semaines.

— Oui, bien sûr. Attends, je m'en occupe. »

Je me démène pendant quelques instants avec les roues, qui ont été bloquées par des freins. François ne fait pas de commentaire. Avant, il ne s'en serait pas privé. Il m'aurait charriée. Mais il attend patiemment que je lui offre sa vision sur l'extérieur.

« Ce n'est pas Hawaï, hein. »

Ma voix s'étrangle en voulant être légère. En réalité, je crains de lire la déception dans ses yeux quand il découvrira les allées goudronnées du centre, bordées de pelouses détrempées, et le ciel gris et lourd de novembre. J'appréhende l'instant où il se renfermera. Mais il n'en fait rien. Il fixe la triste vue, impassible.

« Ce n'est pas non plus la vue sur les Buttes-Chaumont.

— Non », je souris, heureuse de son effort pour répondre à ma plaisanterie.

« Il a l'air de faire froid.

— Il fait froid.

— Il n'a pas neigé encore ?

— Non. Il y a du givre depuis trois jours mais pas encore de neige. »

Nous restons ainsi, côte à côte. Nous ne nous touchons pas. C'est terrible, cette distance entre nous, nous qui ne pouvions pas rester dans la même pièce sans être aimantés l'un vers l'autre.

« Tu m'en allumes une ? »

Il me désigne le paquet de clopes laissé par Ryan au niveau de ses jambes à côté d'un briquet jaune.

François fume en silence, fermant les yeux pour savourer, puis les rouvrant pour fixer le ciel d'hiver. Il fait un froid glacial dans la pièce parcourue de courants d'air, mais ça ne fait rien car, à cet instant précis, nous sommes plus proches que jamais de ceux que nous étions il y a quelques jours, avant l'accident. Lui et moi, au milieu d'un nuage de fumée, les yeux fixés sur l'extérieur. Ce n'est plus l'avenue de Flandre mais une allée goudronnée. Quelle importance ?

Alors qu'il fume, je m'autorise enfin à le toucher. Je passe une main dans ses cheveux. Je les lisse, les caresse avec tendresse. Je le sens frémir.

« Arrête, Léo. »

Sa voix manque d'assurance. Ce n'est toujours pas la colère de l'autre jour. Alors je n'arrête pas. Je l'effleure, je le frôle, je le ramène à moi, à nous.

« Je n'aurais pas dû te crier dessus l'autre jour, dit-il d'une voix rauque.

— Ça va. N'en parlons plus.

— C'était brutal mais j'avais raison. On devrait… On ferait mieux de se séparer. »

Je ne veux pas lui montrer combien il m'ébranle chaque fois qu'il l'envisage. Je secoue la tête en silence.

« Il n'y a plus rien que je puisse faire. Plus rien de ce qu'on aimait faire, de ce que j'aimais faire.

— Alors on fera d'autres choses.

— Je ne pourrai plus monter sur scène. Je ne pourrai plus aller danser avec les autres le vendredi soir. Faire une simple course à la supérette du coin. Prendre le métro. Conduire un scooter. Partir en week-end. T'emmener au restaurant ou au musée.

— Bien sûr que si. On s'arrangera.

— J'aurai besoin de toi pour tout. Pour la moindre tâche du quotidien, même m'habiller !

— On apprendra. »

Tout plutôt que vivre sans lui. Tout.

« On me donne des laxatifs pour que je chie, Léo. Sans ça, je ne sais plus faire. Je ne sais plus chier ! Ça t'inspire quoi ? »

Un silence. Je ne sais que dire. Il s'assombrit.

« Si un jour tu veux te marier, je ne pourrai pas te rejoindre devant l'autel. Et si tu veux un gosse, je ne pourrai pas te le faire. Je ne pourrai plus te faire l'amour. Si tu décides de rester, je te ferai vivre un enfer. Je ne supporterai pas que tu quittes la maison, l'idée que tu croises d'autres hommes, qu'ils puissent poser leur regard sur toi, te parler, te sourire, alors que moi je ne peux plus te satisfaire.

— Arrête, François, arrête ! »

J'enfouis mon nez dans ses cheveux. Je retrouve leur odeur boisée.

« On s'adaptera. On trouvera un moyen.

— Tu es jeune. Tu ne peux pas te contenter de ça… Pas à vingt-quatre ans. »

Je m'éloigne de lui, de ses cheveux. J'attrape le paquet de cigarettes et le briquet. Je vais me poster à la fenêtre. Je lui tourne le dos. J'ai la voix chancelante quand je demande : « Tu voulais m'épouser et me faire un enfant ? »

Je n'ose pas me retourner. J'ai peur de sa réponse.

« On aurait bien fini par y arriver, non ?

— Tu en aurais eu envie ?

— Je crois. »

Je sens les larmes qui se pressent au coin de mes yeux et un sourire qui tente de naître sur mes lèvres. J'inspire plus fort. Dans mon dos, il poursuit : « Tu n'as pas vécu un quart de ce que tu dois vivre sur cette planète. Si je pars, tu pourras reprendre de zéro. T'offrir une autre vie.

— Si tu pars ? »

Je me retourne vivement. Il ne fuit pas mon regard. La tristesse lancinante dans ses yeux, c'est un crève-cœur.

« Arrête ! Tais-toi ! Tu n'as pas le droit de dire ça ! Je suis là ! J'ai tout laissé tomber ! Le théâtre, les castings… J'ai pris un petit boulot à la supérette du coin pour payer le loyer, pour que tu puisses avoir ta vue sur les Buttes-Chaumont quand tu rentreras. J'ai pas fait ça pour rien ! »

Plus je perds mon souffle, plus il semble se vider de sa substance, de sa volonté.

« On trouvera moyen de s'accommoder de ta situation ! Quand on le veut, on peut ! On prendra quelqu'un pour t'aider au quotidien. Il doit bien y avoir des aides, non ? »

Ma voix monte dans les aigus. François me fait signe d'approcher. Il enroule son bras autour de ma nuque, m'attire à lui.

« Quoi ? dis-je en me raidissant.

— Rien.

— Qu'est-ce qu'il y a ? Qu'est-ce que tu fais ?

— Je veux sentir ton odeur, c'est tout. »

Il plaque son nez dans mon cou, ses lèvres se pressent contre ma peau.

« François… »

Il ne répond rien. Il me respire, me maintient fermement contre lui.

« Tu ne vas pas le faire ? Tu ne vas pas faire de bêtise, hein ? »

Un silence qui s'éternise au milieu de notre étreinte.

« La femme de Ryan l'a quitté après son accident.

— Je ne suis pas la femme de Ryan. »

Je tente de me dégager mais il me retient avec une force féroce. Je suis surprise qu'il ait gardé tant de vigueur.

« Est-ce que tu peux soulever ton pull ?

— Quoi ?

— Je t'en supplie, Léo. Soulève ton pull. »

Tout se mélange dans ma tête. L'angoisse, la peur, la surprise et l'incompréhension. Je fixe la porte de la chambre avec crainte tandis que François soulève la laine de mon chandail, pose son nez entre mes seins, dans la chaleur de ma peau, au plus près des battements de mon cœur.

« François… »

Alors il se met à pleurer, ici, contre ma poitrine. Je passe mes mains dans ses cheveux. Des mains tremblantes. Je murmure : « Ça va aller, mon amour. Je ne partirai pas. »

Je ne crois pas qu'aucun mot le réconforte. Mais là, contre mon corps, il se sent à l'abri. Protégé.

« Ça va aller, tu verras… »

16

François

« Ça y est, c'est le grand jour ? »

Elsa tente de plaisanter. Le kiné est concentré. Il vérifie mes sangles une par une, les différents capteurs qu'on m'a installés sur le torse, le brassard autour de mon bras.

« Vous vous sentez un peu comme Felix Baumgartner, hein ? poursuit Elsa, amusée. Prêt à voir le sol de là-haut ? »

Je pourrais presque lui sourire. Parce qu'elle est jolie et parce que ça ne va pas si mal aujourd'hui. La perspective de ne plus fixer seulement le plafonnier fait battre mon cœur ce matin, réveille une vague envie de vivre. À côté, le kiné explique deux trois trucs à son interne : « La pression artérielle et la fréquence cardiaque seront monitorées pendant toute la durée de l'examen… »

Moi, je pense à Léo. Je ne lui ai pas dit que les kinés allaient faire la tentative de verticalisation ce matin. Si j'échoue, elle n'en saura rien. Si je réussis, elle aura la surprise de me trouver assis à sa prochaine visite. Ils m'ont conduit dans une salle spéciale, où ils m'ont attaché à une table inclinable qu'ils vont redresser doucement. Il n'est pas certain que mon corps supporte de passer en position verticale après toutes ces semaines d'alitement. Si cela échoue, on retentera demain, puis après-demain. Je voudrais que cela fonctionne aujourd'hui. Sinon…

« Bien, on est prêt, monsieur Louvier ? Je peux donner le top départ ? »

J'acquiesce, ferme les yeux. Histoire de me concentrer. La table se relève lentement. J'entends les bips des machines autour de moi. Un son régulier et doux. Tout va bien. *Allez, continue, vieux.* J'ai des perceptions étranges, comme si des choses se déplaçaient dans mon corps. Ce doit être mon centre d'équilibre qui change. Rien d'anormal. Dans ma tête aussi, j'ai l'impression que ça bascule sens dessus dessous. La seconde suivante, je perçois une sensation de vide. Une brusque chaleur partout. J'ouvre les yeux mais un étourdissement me saisit, fait vaciller la pièce, les yeux noisette d'Elsa. Je sens une fine pellicule de transpiration recouvrir ma peau, ma nuque, mes mains. Puis les machines s'affolent. Quelqu'un parle. Je suis happé par l'obscurité.

Éléonore

Maintenant que je commence le travail à six heures trente, je ne peux plus observer l'ouverture des grilles du parc. Je ne dirais pas que le gardien me manque mais j'ai comme l'impression qu'on vient bousculer encore les pauvres habitudes que j'avais réussi à établir. Il me faudra prendre d'autres repères. Le bruit du store que remonte Hamza, le gérant, tous les matins, en soufflant de la buée dans le froid glacial. L'odeur de curry et de tabac qui lui colle à la peau. Les « r » qui roulent entre ses lèvres quand il m'indique : « Dans la réserve. »

Je crois que personne ne lui a jamais appris la politesse, la douceur, le tact. Il ne me parle qu'à l'impératif, seulement pour me donner des ordres. Son fils Ali est plus agréable, même s'il pointe le bout de son nez uniquement lorsque cela lui chante. À part Ali et moi, il y a une autre employée dans la supérette : Angèle, une jeune femme que je ne croise qu'un jour sur deux. Elle est à sept mois de grossesse, se traîne d'un bout à l'autre de la boutique en soupirant et déjeune seule dans son coin. Ce n'est qu'une question de jours avant qu'elle ne soit arrêtée.

Je ne me plais pas à la supérette. Ce n'est pas que le travail soit compliqué mais l'ambiance me pèse. Hamza et Ali passent leurs journées à parler dans leur langue : l'ourdou. On ne m'adresse la parole que par obligation. Je ne suis même pas à la caisse, où j'aurais au moins quelques contacts humains. Non, je suis dans l'arrière-boutique. Je bipe, je scanne, je déballe, je trie. La partie la plus excitante de mon travail est la mise en rayon, car là j'aperçois la lumière du jour à travers la vitrine crasseuse. Quand je rentre, c'est pour retrouver l'appartement silencieux. Il fait nuit.

Il ne me viendrait pas à l'esprit de me plaindre devant François, alors j'enjolive la réalité, je m'invente une complicité avec Angèle, des plaisanteries, des sandwichs partagés. Je lui dis que ça va, que je me languis de lui mais que ça va.

Camille passe de temps en temps en sortant de son stage et nous discutons. Mais l'autre jour, elle a sonné à l'interphone et j'ai éteint toutes les lumières. J'ai fait semblant d'être absente. Je n'avais pas envie de l'entendre évoquer son poste fantastique à la mairie, les projets qu'on lui confie, les compliments qu'on lui fait, les événements sur lesquels on l'invite, ses nouveaux amis stagiaires. Surtout, je n'ai rien à lui répondre quand elle me lance : *Et toi ?*

Je travaille, je mange, je dors... J'attends les visites à François.

Ce soir, je suis en train de refermer la porte de l'appartement derrière moi, fourbue par cette nouvelle journée en réserve, quand l'interphone me prend par surprise. Je me fige un instant. Camille ? Antoine peut-être ? Je ne l'ai pas vu depuis quelques jours. Il avait promis de m'aider à vider les derniers cartons.

Je prends le temps de retirer mes chaussures, les envoie valser plus loin, et je me débarrasse de l'affreuse polaire qui me tient lieu de tenue de service. Puis je décroche : « Oui ? »

J'ai l'impression de perdre pied quand une voix féminine me répond : « C'est Isabelle Louvier. Je peux entrer deux minutes ? »

Le combiné à la main, je cherche quelque chose à dire. Mais quoi ? Comment y échapper ? Quelques secondes passent. Isabelle répète : « C'est Isabelle. L'ex-femme de François. Il y a quelqu'un ? Je peux entrer deux minutes ? »

Mon doigt actionne l'ouverture de la porte, plus bas. Je n'ai pas prononcé un mot. Je n'ai aucune idée de la façon dont elle va se comporter, ni de la raison de sa visite. J'écoute ses talons claquer dans l'escalier et je manque d'air.

« Bonsoir.

— Bonsoir. »

Isabelle est enveloppée dans un manteau beige, ses cheveux blonds sont noués à la va-vite, quelques mèches s'échappent de sa queue-de-cheval. Elle a les traits fatigués et tient une pile d'enveloppes entre les mains. Elle ne porte plus son alliance.

« Vous m'excuserez, je passe entre deux rendez-vous. »

Tout dans sa posture m'indique qu'elle attend que je l'invite à entrer. Alors je lui désigne le couloir d'un geste du menton sans vraiment y penser. Elle entre. Je suis tellement ahurie que je ne m'étonnerais pas davantage de la voir s'asseoir dans le salon, s'installer les jambes croisées. Pourtant elle reste dans le corridor d'entrée, enveloppée dans son parfum épicé, aux notes de poivre blanc. J'ai toujours détesté cette essence. Avant même de la sentir sur le col des chemises de François, je la trouvais trop forte, envahissante.

« Désolée, j'aurais dû m'annoncer… »

Elle est aussi gênée que moi mais elle est capable d'aligner des mots, elle. Ses yeux se posent partout. De là où elle se trouve, elle a une vue sur le salon et ses deux hautes fenêtres, le canapé en kit à demi monté, la table et les chaises, le tapis rose et solitaire, les quelques cartons encore fermés, contre le mur. Elle note tout, je le sens. Un coup d'œil à gauche maintenant, dans la minuscule cuisine digne d'un appartement d'étudiant, que je n'ai pas rangée depuis dix jours. Le pot de moutarde ouvert, les assiettes sales, le cendrier plein, la poubelle qui déborde. Elle fronce les sourcils, réprobatrice. Plus loin, au fond du couloir, la porte de la salle de bains est ouverte, donnant à voir la baignoire et un lavabo. La porte de gauche est fermée. Isabelle doit être en train d'en conclure qu'il s'agit de notre chambre.

« Alors voilà, je viens à cause du courrier, reprend soudain Isabelle.

— Le courrier ? »

Elle me tend la pile d'enveloppes. Il me faut quelques secondes pour réagir et les saisir.

« François n'avait pas anticipé le changement d'adresse. Tout arrive encore chez moi. Je ne l'ai pas ouvert. Je vous laisse le lui transmettre. »

Nous sommes repassées au vouvoiement, pas comme ce matin-là, devant les urgences. Elle m'avait tutoyée et giflée. Elle était dans tous ses états, débraillée. Ce soir, elle est calme et très digne. Moi, je ne parviens pas à prononcer un mot.

« Il faudrait faire le changement d'adresse auprès de la poste. Vous le ferez ?

— Oui… D'accord. »

Elle resserre les pans de son manteau. C'est tout ? Elle va partir maintenant ? Est-ce vraiment pour cela qu'elle est venue, pour quelques enveloppes ? N'aurait-elle pas pu les déposer dans ma boîte aux lettres ? Probablement voulait-elle assouvir sa curiosité, me voir de plus près, une seconde fois, découvrir le nid que François nous avait choisi… Il ne me vient pas à l'esprit qu'elle souhaite peut-être avoir de ses nouvelles, elle qui a été blacklistée des visites. Savoir comment il va, si son état physique s'améliore. Je suis trop troublée pour y songer. Je reste figée dans l'entrée tandis qu'Isabelle plisse les yeux : « C'est à vous ? »

Elle contemple ma polaire hideuse, jetée sur le portemanteau, d'un gris cendre, ornée d'une coccinelle rouge et du nom « Coccimarket ».

« Oui.

— C'est la supérette d'en bas ?

— Oui, dis-je encore.

— Vous y travaillez ?

— Depuis peu. »

Son visage se froisse. Pas de jubilation dans ses yeux. Non, Isabelle est au-dessus de ce genre de mesquinerie. C'est autre chose que je lis sur ses traits. Un certain trouble. Une contrariété triste.

« Bon, visiblement vous rentrez juste du travail. »

Elle lorgne mon badge, encore épinglé à ma poitrine : *Éléonore, manutentionnaire*.

« Je vais vous laisser. »

J'acquiesce en silence. Elle ouvre la porte elle-même, sort sur le palier sans que j'aie effectué un seul geste.

« N'oubliez pas de mettre en place le transfert de courrier.

— Je m'en occupe.

— Bien. Au revoir.

— Au revoir. »

Puis elle disparaît. Son pas est lent lorsqu'elle redescend les escaliers.

Je m'affale devant un bol de petits pois aux lardons. Je n'ai même pas allumé le plafonnier de la cuisine, je me contente de la lueur du couloir. Je textote à François : *Isabelle est venue pour apporter ton courrier...* Et puis j'attends, mais rien ne vient. Quand il ne répond pas, c'est que le moral est au plus bas. *Tu veux que je t'appelle ?* Toujours rien.

Je débarrasse la table sans entrain, laisse la vaisselle au fond de l'évier. Je sais ce que je ferai ce soir. Il n'y a que ça qui éveille encore quelque chose chez moi. M'enfermer là-bas. Dans le passé.

François

Ryan a compris qu'il ne fallait pas chercher à me décrocher un mot. Il a su à ma tête que la tentative de verticalisation avait échoué. De retour du dîner qu'il prend à la cafétéria, il me propose : « Une clope ? »

Il me rapproche de la fenêtre, m'allume une cigarette et la porte à mes lèvres. Ryan ne fume pas. Ne fume plus, en tout cas. Dehors il fait nuit. Il dit : « Mon môme vient ce week-end. »

Je ne réponds pas. Ce n'est pas contre lui. Je ne peux pas desserrer mes mâchoires. Elles sont scellées par la colère. Si je les entrouvre, tout va sortir en flot et je le pourrirai. Il le sait mieux que personne. Là-bas, sur ma table de chevet, mon téléphone vibre de temps en temps. Je sais que c'est Léo. Mais je ne peux pas lui répondre. Comme je ne peux pas desserrer les lèvres.

« Elsa va te saouler avec ça, lance Ryan.

— Avec quoi ?

— Avec l'idée de consulter un psy. Elle ne m'a pas lâché pendant des mois.

— Tu as cédé ?

— Ouais. »

Il se gratte le bras comme s'il essayait d'échapper à ma question à venir.

« Ça t'a aidé ?

— Ouais. »

Éléonore

De l'époque où je travaillais avec Camille au Théâtre Saint-Jean, où j'ai commencé à côtoyer François, j'ai conservé des souvenirs, enfermés dans une boîte à bijoux. Je me donnais l'impression d'être une jeune femme particulièrement obsessionnelle. J'avais caché la boîte sous le ballon d'eau chaude, histoire d'être sûre que François ne tomberait jamais dessus. Maintenant je m'en fiche. Je n'ai aucune honte à la sortir et à m'y plonger.

Dans ma boîte il y a le flyer du spectacle *Dom Juan* ainsi que l'affiche en format A5. Je les ai gardés car c'est le visage de François qui apparaît. Visage blanc sur fond noir. Regard de braise, presque menaçant. Il est méconnaissable ainsi, avec cette cruauté dans le regard, mais j'aime ce cliché. C'est l'illustration de son talent d'acteur, de sa capacité à modifier son visage, le moindre de ses traits, jusqu'à l'iris de ses yeux. Derrière l'affiche il y a sa signature et quelques mots griffonnés au Stabilo qui datent de ce soir béni où il nous a invitées, Camille et moi, à les rejoindre. Un groupe de fans particulièrement insistants faisait le pied de grue dans le hall. François et Antoine s'étaient mis à dédicacer tout et n'importe quoi : dos de chéquiers comme mouchoirs en papier. Quand le groupe s'était éparpillé en disparaissant dans la nuit, François avait levé une main dans ma direction pour me réclamer mon briquet.

« Tiens, en remerciement je te dédicace une affiche, d'accord ? »

Il avait un sourire taquin ce soir-là. Camille m'avait écrasé le pied à plusieurs reprises pendant qu'il couchait quelques mots sur le papier glacé.

« Il se passe quoi ? » avait-elle chuchoté tandis qu'il s'éloignait avec mon briquet. « On dirait qu'il...

— Qu'il quoi ?

— Qu'il te... Qu'il t'aime bien.

— N'importe quoi ! Il est juste sympa. »

J'avais plongé derrière l'affiche pour masquer que je rougissais d'émotion. La dédicace disait : *RDV au comptoir du Melchior avec le reste de la troupe. C'est moi qui invite. Dis à ta copine de venir. François.*

C'était sans originalité mais j'avais frôlé l'arythmie cardiaque et Camille s'était mise à bégayer de bonheur, incrédule.

« Fais-moi lire encore. Attends... Il a bien dit : ta copine. C'est moi ? C'est nous ? On est invitées ? »

Elle me faisait mal à force de me pincer le bras. Et moi je n'avais d'yeux que pour les silhouettes d'Antoine et de François, devant le théâtre, qui écrasaient leur clope et partaient, les mains dans les poches. Si je voulais récupérer mon briquet, je n'avais qu'à les rejoindre au Melchior.

« Camille, arrête, calme-toi, tout de suite ! Si tu n'arrêtes pas de me pincer… »

Camille avait pris une profonde inspiration, réuni ses paumes en une vaine tentative pour devenir zen.

« On va boire un verre avec François Louvier et Antoine Moutard ! »

Sa voix avait grimpé dans les aigus, nous faisant perdre toute crédibilité. Je n'avais pas pu m'empêcher de sautiller sur place avec elle.

Dans ma boîte il y a un dessous-de-verre au nom du Melchior. Je l'ai gardé ce soir-là. Il est taché de margarita. Il est collant, jaunâtre, mais il est le souvenir de cette soirée hors du temps. Nous deux au milieu de la troupe, outrageusement heureuses. Incrédules.

« Voici Yvan, et là Bertrand, Coco, Nanou… »

François faisait les présentations. On récoltait de vagues sourires, des bises interrogatives. D'où sortions-nous ? Personne ne comprenait vraiment mais puisque François nous avait invitées… Nous n'avions pas beaucoup parlé ce soir-là. Nous les avions écoutés se lancer des vannes, prendre tel ou tel pari en buvant les cocktails offerts par François. Quand le bar avait fermé, que la troupe s'était dispersée, on nous avait lancé : « À mardi ! »

Et ces deux mots nous avaient semblé merveilleux, comme si nous faisions partie du groupe désormais.

Quand j'y repense, les instants les plus forts de ce début d'histoire n'étaient même pas ceux que nous partagions au Melchior, les discussions impossibles au milieu du brouhaha, les sourires pleins d'ivresse. Les moments qui me rendaient fébrile avaient lieu au théâtre, quand je collais mon œil à l'interstice et que je découvrais François sur scène. Chaque soir, c'était comme si je le voyais jouer pour la première fois. Il était Dom Juan, grand, noble, beau, tout en insolence et en assurance, et j'apprenais ses répliques par cœur. J'imaginais qu'elles m'étaient destinées. *Enfin, il n'est rien de si doux que de triompher de la résistance d'une belle personne, et j'ai sur ce sujet l'ambition des conquérants.*

Je mélangeais tout : François et Dom Juan, l'homme et le personnage. Je me plaisais dans ce flou artistique qui me faisait perdre la tête. *Mon cœur est à toutes les belles, et c'est à elles à le prendre tour à tour, et à le garder tant qu'elles le pourront.* Il n'y avait rien de plus fort que ces moments-là... Je cherchais Isabelle dans la salle sans jamais la voir et je songeais : Si j'avais François Louvier pour mari, je serais là chaque soir dans la salle, le cœur battant, les mains moites. Je repartirais à son bras. Mais Isabelle venait rarement. Seulement quand un pot avait lieu avec la presse et quelques personnalités du milieu. Camille et moi devions plier bagage plus vite ces soirs-là ; remettre nos manteaux, rendre nos badges, saluer le vigile et laisser le théâtre aux autres : à ceux qui comptaient. Critiques, journalistes, mécènes, directeurs artistiques... Ils se réunissaient le temps d'un cocktail avec champagne et canapés. Les comédiens recevaient les honneurs, se prêtaient au jeu de l'interview ou de la séance photo. Je faisais toujours traîner. Je rêvais de pouvoir en être, un jour. Faire partie de ce monde, y avoir une vraie place, me sentir importante. J'observais François et je me rendais compte qu'il n'était pas à son aise ici. Il avait hâte de partir, d'aller prendre un verre au Melchior, loin de toutes ces obligations mondaines. Isabelle, elle, évoluait entre les groupes avec un réel plaisir, souriante et confiante. C'était son élément à elle. Elle lissait un pli sur la chemise de François, caressait son épaule, lui glissait un mot à l'oreille et l'introduisait auprès des invités. J'étais mortifiée de les observer, moi qui n'étais que la fille de l'ombre, l'ouvreuse étudiante, le vague flirt qui divertissait un mariage monotone. *Si j'avais la chance d'être à la place d'Isabelle…* Combien de fois me suis-je répété cette phrase en rentrant à pied, bras dessus bras dessous avec Camille, ou attendant mon métro. Et puis un jour, François m'a glissé ce billet de théâtre en me rendant mon briquet, et les choses ont changé.

Le billet est là, au milieu du bric-à-brac de ma boîte à souvenirs. Il n'a pas eu le temps de jaunir. Une place pour *Douze hommes en colère* au Théâtre du Palais-Royal pour le samedi suivant, vingt heures quarante-cinq. J'avais compris tout de suite. Je passais ma vie sur les réseaux sociaux de François. Je savais qu'il jouait là-bas dans cette adaptation théâtrale de l'œuvre de Reginald Rose. Les mardis et jeudis : *Dom Juan*. Le samedi : il devenait un des jurés de *Douze hommes en colère*. Le ticket n'était accompagné de rien d'autre. Pas de mot griffonné, aucune indication chuchotée. Nous n'avions pas encore échangé nos numéros de téléphone malgré le rapprochement de plus en plus évident qui s'opérait au Melchior sous la table. Ainsi, je me suis rendue au Théâtre du Palais-Royal le samedi suivant, apprêtée comme si j'allais à l'Opéra : robe noire en satin, escarpins, cheveux noués en chignon. J'étais mal à l'aise, prise de doute toutes les cinq minutes : et si j'avais mal compris ? Et si le billet glissé dans ma main était une malencontreuse erreur, un simple billet qui traînait au fond de ses poches et qui s'était glissé entre ses doigts lorsqu'il avait pris le briquet ? J'étais gênée de me présenter seule à l'entrée – Camille avait refusé de m'accompagner, arguant qu'il s'agissait clairement d'un rendez-vous amoureux. Je tournais la tête à droite à gauche. Je cherchais François dans le hall, tardant à rejoindre la salle de spectacle, espérant qu'il apparaîtrait, qu'il me sourirait, qu'il me confirmerait que nous avions bien rendez-vous. Mais il n'était pas venu. Dans la salle, j'avais lutté pour ne pas faire demi-tour. Et puis je l'avais découvert sur scène, différent de tout ce que je connaissais de lui jusqu'à présent. Autre. Diamétralement opposé et pourtant époustouflant de talent. Il jouait le rôle du juré numéro 11 dans ce procès à huis clos. Un réfugié venu d'Europe, horloger. Un homme timide, humble, presque servile. Si j'avais pu confondre François et Dom Juan, je ne pouvais pas mêler l'homme et le personnage ce soir-là. J'ai eu l'impression de découvrir un autre François. J'ai compris qu'il était un véritable comédien, que jamais je ne pourrais saisir réellement son essence. J'ai été si troublée que je me suis renfermée, lorsqu'il est venu me trouver à la fin du spectacle. Il m'a proposé d'aller prendre un verre et nous avons bu du vin dans un troquet du coin.

« Tu as aimé ? a-t-il demandé.

— Beaucoup. »

Je n'ai pas réussi à développer. J'étais perdue, encore dans la confusion.

« Je ne suis pas la star ici. Je ne suis qu'un personnage parmi les autres. Et je dois t'avouer que ça me repose. »

Je crois qu'il avait voulu me faire découvrir une autre facette de sa personnalité ce soir-là. Dans le troquet, il avait perdu de son assurance, de son indolence. Il me regardait différemment. Il n'a pas essayé de m'embrasser ni de frôler mon genou sous la table. Nous nous sommes quittés comme deux amis, devant la station de taxis.

Cette nuit-là, j'ai mal dormi.

Nous avons échangé notre premier baiser un mois plus tard, dans la cour intérieure de ce bar, pris d'un désir furieux. J'ai longtemps regretté qu'il n'ait pas eu lieu dans le troquet même, dans le calme et la douceur, dans la simplicité du moment. Aujourd'hui je comprends que c'était ainsi que nous nous aimions : avec fureur, dans l'ombre, apeurés déjà de nous perdre. Nous n'étions pas le genre de couple à s'embrasser dans un café.

François

Je sais qu'il ne dort pas car il y a un halo de lumière bleutée dans mon champ de vision, à droite, là où se trouve son lit. Il doit être sur son téléphone.

« Ryan ?

— Ouais.

— Je n'irai pas voir de psy.

— …

— Je ne veux pas aller mieux. Je ne veux pas accepter cet état comme vous.

— …

— Jamais.

— Tu devrais dormir.

— Je n'irai pas.

— D'accord…

— Vous pouvez vous mentir, tous… mais moi, non.

— D'accord. »

17

Éléonore

Je ne me suis pas rendu compte que le mois de décembre s'était installé. Le ciel est plus pâle que jamais, un gris nacré. Une fine couche de givre s'est déposée sur l'herbe. Je la montre à François tandis que nous fumons face à la fenêtre ouverte. Il est mutique ce matin. Impossible de lui arracher un mot. Alors je parle météo tout en passant une main dans ses cheveux.

« Tu ne dis rien ? Tu n'as rien à dire ? »

Ma voix est si doucereuse qu'elle me donne envie de vomir. Je me fais l'impression de parler à un enfant et François semble penser la même chose. Je vois bien que je l'agace à la façon dont ses sourcils se contractent.

« Tu veux que je te raconte mes journées ?

— Je ne sais pas… Si tu veux… »

« J'ai commencé la rééducation de ma vessie. »

Il cherche mon regard, y plante ses pupilles sombres avec provocation.

« J'apprends à m'autosonder pour vider ma vessie. Quatre à six fois par jour. Tu sais en quoi ça consiste ?

Je dois introduire une petite sonde dans mon urètre, qui remonte jusque dans la vessie. »

Il me fixe, attendant de me voir ciller.

« Ils disent que… Ils pensent que tu peux récupérer le contrôle de ta vessie ?

— Possible. »

Il inspire une nouvelle latte, les mâchoires contractées.

« Et pour éviter les fuites entre deux sondages, j'ai un étui pénien qui récupère les urines. Tu veux voir ? Tu veux que je t'explique en détail ?

— Ça va…

— C'est passionnant, pourtant. Et pour chier, tu sais comment je fais ? Je dois m'enfoncer un suppo tous les matins, m'installer sur une chaise spéciale, une chaise avec un trou pour…

— C'est bon, François, arrête ! »

Il a gagné. J'ai cillé.

« Je te dégoûte, princesse ?

— François…

— Je n'ai rien à te raconter, tu vois.

— Très bien, on n'est pas forcés de parler alors. »

Il hausse les épaules, me tend son mégot pour que je l'écrase sur le rebord de la fenêtre.

« On fait quoi alors ? On regarde le givre ? Le gris du ciel ? On se fait croire que tu m'aimes toujours, que ça te fait plaisir d'être là ?

— J'ai amené mon ordinateur portable. On pourrait…

— Ton ordinateur ?

— Camille m'a envoyé une offre d'emploi d'administrateur. Elle est persuadée que je conviendrais. Je me disais que tu pourrais m'aider à écrire la lettre de motivation, toi qui connais le milieu… »

J'attends sa réaction mais rien ne vient. Auparavant, François se serait écrié que ce n'était pas le genre de métier fait pour moi, que j'avais tout mon temps pour ce genre de tâche assommante, que la scène, il n'y avait que ça de vrai, qu'avec ma jolie gueule les portes s'ouvriraient. Mais là il ne conteste pas. Maintenant je ne suis qu'une manutentionnaire chez Coccimarket et il songe sans doute qu'administratrice ou assistante de gestion, ce sont des opportunités que je ne peux pas refuser.

« Tu n'as pas besoin de moi pour écrire une lettre de motivation.

— Ça fait une semaine que j'essaie. À l'appartement je n'y arrive pas. Ici, avec toi, j'aurais un minimum de motivation…

— Bon… Écris-la et je te relirai.

— D'accord. »

Je referme la fenêtre. Je m'installe à sa minuscule table de chevet. Il somnole pendant que je tape sur le clavier, mais quand je l'appelle dans un chuchotement, il ouvre les yeux.

« Je te la lis ?

— Vas-y. »

Il écoute attentivement sans broncher, puis il reprend des tournures, me fait supprimer, réécrire.

Ce matin j'ai réussi à l'extraire de son corps, de sa prison, grâce à une lettre de motivation que je n'enverrai probablement jamais. Mais demain ce sera une autre paire de manches. Je marche toujours sur des œufs, ne sais jamais comment je serai accueillie.

Je l'embrasse sur la bouche. Ce n'est possible que parce qu'il est d'humeur moyenne. Lorsque la morosité l'emporte, je ne peux pas l'approcher. Je dépose un baiser, puis un autre, sur ses lèvres qui sont devenues sèches et dures. Elles n'ont plus rien de sensuel ni de charnu. Son odeur a changé aussi. Celle de sa peau, de ses cheveux… Petit à petit, les odeurs du centre de rééducation s'imprègnent en lui, le font devenir autre.

« Tu vas déjeuner ?

— Oui, je reviens vite. »

Je suis toujours heureuse de prendre mon sandwich à la cafétéria, hors de sa chambre. C'est ma respiration. Je reconstitue mon masque, je me prépare à retourner au combat. Je fais durer cette trêve avant la bataille suivante. Quand je suis ici, j'ai parfois envie de le fuir. Quand je me trouve à l'appartement, je rêve d'être à ses côtés. Je ne suis jamais pleinement heureuse. Ni ici ni là-bas.

François

Elle fuit. Elle croit que je ne m'en aperçois pas. Ma présence lui pèse. Pourquoi elle ne se tire pas ? Je lui ai tendu suffisamment de perches. Je la déteste de venir ici contempler les dégâts et de se barrer avec soulagement. Je préférerais qu'elle arrête de venir. Tout simplement.

Pendant tout le temps où elle disparaît, je garde l'œil rivé à l'écran de mon téléphone portable. Vingt-six minutes pour avaler un foutu sandwich. C'est irrationnel, totalement stupide, mais la colère enfle. Chaque minute, c'est pire. J'ai beau tenter de me raisonner : *Ne recommence pas le coup de la télécommande*, c'est plus fort que moi. Mon immobilisation fait grandir ma haine dans des proportions inimaginables. Avant je n'aurais jamais imaginé pouvoir ressentir autant de rage. Maintenant je sais. On peut se faire dépasser par ses émotions, en devenir esclave.

Elle revient avec son sourire de façade. Quarante-quatre minutes… Quarante-quatre minutes se sont écoulées et je ne me contrôle plus, je dis n'importe quoi, je me répugne. Je persiste pourtant : « Tu as repéré un mec ou deux encore capables de bander ? »

Je ne regarde pas ses yeux quand je profère des horreurs pareilles car je sais que je vais y voir perler des larmes. Elle les retiendra autant qu'elle peut, restera digne, mais la haine de moi-même n'en sera que plus grande.

« À moins que tu n'en aies profité pour t'apitoyer sur ton sort au téléphone auprès d'Antoine ? Tu crois que j'ignore que tu chiales sur son épaule ? Tu veux savoir les messages qu'il me laisse sans relâche ? Il paraît qu'il faut que je t'épargne. Tu veux te tirer avec lui, c'est ça ? »

Elle s'approche de la table de chevet. Elle rabat l'écran de son ordinateur. Elle le glisse dans sa pochette. Le zip de la fermeture Éclair paraît incongru au milieu des horreurs que je profère. Puis elle remet son manteau. Elle part. C'est la première fois qu'elle part.

Elle quitte la chambre sans un mot, sans un regard. Elle a raison. Je n'en mérite aucun. Mais je n'ai plus qu'elle. Elle est la seule personne que je supporte encore. Et j'ai l'impression de crever sur place.

Éléonore

Il s'excusera par message. Je reviendrai. Évidemment. Parce qu'il y a ce billet pour *Douze hommes en colère* dans ma boîte à souvenirs, et le dessous-de-verre du Melchior, le flyer et l'affiche de *Dom Juan*, puis des dizaines d'autres trésors. C'est pour lui que je reviens. Pour le François de ma mémoire.

18

François

« Ça ira mieux quand tu auras retrouvé la position assise. »

Elsa m'avait affirmé cela. Ryan aussi, ainsi que les aides-soignantes et même le chef de service. *Un pas en avant dans le processus de guérison.* Je m'y suis raccroché ces derniers temps. Chaque fois que je flanchais, je me répétais que tout irait mieux quand j'aurais retrouvé une posture digne, une posture d'être humain et non plus celle d'un mollusque voué à contempler le plafonnier. Avec la position verticale, le reste viendrait : retrouver la mobilité de mon buste, pouvoir attraper des objets, enfiler un tee-shirt moi-même, ouvrir la fenêtre et fumer sans l'aide de personne.

Alors je ne jubile pas, non, quand la tentative de verticalisation se termine et qu'on m'annonce : « Vous avez réussi. » Je ne jubile pas mais je sens un poids quitter ma poitrine. Elsa me sourit.

« Bien joué, François. »

Étrangement, à cet instant, la pensée qui me vient est pour Isabelle, et teintée d'une joie féroce :

Tu vois, je te l'avais bien dit. Je ne suis pas aussi perdu que tu l'avais prédit. Le kiné sort de la pièce. Autour du lit, tout le monde me sourit, me congratule. Je réussis à esquisser un rictus. Trente-quatre jours d'alitement, putain. Un cauchemar qui prend fin. Et maintenant ? Quelles seront les prochaines étapes ? Qui vais-je faire mentir ? Le chef de service ? Ça me ferait plaisir. Quelque chose palpite en moi mais s'interrompt bien vite car le kiné revient avec le fauteuil. À sa vue, je sens quelque chose se coincer dans ma gorge.

« Voilà votre nouvel allié. »

Il le pose devant moi et je tique. C'est bête. Je ne sais pas ce que j'avais imaginé mais je n'avais pas envisagé qu'on me collerait là-dedans. J'ai bêtement pensé qu'on me remettrait dans mon lit. Le lit, c'est mieux. Le lit, c'est neutre. Tout le monde a un lit. Le fauteuil, c'est pour les handicapés. Les légumes. Les bons à rien.

« Vous êtes prêt ?

— Quoi ?

— On va vous installer. »

Ils se placent à quatre autour de moi pour me dessangler. Puis ils me soulèvent. Ils font ça bien, de façon coordonnée en soufflant fort.

« Un, deux, trois, on le lève. Doucement. »

La haine revient. Un brusque retour de flamme. Elle ne prévient jamais mais elle est toujours là, dans l'ombre, prête à surgir au galop. Cette image de moi porté comme un poids mort, je sais qu'elle restera, qu'elle me fera horreur et demeurera imprimée jusqu'à mon dernier souffle. Un savant mélange de honte, de dégoût et de fureur. *Si l'un d'eux me lâche, je m'éclate comme une merde au sol. Désarticulé. Une limace. Je n'aurai plus qu'à supplier pour qu'on me ramasse. Un étron.*

Je ne sais pas pourquoi je ressens autant de violence envers moi-même mais c'est plus fort que moi. Alors que je m'embrase de l'intérieur, on me dépose délicatement dans le fauteuil et une autre sensation fait son apparition. Une sensation des plus désagréables que je ne parviens d'abord pas à comprendre. Une gêne. Une étrangeté. Puis une pensée me traverse avec une violence perfide : *Je suis assis sur mon buste.* Ça n'a aucun sens et pourtant la pensée s'impose. *Je suis assis sur mon buste. Je n'ai plus de bassin, plus de fesses.* Et d'autres pensées plus absurdes encore : *Je suis un homme-tronc.* Mes cuisses sont là pourtant, sous la blouse d'hôpital, mes jambes aussi, engoncées dans des bas de contention. Ils sont en train de me sangler comme un rosbif mais tout est là, à sa place. Je peux le certifier.

« Ça va, François ? Vous êtes bien installé ainsi ? Vous voulez qu'on vous redresse un peu ? »

Je ne les entends pas. Tout s'affole à l'intérieur. Jusqu'alors, enfermé dans ma coque, immobilisé sur le dos, l'insensibilité du bas de mon corps était un fait théorique. Une information que j'avais intégrée intellectuellement sans jamais en prendre réellement conscience. Assis dans ce fauteuil, je la sens. Je la vis. Mon corps en fait l'expérience douloureuse. Le bas de mon corps n'existe plus. Il est mort. Il n'est qu'un tas d'os et de peau inanimé. Absent.

« François, tout va bien ? »

J'ai posé mes deux paumes sur mes cuisses sans m'en apercevoir. Je palpe ces jambes qui ne sont plus, qui ne seront plus jamais. Elles sont là, sous mes doigts. Elles existent. Pourtant elles n'existent plus pour mon cerveau. Il les a rayées. Bon sang, comment intégrer une réalité pareille ?

Elsa reste en retrait, les bras croisés. Elle m'observe avec une mine douloureuse, comme si elle savait ce que je traverse en ce moment même. Les autres n'en ont aucune idée. Ils s'activent, règlent le dossier du fauteuil, resserrent les sangles. Je suis hagard, sans réaction. Pourtant, le pire reste à venir. Le pire, c'est ce miroir dans un coin de la pièce. Ce reflet que je croise. Qui me glace. Terrible vision. Je ne me suis pas vu depuis trente-quatre jours. La dernière fois que j'ai contemplé ma silhouette, c'était le matin de l'accident. Léo et moi nous apprêtions à fumer à sa fenêtre. J'avais contemplé nos reflets dans la vitre. Elle avait coincé ses cheveux dans une pince, maladroitement. Un chignon bancal, imparfait. Elle était belle, avec son tee-shirt trop grand qui dévoilait une épaule et ses yeux gonflés de sommeil. J'étais à côté d'elle. J'avais des petits yeux mais j'avais ma gueule habituelle : celle qui me donnait droit aux rôles de bellâtre au théâtre. Mes cheveux repoussés en arrière, ma barbe de trois jours, mes soixante-dix kilos bien répartis, ma tête à claques habituelle. Surtout, j'étais debout. Ce mec dans le reflet du miroir n'a plus rien de moi. Il pèse à peine soixante kilos. Il a le visage creusé, les pommettes saillantes et le teint grisâtre. Les lèvres sèches et craquelées. Les cheveux trop longs, sans éclat ni volume. Ce mec, il est cloué dans un fauteuil, dans une blouse blanche d'hôpital. Ses jambes ont fondu. Ce sont des piquets maigres et laids. Ceux d'un vieillard. Ce mec, il a pris dix ans. Il n'a plus sa gueule de beau gosse. C'est un handicapé, un vrai.

Ça ira mieux quand tu auras retrouvé la position assise.

Ils se sont tous trompés. En me redressant, j'ai découvert mon reflet. Je préférais le déni que m'offraient le plafonnier et la télévision.

Éléonore

Il fait nuit quand je sors de la supérette. L'air est humide. Il a plu toute une partie de l'après-midi. Je n'ai aucune envie de rentrer. Je sais déjà que l'appartement sera saturé d'odeurs de tabac froid et d'effluves de tristesse. Noël approche et mon moral est en chute libre. Rien ne peut éclairer mes journées, qui se suivent et se ressemblent. La lettre de motivation écrite avec François est restée à l'état de projet sur mon ordinateur. Je n'ai jamais trouvé le courage de l'envoyer. Les visites à Garches sont maintenant accompagnées de violents maux de ventre qui m'assaillent dès le réveil. Je redoute ses réactions, les anticipe, j'en cauchemarde la nuit. Depuis qu'ils l'ont mis assis, il est plus hargneux que jamais. Il refuse d'utiliser son fauteuil roulant. Il ne quitte donc jamais son lit ni sa chambre. À peine sur le seuil de la porte, je peux déjà surprendre son regard plein de haine, prêt à m'assassiner.

« Si c'est pour arriver à midi, ce n'est pas la peine de venir me voir. »

J'encaisse plus ou moins bien selon les jours. Mercredi, je n'ai pas réussi. *Je ne pourrai pas tenir comme ça encore longtemps.* Les mots sont sortis sans que je puisse les contrôler. J'ai vu à quel point je le blessais mais ça ne m'a pas fait mal. Pas aussi mal que je l'aurais pensé. Je suis à bout, trop épuisée pour compatir pleinement.

Elsa, la seule infirmière pour laquelle François ait un minimum d'affection, m'a interceptée alors que je partais.

« Il faut à tout prix le convaincre d'aller parler avec le psychiatre du centre. Il s'enfonce. »

Quand elle a vu mes épaules s'affaisser, elle a compris.

« Vous pourriez en avoir besoin aussi. Vous savez qu'il peut vous recevoir…

— Je verrai. »

Après. Après les fêtes. Plus tard. L'année prochaine. Je fuis comme je peux.

Je traverse la rue Manin. C'est la première fois que je franchis ces grilles, que je m'offre une promenade dans le parc des Buttes-Chaumont. Je rejoins le décor que j'observe chaque jour. Je me fonds dans le groupe des marcheurs, des rêveurs, de ceux qui tentent de trouver une échappatoire à leur vie dans cette déambulation verte. Je rappelle mes parents, qui m'ont laissé un message vocal. Je préfère leur parler en marchant, je me sens moins cernée, moins empêtrée dans mes tissus de mensonges.

« Éléonore, ça va ?

— Ça va.

— Tu rentres du travail ?

— Oui.

— Alors ça te plaît ? On te forme ?

— Oui. C'est conforme à ce que j'attendais, à… à ce qu'on nous avait expliqué à l'université. »

Je m'invente une vie pour eux. Je leur dessine un poste d'administratrice décroché brillamment. Comment leur dire que tous leurs espoirs seront déçus ? Que je mène une existence triste à pleurer ? Que je fume plus que de raison, même la nuit dans mon lit ? Que cet homme que j'aime, pour qui je sacrifie tout le reste, est odieux avec moi ?

« Tu as pu poser ton vendredi 24 décembre ?

— C'est compliqué…

— On a besoin de toi au théâtre un 24 décembre ? Vraiment ?

— Je prends juste le poste, alors il y a tellement à apprendre, tellement de retard à rattraper… J'essaierai de venir dès la fin de mon travail, à vingt heures.

— Tu finis à vingt heures le soir du réveillon de Noël ? Prends garde à ne pas les laisser te marcher sur les pieds. Tu es jeune, inexpérimentée, ils en profitent forcément…

— Ça va, maman.

— Je dis ça pour toi…

— Je prendrai le premier train que je pourrai. Je serai à la maison pour le dessert. Vous n'aurez qu'à commencer le dîner sans moi.

— Pas question. On t'attendra.

— Alors racontez ! Vous avez décoré la maison ? »

Je les laisse parler sans vraiment les écouter. Je songe aux efforts que je vais devoir déployer une fois chez eux pour ne rien laisser paraître. J'en suis déjà épuisée.

J'ai écourté la conversation avec mes parents comme j'ai pu. Je décide de rentrer, j'ai les cheveux trempés par la fine pluie qui tombe. Je pousse la lourde porte d'entrée de l'immeuble et grimpe les marches avec lourdeur. Arrivée au cinquième étage, je marque un temps d'arrêt. Une femme est assise sur la volée de marches juste devant la porte d'entrée. Elle se redresse en me voyant, passe une main nerveuse dans ses cheveux. Isabelle, encore.

« Bonsoir, dit-elle.

— Bonsoir. »

Je reste quelques secondes interdite, sans avoir la présence d'esprit de chercher mes clés.

« Je n'ai pas eu le temps de faire le transfert, je lance en voyant l'enveloppe dans sa main. Enfin… Disons que ça m'est sorti de la tête.

— Ce n'est pas pour ça que je suis là. »

Elle esquisse un sourire forcé. Nous restons plantées l'une en face de l'autre jusqu'à ce qu'elle me suggère : « Vous m'ouvrez ? »

Et que je m'exécute.

Encore une fois, j'ai honte de l'état de mon appartement, de l'odeur de tabac froid qui y règne. Je retire mon manteau et mes chaussures tandis qu'Isabelle fait mine de ne pas voir le décor.

« On pourrait s'asseoir quelques minutes ? »

Je marque un nouveau temps d'arrêt.

« Juste quelques minutes…

— Attendez, je débarrasse la table. »

Heureusement qu'elle reste en retrait. Sur la table du salon se trouvent étalées des photographies de François découpées dans la presse, des clichés qui lui appartiennent et que j'ai trouvés dans les cartons. Sur certains instantanés, Isabelle apparaît. J'ai déniché ça hier dans la nuit. Je n'arrivais pas à dormir. J'ai fait ça comme j'aurais pu ouvrir une bouteille de vin. J'ai jugé cela moins toxique. C'était idiot. Je fais tomber tout ça dans un carton qui traîne encore dans le salon puis je vide le cendrier, avant d'indiquer à Isabelle qu'elle peut s'installer. Quelle situation étrange… Je la regarde s'asseoir, retirer son élégant manteau.

« Vous voulez boire quelque chose ?

— Non. Ne poussons pas le vice jusque-là. »

La réplique est accompagnée d'un sourire sans âme. Isabelle me hait toujours. Elle fait bonne figure à cause de l'enveloppe et de ce qui s'y trouve. Un instant me vient à l'idée qu'elle veut peut-être me traîner en justice pour une raison ou une autre. Mais je comprends vite que je me trompe. Elle fait glisser le pli vers moi.

« François n'était pas fichu de gérer ses papiers, de payer les factures à temps ou de souscrire des assurances. Mais que voulez-vous, j'ai pris les choses en main. Je lui ai fait souscrire une prévoyance accidents de la vie. »

Elle m'observe comme si elle attendait une réaction de ma part. Mon regard égaré lui répond.

« Une prime de vingt-cinq mille euros est prévue en cas d'accident entraînant une invalidité permanente ou temporaire. »

Un nouveau regard appuyé, adulte, presque sévère, quand elle constate que je ne comprends toujours pas.

« C'est pour vous. De quoi vous permettre de vous retourner. Prenez-le. »

Elle pointe le papier de ses ongles vernis.

« Le numéro de souscripteur est à l'intérieur ainsi que le numéro de téléphone de l'agence et de son conseiller. Il vous faudra sûrement joindre au dossier des certificats médicaux mais je suis sûre que le centre de rééducation vous fournira tout ce que vous demanderez. »

Elle se lève avec brusquerie. J'ai l'impression de flotter dans le brouillard. J'ai du mal à prendre la mesure de tout cela.

« Merci », dis-je.

Un tic de contrariété traverse son visage. Elle ne le fait pas de gaieté de cœur mais elle le fait, et moi je ne sais que dire. La culpabilité réapparaît. Je n'ai jamais voulu lui nuire… J'ai juste pensé que je pourrais aimer son mari mieux qu'elle… Maintenant je n'en suis plus certaine. J'ai l'impression de tout faire de travers, de ne pas être capable de le comprendre ni de l'entourer correctement. Les talons d'Isabelle claquent quand elle se dirige vers l'entrée. Elle fait volte-face. Je n'ai pas bougé, je suis toujours à la table du salon.

« Comment il va ? Apparemment vous êtes la seule à pouvoir l'approcher… »

L'amertume donne à sa voix un accent de gravité. Je bafouille : « Je ne sais pas si c'est une chance… Je veux dire… Il est… en colère… très en colère. Il ne va pas très bien, et moi… Moi, je ne sais pas vraiment comment le prendre. »

Un bref éclat illumine ses yeux bleus. Légère jubilation. Je ne peux pas lui en vouloir.

« Il a commencé la rééducation ?

— Oui. Il a retrouvé la posture assise depuis une semaine maintenant. Son dos et ses côtes sont moins douloureux. Les fractures sont consolidées. C'est sa tête qui le fait souffrir. »

Isabelle acquiesce. Plus d'éclat dans son regard. Elle semble plus âgée tout à coup avec ses traits qui s'affaissent.

« Je doute qu'il soit heureux d'avoir de mes nouvelles mais vous pouvez le saluer de ma part. Dites-lui que j'ai contacté un avocat comme il m'a demandé de le faire. La procédure de divorce est en cours. S'il consent à me laisser entrer dans son centre de rééducation, je serais ravie de lui rendre une visite de courtoisie. »

Elle remonte son sac sur son épaule. Très digne, encore une fois.

« Vous penserez au transfert de courrier, ajoute-t-elle.

— Oui.

— Avec François pour compagnon, il vaut mieux que vous ayez les reins solides et un minimum d'organisation. Il ne vous facilitera pas la tâche, croyez-moi. »

Je déglutis. Elle conclut : « Bon courage. Bonne soirée. »

Je réponds dans un murmure : « Merci encore. »

Mais je ne suis pas certaine qu'elle m'ait entendue.

François

Je fais des efforts. Je ne sais pas si elle le remarque. Je contiens mes paroles, mon ton. Je la regarde sans l'assassiner. Je suis dans le contrôle total. J'ai la trouille qu'elle se tire. Ses paroles lancées l'autre jour m'ont hanté nuit et jour. *Je ne pourrai pas tenir comme ça encore longtemps.* Une claque. J'ai passé une nuit blanche. Au matin j'ai donné mon accord à Elsa pour aller voir l'autre charlatan de psy. Au moins pour montrer à Léo que je fais des efforts.

Elle a tellement l'habitude que je ne décroche pas un mot que maintenant, quand elle vient, elle apporte des papiers. Tout un tas de paperasse qu'elle remplit et trie, installée à ma table de chevet. Elle ne se maquille plus. Elle ne porte plus d'anneaux à ses oreilles. Elle a l'air épuisée. Je crois qu'ils la font travailler trop dur à la supérette, même si elle prétend qu'elle s'y plaît. Ils lui font faire les fermetures, les samedis et tous les dimanches matin. Mais que pourrais-je y faire ? Si j'étais encore un homme, je pourrais débarquer dans la boutique et leur montrer ma façon de penser. Mais je ne suis qu'un comédien à la carrière terminée, incontinent et paraplégique, qui a à peine la force d'enfiler un tee-shirt seul. Je ne peux plus rien faire pour protéger Léo. Je ne peux plus l'aimer correctement. Et cette seule pensée me donne envie d'éclater mon poing sur le mur.

« Tu fais quoi ? »

Elle semble surprise que je lui adresse la parole. En suis-je vraiment arrivé à ce point ? L'ai-je déjà abîmée ainsi ?

« Des papiers.

— Des papiers ?

— De l'administratif. Le suivi de ton courrier. Le dossier pour ta prévoyance. Tu sais, ce qu'Isabelle m'a déposé. »

Je me renfrogne en entendant le prénom de mon ex-femme. J'ai encore ses dernières paroles en travers de la gorge malgré le message que Léo m'a fait passer de sa part.

« Tu as besoin d'aide ? »

Cette fois, elle entrouvre carrément la bouche de surprise. C'est envers moi-même que je me sens en colère. D'avoir été si con.

« Non, ça va. Repose-toi.

— À vrai dire, j'en ai un peu marre de me reposer.

— Alors d'accord… Tu peux remplir le formulaire de transfert du courrier. »

Elle me tend une feuille, un calepin et un stylo. Je m'agrippe à la potence au-dessus de mon lit pour me redresser puis je m'applique. Je forme de belles lettres. Je n'oublie aucune case, aucune ligne. Je sens son regard qui se pose sur moi régulièrement.

« Ça va à la supérette ? je demande, l'air de rien.

— Je vais rentrer chez mes parents pour Noël, lâche-t-elle très vite, comme si elle redoutait ma réaction. Je ne pourrai pas être là le 25. Je viendrai le 27, mon jour de repos. »

Noël… Je suis bien loin de cette réalité. J'ai perdu la notion du temps qui passe. De ma chambre que je ne quitte jamais, je n'ai vu ni sapin ni guirlande. Je suis sûr qu'ils en ont pourtant rempli le centre.

« Je pense que tu ne seras pas seul ici. Je veux dire… ils vous prévoiront un repas de réveillon.

— Ne te tracasse pas. »

Je tends la main. J'ai envie de lui caresser la joue. Je la vois se raidir, prête à reculer. Cela ne dure qu'une fraction de seconde mais je capte la crainte dans ses yeux. Alors je laisse retomber ma main. Je me remets à remplir le formulaire, la gorge nouée. Je ne l'ai pas touchée depuis des jours. Pas même pour poser ma paume sur la sienne. Je n'ai fait que la repousser avec de plus en plus de hargne. Comment en sommes-nous arrivés là ?

« Ça a donné quoi, ta candidature ? je demande, pour briser le silence épais.

— Quelle candidature ?

— La lettre que je t'avais aidée à rédiger.

— Oh… Je n'ai pas été retenue. »

Elle ne semble pas vouloir s'appesantir sur le sujet. Et moi je ne sais plus qu'ajouter.

« Je vais aller voir le psy de l'hôpital », je déclare soudain.

Je contemple son visage qui n'exprime pas grand-chose d'autre que de la fatigue. Est-il déjà trop tard ?

Éléonore

Je boucle un sac de voyage à la va-vite. Je sais que Hamza ne me fera pas de cadeau ce soir, que je ne terminerai pas avant vingt heures quinze, le temps de l'aider à compter la caisse et de baisser le rideau. Il me faudra passer en coup de vent récupérer mon bagage et filer à la gare.

J'ai l'esprit à mille endroits et nulle part à la fois, ni aux préparatifs de Noël, ni à mon travail, pas plus qu'au centre de rééducation quand je m'y rends. Je fonctionne comme un automate. Il m'a semblé que François était différent lors de ma dernière visite. Plus doux. Plus attentionné. Pourtant je n'ai pas réussi à lui rendre la pareille. Je me suis blindée, prête à parer le prochain coup. Je ne devrais pas. Il n'est qu'un homme brisé qui vient de voir sa vie et sa carrière voler en éclats. J'aurais dû caresser ses cheveux et me blottir contre lui. Mais j'ai peur qu'ensuite il soit encore plus difficile d'encaisser ses paroles acerbes. Alors je reste sur le qui-vive, à bonne distance. J'en suis aussi dépitée que lui.

François

« Tu pars ? »

Ryan se retourne, surpris d'entendre le son de ma voix. J'ai été silencieux ces derniers temps. J'ai ignoré chacune de ses questions. Je l'ai rembarré à de multiples reprises. J'ai été agacé par ses mastications, ses ronflements et sa présence en général. Ça ne m'empêche pas de sentir une boule dans ma gorge en le voyant empaqueter des vêtements dans un sac de voyage.

« Je pars en permission, mec. C'est Noël. »

Je ne sais pas comment fait Ryan. Il ne m'en veut jamais d'être le roi des connards.

« En permission ?

— T'en auras plus tard. Quand tu seras plus autonome. Tu pourras rentrer chez toi le temps d'un week-end.

— Tu rentres chez toi alors ? »

Une ombre passe sur son visage.

« Chez moi, c'est un bien grand mot. J'ai plus de chez-moi, tu sais. Ma nana…

— Ouais, je sais.

— Je vais chez mes parents. Marlon passera le 25 avec nous. »

Il a les yeux qui brillent. Je déglutis. J'ai la gorge sèche.

« Ça va être cool, dis-je.

— Ouais, un peu que ça va être cool ! »

Il recommence à s'affairer. Il ne s'occupe déjà plus de moi. J'allume la télévision pour chasser la tristesse qui s'abat soudain sur moi. Je monte le son au maximum. Je ne veux plus entendre son empressement à faire un sac pour se tirer.

19

Éléonore

Le TGV s'ébranle doucement, quitte la gare de Lyon. Je l'ai eu de justesse, je prends enfin le temps de souffler après la course effrénée dans le métro. Je me cale au fond de mon siège, sors mon téléphone de ma poche. J'ai reçu un SMS de François il y a moins d'une heure.

Passe un joyeux Noël.
Merci pour tout Mini…

Je bute sur le *Merci pour tout*. Pas le genre de François.

Merci pour quoi ?

En attendant sa réponse, j'observe le wagon. Nous ne sommes pas nombreux à cette heure-là. La plupart des gens sont déjà à leur réveillon de Noël. Dans une heure j'y serai aussi. Obligée de sourire, de mentir. J'ai roulé en boule ma polaire aux couleurs du Coccimarket tout au fond de mon sac à main. J'ai cherché le nom d'un théâtre parisien qui fera office d'employeur. J'ai mémorisé quelques informations, histoire de paraître crédible. Pour le reste j'improviserai. J'étouffe un bâillement au moment où la réponse de François arrive.

D'être là.

Je souris malgré moi. Je songe : *Je te déteste beaucoup trop souvent en ce moment, François Louvier, mais je t'aime malgré tout.* J'ai envie de l'appeler juste quelques minutes afin d'entendre sa voix, mais mon téléphone clignote faiblement avant de s'éteindre. Plus de batterie. La fatigue m'étreint. Je pose ma tête contre la vitre fraîche et je me laisse ballotter avant de sombrer.

Mon père m'attend sur le quai de la gare. Anorak rouge, sourcils encore parsemés de farine. Il me pose une bise sur chaque joue et me lance sa question habituelle : « Ça a bien roulé ?

— Oui. Pas trop de bouchons. »

Il sourit. C'est sa question rituelle entre nous.

« Allez, viens vite, j'ai laissé tourner la voiture. »

Il fait chaud à l'intérieur. Beaucoup trop. Nous ne disons pas grand-chose pendant le trajet. Mon père et moi n'avons jamais été très bavards. Et puis il veut garder des sujets de discussion pour le repas. Alors je regarde les villages et leurs vieilles pierres défiler, l'obscurité qui engloutit tout puis, de temps en temps, les lumières d'une maisonnette. Une veillée de Noël, un sapin illuminé, une ombre à travers une fenêtre. Et toi, François, que fais-tu ?

« Mémé Madeleine est contente de te revoir », dit mon père.

Dans l'entrée, je suis accueillie par une délicieuse odeur de volaille en train de caraméliser au four et une douce chaleur. Mon père dépose mon sac de voyage dans l'entrée. Ma mère m'accueille avec une paire de charentaises.

« Mets ça aux pieds. Comment ça va ? »

Je suis enveloppée par ses bras, guidée dans la salle à manger. Mémé Madeleine est là, sur son trente et un. Cheveux permanentés, chandail à paillettes et rouge à lèvres.

« Coucou ma caille. »

Elle m'embrasse, laisse des traces de rouge carmin sur mes joues. Un feu a été allumé. Une bûche crépite doucement. Le sapin clignote. Je sais que mes parents l'ont installé spécialement à mon intention. Les coupes de champagne sont remplies. Les bulles remontent à la surface joyeusement.

« On t'attendait pour démarrer.

— Vous n'auriez pas dû.

— Allez, assieds-toi. »

J'ai oublié mon téléphone déchargé dans la poche de mon manteau, laissé François de côté pour quelques heures. Ce soir, malgré l'épuisement, je me sens bien. Entourée. Je ne sais plus pourquoi j'ai tant redouté de rentrer chez moi. Alors que les bulles de champagne éclatent contre mon palais, je réalise que c'est exactement ce dont j'avais besoin tout ce temps : fuir ma solitude parisienne. Revenir au bercail. Me faire chouchouter à mon tour pour quelques heures.

« Comment va ma caille ? » demande ma grand-mère.

Ils sont heureux de m'avoir auprès d'eux, radieux. Je me promets de leur dire la vérité, bientôt. Pas ce soir. Ce soir nous trinquons, nous parlons de Paris, de la tour Eiffel, de l'avenue des Champs-Élysées et de la chance que j'ai de vivre là-bas. Nous prenons des nouvelles du club de tricot de mémé, de la boulangerie de papa, des démarches de maman pour recruter une vendeuse. Nous parlons de la neige qui ne va pas tarder à tomber et de la vie du bourg. Ce n'est pas un soir pour évoquer l'hôpital, la rééducation, les rentes d'invalidité et la tristesse. Décidément, non.

Nous entamons le dessert. Les bouteilles vides traînent sur la table. Je me sens ivre, légèrement somnolente. Personne ne m'a trop embêtée avec mon travail. Mémé me demande plutôt : « Et les amours ? » et ma mère détourne les yeux. Ce colocataire qui n'emménage toujours pas avec moi, ça lui semble louche. Elle préfère ne pas s'en mêler. Mon père coupe la bûche pour ne pas se montrer intrusif. Je ne sais pas trop ce qui me prend, je m'entends répondre : « Il s'appelle François. »

Le feu s'est éteint dans la cheminée mais la chaleur reste douce. Madeleine s'esclaffe : « J'en étais sûre ! Un joli cœur comme toi ! Raconte-nous ! »

Je raconte comme elle le souhaite ; des demi-vérités, des choses qui la font sourire : ses longs cheveux, le théâtre, *Dom Juan*, le briquet et ses yeux vert-de-gris.

Avant de me coucher dans ma chambre d'enfant, au-dessous de mon étagère remplie de Club des cinq et de peluches fatiguées, je mets mon téléphone en charge. Je tape un rapide SMS à François : *Tu me manques. Tu étais un peu avec nous à table ;)*

Je m'endors le sourire aux lèvres. Madeleine aussi dort ici cette nuit. Demain, nous recommencerons : le repas, les discussions, le feu dans la cheminée, une promenade dans la campagne peut-être. Après cette parenthèse, je serai prête à retrouver ma réalité.

François

J'étais un peu avec elle ce soir. Les mots se brouillent sur mon écran. J'aimerais lui répondre mais j'ai tellement sommeil…

Éléonore

J'entends le bruit des bols qu'on dépose sur la table de la cuisine, le doux ronron de la cafetière et l'écho des conversations. Mon père porte sans doute encore sa tenue de boulanger. La première fournée de pain et de brioches est faite. Il s'octroie une pause avant d'y retourner. Ma mère doit déjà être en boutique, accueillant les clients avec son sourire fatigué des lendemains de fête. Ma grand-mère est probablement assise devant un bol de café, aussi élégante que la veille malgré l'heure matinale. Un chandail rose bonbon. Du fard sur les joues. Je souris depuis le fond de mon lit. Cela fait des semaines que je ne me suis pas sentie si bien. Je n'ai pas envie de me lever, pas tout de suite. Je préfère les imaginer dans la cuisine préparant la table du petit déjeuner, guettant mon arrivée.

La dernière fois que je me suis sentie si sereine, c'était quand François était encore dehors, avec ses jambes et sa bonne humeur. Nous traînions toujours au lit les week-ends, nous emplissant de la chaleur l'un de l'autre. Quand il sortira, il faudra que nous reprenions ce rituel.

J'entends la pendule qui sonne neuf heures dans le salon. Je tends le bras pour atteindre mon téléphone portable, toujours branché. Je l'allume en étouffant un bâillement, m'étire. Sur l'écran, sur la photographie de François et moi, la notification d'un message vocal apparaît. Le message provient d'un 01 que je ne connais pas. Je pense immédiatement au centre de rééducation. François ? Un souci ? Pourquoi me joindraient-ils le matin de Noël ? Je sens mon estomac se contracter. Mes doigts composent le numéro du répondeur et je me redresse dans le lit. La sensation de bien-être a déjà disparu, remplacée par l'inquiétude. La voix métallique m'annonce que le message date de ce matin à sept heures deux. C'est la voix d'Elsa que je découvre. Le ton se veut léger, rassurant, mais ça ne me trompe pas. Je perçois le bouleversement dans sa voix, les tremblements.

« Bonjour, Éléonore, je suis navrée de vous déranger en ce matin de Noël. Je… Il est inutile de vous inquiéter outre mesure… Il y a eu un souci avec François cette nuit mais… tout est rentré dans l'ordre. Il a été pris en charge dans l'unité de soins intensifs. Je souhaitais juste vous prévenir. Il… »

Un silence. J'entends les battements de mon cœur, affolée.

« Il aurait mélangé ses antidouleurs à des anxiolytiques et quelques somnifères. Sachez qu'il est entre de bonnes mains. Il a perdu connaissance mais son état n'est pas inquiétant. Il sera remis dans quelques jours. »

Nouveau silence. J'ai cessé de respirer.

« N'hésitez pas à me rappeler dans la journée si vous voulez de ses nouvelles. Je suis là jusqu'à seize heures. Je vous laisse le numéro de ma ligne directe. »

Elle récite une série de chiffres, conclut en me souhaitant malgré tout un joyeux Noël. Un déclic. La voix métallique m'indique que je n'ai pas d'autre message vocal. Je fixe les murs de ma chambre couverts de posters. Les mots se forment douloureusement dans mon esprit : *Cette nuit, François a voulu mourir.*

Oui, cette nuit, pendant que je reprenais enfin mon souffle, François a essayé d'en finir. Je n'aurais pas dû me relâcher, m'offrir cette parenthèse, m'autoriser à respirer loin de lui. J'aurais dû comprendre qu'il avait plus que jamais besoin de moi. Tout est ma faute. Ce *Merci pour tout* aurait dû me mettre la puce à l'oreille. J'ai abandonné François deux jours et il a décidé de mourir.

20

François

« À quoi tu pensais, hein ? »

« La dépression consécutive à l'accident est normale. »

« Tu ne peux pas faire une chose pareille ! »

« Évidemment qu'il y a un avant et un après. C'est une mort symbolique… Vous devez apprivoiser cette nouvelle image de vous. »

« François, c'est Isabelle… J'essaie encore de te joindre… Écoute, Éléonore m'a expliqué ce que tu avais fait. Rappelle-moi si tu en as envie. »

« Il faut que tu me promettes que tu ne recommenceras pas. On peut faire un pacte. Je m'engagerai à faire ce que tu voudras et toi, en échange, tu ne devras plus jamais y penser. »

« Mec, j'ai rien à te dire. Je sais pourquoi tu l'as fait. Je persiste : c'est une mauvaise idée. »

« C'est Antoine… Voilà, je pense à toi. C'est tout. »

« C'est une nouvelle naissance qui s'opère, mais vous n'êtes pas obligé d'abandonner tout ce qui faisait votre personnalité. Pourquoi dites-vous que le théâtre n'est plus fait pour vous ? »

« C'est à cause de moi ? »

Les larmes au bord de ses cils. Les larmes de Léo.

C'est la seule chose que je retiens au milieu de ce brouillard. Les antidépresseurs étouffent tout pour le moment. Ensuite, on verra… Je ne veux plus qu'elle se sente coupable. C'est tout ce qui importe.

Éléonore

Antoine savait que je ne viendrais pas, que j'annulerais au dernier moment. C'est pourquoi il s'est imposé chez moi à quelques heures de sa grande soirée du Nouvel An. Il s'est installé dans le salon avec un verre de vin pendant que je terminais de me préparer.

« Tu ne joues pas le jeu. Le dress code c'est rouge et noir. Pas juste noir.

— Je n'ai pas de rouge.

— Même pas un foulard ? Des boucles d'oreilles ? Allez, au moins une barrette.

— Non, rien. »

Je ne suis pas d'humeur. Il le sait. Il ne l'est pas vraiment non plus. On fait tous semblant. Le reste de la bande a été ébranlé par la nouvelle de la « bêtise » de François. C'est comme ça qu'on l'appelle. On n'a pas le cœur de la nommer pour ce qu'elle est. Je ne sais pas vraiment ce qui m'a pris, mais ce jour-là, depuis la maison familiale, c'est Isabelle que j'ai appelée en premier. J'étais en larmes, je n'arrivais pas à respirer et elle ne comprenait pas un traître mot de ce que je racontais. Quand l'information lui est parvenue, elle n'a pas perdu les pédales, comme moi. Elle a gardé un calme olympien. C'est elle qui a prévenu Antoine et les autres. Elle s'est sans doute effondrée après, dans l'intimité de son appartement.

Je ne sais pas pourquoi c'est elle que j'ai appelée. Je me sentais dépassée. Ce geste de François marquait mon échec. J'ai pensé qu'elle parviendrait mieux que moi à le ramener à la vie, mais elle a échoué à son tour. Il ne veut toujours voir que moi. Moi, Elsa et Ryan. Personne d'autre ne peut l'approcher. Tout juste s'il tolère son psychiatre.

Antoine fouille sans vergogne dans le meuble de ma salle de bains. Il en sort un tube de vernis à ongles.

« Voilà, ça fera l'affaire.

— On n'a pas le temps pour ça. Il est déjà dix-neuf heures.

— Tu sais bien qu'ils seront tous en retard. »

Et si François avait été là, il serait encore sous la douche, en train de chantonner.

« Tu sais, je suis fatiguée. Je crois que ça serait mieux que je reste là.

— Ils seront contents de te voir. »

Je connais la suite : *Ils s'inquiètent pour toi. Ils seront heureux d'avoir des nouvelles de François.* Camille ne sera pas là, elle est dans sa famille. Je serai seule au milieu des amis de François. Je serai seule, peu importe avec qui je me trouve. J'applique du mascara sur mes cils. Derrière moi, dans le reflet du miroir, je perçois un regard étrange d'Antoine posé sur moi.

« Quoi ? »

Il détourne les yeux.

« Rien… Enfin… »

Il fixe un point quelque part au niveau de mes hanches.

« Je sais que je ne suis pas le seul dans la bande à… Comment dire… revoir mon opinion sur toi. »

Je m'interromps, le pinceau à quelques centimètres de mes cils.

« On ne pensait pas que… tu saurais si bien faire face. »

Il se mordille la peau de l'ongle. Je déglutis. J'ai un goût amer dans la bouche.

« Vous ne pensiez pas que je resterais ?

— Non, c'est pas ça.

— Peu importe. »

Je range mon maquillage un peu brusquement. J'ai envie de pleurer. Encore.

« Allez, viens, je vais t'aider à mettre ton vernis, lance Antoine. Ça ira plus vite, d'accord ? »

Il tend une main vers mon visage, essuie une larme qui a réussi à s'échapper.

« Pas de ça ce soir, d'accord ? Ce soir tu te détends et tu te changes les idées. »

Je suis troublée, pas par ses mots mais par la tendresse de son geste. Ça fait bien longtemps que François ne m'a plus touchée ou même frôlée. Ce doigt sur ma joue… J'en pleurerais.

C'est drôle ce sentiment d'être devenue schizophrène depuis l'accident de François. Je suis sans cesse partagée entre des sentiments contradictoires, jamais pleinement bien à aucun endroit. Ce soir, dans l'appartement d'Antoine en plein Montmartre, entourée de toute la bande, une part de moi se sent apaisée tandis que l'autre rêve de quitter les lieux. Ils sont tous là, la troupe au complet. Antoine a raison : leur regard sur moi a changé. Si je n'ai jamais considéré aucun d'eux comme un ami, c'est à cause de la perception qu'ils avaient de moi : la jeune arriviste, la fille facile, la briseuse de ménage. Aujourd'hui, parce que j'endure les souffrances de François à ses côtés, j'ai gagné le droit à un peu d'estime. Et ces marques d'affection me font du bien : les sourires, les mains sur l'épaule, la sollicitude, la douceur. Personne ne me brusque. Pourtant tout le monde attend des nouvelles de François avec impatience. Coco confie qu'elle l'a appelé plus de vingt fois, sans succès. Yvan a envoyé une carte de bon rétablissement. Bertrand et Sofiane ont appelé à l'accueil à plusieurs reprises. Nanou se contente de mails. Elle ne veut pas être trop intrusive. Antoine ne dit rien mais je sais qu'il est le plus assidu, le plus acharné de tous.

Pourquoi ne répond-il à personne ? C'est la question qui les ronge.

« Il déprime ? »

Le mot est faible. Je ne trouve pas les bons pour leur répondre. Tout me paraît si approximatif, si réducteur.

« Il refuse ce qu'il est devenu. Le fauteuil roulant, la perte de poids. Il ne veut pas qu'on le voie comme ça, diminué. Personne. »

Je tais le reste : ses colères, son agressivité, la crainte qu'il m'inspire parfois. Les petits-fours défilent ainsi que les coupes de champagne. Je n'ai envie de parler que de lui, et je suis servie. Les discussions évoluent, les groupes se font et se défont, mais il y a toujours quelqu'un pour me rejoindre, pour évoquer François, une anecdote amusante, un souvenir. Une pièce de théâtre ratée, une soirée trop arrosée ou une colère démesurée. Ils me dressent une galerie de tous les François qu'il a été, parviennent à m'arracher un sourire.

« Comment tu vas, toi ? »

L'ivresse me prend, me rend trop émotive.

« Si on peut faire quelque chose… »

Je remercie, ravale mes larmes. Je file aux toilettes pour respirer un grand coup.

« Ça va ? »

Antoine ne me lâche pas du regard.

« Tu me dis quand tu veux que je te raccompagne. »

Après les douze coups de minuit et une nouvelle bouteille de champagne, je décide de rentrer. Je me sens légère, étrangement apaisée. Je veux aller me coucher sur cette impression, ne pas laisser l'ivresse retomber et l'amertume m'envahir. M'éclipser tant qu'il est temps…

Antoine m'accompagne en bas de son immeuble. On se grille une cigarette en silence, en attendant mon taxi. Je cherche quelque chose à lui dire pour le remercier de sa présence. Finalement je me contente de le serrer contre moi au moment de lui faire la bise. Un peu trop fort. Je crois qu'il comprend.

« Rentre bien. »

Je regarde sa silhouette disparaître tandis que le taxi m'emporte dans les rues de Montmartre. Dehors, on fait encore la fête, on chante, on rit, on fume, une coupe à la main. J'attrape chacune de ces images. Je ferme les yeux. Je veux m'endormir sereine ce soir.

21

François

« Qu'est-ce que tu as fait à tes cheveux ? »

Elle est choquée. Effarée. Déçue. Tout cela à la fois. Elle n'ose plus faire un pas. Elle reste sur le seuil de la chambre, la bouche entrouverte.

« Salut », lui lance Ryan dans une vaine tentative pour détendre l'atmosphère.

Elle fronce les sourcils, ne parvient même pas à lui répondre.

« Tu n'aimes pas le style militaire ? poursuit-il. Moi je trouve que ça lui donne un peu de virilité. Il fait moins gonzesse. »

Je ne sais pas pourquoi Ryan s'acharne. Il n'obtiendra rien de Léo tant qu'elle sera dans cet état. La voir ainsi me ferait presque regretter d'avoir tout coupé. J'ai demandé à Elsa de le faire le premier janvier. Pour marquer la nouvelle année. Ryan l'a assistée. Il manie mieux le sabot qu'elle. Elle a ramassé les mèches et me les a confiées dans un sachet en plastique. Que voulait-elle que j'en fasse ? Après cela, elle a épousseté mes épaules et mon cou avec une brosse. J'ai fermé les yeux sous les caresses. J'aurais eu envie de plus, qu'elle me prenne dans ses bras. Elle ou quelqu'un d'autre. Mais mon corps n'est plus qu'un objet à soigner, à réparer, à refaire fonctionner. Rien d'autre.

Ma tignasse a disparu, donc. Ne restent plus que trois millimètres de cheveux bruns, drus. Dans la chambre, Léo s'approche enfin.

« Pourquoi t'as fait ça ? » demande-t-elle.

Mes bonnes résolutions s'effritent déjà face à son regard. *Ne plus laisser la colère gagner.* C'est raté. Léo a tout foutu en l'air. Je réponds avec aigreur : « François Louvier est mort. »

Elle secoue la tête. Ses yeux brillent. Bon sang, elle ne va quand même pas pleurer parce que j'ai coupé mes foutus cheveux ?

« Je suis laid ? Je suis laid en plus d'être incontinent, paraplégique et impuissant ?

— Arrête, c'est juste…

— C'est juste quoi ?

— Sans tes cheveux…

— Eh bien ? »

Je la presse, elle se tasse.

« Sans tes cheveux, ce n'est plus vraiment toi.

— Ah ouais ? Eh bien figure-toi que sans mes jambes, sans ma queue, ce n'est plus vraiment moi non plus. Mauvaise nouvelle, trésor ! Il ne reste qu'une pâle copie de moi ! »

Plus un mouvement du côté de Ryan. S'il pouvait, il quitterait la chambre en fauteuil, mais il est bloqué au lit, le corps saisi de spasticité. Des contractions réflexes et violentes des muscles de ses jambes. Une conséquence directe de sa lésion à la moelle. Alors il reste allongé, le regard fixé au plafond. Léo tente de faire bonne figure, avance vers moi avec un geste de la main qui signifie : *Allez, laisse tomber, c'est rien*. Elle prend place sur la chaise à côté de mon lit. Le silence grossit jusqu'à ce qu'elle se décide à demander : « Tu vois toujours le psychiatre ? »

La colère est au bord de mes lèvres, prête à jaillir.

« Pourquoi ?

— Pour savoir.

— Tu veux une copie de mon dossier médical ?

— Arrête…

— Tu veux devenir mon infirmière maintenant ? En plus d'être mon assistante administrative et ma comptable ? »

Elle inspire, expire, croise ses mains sur ses genoux, prend le temps de formuler une réponse d'une voix posée et calme : « Non. Je suis juste ta petite amie. J'ai le droit d'être préoccupée, non ?

— Petite amie c'est un bien grand mot. On ne baise plus, non ? On ne plaisante plus. On ne se touche même plus. On parle à peine. On n'a plus rien d'un couple. Tu es juste là pour t'assurer que je ne perds plus les pédales et que je n'essaie plus de me foutre en l'air. »

Elle déglutit. Touchée. Coulée. Nous sommes interrompus à ce moment par deux coups toqués à la porte.

« Quoi ? » je lance avec agressivité.

Un aide-soignant avance la tête, peu intimidé par mon ton. Ils commencent à s'y habituer, tous.

« C'est l'heure de votre séance de kiné. »

Il entre en poussant un fichu fauteuil roulant devant lui. Léo se redresse, me demande : « Tu veux que je t'accompagne ?

— Non. »

Ryan garde le silence, enfermé dans ses douleurs. L'aide-soignant vient placer le fauteuil à côté de mon lit. Léo ne bouge pas.

« Il faut que tu partes, dis-je.

— Quoi ?

— Je ne veux pas que tu restes. Il faut que tu partes. »

Ses yeux se posent sur l'aide-soignant comme si elle cherchait un quelconque soutien de sa part.

« Sa séance dure une heure trente. Vous pouvez vous installer en salle de pause et revenir ensuite. »

Elle reste muette. Ce n'est pas que je veux qu'elle parte. Je refuse qu'elle assiste au spectacle pathétique de l'aide-soignant me soulevant avec le lève-personne, me déposant dans ce fauteuil, me sanglant. Elle ne m'a jamais vu là-dedans. Je mets un point d'honneur à me trouver dans mon lit chaque fois qu'elle arrive.

« Je te retrouve en salle de pause dans une heure et demie, d'accord ? »

J'agrippe ses yeux qui n'expriment plus rien qu'un profond égarement. Elle acquiesce. Je ne suis pas certain qu'elle m'ait entendu. J'ai l'impression qu'elle a perdu pied. À cause de moi. Je l'ai noyée sous mes flots de rage.

Éléonore

La cafétéria est pleine de vie à cette heure. Ici, un groupe joue aux cartes. Là-bas, deux pensionnaires disputent une partie d'échecs devant deux mugs fumants. François me fait face, dans son fauteuil. Il a commandé deux cappuccinos et une pâtisserie pour moi, à laquelle je ne parviens pas à toucher. Il fait tourner la cuillère dans sa tasse, cherche quelque chose à dire mais rien ne vient.

Je ne me rappelle plus à quoi j'ai occupé cette heure trente dans la salle de pause. Je me souviens avoir répondu aux SMS de ma mère inquiète. Après mon départ précipité de la maison le jour de Noël, il a bien fallu leur expliquer. L'accident. La paraplégie de François. Son séjour en centre de rééducation. Son état physique, psychique. Maintenant j'ai droit tous les jours à des messages de ma mère, qui s'enquiert de mon moral à moi.

C'est la première fois que je vois François en dehors de sa chambre, de son lit. La première fois que je le vois assis dans son fauteuil roulant. Ainsi installés, tous les deux à la table d'une cafétéria, nous pourrions être les François et Éléonore d'alors. Il porte une de ses chemises en lin, blanche, et un pantalon bistre. Tout est redevenu à l'identique ou presque. Mais ce n'est plus François. Non pas à cause du fauteuil roulant mais de ses cheveux. Ils faisaient partie intégrante de son identité. Quand nous faisions l'amour, c'est dans ses mèches que j'enfouissais mon nez, c'étaient ses cheveux que j'agrippais avec fureur. Quand nous reprenions notre souffle, c'était dans sa tignasse que je passais mes mains. J'aimais chacun de ses gestes pour repousser ses mèches, les ramener en arrière. Je ne reconnais plus son visage ainsi mis à nu. Il me paraît plus carré, moins fin. Je fixe mon cappuccino parce que j'ai du mal à regarder cet homme qui m'est inconnu.

« Le kiné me fait faire des exercices de mobilisation et de renforcement musculaire des bras et des mains pour le moment. »

Je suis étonnée de l'entendre soudain se mettre à parler.

« L'objectif, c'est de me permettre d'utiliser un fauteuil roulant tout seul et d'apprendre à passer du lit au fauteuil ou du fauteuil aux toilettes. Gagner en autonomie. »

Il retire sa cuillère, porte la boisson à sa bouche. Et tout ce que je trouve à dire, à ce moment précis, c'est : « Tu n'aurais pas dû couper tes cheveux sur un coup de tête. Je ne comprends pas pourquoi tu as fait ça… »

Il marque un temps d'arrêt. Ses yeux s'assombrissent. Je devrais réagir mais je reste là, à fixer son crâne rasé, éberluée. J'entends la tasse se fracasser en retombant sur le formica. L'instant d'après, la table entière bascule, se renverse sur moi. Le cappuccino brûlant éclabousse mon chemisier, ma chaise bascule en arrière. Je tente de me rattraper, en vain. Je m'étale. La table, les tasses, l'assiette de pâtisserie, tout s'écrase sur ma poitrine. Je ne sens pas la douleur tout de suite. La honte me submerge d'abord. Une humiliation cuisante à l'idée du spectacle que je donne. Je ne comprends pas tout de suite ce qui vient d'arriver. Je me redresse, repousse le personnel qui voudrait me tendre la main, en assurant que tout va bien. J'ai une coupure au poignet, un filet de sang qui court le long de mes doigts et goutte au sol, et le chemisier taché de café, mais je suis entière. C'est au moment où je me relève que je découvre le regard de François fixé sur moi, un regard empli de haine. Il ne me demande pas si ça va, il reste figé comme une statue effrayante, les mâchoires serrées. Alors je comprends ce qu'il vient de faire. J'ouvre la bouche mais rien ne sort. Au même moment, une femme me saisit le bras doucement, enroule une feuille d'essuie-tout autour de mon poignet.

« Quelqu'un vous apporte un pansement. Ne bougez pas. »

François fait pivoter son fauteuil.

« Appuyez dessus, d'accord ? »

Je hoche la tête. François s'éloigne dans son engin comme s'il l'avait manié toute sa vie. La fureur est son moteur. Son unique moteur. C'est dans sa rage qu'il puise ses forces. Mais je ne peux plus continuer à être celle qui l'alimente. C'est trop pour moi. Je ne veux pas y laisser ma peau.

François

Je pisse le sang. J'ai éclaté tellement fort ma tasse sur la table, avant de la renverser, que la céramique a volé en éclats. Je me suis enfoncé un morceau dans la paume. Au-dessus du lavabo, je serre les dents et je tente de le retirer en jurant. Ryan souffre trop pour se préoccuper de ce que je trafique.

« François ? »

Je ne me retourne pas mais je découvre le visage d'une aide-soignante dans le miroir au-dessus du lavabo, sa mine inquiète.

« Qu'est-ce qui s'est passé à la cafétéria ? On vient juste de me dire qu'il y avait eu de la casse…

— Rien. C'était un simple accident.

— Vous saignez ? Attendez, laissez-moi voir.

— Non. »

J'ai crié un peu trop fort. Elle reste en retrait, ne se risque pas à approcher. Que lui a-t-on dit ? Que j'avais violenté ma compagne ? C'est ce que j'ai fait. J'ai pété les plombs. Devant la cafétéria entière.

« Putain ! »

L'éclat vient de sortir, provoquant une douleur aiguë. Je le jette dans la poubelle, passe ma main sous l'eau fraîche. Qu'est-ce que j'ai fait ? Je chiale devant le miroir tandis que l'eau charrie une longue traînée rouge vif. Qu'est-ce que je lui ai fait ? Quel genre de monstre suis-je devenu ? Pourquoi ont-ils diminué les antidépresseurs ? Ne pouvaient-ils pas me laisser dans ma léthargie chimique ? Pourquoi me suis-je raté dans la nuit du 24 décembre ? Pourquoi, pourquoi…

« Vous êtes sûr que vous ne voulez pas que je regarde ? Vous avez peut-être besoin de points de suture… »

Deux autres soignants sont apparus à la porte. Ils sont trois, à me regarder comme une bête sauvage.

« Qu'est-ce qui s'est passé, monsieur Louvier ? »

La voix de Ryan me parvient depuis la chambre : « Mec, ça va ? »

Et mes larmes dévalent de plus belle. Je les entends chuchoter dans mon dos. Augmenter les anxiolytiques. Appeler le chef de service. Revenir. Puis Ryan, de nouveau, plus fort : « Foutez-lui la paix, merde ! Vous ne pourriez pas le laisser deux minutes ? »

Les silhouettes se meuvent dans le miroir, chuchotent, reculent, s'interrogent.

« Deux minutes », accorde une aide-soignante à Ryan.

Elsa ne travaille pas aujourd'hui. Si elle était là, elle serait auprès de moi. Je l'aurais laissée entrer dans la salle de bains. Peut-être même que je serais en train de chialer contre sa blouse blanche. Tout le monde a quitté la chambre. Ne reste que Ryan, cloué dans son lit par ses spasmes, de l'autre côté de la cloison. Je ne peux pas le voir. Je préfère ça.

« Ça va, mec ? »

Un silence. Je déglutis.

« Non… Pas trop. »

Je laisse l'eau couler, étouffer mes reniflements. J'ai une tête de déterré. Je suis pâle, les yeux exorbités. Elle a raison, je suis moche avec mon crâne rasé. J'ai perdu le seul attrait qui me restait.

« Tu veux en parler ?

— Non. »

Quelques secondes s'écoulent, puis : « Je m'en suis pris à elle… Physiquement… J'ai envoyé valdinguer la table contre elle. Elle s'est écrasée au sol au milieu des débris. »

Ryan lance quelque chose qui ressemble à : « Putain, tu déconnes… »

Nous ne disons plus rien. Je n'ai pas peur d'être jugé par Ryan. Il a traversé la même chose que moi, à peu de chose près. À défaut de me donner raison, je sais qu'il comprendra.

« Elle s'est fait mal ?

— Je ne sais pas…

— Mec, il faut vraiment que tu parles à ce psy. Pour de vrai. Tu ne peux plus continuer à faire acte de présence et à le traiter de connard de charlatan. Si tu ne veux pas finir interné, il faut que tu joues le jeu.

— Je sais. »

Je coupe l'eau, enroule ma main dans une serviette-éponge. J'entends des pas qui approchent dans le couloir. Dans une poignée de secondes, les soignants seront de retour. On me bourrera de médicaments pour éteindre ma fureur. On m'endormira.

« Ryan ?

— Oui.

— Tu me laisses pas tomber, hein ?

— À la vie, à la mort, mon frère ! »

22

Éléonore

La vie doit maintenant reprendre comme avant. Avant François. Je n'ai plus l'énergie d'être à ses côtés. J'ai essayé. Ils se sont trompés, tous. Je ne sais pas faire face. J'ai juste tenu un peu plus longtemps qu'ils ne l'auraient parié. Mais j'abandonne.

Je travaille à la supérette trente-neuf heures par semaine. J'obéis sans broncher aux ordres cassants de Hamza. À côté de François, il me paraît presque doux. Je répare les erreurs de son fils Ali sans ciller. Je fais le dos rond. Je sais que la vraie vie reprend après, quand je quitte la boutique, quand je retire mon badge. Je n'aime plus passer mes soirées à l'appartement au milieu des photos et des affaires de François. Maintenant, au contraire, je fuis. Je rejoins Camille et les filles presque tous les soirs. Nous prenons un pot, qui se prolonge en un bagel-tiramisu. Je suis la dernière à vouloir partir. Je fais traîner avec un café, une clope, un second café, déca celui-là. Je redoute le moment où je me retrouverai à l'appartement, au milieu des ruines de notre couple.

François n'écrit pas. J'en suis soulagée. C'est plus facile ainsi. S'il s'était excusé, s'il avait cherché à me supplier, je ne suis pas sûre que j'aurais eu la force de le repousser. Pas éternellement.

Je tente de me reconstruire un semblant d'existence. Je ne suis pas heureuse, non, mais je n'ai plus la boule au ventre deux soirs par semaine à l'idée de mes visites au centre de rééducation. Je ne crains plus la fureur de personne. Je mène ma vie, seule, tranquille.

Bien sûr, la culpabilité m'oppresse parfois, mais je repense alors au visage de François figé par la haine pendant que je me relevais, étourdie, à demi ébouillantée, choquée. Ce visage, je ne veux jamais le revoir. Et cette certitude apaise mes tourments.

François

J'ai abdiqué. À quoi bon. J'ai ouvert la bouche chez le psy. Je lui ai dit que j'avais envie de mourir. Que je devenais dangereux pour les autres, pour moi. Qu'il fallait m'aider parce que je n'en étais plus capable, moi. J'ai pleuré dans son bureau. Il m'a laissé continuer. J'ai dit des choses que j'ignorais penser : que j'avais misé ma vie entière sur ma belle gueule, sur mes sourires enjôleurs, sur ma fausse assurance. C'était ainsi que j'avais séduit ma femme, Isabelle, qu'elle m'avait construit une carrière avec ténacité. Et que, lassé de mon mariage, j'avais enchaîné Éléonore à moi, brisé son innocence, joué avec ses sentiments pour finalement la briser.

« La réalité, c'est que je ne vaux rien tout seul. Sans une femme dans mon lit, qui m'admire, je ne suis personne. »

Il a pris des notes en silence.

J'ai laissé tomber le reste aussi. Je me déplace en fauteuil. Je n'ai plus le courage de lutter. Je regarde mon reflet dans les vitres de la salle de kinésithérapie. Cet homme en fauteuil roulant, c'est bien moi. Je m'approprie doucement cette réalité.

Ryan et moi, nous discutons le soir pendant que la télévision tourne sans le son. De choses et d'autres. À demi-mot. Elsa vient nous saluer à la fin de son service et elle s'assoit souvent avec nous, un quart d'heure, une demi-heure. Elle tâte le moral de ses troupes. Elle tente de nous faire sourire. Elle se plaint de son mari qui n'en fait pas assez à la maison, de sa fille de deux ans qui entre dans la terrible période d'opposition. Nous nous intéressons à sa vie, pas par politesse mais parce que cela nous sort de nos existences mornes.

« Tu as des nouvelles d'Éléonore ? demande-t-elle un soir en fixant l'écran de télévision.

— Non.

— Tu pourrais lui écrire une lettre. Ce serait un joli geste qui pourrait la toucher…

— Non. C'est mieux ainsi. »

Elle m'interroge du regard. Je continue de fixer la télévision. À côté, Ryan remue dans son lit.

« C'est mieux ainsi », approuve-t-il.

Les yeux d'Elsa s'arrondissent : « Qu'est-ce que vous voulez dire tous les deux ? »

Un silence. Nous feignons tous de nous intéresser au match de basket en cours. Quand Ryan répond, c'est à moi qu'il s'adresse : « Moi non plus je ne me suis pas vraiment battu. Je l'ai laissée partir sans même essayer. Je me disais que c'était mieux pour elle. »

Je hoche la tête avec lenteur. C'est exactement ce que je pense : c'est mieux pour elle. Les épaules d'Elsa s'affaissent.

« Hé ! fait Ryan avec un sourire dans la voix. Te bile pas pour nous ! On t'a, toi ! De quoi est-ce qu'on pourrait se plaindre ? »

Elsa sourit en secouant la tête. Je vois bien qu'elle rougit. Il a raison, Ryan. Heureusement qu'on l'a, elle. Elle est notre foyer ici. Notre parfaite épouse platonique et notre mère. Sans elle, on dépérirait.

23

Éléonore

L'interphone m'interrompt en plein ménage de printemps. J'ai enfin trouvé le courage de ranger les derniers cartons et de lancer un grand nettoyage. Toutes les fenêtres sont ouvertes. L'air est saturé d'effluves de lessive Saint-Marc. Les affaires de François, je ne sais pas encore ce que je vais en faire. Les rendre à Isabelle en même temps que l'argent de la prévoyance ? Ce serait le mieux. Pour le moment, le silence entre nous se poursuit, le doute, l'absence de rupture nette, et je vis encore au milieu de son passé.

« J'arrive, j'arrive ! » je crie à l'intention de l'interphone.

Je décroche. La voix d'Antoine résonne au milieu des bruits de circulation.

« Je passais te dire bonjour. Je peux monter ?

— Oui. »

Je retire mes gants en caoutchouc, jette l'éponge sur le plan de travail. Il est dix-neuf heures déjà. J'ai pu profiter d'un vrai jour de repos, sans cet aller-retour à Garches qui me prend toute mon énergie.

« Salut ! »

Antoine apparaît, avec son grand sourire, une boîte de sushis et une bouteille de vin blanc. Je ne peux contenir ma suspicion. Que fait-il là avec le dîner et du vin ? Qu'a-t-il en tête exactement ? Il ne passe jamais sans raison. Est-ce François qui l'envoie ?

« Tu ne m'invites pas à entrer ?

— Si, si, entre !

— Il fait un froid glacial ici. Pourquoi toutes les fenêtres sont ouvertes ?

— Je reprends enfin en main cet appartement. »

Tandis que je referme les fenêtres, Antoine entre. Je sens son regard qui se pose partout, qui constate qu'en effet je me suis approprié l'espace. Plus de cartons dans le coin du salon, plus de mégots et d'assiettes sales. J'ai installé une lampe à pied près du canapé que j'ai enfin terminé de monter. Des coussins en plume y trônent. Je me suis construit une table basse à l'aide d'une cagette récupérée dans la rue. J'y ai déposé une bougie rose dragée à côté d'un cendrier. C'est l'appartement d'une femme célibataire, pas celui d'un couple, et je suis certaine qu'il s'en fait la remarque.

« Qu'est-ce qui t'amène ? »

Il désigne la boîte de sushis, la bouteille.

« Un dîner, ça te tente ? »

Je le fixe quelques instants sans rien dire. Il n'est pas François. Il n'aime pas jouer. Il craque facilement. Pour preuve, il détourne le regard.

« Il m'a appelé. »

Et c'est moi qui reste interdite maintenant. Figée entre agacement et consternation.

« Il t'a demandé de passer me voir ?

— Non.

— De jouer les intermédiaires ?

— Il m'a juste appelé.

— Pourquoi ? »

Antoine hausse les épaules, pose les sushis et le vin sur la table du salon, retire sa veste.

« Peut-être qu'il s'est senti prêt à renouer avec le reste du monde. »

Je garde les mâchoires serrées, les bras croisés.

« Qu'est-ce qu'il s'est passé ? demande Antoine. Il m'a dit que tu ne viendrais plus.

— Et il a raison.

— Qu'est-ce qu'il a fait ?

— Il a dépassé les limites.

— Léo… »

Il abandonne un peu de son assurance, de son sourire.

« C'est vrai, il m'a demandé de prendre de tes nouvelles, de m'assurer que ça allait. Je ne sais pas ce qui s'est passé. Il n'a rien voulu me dire. Mais il avait l'air triste. Désolé. »

J'attrape avec des gestes nerveux mon paquet de cigarettes dans ma poche, j'entrouvre une fenêtre, me poste face au parc avant de m'allumer une clope.

« Dis-lui que je vais bien. Reprends tes sushis. Va passer la soirée ailleurs. »

C'est la première fois que je parle ainsi à Antoine. Je me sens furieuse contre François et c'est lui qui en fait les frais.

« Moi aussi je voulais savoir si tu allais bien », dit-il.

Il se laisse tomber sur mon canapé avec lassitude. Je reste figée, tirant sur ma clope, regardant les joggeurs dans le parc.

« Ça va. Ça va mieux que ces dernières semaines en tout cas. Je n'avais plus la force de lui faire face. Tu vois, tu t'es trompé.

— Personne ne te blâme. Il n'est pas toujours facile en temps normal. Alors je suppose que dans une situation comme ça…

— Il est monstrueux. Il n'a plus rien de lui-même. Et si tu es venu pour me convaincre de lui pardonner…

— Non, je suis juste venu pour te voir, Léo. »

Il a haussé le ton, calmement mais posément.

« Tu as des verres à vin ?

— Dans la cuisine, au-dessus de l'évier. »

Il quitte le salon. Je tire avec nervosité sur ma clope. Quand je referme la fenêtre ça va déjà mieux. Je m'affale dans le canapé. Antoine revient avec deux verres à pied qu'il nous remplit. Puis il ouvre le plateau de sushis sur la table basse devant nous avant de s'asseoir à mes côtés. C'est la première fois que nous sommes tous les deux si proches, sans cartons à vider ou soirée où nous rendre. Je me sens mal à l'aise sans trop savoir pourquoi. Je demande : « Tu ne joues pas ce soir ?

— Non. C'est relâche.

— Tu joues toujours dans *Sherlock Holmes et l'aventure du diamant bleu* ?

— Oui. J'ai hâte que ça se termine. Je suis arrivé au bout de ce personnage. Je ne supporte plus mes répliques. À la fin du mois, j'en aurai fini. »

Je me mets à picorer les sushis sans même y penser. Le vin blanc adoucit un peu ma colère.

« Et dire que je n'ai pas mis les pieds au théâtre depuis six semaines.

— Ça te manque ?

— Oui. C'est bête. J'entendais les mêmes répliques des mêmes spectacles chaque semaine, en boucle, et pourtant j'adorais ça. L'ambiance du théâtre. L'odeur. L'obscurité. »

Il sourit.

« Je joue la dernière de *Sherlock* dans dix jours. Un samedi. Tu veux venir ?

— Oh… Je ne sais pas…

— Je peux t'avoir des places. Si ça te fait plaisir, je t'invite… »

Je termine mon verre de vin d'une traite.

« Pourquoi pas. »

Nous parlons de choses et d'autres. Nous n'évoquons pas François, Antoine a compris que c'était un pacte implicite entre nous.

« Comment ça va, à la supérette ? »

Le vin me libère de ma lourdeur, de ma retenue. Pour la première fois, j'ose me plaindre, évoquer l'aigreur du patron, l'ennui de ces longues journées sans voir le jour, Ali, le fils insupportable qui me complique la tâche, mon dos fourbu en fin de journée, mes pieds douloureux. À François je ne pouvais rien dire de cela. Avec Camille, j'évite d'évoquer la boutique. Je trouve mon existence si insignifiante à côté de la sienne. Je me tais. Mais ce soir, face à Antoine, cela me paraît presque naturel de parler, sans faux-semblants. Il est là, dans un de ses pulls en lin beige, un de ceux qu'aurait pu porter François. Il arrange ses cheveux longs d'un geste négligé, comme le faisait François, et triture de temps en temps son foulard, le genre d'étoffe que François portait aussi. Il me ressert du vin et je songe que j'aurais pu me contenter de sortir avec lui. Pourquoi n'y ai-je jamais pensé d'ailleurs ? Ils jouaient tous les deux au Saint-Jean. Ils sortaient tous les deux au Melchior. Les deux faux jumeaux. L'un sanguin et imprévisible, l'autre calme et constant. Pourquoi ? Parce que je n'avais pas besoin de douceur alors. J'avais besoin de feu, de glace, des morsures de François dans mon cou. Mais aujourd'hui, non, aujourd'hui je ne demande que de la tendresse, une présence enveloppante, une épaule sur laquelle me reposer. François ne peut pas me l'offrir. Il est trop abîmé, sa souffrance est trop vive. Et c'est Antoine qui est dans mon canapé, son genou tout contre le mien, son coude frôlant mes côtes chaque fois qu'il attrape son verre.

Antoine se redresse, consulte l'heure sur son téléphone portable.

« Il se fait tard, non ? Tu veux peut-être aller dormir ? »

Il y a de l'emballement dans sa voix, comme s'il avait deviné mes pensées, comme s'il les avait partagées même. J'acquiesce. J'ai la tête qui tourne quand je le suis dans l'entrée pour le raccompagner. Il peine à remettre son manteau, se trompe de manche.

« Prends soin de toi, d'accord ? »

Il me fait une bise, prend ma main, la relâche aussitôt. Plus rien n'est naturel entre nous soudain.

« Bonne nuit.

— Bonne nuit. »

La porte se referme sur lui. Je peine à reprendre mes esprits. Je reste là, face au battant de bois, le cœur palpitant, légèrement nauséeuse. Je ne sais pas ce qui m'a pris ce soir d'avoir de telles pensées. Je me sens perdue, tellement perdue depuis l'accident de François. J'ai l'impression d'être livrée aux quatre vents. La première bourrasque pourrait m'emporter.

François

« C'était qui, ce mec qui est venu te rendre visite ? Un ami à toi ? »

Ryan se fait masser les mollets par Elsa. Encore une journée qu'il a passée perclus de douleurs neuropathiques et de spasmes. Il a le teint pâle, les traits tirés. Sa seule sortie a consisté à aller prendre un Coca à la cafétéria. J'y étais avec Antoine.

« Un ami. Mon meilleur ami à vrai dire. »

Ryan hausse un sourcil.

« Il n'est pas venu te voir avant, ton meilleur ami ?

— J'ai refusé toutes les visites jusqu'à maintenant. Sauf celles de… qui tu sais.

— Ouais. »

On a ce pacte entre nous : on n'évoque plus Léo.

« Ça t'a fait plaisir de le voir ?

— Je ne sais pas trop… »

À vrai dire, une part de moi était heureuse de revoir ce visage du passé associé à ma vie d'avant, ma vie sur scène, ma vie de fêtes, ma vie d'homme. L'autre part ne pouvait que mesurer le fossé qui nous séparait dorénavant. Antoine a conservé sa vie, sa gueule. Son corps n'a pas fondu, il marche, il joue sur scène deux soirs par semaine, il boit des cocktails le vendredi et sort danser. Cloué dans mon fauteuil de l'autre côté de la table avec mon crâne à nu et mes dix kilos en moins, ce n'est pas la joie qui a primé d'abord. Puis le naturel est revenu. Nos anciennes discussions.

Comment ça marche au Théâtre Michel ? Et Sherlock*, ça donne quoi ? Isabelle est contente des entrées ?* C'est elle qui a monté le spectacle dans lequel joue Antoine. Elle m'avait proposé le rôle mais je n'en avais pas voulu. Je voulais conserver un peu de temps libre pour débarquer chez Léo à l'improviste, l'enlacer et la prendre férocement dès la porte refermée.

Antoine et moi n'avons pas parlé du reste : la rééducation, ma santé, mes jambes… Le théâtre, nous n'avons évoqué que ça. Le théâtre, la troupe, la bande. Et Léo tout à la fin, brièvement, avant qu'il ne parte.

« Vous vous êtes connus comment avec ton pote ? interroge Ryan, les yeux mi-clos, tandis qu'Elsa s'acharne sur son triceps sural.

— Au théâtre.

— Tu joues au théâtre ?

— Je jouais. Antoine et moi on était comédiens professionnels. On a fait le cours Florent ensemble.

— Le cours Florent, c'est une école prestigieuse, ça ! intervient Elsa en relevant la tête.

— Attends un peu, mec ! Tu jouais à Paris seulement ?

— Non, pas seulement. On avait des tournées en province aussi.

— Je crois bien que j'ai déjà vu ta tête quelque part ! C'est possible ? »

Ryan a les yeux bien ouverts maintenant, teintés d'une pointe d'excitation qui me fait sourire.

« Oui, c'est possible.

— Dans un magazine, c'est possible ?

— Oui.

— Putain, mec, t'es une star ! T'es une star et tu ne me l'as pas dit ! »

Elsa se marre, abandonne son mollet.

« Tu jouais dans quoi ? demande-t-elle.

— Beaucoup de classiques ou de classiques revisités. Quelques adaptations de romans contemporains. Plus rarement du théâtre de boulevard, quand il s'agissait de faire plaisir à mon ex-femme… Elle est metteuse en scène. »

Ryan attrape son téléphone portable, pianote quelques instants, les yeux exorbités.

« Je t'ai trouvé ! Ouais, tu es là ! Sur Google Images ! Dix fois, vingt fois ! Waouh, mais regardez-moi cette classe ! »

Il nous montre son écran. Il a agrandi un cliché de moi prenant la pose dans un fauteuil Louis XIV en costume de Dom Juan. Je m'en souviens. Il s'agissait d'une séance photo pour la presse. Juste avant la première du spectacle. Juste avant que je rencontre Léo, que mon existence prenne un nouveau tournant, plus passionné.

« Attends, j'ai même trouvé des vidéos ! s'exclame Ryan. La bande-annonce d'un de tes spectacles ! *La Promesse de l'aube* de Romain Gary, mise en scène par Isabelle Louvier. C'est elle, c'est ton ex-femme, Isabelle Louvier ? »

Je confirme. Ryan, plus surexcité que jamais, lance la vidéo. J'entends les répliques que j'ai tant et tant prononcées. Je les connais encore par cœur. J'étais seul sur scène pour cette pièce. Un vrai défi, que je n'aurais jamais osé relever sans l'insistance d'Isabelle. J'entends mon moi de la vidéo se lamenter, s'offusquer, se mettre en colère, rire. Le public applaudit. Elsa se déplace pour se rapprocher de l'écran de Ryan. Elle m'observe sur scène avec intérêt. La vidéo se termine sur une salve d'acclamations. Ryan et Elsa se tournent vers moi avec un étonnement mêlé d'admiration.

« J'avais une gueule, hein ? dis-je avec un peu d'amertume. Du charisme, de la prestance, une présence sur scène… »

Ils confirment tous les deux. Elsa avec retenue. Ryan un peu moins : « T'étais une bombe, mec ! »

Elsa perçoit tout de suite que quelque chose se ferme sur mon visage car elle ajoute avec douceur : « Tu as toujours ton charisme et ta prestance. L'accident t'a privé de tes jambes, pas de ton talent d'acteur.

— Bien sûr que si ! L'accident m'a privé de tout ! Toute ma vie ! »

Elle hausse les épaules, ne veut pas insister. Elle sait comment me prendre maintenant. Elle commence à me connaître.

« Je n'ai plus le même physique.

— Un physique, ça se modèle. Tu reprendras du poids, tu te remettras au sport. Rien n'est figé.

— Mes cheveux… J'ai tout foutu en l'air en les coupant.

— Je te trouve très bien avec tes cheveux ras. »

Ryan me lance un clin d'œil appuyé. Je ne suis pas d'humeur à rire.

« Léo n'aime pas.

— Elle s'y fera. Elle a juste besoin de temps.

— Un comédien en fauteuil roulant, personne ne voudrait voir ça sur scène.

— Ah non ?

— Moi ça me plairait ! intervient Ryan. Ça me ferait même plaisir de pouvoir m'identifier à un personnage, pour une fois ! »

Je me trouve à court d'arguments et reste silencieux quelques instants.

« Je ne pourrai plus jamais être sous le feu des projecteurs. Pas en étant collé le cul dans un fauteuil. Il me reste ma dignité. Sur scène, ou je suis parfait ou je ne suis pas. C'est tout. »

Je clos cette discussion en saisissant la télécommande et en allumant la télévision. Dans son lit, Ryan lance d'autres vidéos glanées sur internet. *Othello*… La pièce qui a changé ma carrière. Puis *Les Trois Mousquetaires*. J'étais Porthos. Un extrait de *Douze hommes en colère*. Elsa et lui font défiler les captations jusqu'à en avoir la migraine. Je fais semblant d'écouter les informations, mais ce sont mes répliques que j'écoute. Des bribes de ma vie d'avant.

24

Éléonore

Je ne pensais pas revoir Antoine de sitôt après la façon dont il a filé la dernière fois. Pourtant il m'a écrit un message il y a deux jours : *Tu veux toujours me voir jouer Sherlock samedi soir ?*

J'ai dit oui sans trop savoir si je le faisais pour renouer avec l'ambiance feutrée d'un théâtre ou pour le voir lui. Lundi, cela fera quatre semaines que je n'ai plus de nouvelles de François, que j'ai repris ma vie sans lui, sans pour autant me résoudre à me séparer de ses affaires. Une part de moi s'y accroche encore.

Ce samedi soir, donc, je me prépare avec une touche d'excitation que je n'ai plus éprouvée depuis bien longtemps. Je sèche mes cheveux, y applique un baume nourrissant, colore mes lèvres d'un rouge coquelicot. J'accroche des anneaux fins à mes oreilles, vaporise un peu de *Poison* dans mon cou. Je ne parviens toujours pas à savoir si je fais tout cela pour l'amour du spectacle, pour être digne de cette sortie au théâtre ou pour Antoine. Pour la part de François qui subsiste en Antoine. J'ai l'impression de revivre ce fameux soir où François m'a invitée à le voir jouer dans *Douze hommes en colère*. Je m'étais préparée avec la même application mêlée de stress. C'était un premier rendez-vous. Et ce soir, de quoi s'agit-il ?

Dans le métro, j'observe mon reflet dans les vitres. La fatigue a quitté mes traits. Mes joues ont retrouvé leurs couleurs et mes yeux maquillés sont légèrement brillants. Me revoilà, je songe, me revoilà quelques mois en arrière, quand j'étais une jeune fille insouciante, légère, heureuse, que je filais rejoindre François ou Camille, que la nuit m'appartenait. J'ai failli me perdre, m'éteindre tout à fait. Il aura fallu qu'une table se renverse avec fracas pour que je décide de sortir de mon état dépressif, de m'éloigner de la fureur de François.

Tout me ramène à ce fameux samedi soir au Théâtre du Palais-Royal, à ce rendez-vous avec François qui s'était terminé dans un troquet. Le claquement de mes talons sur le pavé. Mes mains moites. Mon cœur battant devant le théâtre et ses lumières, la vague d'émotion en entrant dans le hall, seule. François ne m'avait pas accueillie. J'avais eu beau attendre, il ne s'était pas montré. Antoine, lui, est là. Il est déjà en tenue de scène, maquillé, assis à côté de l'agent d'accueil derrière le comptoir. Il se lève d'un bond en me voyant, m'étreint en me souriant.

« Ça va ? Tu es venue… »

À l'entendre, il semblerait qu'il en ait douté. Il m'entraîne à l'écart de la file.

« Tu veux boire un café dans les loges ?

— Non, ça va. »

Je le sens tendu. À cause de la pièce ou à cause de moi ?

« Tu veux que je t'installe ? Si tu veux avoir une bonne place, on ferait bien d'y aller tout de suite. »

La foule grandit déjà dans le hall, en effet.

« Tu es ouvreur ce soir ? je lance pour détendre l'atmosphère.

— Oui, je suis ouvreur, et toi, tu es de ce genre de dames très chics qui viennent au théâtre seules.

— Tu exagères ! Elles ont toutes au moins soixante ans ! »

Il sourit, moi aussi. Cela fait bien longtemps que je n'ai plus plaisanté.

« Voilà, tu as la meilleure place. Tout au milieu de la sixième rangée.

— C'est celle-là la meilleure ?

— Crois-en mon expérience. »

Autour de nous, les rangs commencent à se remplir. Nous nous décalons pour laisser passer un couple.

« Tu devrais y aller, non ?

— Oui. »

Pourtant il ne bouge pas. Il semble hésiter à dire quelque chose. On y vient. Il se racle la gorge.

« Je... J'ai été à Garches la semaine dernière. »

C'est plus fort que moi, je me renferme à la simple évocation du centre.

« Il m'a raconté ce qu'il s'était passé à la cafétéria. Il n'en était pas fier.

— Ce n'est pas juste ça. Ce n'est pas l'histoire d'un coup de sang. C'est toutes ces semaines où je retenais jusqu'à mon souffle pour éviter de le voir exploser.

Toutes ces fois où j'arrivais au centre le ventre noué tellement j'appréhendais ses réactions.

— Je sais. »

Il pose une main sur mon poignet comme s'il cherchait à m'apaiser.

« Il a dépassé les limites, tu as raison. Je le lui ai dit. Je voulais juste que tu le saches. »

Il me désigne la sortie, pour m'indiquer qu'il doit vraiment y aller cette fois. Il presse mon poignet de nouveau puis il disparaît, se faufilant au milieu des spectateurs qui affluent. Je ne sais que faire de ce qu'il vient de me dire. J'ai un peu envie de pleurer. Je ne sais plus pourquoi je suis là.

Quand les lumières s'éteignent cependant, chaque chose reprend sa place. Je suis Éléonore Lambray, au théâtre, dans mon élément. Mon esprit se vide, le calme se fait en moi. Et peu importe que mon cœur rate un battement quand Antoine apparaît sur scène, que j'ai l'impression de voir François en lui, peu importent la confusion, la culpabilité, les émotions contradictoires. Je suis spectatrice. Une simple spectatrice. Je me laisse aller, emporter par les personnages, leurs états d'âme. Je pleure au lieu de rire et je souris au lieu de froncer les sourcils. Peu importe, je suis assise sur un fauteuil en velours avec l'odeur lourde et poussiéreuse des vieux rideaux de théâtre. Je suis à ma place.

C'est étrange comme tout se fait naturellement lorsque nous nous retrouvons dans le hall, à la fin du spectacle. « On sort ? » Comme nos mains s'agrippent dans la rue, comme nos doigts s'entremêlent. Les pans de son trench-coat battent dans le vent, ses cheveux bruns volettent, ses bottines claquent sur le pavé. Il me dépasse de quelques centimètres, comme lui. C'est François. Nous quittons le Théâtre Saint-Jean. Nous boudons le Melchior pour nous retrouver dans mes draps, dans mon minuscule studio. C'est François.

Il ralentit : « Tu veux prendre un verre quelque part ?

— Non. Allons-y directement. »

Sa paume devient moite dans la mienne. Il a compris le message. Nous ne sommes qu'à vingt-cinq minutes à pied de chez lui. Nous marchons vite. Nous ne parlons pas. Pas même de la pièce. Il y a cette urgence entre nous. Nous allons droit dans le mur, nous y allons vite, sans réfléchir. J'ai besoin qu'il me prenne dans ses bras, qu'il écrase mes lèvres, j'ai besoin d'agripper ses cheveux, d'enrouler mes jambes autour de ses hanches. J'ai besoin de me dissoudre, de m'oublier.

Devant la façade de son immeuble, il fait tomber ses clés, jure. Il monte devant moi. Je fixe son manteau, ses cheveux longs. J'ai le cœur qui bat à exploser. Dans son entrée flotte l'odeur de son parfum qu'il a dû vaporiser avant de partir pour le Théâtre Michel. Ce n'est pas le parfum de François. Celui d'Antoine est plus musqué. Plus écœurant. La porte se referme derrière nous. Antoine demande : « Tu veux boire quelque chose ? »

Je secoue la tête. Nous nous faisons face dans son vestibule. Mes yeux brillent. Sa pomme d'Adam tressaille. Je fais un pas. Il en fait un autre. Et puis nous nous agrippons n'importe comment, dans le chaos le plus complet. Mon dos bute contre le chambranle. Il s'excuse. Je pose une main sur sa bouche. Il ne faut pas qu'il parle. Pas un mot. Sinon l'illusion prendra fin. Je ne veux que sa peau, son corps mince et ses cheveux.

Pendant tout le temps qu'il est en moi, qu'il s'acharne à me posséder avec ardeur contre la porte d'entrée, je parviens à prolonger la chimère. Les yeux fermés, mes mains enserrant sa nuque, j'y crois. Je suis au bord de l'orgasme, prise d'une volupté violente. Mais alors il s'arrête, à bout de souffle. Il me soulève, m'entraîne dans sa chambre. Il me fait basculer dans son lit avec précaution, prend mon visage entre ses mains. Il me pénètre de nouveau mais plus doucement. Délicatement. Comme s'il voulait réparer son impétuosité. Il embrasse mes lèvres, mes paupières, mon front, caresse ma poitrine. Il est tendre. Et le charme se rompt brutalement. Je me retrouve là, les yeux grands ouverts dans l'obscurité de sa chambre, possédée par un homme qui n'a plus rien de François, qui me témoigne une affection que je ne mérite pas. Je tente de raccrocher les wagons de mon imagination mais c'est vain. François ne m'aimait pas ainsi. François réveillait ma douleur, m'embrasait. Ses morsures tenaient lieu de caresses. Ma peau était en feu, à vif. J'en perdais le souffle et la raison. Antoine, ici, en moi, ce n'est qu'une erreur. Une terrible erreur. Je ne veux pas l'interrompre, alors j'attends qu'il s'essouffle, s'étourdisse, se cambre, se crispe, puis retienne sa respiration et tout ce plaisir qu'il n'ose exprimer. François jurait, se mettait à dos tous les dieux de la terre, proférait des insultes à en faire rougir les voisins. Antoine se contient, ne s'écroule même pas sur moi. Il roule à côté de mon corps et sourit, laissant une main parcourir mon ventre.

L'odeur de latex du préservatif semble avoir envahi toute la chambre. Je me sens nauséeuse. Ces caresses qu'Antoine me donne, je ne peux plus les supporter. Je me couvre de sa couette en prétendant avoir froid.

Je fixe le plafond. Je cherche quelque chose à dire pour pouvoir fuir, lui échapper. J'ai peur qu'il m'embrasse, qu'il dise des mots tendres. Qu'avons-nous fait ?

C'est finalement lui qui se lève. Je détourne le regard. Je ne veux pas voir son corps nu tout près du mien. Il disparaît dans l'entrée, revient avec mes vêtements qu'il me tend. Il s'assoit au bout du lit, loin de moi. Je lui en suis reconnaissante.

« Je suis désolé. Je vois bien que tu regrettes. »

Je tente de démentir mais les mots restent coincés dans ma gorge. Je me rhabille avec empressement.

« Ce n'était pas ce que tu voulais, ajoute-t-il.

— Je croyais… Je… je croyais le vouloir. »

Nous ne disons plus rien. Nous remettons nos vêtements sans nous regarder. Est-il aussi torturé par la culpabilité que moi ? Plus de vingt ans d'amitié bousillés en une poignée de minutes. Pour quoi ? Et comment va-t-il faire face à François maintenant ? Ce n'est plus mon problème. Je comprends à cet instant que je ne pourrai plus jamais revoir Antoine, que je ne pourrai plus compter sur son soutien, sa présence amicale. Je viens de foutre en l'air ce pilier qui me maintenait debout quand François dérapait. J'irai à Garches demain après le travail. J'ai compris qu'il n'y a que François, qu'il n'y aura jamais que François, que j'ai déjà choisi mon combat, depuis le jour où la télécommande m'a frôlée et où j'ai fait le dos rond. Je l'ai choisi et je m'y tiendrai, quel qu'en soit le coût. Nous ne sommes pas le genre de couple à nous embrasser dans un troquet. Nous sommes de ceux qui s'abîment la peau, qui se causent des tourments. Depuis le premier soir. Comment ai-je pu l'oublier ?

« Tu veux partir je suppose ?

— Je suis désolée.

— Ne le sois pas, va. »

Il me raccompagne à la porte. Je recule sur le palier. Nous pensons à la même chose.

« Est-ce qu'on est obligés de lui dire ? lâche-t-il enfin.

— Je crois... Non ?

— Il ne se contrôlera pas. Il risque de... »

Nous savons tous les deux qu'il évoque la cafétéria, la violence assassine de François.

« Je trouverai les mots. J'essaierai... »

Il sait que c'est vain. Je le vois à la façon dont les traits de son visage s'affaissent. Il vient de perdre son meilleur ami. Son partenaire de scène. Son presque frère. À cause de moi. Je n'en vaux pas la peine, je le sais.

« Je suis désolée, Antoine. Je n'aurais jamais dû...

— Prends soin de toi. »

Il referme doucement la porte sur moi. Il me chasse sans passion mais il me chasse.

François

Elle débarque au début du mois de février, avec les premières neiges. Les joues roses, le souffle court, les cheveux fous. Elle entre dans la chambre comme une bourrasque alors qu'on vient juste de faire ma toilette. L'aide-soignante sourit, s'efface discrètement, referme la porte derrière elle. Je suis assis dans mon fauteuil, dans un peignoir blanc qui sent l'hôpital. J'ai les cheveux encore humides. Léo se laisse tomber au sol à genoux, à mes pieds. C'est une vision surréaliste. Elle n'a pas appelé, pas prévenu, pas donné signe de vie. Et elle est là, un mois plus tard. Elle est là, agenouillée devant moi avec d'énormes larmes qui dévalent le long de ses joues, elle serre mes mains entre les siennes, murmure des choses que je ne comprends pas au milieu des sanglots.

« Ce n'était rien. Sept minutes. À peine sept minutes d'erreur. »

J'ai du mal à saisir la raison de sa présence, la raison de ses larmes, de ses chuchotements affolés.

« Léo. Relève-toi. Calme-toi. Je ne comprends rien. »

Elle redresse la tête, croise enfin mon regard, mais elle reste au sol. Elle n'est pas seulement triste ou perturbée, elle me semble torturée, déchirée. Que s'est-il passé ? Qu'a-t-il pu lui arriver ? Camille, ses parents ?... Un accident ? Un décès ? Mon estomac se contracte. Bon sang, j'ai du mal à réaliser qu'elle est là. Est-ce que je rêve ? Ryan est chez le kiné. Si elle disparaît, je ne pourrai pas attester avec certitude qu'elle était bien là, que je n'ai pas halluciné.

« J'ai tout fait pour me persuader qu'il était toi. Je voulais que ce soit toi. J'ai perdu la tête.

— Léo… De quoi tu parles ?

— D'Antoine.

— Eh bien ? Il lui est arrivé quelque chose ?

— Non. Tu n'as pas écouté… »

Elle me fixe avec une crainte proche de la frayeur. C'est moi qui la mets dans cet état ? C'est ma réaction qu'elle redoute à ce point ? À quel moment suis-je devenu ce genre de monstre ? Mais alors, quelque chose s'immisce dans mon esprit. Une sensation brûlante, des picotements. Ses mots : *Sept minutes d'erreur. J'ai tout fait pour me persuader qu'il était toi. J'ai perdu la tête.*

« Qu'est-ce que tu as fait… »

Ma voix est rauque, cassée.

« Antoine et toi…

— Je me rattraperai. Je te promets que je saurai me rattraper. Quoi qu'il en coûte, je ferai tout ce qu'il faudra pour réparer mon erreur.

— Tu t'es fait… Tu t'es fait sauter ? »

Elle se raidit mais ne bouge pas, reste là, à mes pieds.

« Tu t'es fait sauter par Antoine ? »

Je ne peux le croire. Ma poitrine se vide, un immense appel d'air. Ma bouche s'assèche. Mes poings se contractent. Elle ne peut pas l'avoir fait… Même dans mes pires scénarios, elle n'aurait jamais pu me vouloir autant de mal. Pas elle. Elle était prête à mourir pour moi. Elle le prétendait.

Elle continue de pleurer, ramassée sur le sol, à mes pieds. Si mes jambes avaient répondu, je l'aurais repoussée d'un coup d'un seul. Un kick brutal. Je l'aurais renversée, blessée. Ç'aurait été plus fort que moi. Mais je suis immobilisé dans ce fauteuil avec des jambes mortes. Je me dégage brusquement, retire mes mains des siennes mais elle s'y accroche, les serre, tente de les embrasser. C'est pathétique. Si pathétique.

« François, je ne pourrai jamais me le pardonner. Je ne sais pas ce qui m'a pris. »

Elle s'interrompt car ma main vient de se refermer sur sa gorge. Elle est si surprise qu'elle ne songe même pas à me repousser. Pas tout de suite. Et moi je serre. J'ai perdu toute raison. Je vois ses yeux qui s'écarquillent, la panique qui envahit son visage, ses mains trop fines qui peinent à desserrer ma poigne. Autrefois, elle aimait ça. Quand nous nous laissions déborder par notre fièvre, entre ses draps. Je serrais sa gorge, juste un peu, le temps de lui faire perdre son souffle et les pédales. Elle jouissait à peine ma poigne relâchée. Elle jouissait en inspirant l'air à grandes goulées. C'était beau et effrayant à la fois…

Ce matin, elle ne prend aucun plaisir à cet étranglement. Elle se débat, mais si faiblement que j'en viens à penser qu'elle se laisse partir. Qu'elle pense qu'elle le mérite. Mourir de ma main. Et cette seule pensée fait retomber toute colère. Je la lâche brusquement, comme si le contact avec sa peau m'avait brûlé. Elle suffoque. Je fixe la porte de la chambre puis Léo recroquevillée sur le sol qui ne sait plus à quoi elle réchappe. Elle est pâle, son teint est presque grisâtre. Ses doigts frôlent son cou. Elle est sidérée. Qu'ai-je fait ?

« Pardon. »

J'ai du mal à réaliser que les mots sortent de ma bouche.

« Pardon. Ça n'arrivera plus jamais. Je ne te toucherai plus. Léo… »

Je m'accroche à son regard aussi sûrement qu'elle s'est accrochée au mien, tout à l'heure, quand elle me suppliait de lui pardonner. Les larmes recommencent à dévaler ses joues.

« N'en parlons plus », dit-elle.

J'ai honte, putain. J'ai tellement honte. Comment j'ai pu en arriver là ?

« N'en parlons plus, répète-t-elle.

— De ça.

— De ça. D'Antoine. D'accord ?

— D'accord. »

Elle se redresse avec lenteur. Je fais reculer mon fauteuil jusqu'à buter contre le lit de Ryan. Nous ne savons plus comment nous comporter, ni l'un ni l'autre.

« Tu veux une clope ? » lance-t-elle finalement.

J'acquiesce. Elle ouvre la fenêtre de la chambre. Je la rejoins en manœuvrant difficilement pour contourner mon lit. Elle fait claquer son briquet, s'allume une cigarette et m'en allume une. Nous fumons dans l'air glacial, face aux flocons de neige qui tourbillonnent, sans dire un mot. Il nous faudra des heures pour réaliser ce qu'il vient de se passer. Des heures pour reprendre nos esprits, calmer nos cœurs. Alors nous fumons comme si ce n'était là qu'une belle matinée de février comme une autre.

Éléonore

Ce qu'il s'est passé dans la chambre, ce matin, je ne veux plus jamais y penser. François a déjeuné avec moi à la cafétéria. Je lui ai dit que ses cheveux comme ça, ce n'était pas si mal. On a réussi à en sourire. Je l'ai accompagné à sa séance de kiné. Je suis restée dans un coin de la pièce pendant qu'il soulevait des poids et faisait travailler ses biceps. Après ça, je l'ai ramené dans sa chambre. C'est moi qui ai poussé son fauteuil et il m'a laissée faire.

Ça ne s'est pas si mal passé… Je crois qu'on s'en sortira.

25

François

Il l'a possédée. Il l'a pénétrée. Il a sali sa peau. Il l'a baisée.

J'ai beau faire un travail sur moi, aller chez le psy trois fois par semaine, me défouler contre un punching-ball pendant les séances de kiné, contrôler mon esprit, gérer ma colère… ces pensées reviennent inlassablement, chaque jour.

J'ai songé qu'il n'y avait qu'une façon de faire passer la douleur : me confronter à Antoine. Savoir. Je l'ai appelé un soir à vingt-deux heures passées. Il n'a pas semblé surpris. J'ai contrôlé mon ton. Je n'ai pas crié, mais il n'en menait pas large quand même.

« Elle regrette. Moi aussi. Ce n'était qu'une connerie. Une foutue connerie. »

Elle n'a pas joui. C'est ce qu'il prétend.

« Et toi ? »

Il n'a rien dit. Alors j'ai songé : il s'est déversé en elle. Et depuis, cette seule pensée me hante. Il paraît que ce n'était qu'une soirée au théâtre pour lui changer les idées.

« Elle semblait perdue, pas très joyeuse. Ce travail à la supérette semble lui peser vraiment beaucoup.

— Donc tu l'as baisée.
— Arrête, François, j'ai jamais voulu en arriver là.
— C'était quoi le théâtre ?
— Quoi ?
— Tu l'as emmenée voir quoi ? »

C'était aussi douloureux de le savoir en elle que de savoir qu'il lui avait offert exactement ce dont elle avait besoin : une parenthèse dans une salle obscure.

« C'était *Sherlock Holmes*…
— Tu l'as invitée à te voir jouer sur scène ?
— Oui.
— Et tu prétends que rien n'était calculé ?
— …
— Va te faire enculer. »

Depuis, je n'ai plus de nouvelles d'Antoine. Léo et moi, nous marchons sur des œufs.

Ce qu'ils m'ont fait, c'est ce que j'ai fait subir à Isabelle. Pendant plus d'un an. En y prenant un plaisir infini. Quelque part je le mérite, ce n'est qu'un juste retour de bâton. Il n'empêche : Antoine est mort pour moi.

Éléonore

En arrivant au centre ce matin, j'aperçois la silhouette d'Isabelle. Tailleur crème sous son manteau beige, pas pressée. Elle s'en va.

« Isabelle ? »

Elle s'arrête net. Son premier réflexe en me voyant est de cacher le bouquet de fleurs derrière son dos.

Clématites, roses blanches, hellébores. Un bouquet simple, épuré, blanc. Un bouquet qui semble la mettre dans l'embarras.

« Bonjour, dit-elle. Je partais. Et vous, vous arrivez ? »

Simple question de politesse, car elle voit bien que c'est le cas.

« Il fallait régler les papiers du divorce, ajoute-t-elle. Deux trois formalités. »

C'est étrange cet échange entre nous dans le hall. Les rôles se sont inversés. C'est elle qui se sent coupable d'être auprès de François, elle qui fuit avant mon arrivée en essayant de cacher les fleurs.

« D'accord. »

Je ne sais que dire d'autre. Le silence se prolonge, avant qu'elle demande : « Vous avez reçu l'argent de la prévoyance ?

— Oui. Merci pour ça… Le virement a été fait.

— Bien. Parfait. Je ne vais pas vous retenir plus longtemps. J'ai rendez-vous sur Paris dans une heure… »

Nous nous séparons avec des sourires contrits.

« Au revoir.

— Au revoir. »

Je la regarde disparaître dehors. Quelques flocons se déposent dans ses cheveux blonds. Elle serre le bouquet contre elle pour le protéger des bourrasques.

J'ai trompé François. J'ai saccagé sa confiance en lui. J'ai ruiné son amitié de vingt ans avec Antoine. J'ai tout détruit autour de moi, sauf ça… Je crois que je l'ai réconcilié avec Isabelle. Quel est le sens de ce bouquet ? Une fleur blanche par nuit passée à mes côtés ? Lui fallait-il être trompé pour prendre pleinement conscience de ce qu'il lui a fait subir ?

Les choses sont devenues étranges entre nous depuis mes aveux, depuis son geste auquel je ne veux plus penser. Nous maintenons une distance polie entre nous, respectueuse. Nous pesons nos mots, surveillons nos silences, contrôlons nos réactions. Il suffirait d'un rien pour nous embraser.

« J'ai croisé Isabelle », dis-je en prenant place sur la chaise habituelle.

J'évite de le regarder en le disant. Je ne veux pas lui donner l'impression qu'il me doit des comptes.

Ryan n'est pas là, cela nous laisse un peu d'intimité. François me désigne une enveloppe sur la table de chevet. *Maître Reynold, avocat en droit de la famille.*

« On avait de la paperasse à régler.

— C'est réglé ?

— Le divorce, oui. Le reste pas encore.

— Le reste ? Quel reste ?

— La communication publique. Ce qu'il en est de ma carrière. »

La télévision tourne en fond. Chaque fois que je viens, elle est là entre nous, comme une barrière de plus pour nous permettre de rompre le contact visuel, de nous échapper quelques secondes.

« Isabelle pense que je devrais faire une déclaration publique. Disparaître des médias et d'internet, c'était une erreur.

— Oui, dis-je en fixant l'écran. Sans doute…

— À quoi bon faire un communiqué ? Ce n'est pas comme si j'allais remonter sur scène un jour. »

Je sens ses yeux fixés sur moi comme s'il me sondait, attendait mon avis, ma réaction. Mais je ne veux prendre aucun risque. Nous sommes un couple fragile.

« Tu as un public qui t'attend, qui s'inquiète probablement. Tu devrais le faire pour lui.

— Alors tu ne penses pas que je vais remonter sur scène un jour ?

— Je n'ai jamais dit ça. »

Silence. Notre entente cordiale nous interdit les disputes. Alors François ne rétorque pas.

« Un communiqué ça n'engage à rien. Si j'avais été une de tes fans, j'aurais aimé avoir de tes nouvelles, savoir que tu vas bien. »

Il passe une main sur son crâne. C'est une nouvelle manie depuis qu'il a tout rasé. J'ai encore du mal à m'y faire. Ce n'est pas lui, ce geste.

« On verra. »

Puis, comme s'il souhaitait éloigner le sujet, il lance soudain : « Il faut qu'on passe voir l'assistante sociale tout à l'heure.

— Pourquoi ?

— Pour organiser ma permission.

— Ta… Quelle permission ? »

Une faible lueur éclaire ses yeux. Ce n'est pas un sourire mais c'est quelque chose, déjà. Un semblant d'émotion.

« Le week-end prochain. Si tu veux bien m'accueillir.

— Arrête tes bêtises, bien sûr que je veux t'accueillir ! Pourquoi tu ne m'as rien dit ? »

Il hausse les épaules. Nous ne nous sommes toujours pas touchés depuis que je suis entrée dans la pièce. Je pose ma main sur la sienne. Je le sens tressaillir comme s'il ne supportait pas mon contact. Sans doute à cause de ce qu'il s'est passé avec Antoine. Je retire ma main. Notre silence reprend ses droits. La télévision emplit tout l'espace.

Deux jours loin de ce centre, loin de cette chambre d'hôpital, c'est exactement ce qu'il nous faut. Deux jours rien que nous deux, face au parc des Buttes-Chaumont, dans cet appartement qu'il a choisi. Voilà ce qu'il nous faut.

J'ai sous-estimé les difficultés que représentait cette permission. Chaque point soulevé par l'assistante sociale me fait réaliser que plus rien dans notre vie n'est adapté à François. Le transport d'abord. Il nous faut un véhicule pour le conduire du centre à notre appartement. L'administration peut mettre à notre disposition un véhicule de transport médicalisé. François grimace. Je sens bien que l'idée ne lui plaît pas. Je sais qu'Isabelle et lui avaient une voiture, une berline qui dort au garage les trois quarts de l'année. Il ne la conduisait jamais, il préférait son scooter. Isabelle s'en servait peu, préférant les taxis.

« On pourrait peut-être emprunter la Megane à Isabelle ? »

Je vois ses mâchoires se contracter mais il ne bronche pas. L'assistante sociale, estimant cette question close, poursuit : « Je suppose qu'il y a un ascenseur dans votre immeuble… »

François détourne le regard, en direction de l'extérieur. L'agacement le gagne déjà.

« Non, dis-je.

— À quel étage habitez-vous ? »

Ma voix se fait de plus en plus inaudible.

« Au cinquième.

— Ah. »

Elle tapote son bureau de la pointe de son stylo, pince les lèvres.

« À moins de vous faire porter…

— Laissez tomber ! s'impatiente François.

— Non, dis-je d'un ton mesuré. On va trouver une solution.

— Il est hors de question que je me fasse porter !

— Et la douche ? poursuit l'assistante sociale comme si elle souhaitait enfoncer le clou.

— Quoi la douche ? »

Moi aussi je m'irrite maintenant, je sens poindre le désespoir. Si François refuse cette permission, je ne vois pas comment nous pourrons abolir cette distance entre nous.

« Elle est de plain-pied, à l'italienne ? »

Je secoue la tête.

« Il lui faut une douche de plain-pied. Absolument. Avec un siège et une barre d'appui. »

Je déglutis. Je cherche une échappatoire par la fenêtre.

« Ce que j'essaie de vous dire, c'est que votre logement actuel ne me semble pas adapté pour un retour à domicile de M. Louvier.

— On l'avait compris, réplique François avec mauvaise humeur.

— Au moins pour le temps de cette permission, vous pourriez louer un logement. Ou emprunter l'appartement d'un ami, de la famille.

— Non », dis-je.

Je m'obstine. Je veux avoir François de retour chez nous, dans son appartement. Je suis persuadée qu'il en a besoin, qu'il lui sera bénéfique de reconnecter sa nouvelle vie à l'ancienne. Une façon de comprendre qu'il n'a pas tout perdu.

« Nous nous passerons de douche. Pour deux jours il n'y a pas mort d'homme, hein ? »

Mon regard va de l'un à l'autre. François mutique et obstiné, l'assistante sociale plus embarrassée que réfractaire.

« Je ne crois pas que la douche soit un problème pour deux jours, non. Mais par la suite, il vous faudra régler cela. »

Je le sais. Je ne veux pas y songer maintenant, chaque chose en son temps.

« L'urgence est de trouver une façon de vous faire porter jusqu'au cinquième. »

François s'étrangle : « C'est non !

— Sofiane ou Yvan pourraient… Ce sont des gros gabarits.

— N'y pense même pas !

— Ils seraient ravis de te revoir. Tous.

— N'y pense même pas ! » répète-t-il plus fort encore.

L'assistante sociale tente d'éloigner le malaise en faisant tourner son stylo entre ses mains.

« Il y a d'autres solutions, reprend-elle. Beaucoup de chambres d'hôtel sont maintenant adaptées pour recevoir des personnes à mobilité réduite. Vous pourriez envisager un week-end quelque part. Dans les Yvelines par exemple, avec ses vallons verdoyants et ses villages pleins de charme. »

François émet un rire dédaigneux. Moi, je m'obstine à secouer la tête. Je nous avais déjà imaginés dans le salon, tous les deux face au parc. Je lui aurais parlé du gardien et des habitués : le monsieur au ciré rouge avec son caniche, la joggeuse aux tenues fluorescentes, la famille de quatre enfants dont les parents semblent au bord du burn-out… Nous aurions souri. Nous aurions dormi dans notre lit. Une chambre d'hôtel dans un lieu inconnu, c'est ajouter de la distance à la distance, nous perdre encore davantage.

« Oubliez la permission, lance brusquement François.

— Monsieur Louvier, les permissions sont nécessaires. Elles vont jalonner notre parcours de soins, vous permettre de vous réinsérer progressivement.

— Faire du tourisme dans les Yvelines ne m'aidera pas à me réinsérer. »

Il manœuvre déjà son fauteuil, prêt à quitter la pièce. Je ne bouge pas.

« Tu viens ?

— Non ! »

Je les surprends tous les deux, je le vois bien.

« Je ne bougerai pas d'ici tant qu'on n'aura pas trouvé une solution. Il doit bien exister des dispositifs pour aider les personnes comme François, non ?

Des aides-soignants, des brancardiers… N'importe quoi ! On paiera s'il le faut.

— Arrête ! s'agace François. Tu ne vas pas y faire passer nos économies !

— Alors quoi ? On abandonne les permissions ? On se contente de ces quelques heures à fixer ta télé en sourdine dans cette chambre d'hôpital ? »

Je suis au bord des larmes maintenant. L'assistante sociale lève les mains pour nous inciter au calme.

« Écoutez, rien ne sert de vous disputer. Je vais me renseigner. Il existe du matériel qui peut être mis à disposition. Je ne vous promets rien mais je vais faire une demande, OK ?

— Quel matériel ?

— Un monte-escalier à chenillette. Mais il faut être formé pour l'utiliser, en principe. C'est un dispositif compliqué, lourd. Nous ne le prêtons pas facilement. Je vais voir ce que je peux faire. »

Les mots ont du mal à sortir de ma bouche : « Merci. »

Elle nous sourit. Je me contente de déglutir.

Sur le trajet de retour à la chambre, nous n'échangeons pas un mot.

François

Je n'ai pas raconté à Ryan qu'Éléonore s'était tapé mon meilleur ami, celui-là même qui était venu me rendre visite quelques jours avant. Il est des choses que ma dignité ne peut supporter. Du retour de Léo dans ma vie, je ne lui ai pas dit grand-chose. Il en a conclu, un grand sourire dans la voix : « Elle est dingue de toi, mec, c'est tout ! »

Et je n'ai pas réussi à lui rendre son rictus mais je suis parvenu à faire semblant tous les jours qui ont suivi.

Ce soir cependant, alors qu'il m'allume une cigarette, il note ma contrariété.

« Ça ne va pas ? T'as pas décroché un mot depuis le dîner. »

Il fronce les sourcils : « T'as des douleurs ?

— Non. J'ai pas de douleurs.

— C'est la petite alors ? »

Il me lance un clin d'œil amusé. C'est ainsi qu'il appelle Éléonore. Il prétend que j'ai l'âge d'être son père mais qu'heureusement pour moi, je pourrais passer pour son grand frère.

« Je ne sais pas… ça me semble trop compliqué…

— Avec la petite ? Dis pas ça ! Ça ira mieux quand tu seras sorti de là. Vous reprendrez vos marques.

— Justement. Sortir de là, ça me semble être un parcours du combattant.

— Ah », lâche Ryan comme s'il savait exactement où je voulais en venir.

Il s'empare de mon paquet de cigarettes, en extrait une.

« Je peux ?

— Tu ne fumes pas.

— Je change mes habitudes, ce soir. »

La clope au bec, il manœuvre son fauteuil pour venir se placer à côté de moi face à la fenêtre ouverte. Il gèle. Ça ne nous dérange pas, au contraire. Ici nous sommes maintenus sous cloche, sous calmants, à une température de vingt-deux degrés. Si ça continue, nous deviendrons bientôt des légumes.

« Sortir d'ici, *c'est* un parcours du combattant », déclare Ryan.

L'étonnement me fait toussoter. Ryan poursuit, la fumée transformant sa voix : « Ici, on finit par l'oublier, mais tout est pensé pour nous. Tout est adapté, absolument tout : les couloirs, les interrupteurs, les lits, la salle de bains. Tu as des soignants partout, prêts à répondre à la moindre demande dans la minute. Vivre ici c'est une aubaine de tous les instants, et quand tu te retrouves dans la vraie vie, durant ta première permission, c'est une claque dans la gueule que tu te prends.

— Merci pour ton optimisme…

— Je te prépare, mec. La vie dehors n'est plus adaptée pour nous. Le moindre geste demande un effort colossal. Atteindre l'évier de la cuisine, ouvrir les portes, accéder à ton dressing, prendre une douche… Et puis tu te rends compte que la vie a continué sans toi, que chacun a repris sa place dans le monde et que toi, tu n'as plus de place nulle part.

— C'était pas ce que je voulais entendre… »

Il m'ignore, poursuit : « C'est pendant ma première permission que j'ai découvert que ma nana, qui venait juste de me quitter, fréquentait un nouveau type. Tu sais comment je l'ai su ? Les gants en cuir dans l'entrée. Il les avait oubliés.

— Merde…

— Elle avait mis une annonce pour vendre l'appartement. On avait décidé que c'était mieux ainsi. Alors elle avait commencé à repeindre le salon, elle avait décroché nos cadres photo, rangé les bibelots. Et mon gosse… Mon gosse avait pris cinq centimètres. Il avait de nouvelles passions : le judo et Teddy Riner, en gros plan, accroché au mur de sa chambre. Il avait abandonné les Duplo, avait un lit de grand, flambant neuf. Qu'est-ce que tu veux… la vie avait continué pour eux. Je ne pouvais pas les en blâmer. »

Il se tait. Je ne sais que dire.

« La fois suivante, j'ai préféré aller chez mes parents. Ensuite elle a vendu l'appartement, alors… »

Un geste désinvolte de la main. Il tire plus fort sur sa clope.

« Mais tu sais quoi ? Toi c'est différent. Toi t'as la petite qui s'accroche, qui continue de venir te voir même si tu es le pire des connards.

— Merci, c'est sympa…

— Faut que tu fasses attention, mec… Faut que tu te contiennes, que tu essaies de lui rendre la vie moins dure. »

C'est Ryan qui me dit cela, alors je ravale ma fierté. Je la ferme.

« Et faut que tu fasses attention à ne pas finir comme moi.

— Qu'est-ce que tu veux dire ?

— J'ai pas eu les couilles de me confronter à l'extérieur. J'ai préféré m'enfermer ici. Ça fait un an et demi. J'aurais pu partir il y a déjà sept mois, mais j'ai choisi de rester. J'ai décidé que je n'étais pas encore assez autonome pour l'extérieur, qu'il me fallait encore gagner en force. Alors voilà, je végète ici : kiné le matin, piscine l'après-midi, ping-pong ou basket avec les autres gars du centre le week-end. Les repas partagés tous ensemble, les soins à disposition en permanence… On s'y habitue. C'est plus doux que la vraie vie. La mienne en tout cas. Si tu n'y prends pas garde, tu resteras ici. Tu te contenteras de tes permissions, et le monde extérieur que tu rejettes, tes amis d'alors, tout va finir par s'effacer. »

Ryan écrase son mégot. C'est la première fois que je le vois si sérieux, lui qui cherche toujours à rendre les choses légères, à me faire sourire. Je lui donne une tape sur l'épaule. Nous restons ainsi, face à la nuit glaciale de février.

« Si je rentre à l'appartement, dis-je enfin en brisant le silence, tout deviendra plus concret.

— Le handicap ?

— Ouais. On ne pourra plus prétendre… Elle le prendra en pleine face. Il faudra m'aider à me transférer du lit au fauteuil, du fauteuil aux toilettes. Il faudra m'assister pour m'habiller, pour faire ma toilette, pour changer mes protections. Je ne peux rien faire seul.

— Oui, mais… si elle reste…

— Eh bien ?

— Tu sauras que c'est la bonne.

— Tu parles. Si elle reste, je ne pourrai jamais être certain que ce sera par amour. Elle pourrait rester par pitié, par compassion, par culpabilité… Et si c'était le cas, je préférerais encore…

— … *me foutre en l'air*, je sais », me coupe Ryan.

Un lourd silence s'installe dans la chambre.

« Alors quoi, c'est pile ou face cette permission ? Pile : je la dégoûte et elle se tire. Face : je lui fais pitié et elle reste ?

— Tu as une autre option : tu essaies le plus possible de rester le mec dont elle est tombée amoureuse. Tu sais, celui qui ne tirait pas la tronche à longueur de journée, qui n'envoyait pas valser les tables, qui la faisait rêver en récitant des vers sur scène, qui la faisait se sentir désirée, qui l'embrassait, la complimentait… Tu essaies de retrouver ce gars-là.

— Il a disparu. Je ne suis plus ce gars.

— Si. Derrière ce crâne ras, cet air aigri et buté, il reste encore un peu de toi. Promis.

— Va te faire voir !

— Toi aussi, frère. »

Il sourit. Moi aussi. Je ne peux pas m'en empêcher. Ryan a ce pouvoir…

Le froid a envahi toute la chambre. Ryan referme la fenêtre.

« Tu sais, dit-il, si elle se tire… on n'aura qu'à tenter le coup ensemble.

— Jamais de la vie.

— Je cuisine très mal mais je fais preuve de beaucoup d'exotisme au lit. J'aimais beaucoup expérimenter les…

— Tais-toi ! Par pitié ferme-la ! »

Il se marre. Je ne sais pas ce que serait ma vie sans Ryan, vraiment.

Éléonore

Camille m'appelle pour la troisième fois. Il me faut bien décrocher à la fin.

« Allô ? dis-je sans quitter l'ordinateur des yeux.

— Ohé la Lune, ici la Terre ! Qu'est-ce que tu fous ? Tu ne viens pas au Cherry Bar ?

— Plus tard peut-être… J'ai des trucs à régler.

— Mélanie doit nous présenter son nouveau mec ! Tu as oublié ?

— Ah… Oui… »

Devant mes yeux défilent les clichés grisâtres d'immeubles de banlieue. Drancy. Bobigny. Aulnay-sous-Bois. Sarcelles. Hors de prix. Sans âme. Adieu les façades haussmanniennes. Seuls quelques rez-de-chaussée sont disponibles pour un loyer acceptable.

« Tu as oublié ? Qu'est-ce que tu as en tête ?

— Hein ? »

Je zappe sur le deuxième onglet affiché sur l'écran de mon ordinateur. Ma boîte mail. J'attends une réponse au message de relance envoyé portant l'objet : *URGENT : emprunt chenillette monte-escalier*. Samedi, c'est dans quatre jours. Dans le troisième onglet, une vidéo YouTube.

« Léo ? Tout va bien ?

— Oui. Désolée, j'ai des tonnes de trucs à gérer. La permission de François, le déménagement…

— Quel déménagement ? s'étonne Camille.

— On ne s'en sortira pas ici. Plus rien n'est adapté à François.

— Vous allez vivre où ?

— Je ne sais pas… On n'obtiendra jamais un appartement en rez-de-chaussée répondant à toutes les normes PMR ici. On déménagera sans doute en banlieue…

— Merde !

— Ça va, dis-je avec une pointe d'exaspération, ce n'est pas le bout du monde.

— Non… Non, bien sûr. »

Un silence dans le combiné. Je sens que Camille réfléchit avant de formuler :

« Alors c'est reparti pour de bon ?

— Pardon ?

— Avec François… Tu… Tu es sûre de ton choix ? »

Je me crispe. Ma main clique frénétiquement sur la même annonce, faisant apparaître les dispositifs pour personnes à mobilité réduite de l'immeuble neuf de Sarcelles.

« C'est ça, ta vision de l'amour ? À la moindre difficulté on décampe ?

— Non ! s'empresse de répliquer Camille.

— On fera face à deux. C'est ainsi que fonctionnent les couples, tu sais. »

J'ai conscience que je joue sur la corde sensible, que je la pique là où ça fait mal. Camille, l'éternelle célibataire en mal d'amour.

« Va au moins voir les annonces que je t'ai envoyées, lâche-t-elle plus lourdement. Il y a un poste de chargé culturel pour une association que tu pourrais décrocher facilement…

— J'irai voir.

— Tu dis toujours ça et tu ne le fais pas.

— Je n'ai plus ta vie, Camille. J'ai d'autres priorités. »

Un silence tendu s'installe entre nous. Je me sens furieuse et lasse en même temps. Curieuse sensation.

« Ma priorité actuellement, c'est de porter François toute seule jusqu'au cinquième étage de notre immeuble sans y laisser notre peau à tous les deux. Le reste, le boulot, le nouveau mec de Mélanie, ça me passe au-dessus, tu vois… »

En entendant ma voix, j'ai l'impression d'entendre François. Je suis devenue comme lui. Je m'en prends à n'importe qui, injustement.

« Camille, désolée… Je suis juste épuisée.

— Pas de souci. On se rappellera plus tard, d'accord ?

— D'accord. »

Elle ajoute d'autres mots pour me souhaiter une bonne soirée. Elle raccroche vite, soulagée de s'éloigner de ma morosité.

Je me passe en boucle les vidéos trouvées sur le Net à propos des chenillettes monte-escalier électriques. Ce sont des engins qui à première vue ressemblent à de banales tondeuses à gazon, mais qui viennent s'accrocher au fauteuil roulant et lui permettent de gravir un escalier. Ce n'est qu'une histoire de manettes à descendre et de boutons à activer. Bien sûr, il faut un accompagnant pour guider la machine et intervenir en cas d'alarme ou de blocage, mais les roues actives font tout le travail. Chaque nouvelle vidéo m'enlève un poids : il suffira qu'on me montre une fois ou deux, ce n'est pas sorcier. On s'en sortira. Quelque chose se desserre dans ma poitrine. Je me lève, fais quelques pas dans le salon. Une notification m'annonce qu'un message vient d'arriver dans ma boîte mail. *RE : URGENT : emprunt chenillette monte-escalier*. Je le parcours en diagonale, mes yeux sautent les lignes. Je retiens quelques bribes : *Matériel très cher. Caution exigée. Deux mille cinq cents euros. Accord obtenu.*

Je fixe l'écran, incrédule, puis le salon sobrement décoré, un peu trop vide. Puisque François sera là ce week-end, je n'ai plus qu'à préparer son retour. *Puisque François sera là ce week-end…* Cette phrase me paraît surréaliste. Un faible sourire naît sur mes lèvres. Voilà, le plus dur est passé. L'alitement a pris fin, sa période suicidaire est derrière nous, il va revenir chez nous. Pour deux jours d'abord, puis pour toujours. Nous allons de l'avant. Je ne fais rien pour freiner ce soudain élan d'optimisme, ce soir j'ai envie d'être légère. Si j'installais son tourne-disque dans le salon ? J'ai récupéré une caisse à vin l'autre jour, en bas de l'immeuble, quelqu'un voulait la jeter. Elle pourrait faire office de support pour accueillir le tourne-disque et les vinyles… Au mur, j'accrocherais son affiche reprenant une citation de *Fight Club*, son film préféré de tous les temps. Elle dit : *Vous n'êtes pas exceptionnels, vous n'êtes pas un flocon de neige merveilleux et unique, vous êtes fait de la même substance organique pourrissante que tout le reste, nous sommes la merde de ce monde prête à servir à tout, nous appartenons tous au même tas d'humus en décomposition*. Je trouve qu'elle colle bien à François, cette citation. J'y retrouve son cynisme, son ton mordant et ironique, et derrière son assurance détachée une certaine lucidité humble. Isabelle lui avait interdit de l'afficher dans leur salon. Elle trônait aux toilettes. *Quel gâchis*, soupirait-il. Et moi, la peau encore frémissante de l'amour, la voix vibrant d'un espoir fou, j'avais déclaré : *Si un jour tu vis avec moi, tu auras le droit de la coller dans le salon. En triple si tu veux.* Il avait ri, n'avait rien répondu. Quand l'idée de s'installer avec moi l'avait-elle réellement habité ? Peu importe… Son poster de *Fight Club* sera là, et dans notre chambre j'accrocherai le second, celui qui dit : *Tu dois admettre qu'il est possible que Dieu ne t'aime pas du tout.* J'y ajouterai au stylo-bille : *Mais moi je t'aime !*

Je suis une adolescente amoureuse ce soir. J'installe ses affaires dans la salle de bains, sur le bord du lavabo : son parfum, son déodorant, son savon de Marseille, son rasoir, son fil dentaire. Je contemple le tout pour encore mieux réaliser : *Il sera là dans une poignée de jours, tout à moi.*

François

Elle découvrira les dégâts dans une poignée de jours. Ce qu'il reste de moi. Un corps faible, dépendant, qui tombe en décrépitude. Je crois que j'ai commis une erreur. J'aurais dû retourner vivre avec Isabelle. Elle me connaît par cœur. Elle a déjà sondé mes aspects les moins reluisants. Elle me sait insupportable, procrastinateur, colérique, susceptible. En neuf ans de mariage, nous avons traversé des crises, l'incompréhension, les périodes d'abstinence, les soucis de santé et les remises en question.

Surtout, Isa n'attend plus rien de moi. Je suis un mauvais mari, infidèle et versatile. Elle le sait. Elle a signé pour le meilleur et pour le pire. Elle aurait pris soin de moi sans s'émouvoir de l'état de mon corps. Je n'aurais pas eu peur de me montrer tel que je suis. Mais Léo… Léo m'aime autrement : homme, tout-puissant, dominant, conquérant. Léo n'aime rien de ce que je suis devenu. Ne l'aimera jamais.

26

Éléonore

Un nouveau rendez-vous avec Isabelle. Vais-je finir par m'y habituer ? C'est une sensation toujours aussi étrange de me trouver face à elle. Cette fois, nous ne nous rencontrons pas à l'improviste sur le palier de mon appartement. Nous avons un vrai rendez-vous dans un troquet en bas de chez elle, tout près de l'endroit où j'ai garé le camion de déménagement un matin de novembre. Elle avait alors donné un coup dans le rétroviseur en passant à ma hauteur. Il me semble que nous en sommes maintenant à des années-lumière.

Isabelle est déjà là quand j'arrive et elle m'adresse un signe de la main. Nous nous claquons une bise. C'est la première fois. Elle a commandé deux cafés. Le mien est encore chaud. Je me demande ce que dirait François s'il nous voyait ainsi, l'une en face de l'autre dans ce troquet. Elle porte une chemise noire, agrémentée de boutons dorés. J'ai encore sur moi l'affreuse polaire du Coccimarket que je viens de quitter. Isabelle est élégante et parfumée, je suis négligée et épuisée, mais souriante. Dans quelques heures, je serai face à François au centre de Garches et je pourrai lui dire : *On y va ? On rentre à la maison ?*

J'espère avoir le temps de me changer avant cela, de me laver les cheveux et de passer un peu de mascara sur mes cils. Isabelle pousse au milieu de la table un trousseau de clés. L'objet de notre rencontre en ce samedi matin.

« Vous ferez attention, la boîte de vitesses est capricieuse. La marche arrière a du mal à passer et la cinquième est carrément difficile. Pour le reste, vous avez une caméra de recul qui vous aidera. Ça ira ?

— Oui.

— Vous êtes sûre que le coffre sera assez grand pour contenir le fauteuil ?

— Au centre on m'a dit que oui.

— Bien. »

Une virée en voiture tous les deux, ce sera mieux qu'un trajet en véhicule médicalisé. Je ne sais pas ce que nous ferions sans Isabelle… Je suis soulagée que François ait accepté de reprendre contact avec elle et lui ait offert des fleurs.

Elle recule sur sa chaise et m'observe distraitement tandis que je bois mon café sans sucre, trop amer.

« Ça va mieux, non ? On dirait qu'il remonte la pente, dit-elle enfin.

— Je crois, oui.

— La permission lui fera du bien.

— J'espère.

— Vous avez pu trouver un arrangement avec votre employeur pour le week-end ?

— Pas vraiment. Je vais devoir travailler dimanche matin. »

Un sourcillement de contrariété traverse le visage d'Isabelle.

« Je terminerai à treize heures. Je me disais… si vous voulez passer déjeuner avec nous… »

Je n'ose pas la regarder dans les yeux en le lui proposant. Je fixe ma tasse mais je la vois sourire d'un air désabusé. Oui, cette invitation est totalement malvenue, mais c'est une façon de la remercier pour la voiture et pour le reste. Et puis, cette situation nous dépasse tous les trois.

« C'est gentil mais je suis très occupée ce week-end. »

Elle n'ajoute rien. Je termine mon café. Elle demande déjà l'addition. Je crois que c'était maladroit et stupide. Je fais ce que je peux…

François

Cette scène est improbable, incroyable. Léo et moi à l'avant de ma voiture, filant sur une nationale dégagée. Tout autour, des champs à perte de vue. Un ciel bleu-gris de février. Le vent s'engouffre dans l'habitacle. Il est glacial mais Léo ne dit rien, elle me laisse avec ma fenêtre grande ouverte. J'ai tellement besoin de vent sur ma peau, de froid, de quelque chose qui me fasse me sentir vivant. Je savoure cette sensation qui pique, qui fouette, qui fait monter les larmes aux yeux.

À côté de moi, Léo conduit, le dos bien droit, les mains plaquées sur le volant. Elle est concentrée, je le vois au sérieux de son visage.

« Tu ne démolis pas ma caisse, hein ? »

Je sais que c'est exactement ce qu'elle redoute. Je l'imagine devoir annoncer à Isa qu'elle a bousillé sa Megane. Je souris. Ça fait bien longtemps que ça ne m'était pas arrivé. Elle sourit aussi, effleure mon genou. Bon Dieu comme j'ai été con. Ces dernières heures, j'ai redouté de toutes mes forces cette permission et maintenant je suis heureux de la vivre. Peut-être que c'est tout ce qu'il me fallait, justement : un trajet en voiture, juste Léo et moi. M'évader du centre, sentir la vitesse, le moteur qui vrombit, revoir les arbres, le ciel vaste, et non pas limité au cadre d'une fenêtre, avoir Léo à côté de moi, sa minuscule main posée sur ma cuisse. Elle s'est parfumée. Son *Poison*. Elle a les cheveux à peine secs. Ils sentent la rose musquée, l'odeur de son shampoing. Combien de fois l'ai-je respirée pendant que mes mains agrippaient Léo, pendant que je me perdais en elle… Rien que d'y penser, j'ai envie de lui faire l'amour. Je ne sais pas comment on fait l'amour maintenant, dans mon état, mais nous aurons vingt-quatre heures pour le découvrir, tâtonner, nous retrouver.

J'ai été con. Ryan s'est trompé. Cette permission, ce n'est pas une claque dans la gueule, c'est une respiration. Une grande bouffée d'air. Je pose ma main sur sa nuque, sous ses cheveux. Elle frissonne.

« Je suis content que tu m'aies enlevé, Mini. »

Elle sourit sans quitter la route des yeux. Je l'aime.

Éléonore

Il a l'air heureux. J'ai tellement peur que ça disparaisse, cette lueur au fond de ses yeux, que je n'ose rien dire, rien faire. Je fixe la route. Je fais attention aux limitations de vitesse. Des chiffres à surveiller sur le compteur, c'est tangible, c'est rassurant, ça me maintient les pieds sur terre, ça m'empêche de m'envoler dans les étoiles. N'empêche, il a l'air heureux…

François

D'habitude, les embouteillages à l'entrée de Paris, ça me fait râler. Pas cette fois. Même si c'est gris et moche, même si ça klaxonne et que ça pue les gaz d'échappement, ça a quelque chose d'excitant. C'est la vie qui grouille avec impatience. Léo reste concentrée, le regard rivé sur le compteur. J'ai envie de rire.

Dans Paris, je retrouve les façades haussmanniennes, les grandes avenues et leurs carrefours engorgés, les bistrots, les kiosques à journaux. Il me semble que j'ai quitté ce monde il y a des millénaires. C'est beau, Paris. Voilà ce que je dis à Léo, dont les épaules semblent s'affaisser.

« C'est cher, Paris… Je ne crois pas qu'on pourra rester.

— C'est pas grave, Mini, on se plaira ailleurs. »

Elle me dévisage, étonnée. Rien ne viendra gâcher mon week-end, je me l'interdis.

« Continue ! je lui ordonne tandis qu'elle ralentit en arrivant dans notre rue.

— Où ça ?

— Continue, peu importe ! »

Alors nous roulons dans la capitale, toutes fenêtres ouvertes. Mes yeux attrapent tout : le vol des pigeons, les terrasses couvertes qui commencent à se remplir, le stand du fleuriste à l'angle de notre rue, les grilles du parc, le sommet du temple de la Sibylle… et les coups d'œil furtifs que Léo me lance sans cesse, comme si elle peinait à croire que je suis bien là.

Éléonore

C'est là que ça va se compliquer, je le sens. Impossible de trouver une place dans notre rue. Je suis obligée de me garer plus loin, dans une ruelle minuscule au trottoir cabossé. Je peine à glisser le fauteuil entre la voiture et la façade. C'est trop étroit. Je suis obligée de refaire mon créneau moins serré, en débordant légèrement sur la chaussée. Puis il faut aider François à s'extirper. Il n'a pas encore la force de le faire tout seul. Il prend appui sur mon épaule, se soulève en étouffant un gémissement. C'est laborieux mais nous y arrivons : François est installé dans son fauteuil. Je sais que nous ne sommes, hélas, pas au bout de nos peines. Il faut que je le pousse jusqu'à notre immeuble. Il n'a pas encore la dextérité pour monter et descendre seul les trottoirs, et il faut faire face aux obstacles qui jonchent le parcours : poubelles, encombrants en tout genre. Ici un canapé usagé, là des étagères cassées, une chaise de bureau éventrée… Je les déplace, les contourne quand ce n'est pas possible. Je fais vite. J'ai peur qu'il perde patience, qu'il me demande d'abandonner, de le raccompagner au centre, mais il prend sur lui. Il me regarde pousser toutes ces choses, l'impuissance c'est ça : ce regard désemparé.

Lorsque nous arrivons enfin devant l'immeuble, je l'abandonne là avec son sac de voyage. Je retourne à la voiture pour prendre le monte-escalier. L'engin pèse quarante kilos et me laisse en sueur, essoufflée, devant la porte de notre bâtiment.

« Tu vas y arriver, Mini ? »

Il est plein de douceur. Et pourtant je reste crispée. C'est là que se joue la partie la plus difficile. Au centre de Garches, un technicien m'a montré comment actionner la machine, la guider. Tout était simple : coincer le fauteuil à l'emplacement prévu à cet effet dans le monte-charge, abaisser la manette pour qu'il s'y encastre et ne puisse plus bouger, actionner le bouton pour mettre en action la chenillette. L'engin a grimpé les marches, a supporté le poids de François et de son fauteuil. Je n'étais là qu'en appui, afin de contrôler les boutons, la vitesse… Sous le regard attentif du technicien, j'ai fait un sans-faute. Mais ce n'était qu'une volée d'escalier droit. Aujourd'hui c'est différent. Ce sont cinq étages avec un palier entre chaque niveau. En cas de problème, il n'y aura aucun technicien pour me venir en aide.

« On a tout notre temps, d'accord ?

— Oui. »

Il pose sa main sur mon poignet. Ça fait des mois que je ne l'ai pas vu si prévenant. Mais je suis trop tendue pour l'apprécier.

« Si c'est possible, évite de me faire dévaler les cinq étages… Je crois que j'ai assez morflé pour le reste de ma vie. »

Il sourit. Moi non. J'ai les mains qui tremblent et la gorge sèche.

L'appareil me fait une frayeur en atteignant le premier palier : un voyant orange s'allume. La batterie ? *Ne me dites pas qu'ils ne l'ont pas rechargée avant de me le prêter !* Mon sang se glace, mais en me baissant je m'aperçois que le voyant en question n'est pas celui de la batterie. Il s'agit du capteur électronique d'inclinaison incluant le régulateur de vitesse : le bouton m'indique que j'ai atteint la vitesse maximale. Bon. J'essuie la sueur à mon front. On va la jouer prudente. Je réduis la vitesse et nous repartons pour l'étage suivant.

Si François est stressé, il ne fait aucun commentaire de toute la montée. Il se contente de me demander si tout va bien quand il entend ma respiration plus forte, dans son dos.

« Ça va. Je crois que je vais te ramener en un seul morceau au centre.

— Cool… »

C'est avec un soulagement infini que nous atteignons le cinquième palier. Je m'autorise à respirer normalement. J'ai tellement stressé que je suis en nage. Mon pull colle à ma peau. Il me faudra une douche. Qu'importe. Nous nous trouvons tous les deux face à notre porte d'entrée. La dernière fois, nous étions accompagnés de l'agent immobilier. Le nom sur la sonnette était celui des précédents locataires. François avait les deux mains dans ses poches, moi mon bras passé sous le sien. Nous étions le cliché du jeune couple d'amoureux qui concrétise un rêve :

s'offrir un nid douillet. L'image que nous renvoyons aujourd'hui est sans doute moins attrayante mais notre émotion n'est pas moins forte.

« Te voilà chez nous. »

Bien sûr, avant d'insérer la clé dans la serrure et d'ouvrir la porte, il me faut libérer le fauteuil de François de la machine, actionner boutons et manettes, vérifier les voyants. Tout est nouveau. Tout nous prend un temps infini. Plus de place pour la spontanéité, pour l'improvisation. Nous nous habituerons, j'imagine. Enfin, j'ouvre la porte et je m'écarte pour laisser entrer François.

« Bienvenue ! »

François

Elle habite seule dans cet appartement depuis quatre mois. Pourtant, dès que je pénètre dans le salon, je réalise que j'étais là, auprès d'elle, tout ce temps. Elle m'attendait.

Sur un des murs du salon, elle a accroché mon affiche fétiche, celle avec la citation de *Fight Club* qu'Isabelle m'avait interdit de mettre chez nous. Plus loin, le tourne-disque et ma collection de vinyles sur une caisse à vin. Au milieu du canapé, elle a fait l'effort d'ajouter à ses coussins en plume un vieux plaid écossais dont je n'ai jamais réussi à me séparer. Il est bouffé aux mites mais elle l'a déposé là pour me montrer que j'ai ma place ici, moi et mon passé dépareillé. Il y a d'autres détails, infimes, mais qui ne trompent pas : mon cendrier sur le rebord d'une des fenêtres, estampillé « putain de vice », sans doute sorti d'un de mes innombrables cartons. Mon service à café, exposé dans l'armoire vitrée. Une statuette représentant un corps de femme nu, achetée à un ami artiste d'Isabelle. Chaque fragment de moi qu'elle a mêlé aux siens, dans cet appartement où je n'ai jamais habité, me touche plus que je ne m'y attendais. Ce sont des rappels de tout ce qu'elle a fait. Elle ne s'est pas contentée de me rendre visite au centre de rééducation, d'essuyer mes colères en silence. Elle a sorti mon passé de mes cartons, mêlé mes souvenirs aux siens, préparé notre nid en attendant mon retour. Elle a fait de cet endroit un refuge pour les jours à venir, qui ne seront pas tous roses, mais elle a accepté de les passer à mes côtés. Tout à coup je comprends son obstination face à l'assistante sociale qui nous suggérait de passer deux jours à l'hôtel. Son obstination à faire fonctionner ce satané monte-charge. Il fallait que je voie ça…

Je me suis arrêté près d'une fenêtre. J'embrasse du regard la pièce à vivre. Je sais que le reste de l'appartement sera à l'avenant, que mon peignoir sera propre, pendu derrière la porte de la salle de bains, qu'elle aura installé des coussins supplémentaires de mon côté du lit pour rendre ma nuit plus confortable, que ma tasse préférée sera posée sur le plan de travail de la cuisine, prête à accueillir mon café.

« Ça te plaît ? »

Elle m'observe avec appréhension, en se mordillant la lèvre.

« Viens là. »

Je lui désigne mes jambes pour qu'elle vienne s'y jucher. Elle avance timidement.

« T'es sûr ? Je ne risque pas de… te faire mal ?

— Tu pourrais m'amputer à la hache que je ne sentirais rien. Viens. »

Elle fait preuve de retenue en s'installant au creux de moi. Je l'enlace de mes bras, enfouis mon nez dans son cou.

« Merci d'avoir fait ça.

— C'est rien. Trois fois rien. »

J'embrasse son cou. Je ne trouve pas les mots. Plus tard me reviendront en tête ceux de Sylvie Germain dans son roman *Petites scènes capitales* : *Les petits riens ne sont jamais insignifiants, la beauté foisonne dans l'infime.* Ce baiser sur la peau moite de Léo, c'est une façon plus pudique de le lui dire.

27

Éléonore

« Je dois faire une course. Il me manque le beurre pour ma recette de ce soir et un peu de vin. Je me dépêche, d'accord ? J'en ai pour vingt minutes.

— Tu ne vas pas au Cocci d'en bas ?

— Non. Je préfère ne pas croiser mes chers amis Ali et Hamza sur mon temps de repos. Ce sera bien suffisant de me les coltiner demain matin ! »

J'esquisse un sourire amusé mais François n'est pas dupe. Il fume près de la fenêtre. Il regarde le parc, il ne s'en lasse pas.

« Ça se passe si mal que ça ? dit-il.

— Non… »

Ma voix manque de conviction. L'autre jour, ils m'ont presque accusée de vol parce qu'il manquait vingt euros dans la caisse. Il a fallu deux jours avant que Ali avoue les avoir pris. J'ai la boule au ventre en arrivant le matin. Je recommence à consulter les annonces de petits boulots. Si François et moi déménageons dans un logement plus adapté, en dehors de Paris, au moins je quitterai la supérette… C'est la seule chose qui me motive dans ce projet de déménagement.

« Si ça se passe si mal tu devrais démissionner. »

Ma mère m'a suggéré la même chose au téléphone l'autre jour. Elle a ajouté, la voix pleine d'espoir : « Tu sais, tu pourrais prendre la place vacante à la boulangerie. Ton père te paierait plus que généreusement et on serait heureux de t'avoir avec nous… Tu pourrais prendre le TGV pour aller à Garches sur tes jours de repos. Ici, tu te reposerais. » J'ai coupé court immédiatement. Ma vie est ici. François, mes amies… Elle n'a pas insisté.

« Je ne vais pas démissionner, je suis plus tenace qu'ils ne le pensent ! »

Je dépose un baiser sur ses lèvres pour l'empêcher de répliquer. La fumée de sa cigarette se mélange à mon souffle.

« Sois sage ! » j'ajoute.

Je disparais en claquant la porte.

Je descends les escaliers avec un sourire léger. Ça se passe mieux que je ne l'avais imaginé. Malgré tous les obstacles qui se présentent à lui dans l'appartement, François est resté calme et détaché. Pourtant, il ne peut entrer ni dans la cuisine ni dans la salle de bains, l'espace est trop étroit. Il n'a accès à aucun évier, ne peut pas se nourrir lui-même. La chambre lui est accessible mais pas la penderie. Certes, je n'ai pas envie de croiser Hamza et Ali, mais ces courses dans une supérette plus lointaine ont surtout pour but de lui laisser du temps et de l'intimité : réaliser ses autosondages, faire ses soins, se rafraîchir au gant grâce à la cuvette que je lui ai laissée dans le salon…

François est fier. Je veux respecter sa dignité. Je ferai en sorte de lui laisser de l'espace.

Sur le trottoir je suis cueillie par le soleil de février qui réchauffe l'air. C'est une jolie journée. Nous pourrions nous promener dans le parc, mais il faudrait affronter les escaliers, la chenillette et le regard des autres. Il n'est pas encore prêt, je le sens. Peu importe, nous sommes bien, chez nous, à l'abri du reste du monde. Je traverse la rue en souriant comme une enfant. Je me poste à l'entrée du parc, devant les grilles. Je sais qu'il est encore en train de fumer à la fenêtre. Je lève la tête et croise sa silhouette qui se découpe sur la façade, au cinquième. Je lui adresse un coucou. Il me répond. Nous restons ainsi à nous sourire, lui là-haut, entouré de sa fumée, moi en bas, ballottée par les allées et venues des promeneurs. Puis il tapote son poignet pour m'indiquer que le temps passe. *Oui, mon amour, je file faire les courses.* Je ne sais pas s'il lit sur mes lèvres. Je lui envoie un baiser et je me sauve, le pas sautillant.

Je lui ai raconté le parc des Buttes-Chaumont, les habitués, mes théories sur chacun d'eux, la vie et la personnalité que je leur ai inventées.

« Tu devrais écrire un livre ! » a-t-il déclaré.

J'ai levé les yeux au ciel.

« Au milieu de la réserve ? Entre deux inventaires ? »

Elle est bien loin, cette idée farfelue d'écrire des scènes de vie. Envolée depuis des semaines.

À la supérette, je prends mon temps, je fais durer l'attente exquise avant de rentrer, de le retrouver chez nous. C'est si bon de savoir qu'il est là.

Je me fais conseiller par un vendeur pour le vin. J'achète un bourgogne, un Passetoutgrain. Une valeur sûre, d'après l'employé. J'ajoute à mon panier du beurre pour un crumble et des oignons pour mon tajine de poulet. Je ne sais pas ce que ça va donner, je n'ai jamais cuisiné de tajine, mais j'ai envie d'offrir à François un dîner digne de ce nom.

Sur le retour, je m'arrête à un kiosque de fleuriste. J'achète six tulipes, juste parce que je suis heureuse.

Je lui passe un coup de fil.

« Je rentre, tu as besoin de quelque chose à quoi je n'aurais pas pensé ? »

Je veux juste m'assurer qu'il a eu le temps nécessaire pour faire ce qu'il devait faire, que je ne le prenne pas par surprise.

« Non. Je t'attends.

— Bon. Alors j'arrive. »

De retour dans notre immeuble, je grimpe les marches avec l'impatience d'une jeune fille de douze ans.

Il a dû faire un brin de toilette. Il a changé de tenue, sent le savon de Marseille. Je dépose mes courses dans la cuisine. Le jour tombe. Je vais devoir me mettre aux fourneaux si nous voulons dîner avant vingt-deux heures. Mon tajine doit mijoter une heure.

« Tu as besoin d'aide ? » me demande François.

Alors j'installe l'atelier cuisine dans le salon, sur notre table à manger. Planche à découper, saladier, couteaux, épices.

« Tu peux te charger des oignons ? »

Il choisit un vinyle – Gainsbourg – et nous nous mettons au travail tous les deux, au son de la voix rocailleuse, tandis que la nuit tombe sur les Buttes-Chaumont.

François

La question de notre intimité ne vient pas troubler nos retrouvailles jusqu'à l'heure du coucher. Nous l'évitons soigneusement, la laissant de côté. Il y a tant d'autres choses à faire : notamment la bouffer du regard tandis qu'elle se donne tant de mal pour moi. Elle découpe les carottes avec application, plisse les yeux devant sa recette de tajine, se mordille les lèvres, fait des allers-retours en cuisine pour surveiller la cuisson des ailes de poulet. Une odeur délicieuse envahit l'appartement. Nous faisons taire Gainsbourg et donnons voix aux Rita Mitsouko. Léo m'aide à m'installer sur le canapé – je progresse pour mes transferts. Elle allume une bougie.

« Je vais me changer, je reviens. »

Elle réapparaît avec une robe noire et du rouge sur les lèvres. Pourtant, il n'est pas encore temps de nous redécouvrir. Elle veut aborder un sujet qui la tracasse, qui assombrit son visage : l'appartement qui n'est pas adapté. Un autre logement à chercher. S'éloigner de Paris. Les annonces qu'elle a trouvées. Elle apporte son ordinateur sur le canapé, le dépose entre nous.

« Ce n'est pas le quartier des Buttes-Chaumont… »

Elle fait défiler les annonces qu'elle a sauvegardées en favoris. Des barres d'immeubles de banlieue, des parkings bétonnés, des logements récents sans âme : sans parquet, sans moulures ni cheminée. Du carrelage blanc, froid, des rampes d'accès dans la salle de bains et dans les toilettes. Du fonctionnel. Dans le plus luxueux, un rez-de-jardin minuscule, entouré de haies si hautes que le soleil ne doit même pas s'y glisser.

« Qu'est-ce que t'en dis ? » demande-t-elle avec appréhension.

J'en dis que c'est à cause de moi si on en est là, à chercher un logement sans âme avec siège de douche et interrupteurs au ras du sol, dans une banlieue misérable, j'en dis que Léo se donne bien assez de mal pour me satisfaire, qu'elle est si belle dans sa robe noire, avec ses lèvres écarlates. Alors je m'entends répondre : « Ça n'est pas si mal.

— Tu crois qu'on pourrait s'y faire ?

— On s'y fera. Si j'ai du tajine tous les soirs et une femme aussi sexy, je me ferai à tout. »

Je pose une main dans son cou, la fais glisser sur son sein. Elle se lève précipitamment.

« Je vais nous chercher du vin. »

Il n'est pas encore temps.

Nous sommes un peu ivres quand nous passons à table. J'ai du mal à me transférer dans le fauteuil. Nous nous y reprenons à quatre fois. Le tourne-disque se tait, remplacé par le bruit des couverts. Le tajine est délicieux. Le crumble aussi. Nous buvons encore. Étrangement, je prends du plaisir à lui parler du centre de rééducation : Ryan et son môme Marlon, son ex-femme, que j'ai croisée la semaine dernière, aussi agréable qu'une porte de prison, Elsa et sa douceur, le kiné. C'est ma vie maintenant. Je le réalise. Je n'ai pas envie de parler de la bande, d'Antoine, de Sofiane, de Coco, d'aucun d'eux. Je n'ai aucune envie d'évoquer ma vie d'avant : le théâtre, la troupe, ce que j'ai manqué. Une fracture a eu lieu. Et Léo semble se trouver de l'autre côté de la fissure, avec moi. Sa vie à elle a aussi radicalement changé. Elle s'est éloignée des salles de théâtre qu'elle a arpentées aux côtés de Camille ces dernières années, elle passe son temps dans l'arrière-boutique d'une supérette, parcourt désormais les annonces de logements de banlieue et se forme au fonctionnement des chenillettes monte-escalier. Léo n'a plus rien en commun avec la bande, elle non plus. Je suppose qu'elle n'a plus de nouvelles depuis son dérapage avec Antoine… Qu'elle n'ose plus en prendre. Antoine et Léo… Je ne veux pas y penser maintenant.

Nous ne débarrassons pas le dîner. Nous laissons tout en plan. Nous sommes épuisés tous les deux et un peu fébriles. L'heure de vérité approche. Pour moi, en tout cas. J'y pense depuis qu'on m'a parlé de cette permission. Est-ce que j'en suis encore capable ? Est-ce que mon corps va répondre ? Dois-je tirer un trait sur ça, en plus du reste ? Et Léo, est-ce qu'elle y songe autant que moi ? J'ai vu un sexologue à Garches. Il m'a prescrit des pilules de Viagra. Il paraît que je peux encore bander. Elle s'enferme dans la salle de bains, me laisse la chambre pour effectuer mes soins : toilette, vérification de ma peau pour prévenir l'apparition d'escarres. Elsa m'a fourni un miroir que je garde toujours avec moi, dans ma trousse de toilette, afin de pouvoir examiner les endroits les moins accessibles. Il me faut ensuite enduire mes jambes et mes pieds de crème pour éviter que la peau ne se dessèche et ne devienne un terrain propice aux plaies. Tous ces gestes sont déjà devenus des automatismes. Je ne m'étonne plus de toucher ces membres qui me semblent être ceux d'un autre, privés de sensibilité. Des jambes moches, maigres, pâles. Je ne les aime pas. Je les soigne parce qu'il le faut, c'est tout.

J'avale la pilule bleue avec fébrilité. Je garde la vidange de ma vessie pour la fin. L'autosondage que je maîtrise maintenant à la perfection. Je n'ai plus de fuites. Malgré tout, par précaution, je glisse une serviette sur mon côté du lit avant de me transférer. Léo reste une éternité dans la salle de bains. Je sais bien ce qu'elle fait : elle me laisse sauver ma dignité… Ou ce qu'il en reste.

Ce n'est pas si difficile, finalement. Une fois que Léo s'est allongée sur le lit, à mes côtés, l'obscurité nous engloutit et je retrouve mes réflexes d'antan. Mes mains cherchent sa peau, ma bouche son cou. Je n'ai plus la même capacité à me mouvoir, à fondre mon corps dans le sien, je ne peux plus la faire rouler, l'écraser sous mon poids, mais mon envie est intacte : m'emparer d'elle. Ni la douleur, ni l'alitement, ni les soins ou les humiliations n'ont entaché ma soif d'elle. Je suis heureux de le constater.

« On n'est pas forcés, tu sais… », chuchote-t-elle.

Je plaque ma main contre sa bouche avant qu'elle n'en dise davantage. De mon autre main, je presse ses seins. Trop fort. Elle ne dit rien. Avant elle aimait avoir un peu mal. Mais maintenant ? Je crois que nous avons eu notre lot de douleurs tous les deux…

Éléonore

Le café coule dans ma tasse. Je me laisse bercer par le ronron de la machine. Les effluves envahissent la cuisine, me ramènent à la réalité. J'étouffe un bâillement. Il est tôt. J'ai laissé François endormi. Il n'a pas cillé quand je me suis levée. Dans une poignée de minutes, je devrai lever les grilles de la supérette, désactiver l'alarme, allumer le chauffage qu'ils s'obstinent à éteindre chaque nuit et me mettre au travail dans la réserve, par dix degrés. Mais pour l'instant je profite encore un peu de la torpeur, du silence.

Les images de la soirée me reviennent en tête. Je n'attendais rien de cette nuit. Nous avions déjà bien assez à réapprendre sans vouloir retrouver une vie intime. Nous aurions pu attendre des semaines, des mois même. C'est François qui a insisté, qui a commencé à me caresser. Ses gestes étaient différents, moins empressés, parfois même hésitants. Il semblait en permanence chercher un équilibre entre son ardeur d'alors et une douceur mal maîtrisée. C'était étrange. C'était lui et ce n'était plus lui. Il y avait tant de maladresse entre nous. Je ne savais plus que faire, comment le faire. Ce corps, je ne le connaissais pas. Il était amaigri, différent au toucher. Surtout, je ne savais plus comment il réagissait.

« Branle-moi. »

Je me suis exécutée, étrangement détachée. Il est devenu dur sous ma main, comme avant. Cela aurait dû me rassurer, m'encourager, attiser mon plaisir, même, mais tout était si étrange… Il ne percevait pas mes caresses. Son excitation était purement physique, mécanique. Elle n'avait pas pris possession de son esprit. Elle ne le rendait pas balbutiant, moite, essoufflé. Une érection réflexe, rien de plus.

« Tu vois, j'y arrive encore. »

Il y avait une certaine jubilation dans sa voix.

« Tu vois…

— Oui.

— Grimpe sur moi.

— Je ne sais pas… Tu es sûr ? »

J'avais peur de le blesser, de malmener ses jambes ou ses vertèbres sans qu'il s'en aperçoive. Et puis, je ne ressentais pas vraiment l'effet de ses caresses. Il me touchait comme il avait appris à le faire, mais sans âme, sans fièvre, avec une obstination maladive. Il voulait se rassurer, se prouver qu'il pouvait encore me posséder. Rien de plus.

« Grimpe sur moi, Léo. Je veux être en toi.

— Et si je te blessais ?

— Je ne sens rien, je te l'ai dit.

— Justement. Un mauvais geste et je pourrais te déplacer quelque chose.

— Putain, Léo ! Tu ne t'es pas fait autant prier avec Antoine, hein ? »

J'étais certaine qu'il finirait par y faire allusion. Je n'avais pas envie d'entamer une dispute alors que la journée s'était écoulée sans accroc. Alors j'ai essayé. Je me suis mise à califourchon sur lui, j'ai tenté de nous unir. J'aurais fait bien plus encore pour qu'il s'endorme apaisé. Mais l'érection n'a pas tenu. Elle s'est évanouie avant même que je ne parvienne à l'accueillir en moi. Je me suis acharnée encore quelques minutes, jusqu'à me rendre à l'évidence.

« Ça ne marche pas… C'est… Tu ne réagis plus… »

Il m'a repoussée. Je suis retombée de mon côté du lit. Le silence s'est opacifié autour de nous.

« Je suis désolée… »

Les minutes ont défilé. C'était affreux, ce silence et cette obscurité pesant sur nous. J'avais envie de pleurer. Peut-être que lui aussi.

« On a tout notre temps pour réapprendre…

— Je voulais juste te faire jouir. »

Cette voix. Ce ton. Il était dévasté. J'ai pris sa main, je l'ai serrée très fort. Il a ajouté : « Laisse-moi te faire jouir… je t'en supplie… »

Dans la cuisine, j'éteins la machine à café, récupère ma tasse. Je me rends dans le salon, où traînent encore les vestiges de notre dîner de la veille. Je vais me poster à la fenêtre. La joggeuse aux tenues fluo est là. Pourquoi court-elle à six heures trente tous les matins, même le dimanche ? Fuit-elle le lit d'un amant tyrannique ? D'un mari insatisfait ? Essaie-t-elle d'échapper aux caresses insistantes ?

J'ai beau essayer d'effacer les images de cette nuit, j'y reviens toujours. La voix de François m'a semblé si désespérée que j'ai fait ce qu'il me suppliait de faire. Je l'ai laissé glisser sa main entre mes jambes. Je l'ai laissé me faire jouir. Il a fallu du temps mais il m'a caressée si longtemps, si obstinément, qu'il a fini par obtenir de moi un orgasme… Petit. Sans goût.

Il a contenu mes spasmes, m'a serrée contre lui très fort.

« C'était bon ? »

Il semblait rassuré, sa main contre mon sexe brûlant. Son ego pouvait s'endormir tranquille. Moi, je fixais le noir de la chambre, réalisant que je venais de faire l'expérience d'un plaisir purement physique, sans envoûtement. Si mon corps se détendait, encore frémissant, mon cœur était lourd et ma bouche emplie d'un goût amer. Mon sexe s'était déconnecté de mon esprit. Comme François.

Je termine mon café et je m'attache rapidement les cheveux avant d'enfiler ma polaire hideuse. Puis, avant de partir, je lui laisse un mot sur la table : *Je m'occupe du repas. À tout à l'heure. Je t'aime.*

Je crois que, tout compte fait, je suis soulagée d'aller travailler ce matin. La nuit m'a laissé un étrange sentiment de malaise.

François

« Alors ? Tu ne racontes pas ? Comment ça a été ? »

Ryan est assis bien droit dans son lit, télécommande à la main. À la télévision, une émission littéraire. La preuve qu'il ne regarde ni n'écoute. Il n'a qu'une hâte : entendre le récit de mon week-end. Il a patienté le temps que je dépose mon sac sur mon lit, que je commence à déballer mes affaires. Mais sa patience a des limites.

« C'était comment ?
— Bien.
— Bien ? »

Je le sens qui me dévisage. Je suis incapable de faire le bilan de ce week-end. Samedi j'ai été heureux, juste heureux. Dimanche, je me suis senti triste, d'une tristesse lancinante. La perspective du retour au centre a terni cette dernière journée, mais pas seulement. La distance de Léo y a été pour beaucoup. Je n'ai pas compris pourquoi elle était si raide, si maladroite. Ses sourires sonnaient faux. Peut-être à cause de la nuit et de mon insistance. J'ai cru que j'avais fait ce qu'il fallait. J'ai cru qu'à défaut de pouvoir baiser comme avant, je devais au moins la satisfaire, lui donner du plaisir, peu importait le moyen... Peut-être qu'elle n'en avait pas envie, que le moindre contact avec mon corps amaigri la rebute, maintenant. Même mes mains. Pourtant elle a joui. Je l'ai senti dans tout son corps. Elle n'a pas pu mentir. Est-ce qu'elle a pensé à un autre pour jouir ? À Antoine ?

« T'inquiète pas, reprend Ryan qui ne peut jamais la fermer plus de trente secondes. C'est toujours comme ça, la première permission.
— Comment ?
— Génial et affreux à la fois.
— Ouais... C'est un bon résumé... »

Il aimerait en savoir plus mais il se contient. Si je lui racontais ce week-end plus en détail, il me traiterait probablement de con. Parce que tout était parfait, absolument parfait : l'appartement, les vinyles, nos discussions, le vin, le dîner concocté par Léo avec tant de soin, les tulipes sur la table. Il y a juste eu cette foutue demi-heure dans l'obscurité de la chambre qui a tout gâché et sur laquelle je reste bloqué. C'est plus fort que moi, je ne peux pas m'empêcher de me focaliser sur ma queue.

28

Éléonore

Je traîne au lit. Me retrouver ici ravive mes habitudes d'adolescente. Je me laisse chouchouter. Le petit déjeuner est prêt quand je me lève. Mon manteau mouillé par la pluie est étendu dans la buanderie. Mes pantoufles m'attendent dans le couloir. Alors je reste le plus longtemps possible sous la couette. C'est ma semaine de vacances, un repos bien mérité. Hamza et Ali ont fermé la supérette. Ils partent au Pakistan retrouver leur famille. Je n'ai pas vraiment hésité quand ma mère m'a appelée et m'a proposé de passer quelques jours à la maison. Je suis arrivée hier en fin de journée. Le village est toujours aussi calme que dans mon souvenir. L'hiver brumeux s'accroche encore dans les branches nues des platanes malgré l'arrivée de mars. Les champs sont recouverts de givre. Pourtant j'ai trouvé un plaisir régressif à réintégrer l'ancienne maison de vigneron mangée de lierre qui constitue notre logement et la boulangerie. Une porte de service relie la buanderie de notre domicile à la boulangerie, et il me suffit de la pousser pour me retrouver dans l'arrière-boutique, assaillie par les odeurs de pain frais et de viennoiseries. C'est là que je pointe le bout de mon nez ce matin, ma tasse de café à la main. Mon père est aux fourneaux depuis l'aube, accompagné de son pâtissier, Alban, un jeune apprenti du village. Quant à ma mère, elle est derrière le comptoir. Dès que les clients quittent la boutique, elle se laisse tomber sur sa chaise. Sa hanche la fait souffrir mais elle garde bonne figure.

« Coucou ! »

Je la fais sursauter.

« Bonjour.

— Je te remplace ?

— Tsst ! Prends ton petit déjeuner tranquillement.

— Je ne mange pas vraiment le matin, tu sais bien.

— Tu es là pour te reposer. »

Ma mère se remet debout, trop fière pour avouer qu'elle a mal. La clochette sonne déjà. Pour un petit village, il y a bien peu de repos. Je m'éclipse discrètement dans l'arrière-boutique, car je reconnais une ancienne institutrice. Si elle me voit, je connais la chanson, je suis partie pour trois quarts d'heure de commérage à base de : « Comme tu as changé ! Alors que deviens-tu ? » Je n'ai aucune envie de raconter ce qui constitue ma vie parisienne en ce moment.

Il n'a pas été facile de laisser François une semaine. J'ai tourné ma phrase dans tous les sens avant de lui annoncer que mes parents m'invitaient chez eux. Il a déclaré : « Ça te fera du bien, non ? »

Nous marchons encore sur des œufs lui et moi, malgré nos retrouvailles à l'appartement, ou peut-être à cause d'elles, je ne sais pas trop. Nous nous sommes dit : « À dans huit jours. » J'ai préparé ma valise avec un certain soulagement. Je n'ai jamais aimé me retrouver ici, pourtant aujourd'hui, c'est un des rares endroits où j'ai réellement envie d'être. J'ai du mal à accepter les invitations de Camille. Je le fais de temps en temps pour ne pas me couper de ma vie sociale, mais nous n'avons plus grand-chose à nous raconter, les filles et moi. Elles évoluent dans le milieu culturel, ce à quoi nous avions aspiré toutes les quatre tout au long de nos études. Elles sont épanouies, parfois stressées, toujours enthousiastes. Moi, je me donne l'impression d'être toujours sur le même registre émotionnel : un entre-deux, un état stationnaire.

Surtout, elles ont quelque chose que j'ai perdu depuis l'accident de François : une tendance à la légèreté, à l'insouciance. Elles sont capables de s'extasier sur la couleur des yeux du serveur ou de commenter pendant une heure une querelle entre deux influenceurs sur les réseaux sociaux. Je peine à trouver un sens à tout cela, à faire semblant. Quand je suis avec elles, j'ai l'impression d'avoir pris vingt ans. Je mène la vie d'une quinquagénaire qui s'occupe de son mari grabataire. Et cette seule pensée me donne envie de me gifler.

Camille n'a plus osé donner son opinion sur ma détermination à rester aux côtés de François, mais je sais qu'elle n'en pense pas moins. Mélanie, qui est incapable de garder sa langue dans sa poche, m'a clairement dit que, selon elle, je gâchais ma jeunesse : « T'as pas signé pour ça, hein ? T'as signé pour la scène, pour la fête, pour du cul de qualité, pas pour un rôle d'aide-soignante. »

J'ai été si choquée, si soufflée par la perfidie de l'attaque, que je n'ai rien trouvé à répondre. Elles se sont levées pour commander de nouveaux mojitos, et c'est à ce moment-là que j'ai réalisé ce qu'elle venait de dire, ce que cela impliquait : Camille lui avait répété les détails de ce week-end de permission, nos difficultés à retrouver une vie intime. Je me suis sentie si humiliée que je suis partie sans rien dire à personne. Mon manteau sous le bras, je me suis faufilée dans la foule. Elles m'ont appelée plusieurs fois, ont laissé des messages vocaux que je n'ai pas écoutés. Et puis rien. J'ai sauté dans le train pour la Bourgogne.

Ici je ne me sens pas jugée. Ici j'ai quinze ans, je redeviens une gosse, leur gosse. Ils cuisinent des lasagnes au bœuf parce qu'ils savent que c'est mon plat préféré, ils allument la cheminée spécialement pour moi, juste parce que j'aime rester des heures au coin du feu, le regard perdu dans la valse des flammes. Ils demandent des nouvelles de François poliment, comme s'ils le connaissaient depuis toujours. Je leur explique la paraplégie, leur fais un schéma de la colonne vertébrale avec tous ces numéros austères qui n'évoquent rien à personne mais qui me parlent à moi : cervicales 1 à 7, dorsales 1 à 12, lombaires 1 à 5. La rééducation les intrigue.

« Combien de temps encore ?

— Tout dépendra de sa progression.

— Qu'est-ce qu'on lui fait faire ? »

Je raconte les séances de renforcement musculaire du haut du corps, les parcours avec pentes et obstacles en fauteuil roulant pour le préparer à la vie extérieure, mais également la mobilisation de ses jambes par des exercices de kinésithérapie pour éviter les escarres, l'atrophie musculaire, les thromboses. Je m'entends parler et je songe que Mélanie a raison : je suis devenue une aide-soignante. N'empêche, je l'emmerde.

Nous dînons tout près du feu ce soir-là. Mon père a sorti une bouteille de chablis, produit tout près d'ici. Ma mère a cuisiné une quiche lorraine. Je revois mes soirées de lycéenne. Le silence, les couverts qui cognent contre l'assiette, la télévision en fond sonore. À l'époque je me sentais morose, sans raison apparente.

Ce soir je m'éclaircis la voix et je leur annonce : « On va devoir déménager. L'appartement en plein Paris n'est plus adapté, en plus d'être trop cher. »

Ils échangent un bref regard.

« Où ça ? »

L'œil de ma mère brille. Je sais déjà que je vais la décevoir.

« En banlieue. Je vais essayer de me rapprocher de Garches. Ça me facilitera le quotidien. »

Ils acquiescent, reprennent leur repas en silence.

« J'ai visité trois logements de plain-pied. J'ai monté un dossier pour l'un d'entre eux.

— Tu as des photos ? » demande mon père.

Je hoche la tête, sors de table pour aller récupérer mon téléphone portable. J'ai un message d'Antoine. Je me raidis. Nous n'avons plus essayé d'entrer en contact depuis cette triste soirée. Heureusement, le message ne contient rien qu'un lien qui renvoie vers un article de journal. Je clique tout en reprenant place à table. Une photo de François apparaît en noir et blanc, surmontée du titre : « François Louvier donne enfin des nouvelles après son accident de la route ». Je ne parcours que le chapeau, car je sens le regard de mes parents fixé sur moi : *Le comédien François Louvier, âgé de quarante-deux ans, a été victime d'un accident de la circulation le 24 octobre dernier. Touché à la moelle épinière, il est hospitalisé depuis près de cinq mois dans un centre de rééducation pour blessés médullaires. Cette semaine, il a enfin accepté de sortir du silence via un communiqué de presse.*

Suivent une vingtaine de lignes qui ne me semblent pas dire grand-chose, ou le minimum : il est en convalescence, poursuit sa rééducation, ne pourra pas remonter sur scène de sitôt mais « salue son public ». Il a donc fini par céder, il a écouté les conseils d'Isabelle. Il ne m'en a rien dit…

« Tout va bien ? interroge ma mère, les sourcils froncés.

— Oui, je recherche l'annonce. »

Le logement pour lequel j'ai monté un dossier est plutôt quelconque : un soixante mètres carrés en rez-de-chaussée composé de deux chambres – dont une pourrait servir à entreposer quelques machines de sport pour la rééducation de François –, d'une cuisine ouverte sur salle à manger et salon – ce qui permettra à François de naviguer en toute autonomie avec son fauteuil – et d'une salle de bains grande et fonctionnelle, avec douche à l'italienne adaptée. L'intérieur est blanc basique. L'extérieur, gris béton. Les fenêtres côté est donnent sur un minuscule parc pour enfants. Côté ouest, nous avons vue sur un autre immeuble. L'avantage de ce logement réside dans son emplacement : à vingt minutes en bus du centre de rééducation de Garches. Mes parents font défiler les clichés, déclarent que ce sera sans doute plus pratique. Mon père finit son verre de chablis d'une traite. Alors qu'elle se rend dans la cuisine, ma mère lance timidement : « Vous êtes les bienvenus ici si vous voulez quitter Paris quelque temps. »

Je secoue la tête.

« François n'a jamais quitté Paris. Ce sera déjà bien assez difficile pour lui de se retrouver de l'autre côté du périphérique. »

Mon père produit un claquement de langue en reposant son verre sur la table en bois.

« Ah ces Parigots… »

*

Les jours passent lentement ici. Le matin, je me prélasse dans mon lit puis je rejoins ma mère derrière le comptoir de la boulangerie. Je la relaie un peu. Elle est si fière de me présenter à ses clients…

« C'est votre petiote ? Vingt dieux, je l'aurais pas reconnue ! Elle a poussé ! »

Je m'amuse presque de ce jeu, de ces conversations qui reviennent en boucle, chaque matin, avec les habitués. Je pique une meringue, un chou à la crème ou un éclair au caramel et je saute souvent le déjeuner. J'appelle François. Nous discutons de tout et de rien. Je lui parle de l'article. Il me dit qu'Isabelle sait ce qu'elle fait, il imagine. L'après-midi, quand il ne fait pas de sieste, mon père me propose de partir à vélo avec lui. Nous tirons jusqu'aux vignobles au sud de Chablis. Nous rentrons souvent trempés. Nous nous changeons, nous enroulons dans de vieux pulls. Je retrouve dans mon armoire, restée intacte, tous mes sweats à capuche d'adolescente. Nous allumons un feu et laissons la radio tourner en fond sonore tout en préparant le repas du soir. Ce jeudi soir, une pensée me traverse la tête avec fulgurance : *Et si je restais ici ?* Mais je sais que le fond de ma pensée est plutôt : *Et si je restais bloquée en enfance encore quelque temps ?*

François

Le communiqué de presse envoyé par Isabelle puis relayé par quelques magazines a produit une onde de choc en dehors du centre de rééducation mais également à l'intérieur. Ce n'étaient pourtant qu'une vingtaine de lignes. Trois fois rien. Mais elles ont produit leur effet. J'ai vu revenir les copains de la bande, ceux qui avaient cessé de me contacter dans le vide. Ils se sont remis à m'appeler, pensant que maintenant j'étais peut-être prêt à renouer avec le reste du monde. J'ai répondu à un appel de Bertrand sans vraiment savoir pourquoi, et j'ai prétexté un examen médical au bout de cinq minutes pour couper court. À Antoine, qui est revenu avec un SMS, j'ai conseillé d'aller crever. J'ai voulu répondre à quelques messages bienveillants mais j'ai abandonné. C'était trop d'énergie.

L'onde de choc à l'intérieur du centre, en revanche, a été plutôt sympa à encaisser. Je le dois à Ryan, qui a eu la bonne idée de photocopier l'article et de le coller dans tout le centre. Si j'ai été agacé au début – de me faire aborder par les patients et les soignants à chaque repas à la cafétéria –, c'est vite devenu un sujet de plaisanterie. J'ai refusé toutes les photographies mais j'ai signé quelques autographes sur des calepins, des comptes rendus médicaux et des serviettes en papier. Même si j'ai promis à Ryan que je me vengerais, l'événement m'a valu une cote de popularité que je n'avais pas. J'ai cessé d'être le mec taciturne qu'on évite soigneusement parce qu'il est capable de renverser une table sur sa petite amie sur un coup de colère. Je suis devenu l'ancien comédien, le type qu'on a déjà vu en photo un jour, celui qui a tout perdu, et donc qui paraît plus sympathique. Je m'en moque un peu d'être aimé ou non, mais ça ne fait pas de mal de jouer un peu au ping-pong avec Ryan et les autres gars du centre.

« L'article a été bien reçu », m'indique Isabelle au milieu de la cafétéria.

Elle est passée me voir entre deux rendez-vous. C'est un vendredi. Léo est en vacances à la campagne chez ses parents. Elle reviendra dimanche.

« J'ai eu des retours plutôt encourageants, poursuit-elle en versant le sucre dans sa tasse de café. On m'a déjà demandé des dates.

— Des dates ?

— Ils pensent à toi pour une adaptation de *Roméo et Juliette*. À la Comédie.

— Sérieusement ?

— Oui. Pour le rôle de Roméo. Ça n'a rien d'officiel, je te le dis en off. Mais ça s'annonce bien.

— Dis-m'en plus. Roméo s'est pris un bus ? Il a la moelle sectionnée ?

— François !

— Est-ce qu'il fait la cour à Juliette depuis son fauteuil roulant ? Est-ce qu'elle doit l'aider à passer du fauteuil au pieu ?

— Arrête.

— Non, toi arrête ! »

Isabelle soupire, plonge le nez dans sa tasse de café, la repose.

« Je n'entrerai pas dans ce jeu. Réfléchis-y, d'accord ?

— C'est tout vu. Je ne monterai plus sur scène. D'ailleurs je n'aurais pas dû accepter ce communiqué. Ça m'allait parfaitement qu'on m'oublie. »

Elle secoue la tête, légèrement agacée.

« Et quoi ? Tu vas rester dans ce centre à te morfondre indéfiniment ? La vie doit reprendre, François. Tu feras quoi après ? Tu as la chance d'avoir du talent, un vrai don, et un réseau. Des professionnels sont prêts à te faire confiance malgré ta situation. Tu ne peux pas cracher là-dessus. »

J'ai fait des progrès en self-control. Je n'ai même pas envie de casser quelque chose. Je me contente d'un rire mauvais.

« Merci, sœur Isabelle, de tant de générosité.

— Tu m'épuises, François.

— Je ne te demande pas de venir. »

Un silence. Elle boit son café à petites gorgées contrariées. Puis elle repose la tasse sur la table avec détermination en me fixant droit dans les yeux.

« Pour en finir avec les sujets délicats : j'ai eu Éliane au téléphone. Elle voudrait te rendre visite un jour.

— Non. »

C'est un refus encore plus catégorique que tous les autres. Cette fois je n'ai plus aucune envie de rire, même jaune.

« Elle s'inquiète.

— Ce serait bien la première fois.

— Je te laisse y réfléch…

— Non. »

Isabelle recule sur sa chaise, vaincue.

« Eh bien au moins, j'aurai essayé.

— Tu veux une pâtisserie avant de partir ? »

Elle me jette un regard noir.

« Je te commande un brownie. Ça te détendra.

— Comment j'ai pu vouloir t'épouser un jour ? persifle-t-elle.

— Je ne sais pas… »

29

Éléonore

Il est dans la salle d'activités comme me l'a indiqué Elsa. Ils sont quatre à disputer un ping-pong. Deux contre deux. Il fait équipe avec Ryan. Les deux autres, je ne les ai jamais vus. Un blond, un chauve. À vrai dire, je ne savais même pas qu'il avait sympathisé avec d'autres patients que Ryan. Ces derniers temps, j'étais tellement focalisée sur le dossier logement que je n'ai pas posé de questions, je me suis contentée de lui réclamer des documents administratifs et de lui faire part des avancées.

Ce matin, je découvre donc que François s'est fait des amis. Il est enfin sorti de sa chambre, évolue dans le centre. C'est bon signe.

« Il faut vous manifester, s'amuse Elsa dans mon dos. Sinon il va rester là des heures. »

J'aime la présence d'Elsa, savoir qu'elle veille sur lui.

« Je lui offre quelques minutes supplémentaires. »

Elle sourit.

« On dirait qu'il va mieux, non ?

— Oui, confirme-t-elle. Voir le psychiatre l'a aidé, et puis le petit groupe qu'il a rejoint. Ils ont une bonne influence les uns sur les autres. Anton, le blond, est un ancien sportif. Un skieur professionnel. Il a un mental de compétiteur. Grâce à lui, François s'entraîne même en dehors des heures de kiné. Paulo, au crâne rasé, a une femme adorable qui lui donne beaucoup de force. Lui aussi il tire François vers le haut. Il lui montre qu'on peut avoir une vie de couple harmonieuse malgré le handicap. »

Une petite pointe de jalousie vient chatouiller mon ventre. J'ignorais tout cela. Je me rends compte qu'Elsa en sait plus que moi. Peut-être est-ce juste son rôle de soignante, d'observer ses patients, de collecter de précieuses informations sur eux et leurs états d'âme. Peut-être qu'elle outrepasse son rôle, qu'elle est devenue sa confidente, tandis que moi, je gère l'intendance… Je m'en veux d'avoir de telles pensées mais c'est plus fort que moi. De l'autre côté de la baie vitrée, la partie s'arrête. Ryan nous a aperçues. Il pointe le doigt dans notre direction. François repose sa raquette, s'éponge le front. Il ne quitte pas la partie sans avoir au préalable salué ses partenaires de jeu. Une tape sur l'épaule, un check. Un ado…

Quelques secondes plus tard, il est face à moi. Il passe une main autour de ma taille.

« J'ai le temps de me rafraîchir avant qu'on y aille ?

— Oui. Mais fais vite. »

Aujourd'hui nous nous évadons. Ce sera notre deuxième escapade. Nous n'allons pas très loin. J'ai récupéré les clés de notre futur logement, qui est disponible immédiatement. J'ai envoyé le préavis pour mettre fin au bail de notre appartement des Buttes-Chaumont. Il me reste un mois de battement. Un mois pour organiser le déménagement, pour procéder aux divers changements administratifs, dire adieu au gardien du parc et aux divers habitués, faire le deuil de ma vie parisienne. J'ai également déposé ma lettre de démission à la supérette. Ils n'ont pas cillé. Dès le lendemain, ma remplaçante commençait. Je ne leur manquerai pas, et c'est bien réciproque.

Aujourd'hui donc, j'ai obtenu une permission pour François pour la journée et je l'emmène découvrir notre futur chez-nous. Je n'ai pas voulu demander la voiture d'Isabelle. Nous prendrons le bus. La ligne est directe et équipée pour transporter des personnes à mobilité réduite. Si François était d'abord réticent à l'idée de se confronter au bus, aux regards extérieurs, il a capitulé. Pas envie de contacter Isabelle, de quémander encore un service.

C'est une belle journée de printemps et, même si le soleil est voilé, François a sorti ses lunettes de soleil et une casquette, qui appartiennent tous deux à Ryan. Je n'ai pas fait de remarque. Je sais très bien que c'est une façon pour lui de se retrancher, de fuir le regard des autres. Dans le bus, je l'interroge sur son nouveau quotidien au centre et ses compagnons de ping-pong. J'apprends qu'Anton, le champion de ski, est ici parce qu'il a chuté dans un ravin en faisant du hors-piste ; Paulo a été percuté en voiture. Tous les quatre, avec Ryan, mettent un point d'honneur à s'entraîner ensemble. Ils sont plus jeunes que François et je crois que ça lui fait du bien de se frotter à leur énergie.

« On y est ? »

Le bus nous dépose dans la rue la plus passante de notre nouvelle ville, constituée d'une boulangerie, d'un fleuriste et d'une agence bancaire. Entre deux maisons, une rue qui mène à des tours d'immeubles. Notre quartier. Le « Clos des hortensias ». Un nom bien poétique pour quatre bâtiments gris entourant un minuscule square pour enfants. C'est chez nous désormais.

François

Ce n'est pas la ville de mes rêves. Ce n'est pas un quartier que j'aurais envisagé d'habiter un jour. L'appartement, situé en rez-de-chaussée, n'a aucune luminosité. Il nous faudra vivre à la lumière artificielle. Il n'a pas de charme non plus. Peut-être qu'une fois meublé, nous parviendrons à en faire quelque chose, mais pour le moment, ça n'est qu'un logement fonctionnel sans âme. Je tâche de n'en rien montrer à Léo. Je déclare que les aménagements sont parfaits pour moi, qu'enfin je pourrai être autonome et libre de mes mouvements.

« Il ne me manquera que la table de ping-pong », dis-je en tentant de plaisanter.

Elle réplique tout à fait sérieusement qu'on pourrait m'installer une table de ping-pong ou du matériel de musculation dans la seconde chambre. Elle fait tant d'efforts pour que je me sente bien que je ne sais pas si un jour je pourrai le lui rendre. Elle m'explique ce qu'elle a imaginé pour le salon : des plantes vertes grimpantes tout autour des fenêtres, des abat-jours en verre modernes pour les luminaires, une bibliothèque style industriel…

« Pas de tapis. Les roues de ton fauteuil se prendraient dedans. »

Finie, la vue sur les Buttes-Chaumont. À l'est, c'est le square pour enfants qui est aussi morne et abandonné qu'un stade de province. À l'ouest, nous pouvons contempler une autre façade, sinistre comme la nôtre. Pas d'allées et venues de passants pour nous distraire. Nous sommes isolés. Ni à la ville ni à la campagne. Nous sommes dans un entre-deux qui n'a ni l'animation de l'une ni le charme de l'autre.

« Tu veux refaire le tour de l'appartement ?

— Non, ça va. Si on allait déjeuner plutôt ? »

Il est déjà treize heures. J'ai faim. Et j'ai surtout envie de voir ce que nous réservent les alentours.

C'est pire que ce que j'imaginais. Dans les ruelles voisines, quelques maisons fermées par des portails, et d'autres immeubles, plus petits, moins misérables que le nôtre. Eux, au moins, ont des balcons. Un cabinet d'esthétique, et rien d'autre. Pas un café, pas un restaurant. Pas de vie. Léo finit par sortir son téléphone portable pour s'enquérir d'un endroit où nous pourrons déjeuner sur le pouce. Elle nous mène à un kebab, le seul établissement à un kilomètre à la ronde. Elle a la mine déconfite. Je tente de faire bonne figure. Je me demande pour combien d'années nous sommes bloqués ici. Et elle ? Dans quoi s'est-elle embourbée en restant avec moi ? Ce déjeuner au comptoir du kebab, elle sur un tabouret haut, moi dans mon fauteuil lui arrivant aux genoux, achève de me montrer à quel point j'ai tout perdu. Isabelle peut bien me proposer les plus grands rôles qu'elle prétend avoir, je ne suis plus qu'un banlieusard en fauteuil roulant dont la carrière s'est achevée, quoi qu'on en pense. Tout ce qu'il me reste, c'est Léo, et je ne sais pas combien de temps elle va supporter cette existence de misère.

Tandis qu'elle termine la dernière bouchée de son kebab, elle se fait plus soucieuse encore.

« Dis… Je sais que c'est délicat à demander mais… est-ce que je pourrais piocher dans ta rente d'invalidité pour payer une société de déménagement ? J'ai dû verser la caution pour cet appartement et je n'ai pas récupéré celle de l'ancien, pas encore du moins. Je n'aurai pas assez pour tout avancer.

— Bien sûr que tu peux.

— J'ai pensé à une société de déménagement parce que je ne sais pas vraiment à qui je pourrais demander un coup de main. La bande… je veux dire… Je ne voudrais pas les déranger alors que nous ne les voyons plus vraiment…

— Oublie la bande.

— Camille, eh bien… c'est compliqué. Mes parents m'ont proposé leur aide, mais ils seraient obligés de fermer la boulangerie et ça m'embête.

— La société de déménagement c'est très bien. »

Elle semble rassurée, s'autorise à boire une gorgée d'eau. Je l'observe. Je me rends compte que je ne suis pas le seul à avoir changé. J'ai perdu de ma superbe mais elle aussi. Elle est toujours la jeune fille aux longs cheveux noirs qui m'a fait tourner la tête mais elle n'a plus cette lueur au fond des yeux. Elle n'a plus le teint rose, ni les sourires timides, parfois espiègles qui me chaviraient alors. Elle semble fatiguée, un peu éteinte.

« Tu ne vois plus Camille ? »

Elle balaie ma question d'un geste de la main.

« Si. Enfin… Non, pas dernièrement.

— Pourquoi ?

— Pour rien. On n'a plus vraiment grand-chose à se raconter en ce moment. Je veux dire… Je ne me retrouve plus dans ses préoccupations. J'ai l'impression de côtoyer des ados quand je suis avec elle et les filles.

— Tu vois qui alors ?

— Je… Eh bien… »

Son regard parcourt la vitrine poussiéreuse du fast-food. Elle cherche sa réponse dans la ruelle morne.

« Ali et Hamza ! lance-t-elle sur le ton de la plaisanterie. Ce sont mes meilleurs amis, je te l'avais pas dit ?

— Léo. »

Elle boit de nouveau, comme pour gagner du temps.

« J'étais chez mes parents dernièrement, alors je n'ai pas eu l'occasion de voir grand monde… »

Je n'insiste pas. Je me rends bien compte que je la mets mal à l'aise. Je me sens encore plus minable, encore plus lourd qu'en entrant dans ce kebab. Léo est plus seule que je ne l'avais imaginé. Moi, je suis entouré au centre, j'ai les gars, Elsa, le personnel soignant. Il y a toujours quelqu'un avec qui discuter quand je vais fumer une clope. Elle, elle n'a plus personne. Parce que je lui ai retiré sa jeunesse en me faisant percuter par un bus. Maintenant elle fait partie de mon monde, celui des adultes, celui des blessés médullaires et de leurs proches qui doivent repenser tout leur quotidien. Alors que c'est moi qui suis enfermé au centre, c'est elle qui est en prison, dehors.

« On teste le parc pour enfants ? je lui lance alors que nous quittons le kebab.

— Hein ? fait-elle, distraite.

— Viens. Tu vas essayer la balançoire. Je vais te pousser. »

Elle sourit. Ce n'est pas son sourire d'avant. Il est vacillant celui-là.

Elle s'élance les jambes en avant et je tente de la propulser le plus haut possible à la force de mes bras. Ses mèches volent. Des gouttes commencent à tomber mais aucun café ne pourra nous abriter aux alentours. Nous préférons rester sous la pluie plutôt que de nous enfermer dans le logement vide où nos voix résonnent comme dans un tombeau.

« On s'y fera, non ? demande-t-elle dans les airs. Pour le moment, tout me semble froid. Rien ne m'est familier.

— Bien sûr. On s'y fera.

— J'ai commencé à consulter les annonces d'emploi dans la ville.

— Et ?

— Ça viendra… »

Plus tard, nous affrontons de nouveau le bus. Léo me raccompagne au centre. Elle me dépose à l'entrée de ma chambre, m'embrasse avant de filer. Ryan passe la tête par la porte de la salle de bains, s'enquiert : « Alors, cette journée de liberté ?

— Mec, c'est pire que ce que je croyais…

— Quoi ? L'appartement ? Le quartier ?

— Non. Léo… Je lui ai ruiné sa vie. »

Ryan ouvre la bouche pour répondre mais il se ravise. Il ne me donne pas tort.

Éléonore

Ce n'était pas une mauvaise journée en soi. François a découvert l'appartement. Nous avons goûté le kebab du quartier, qui n'était franchement pas mauvais. Nous avons même traîné dans le parc. François m'a poussée sur la balançoire. Nous n'avions jamais fait ce genre de choses.

Ce n'était pas une mauvaise journée, et pourtant j'ai envie de pleurer dans le bus qui m'éloigne du centre. Je ne suis pas certaine que je me ferai à notre nouvelle vie. Je ne crois pas que François sera heureux là-bas.

François

Je lui ai ruiné sa vie. La pensée tourne en boucle dans mon esprit toute la soirée : dans la chambre, au réfectoire avec les gars puis sous la douche. Il n'y a que l'arrivée d'Elsa, à la fin de son service sur le coup de vingt et une heures, pour détourner mon attention de cette journée maussade.

« Les garçons, je vous le répète tous les jours… Vous n'avez pas le droit de fumer dans la chambre. »

Elle porte encore sa blouse de service mais elle a passé son manteau par-dessus. Elle semble fatiguée. Des cernes bleutés ornent ses yeux.

« Tranquille, répond Ryan en tapotant mon lit pour qu'elle s'y installe. On a la fenêtre ouverte. On ne risque pas de déclencher l'alarme. »

Elle prend place sur le matelas, jette un coup d'œil distrait à l'écran de télévision.

« Ce n'est pas à cause de l'alarme. »

Nous ne prêtons pas vraiment attention à ses paroles tout d'abord. Nous continuons de cracher notre fumée par la fenêtre ouverte. Puis le silence d'Elsa, plein d'attente, nous intrigue. Nous nous tournons vers elle.

« Il va falloir arrêter de fumer quand je suis là. Je suis désolée. »

Ses lèvres tremblotent. Merde. Elle ne va pas pleurer parce qu'on clope ? Je reste comme un con, la bouche entrouverte. Mais les lèvres d'Elsa frémissent en un sourire.

« Putain ! » s'exclame Ryan en se tapant la cuisse.

Une joie enfantine envahit les traits d'Elsa, la rendant encore plus jolie que d'ordinaire. Je ne comprends toujours pas. Je me tourne vers Ryan, vers elle de nouveau.

« C'est pas vrai ? poursuit Ryan.

— Si.

— C'est prévu pour quand ? »

J'agrippe les yeux d'Elsa, qui confirme d'un hochement de tête. Elle attend un bébé. Je revois Léo dans le parc plus tôt, assise sur la balançoire, les pieds en l'air. Je me sens étrange tout à coup.

« Pour le milieu du mois d'août.

— C'est un garçon ? Une fille ?

— Une fille. Une deuxième petite grenouille. »

Ryan me pousse du coude, moqueur.

« Tu vas pas te mettre à chialer ?

— Arrête tes conneries. »

Elsa me sourit, presse mon épaule.

« Éteins ta clope, mec ! ordonne Ryan. Et ferme la fenêtre ! »

Je m'exécute, encore hagard. Je mets dix ans à écraser mon mégot, puis à rabattre la fenêtre. J'ai le coin des yeux humide. Je ne veux surtout pas que Ryan se remette à beugler avec son sourire débile.

Je les écoute parler sans les entendre. Ryan s'enquiert des idées de prénom, du signe astrologique. Il est heureux, radieux même. On dirait que c'est lui qui va être papa. N'importe quoi… Pourtant, si je veux être honnête, moi aussi je me sens léger, un peu béat. La morosité de cette journée s'est envolée. Je ne pose pas de questions à tout va comme Ryan mais je regarde Elsa, je tente de deviner quelque chose sous sa blouse, un renflement. Le sent-elle déjà remuer ? Il me semble que c'est trop tôt mais je n'en sais rien. Je n'ai aucune expérience dans ce domaine. Au sein de la bande, seule Coco était mère, et son môme avait déjà dix ans. Quant à Isabelle, elle m'avait prévenu dès notre mariage : elle ne comptait pas devenir mère. Elle avait sa carrière, sa vie sociale, ses nombreux centres d'intérêt autour de l'art contemporain qui emplissaient largement sa vie. Ça ne m'avait jamais réellement dérangé. Moi aussi j'avais bien assez à faire : la scène, la fête…

« Vous voulez voir ? demande Elsa en passant la main dans la poche de sa blouse.

— Bien sûr qu'on veut voir ! s'exclame Ryan en se jetant sur l'échographie.

— Ici c'est le nez, indique-t-elle en pointant du doigt la tête du bébé. Et là sa bouche.

— Mazette ! s'extasie Ryan, censurant son *Putain !* comme si le gosse pouvait l'entendre. C'est un beau bébé ! »

Je regarde le petit être en blanc sur la photographie puis la blouse d'Elsa qui ne laisse rien deviner. C'est ça la vie ? Ça peut se cacher partout, de façon aussi insoupçonnable ? Je sens ma poitrine se comprimer un peu. *Idiot !* N'empêche, Elsa me sourit, et moi je songe que c'est assez incroyable.

Éléonore

J'allais me coucher le cœur lourd mais j'ai reçu un message de François. Il disait : *Elsa est enceinte. Elle attend une petite fille.*

Avant que j'aie le temps de répondre le suivant est arrivé : *Les petites filles aiment la balançoire, non ?*

Celui-là m'a laissée perplexe. Mais un autre tombait déjà : *Mini, si dans quelques années tu n'es pas partie, je crois qu'on pourrait essayer d'en fabriquer un, nous aussi.*

J'ai été si troublée que j'ai joué la carte de l'humour : *Un beau alors. Pas un de ceux qui louchent ou qui ont les oreilles décollées.*

Il m'a envoyé un smiley amusé. Rien d'autre. Je crois que ce n'était pas la réponse qu'il attendait.

Il est trois heures du matin maintenant et je ne dors toujours pas. J'ai le cœur gonflé. Il bat très fort.

30

Éléonore

J'emménage officiellement dans notre nouvel appartement le 1er avril. Une blague de mauvais goût, voilà à quoi cela ressemble. L'équipe de déménageurs repart. Il est seize heures. Ils laissent derrière eux des tas de cartons empilés. Ça me prendra des jours et des jours de déballer mes affaires, de les ranger, de monter les meubles. Je suis vidée d'avance. Le déménagement, le café avec Camille hier après-midi… J'en garde un arrière-goût amer. Je revois nos postures raides, nos mains autour de nos tasses fumantes, la tension entre nous.

« Tu me fais la tête ? a-t-elle demandé.

— Non.

— Pourquoi tu es partie du bar sans rien dire ? Pourquoi tu n'as plus donné de nouvelles ?

— C'est juste… Je n'ai plus ma place parmi vous. »

La sentence a semblé écraser ses épaules. Elle s'est affaissée encore.

« Pourquoi tu dis ça ?

— Je le sens. Mélanie et Audrey considèrent François et son handicap comme un sujet léger, un sujet parmi d'autres. Elles sont si… inconsistantes. Et toi… Toi, je sais ce que t'en penses. Tu crois que je devrais juste zapper François, me débarrasser de lui comme d'un poids gênant. Comment je pourrais faire semblant de m'amuser avec vous ? »

Elle a gardé les yeux rivés sur sa tasse. Ses lèvres tremblaient légèrement.

« Je suis désolée. On fera des efforts. On arrêtera d'être si… inconsistantes. On ne se rend pas vraiment compte de ce que tu traverses… Tu veux passer la journée avec nous demain ? On va voir une expo photo aux Folies Bergère. »

Elle a osé affronter mon regard. C'est moi qui ai détourné la tête.

« Je ne peux pas. Demain je déménage.

— Déjà ? Tu ne m'as pas dit… Tu déménages seule ?

— Oui.

— Tu as besoin d'aide ?

— Non. T'embête pas. Tu as cette expo. J'ai embauché des déménageurs. »

Elle n'a pas insisté. J'aurais voulu qu'elle le fasse, qu'elle envoie balader Mélanie, Audrey et leur fichue exposition. Mais elle a terminé son café et elle n'a rien ajouté.

Je tourne en rond, passe de la pièce principale aux chambres, ne sais pas par quoi commencer. Dans ces espaces vides, je perçois le bruit de la vie, des sons qui me parviennent des appartements voisins. Des cris d'enfants. Les pleurs d'un nourrisson. L'écho étouffé d'un marteau. Une moto passe plus loin. Chez moi il n'y a pas un bruissement. Même mes pas sont silencieux.

François

Anton décapsule les bières. Ryan jette un coup d'œil à la glacière électrique branchée à côté de son lit.

« Tu as le droit d'avoir ça ?

— En principe non. »

Paulo se marre.

« On le mérite bien, non ? On bosse dur. »

On sort tous les quatre d'une séance de musculation dirigée par Anton. Je suis le plus nul des quatre. Je n'ai jamais soulevé de fonte, jamais daigné enfiler un jogging ou une paire de baskets. J'étais ce Parisien dédaigneux qui regardait avec un léger dégoût passer les coureurs couverts de sueur. *Pourquoi ils s'infligent ça ?* Maintenant je sais. Le dépassement de soi, ça redonne un peu d'estime, ça booste l'ego, la confiance en soi. Sentir son cœur qui s'accroche, qui grimpe dans les tours, ça aide à se sentir vivant. Il y a tant de choses que je comprends maintenant. Léo disait vrai quand elle affirmait m'aimer. Moi non. Je la désirais, je la fantasmais, je voulais la posséder, la sentir, la mordre, l'entendre gémir, je voulais son regard plein d'admiration posé sur moi… Mais au fond, serais-je resté à ses côtés si elle avait été percutée par un bus ? Si elle était prostrée dans ce fauteuil à ma place ? Si elle avait la vessie capricieuse et l'humeur fluctuante ? Cela me terrifie mais je me force à affronter la réalité : non, probablement pas. Je me serais défilé. Trop à faire, trop à gérer. Ma carrière à poursuivre, la scène comme oxygène, des rôles à apprendre, des castings à passer, la bande à retrouver au Melchior. Je n'aurais pas pris un poste à la supérette du coin pour payer le loyer pour deux. Je n'aurais pas déménagé dans une ville de banlieue misérable pour elle, pour qu'elle ait une rampe d'accès dans l'entrée et un siège de douche dans la salle de bains. Un connard égoïste, voilà ce que j'ai été. Je me dégoûte. Ces pensées me tourmentent la nuit, me filent des crampes d'estomac. Et maintenant, est-ce que je l'aime correctement, suffisamment, inconditionnellement ? Je l'espère. Je l'espère de toutes mes forces. Sans elle je ne suis plus rien. Je redeviens ce connard sans cœur, sans jambes, sans avenir, sans rien du tout.

« Une deuxième tournée ? lance Anton en ouvrant sa glacière.

— Non, ça va », dis-je en reposant ma bière vide.

Ryan me suit. On décide de regagner notre chambre. Le temps d'une douche avant de rejoindre la cafétéria pour le dîner. Alors qu'il s'apprête à aller à la douche en premier, je l'intercepte : « Mec !

— Ouais ?

— On devrait faire un pari. Pour se motiver.

— C'est-à-dire ?

— Elsa part en congé maternité à la fin du mois de juin, non ?

— Oui. C'est ce qu'elle a dit.

— Et toi, ils sont en train de te pousser vers la sortie… »

Il fait mine d'en plaisanter : « Ça fait des mois ! Ils ne se débarrasseront pas de moi si facilement !

— N'empêche ça va arriver. Je crois que le plus tôt serait le mieux.

— Attends, je ne te suis pas ! »

Je tente de trouver mes mots. L'idée est née sur le chemin de la chambre, alors que je ruminais mes pensées, tout ce que je dois à Léo, tout ce qu'elle a sacrifié pour moi, la solitude qui l'attend dans cette barre d'immeuble sans âme…

« Je ne peux pas m'attarder ici trop longtemps. Pas avec Léo qui m'attend. Et toi non plus tu ne devrais pas. Imagine si l'un de nous deux sort avant l'autre… imagine que je me tire d'ici avant l'été. Elsa sera partie pour quatre mois de congé mat' au moins. Qu'est-ce que tu feras ? »

Il hausse les épaules.

« Je me ferai chier comme un rat mort.

— C'est certain… Et moi, si tu pars, si Elsa n'est plus là, je replonge. C'est pas ce psy à deux balles et ses cachetons qui changeront quelque chose.

— Dis pas ça.

— Hors de question que je me retrouve le dernier ici. Paulo arrive en fin de séjour. Anton ne tardera pas. Je pense qu'on devrait faire un pacte tous les deux. On devrait se mettre au défi de quitter le centre en même temps… Avant qu'Elsa ne parte en congé maternité.

— Attends, t'es sérieux ? Ça laisse à peine trois mois.

— Le psy m'a dit de me donner des objectifs. C'en est un.

— Trois mois, c'est court…

— Arrête de flipper, Ryan.

— Je ne flippe pas.

— Oh si ! Donne-moi un rasoir ! »

Il m'observe comme si j'avais perdu la tête.

« On ne va pas faire un pacte de sang ou quelque chose dans ce genre !

— Si ! Précisément !

— Tu débloques !

— Tu as un môme, Ryan ! Tu ne vas pas passer ta vie entre quatre murs à te contenter d'une visite toutes les trois semaines ! »

Il baisse la tête. Je me donne l'impression de me comporter comme Isabelle avec moi. Un coup de pied au cul, voilà ce qu'il nous faut.

« T'es pas un vague tonton éloigné qu'on visite de temps en temps. T'es son père. »

Il soupire, fait pivoter son fauteuil. Il attrape quelque chose sur le bord du lavabo, me le lance. Je rattrape de justesse le rasoir.

« Allez, viens, qu'on scelle notre destin ! »

Il s'approche de moi bon gré mal gré, détourne la tête quand je fais une petite entaille au milieu de ma paume.

« Trois mois c'est court », répète-t-il.

Il incise sa peau en serrant les dents. Puis nous joignons nos mains en une poignée solennelle, les yeux dans les yeux.

« On se tire en même temps. Avant l'été. C'est non négociable. »

Il confirme d'un hochement de tête. Nous relâchons notre poigne.

« Bon, c'est pas le tout mais… on a des pansements ?

— Démerde-toi ! » lâche-t-il en allant s'enfermer dans la salle de bains.

Éléonore

La nuit tombe doucement sur le Clos des hortensias. Je n'ai pas ouvert un carton. Je suis restée postée à la fenêtre du salon. J'ai observé les quelques bambins qui s'étaient aventurés dans le parc, puis je suis passée à autre chose. J'ai lancé un plat au micro-ondes, un hachis Parmentier industriel. Je n'ai pas le cœur à cuisiner. Si mon déménagement et ma solitude nouvelle aux Buttes-Chaumont m'ont semblé difficiles, ce n'était qu'un avant-goût. Là-bas je n'étais pas totalement seule, j'avais Camille qui veillait sur moi et Antoine pour m'épauler. La première s'est lassée. J'ai chassé le second sans le vouloir.

Maintenant je suis seule, totalement seule. Cette ville m'est étrangère, loin, bien trop loin de Paris. Ce quartier résonne de bruits que je ne connais pas encore. Je me sens cernée de toute part par ces tours grises. Être au rez-de-chaussée n'arrange rien. Pour la première fois de ma vie j'ai peur. J'ai verrouillé la porte d'entrée à double tour. Je sursaute au moindre coup résonnant dans le bâtiment.

La sonnerie du micro-ondes m'indique que mon plat est chaud. Je me rends dans ma chambre avec l'idée de fermer les volets. Je préfère me sentir barricadée mais en sécurité. Devant la fenêtre, je découvre l'immeuble d'en face dont les cases vitrées s'allument petit à petit. Certaines d'une lumière jaune et chaude, d'autres d'une lueur froide et blanche. Dans une case, c'est un halo rose qui apparaît. Une chambre d'enfant ? Le logement d'une jeune fille célibataire ? Ou un couple tentant de donner une atmosphère romantique à leur chambre à coucher ?

Je colle mon nez au carreau, plisse les yeux. Je ne saurais dire pourquoi mais ces dizaines de petites cases qui s'ouvrent sur la vie d'inconnus me rassurent. Je suis sûre que parmi eux se trouvent des gens comme moi : seuls, perdus, livrés à eux-mêmes. Peut-être certains sont-ils derrière leur fenêtre, au même instant, tentant de voler des fragments de vie à la façade d'en face.

Je déplace ma table de chevet, m'y assois sans quitter l'immeuble des yeux. Je repère une case qui me plaît. Un couple. J'ai une vue sur leur salon. Ils font des allers et retours. Sans doute dressent-ils la table du dîner. Elle ne lâche pas du regard son téléphone portable. Son compagnon lui dépose un baiser sur l'épaule en passant. Elle sourit. En tout cas c'est ce que je me plais à imaginer. Ces amoureux-là, ce pourraient être François et moi. Le micro-ondes me rappelle à l'ordre. Je vais chercher ma barquette brûlante, une fourchette, et je reprends place à mon poste d'observation. Les amoureux se sont mis à table.

31

François

« Éloignez-vous, je ne le sens pas ! »

Le fauteuil de Ryan bute contre celui d'Anton. Je me prends les roues dans les tibias d'Elsa, qui grimace. Le bouchon de la bouteille de champagne part avec un *plop* sonore. Ryan applaudit plus fort que tout le monde. Perché sur ses genoux, le petit Marlon se bouche les oreilles. C'est jour de fête dans la cafétéria. Les infirmiers ont tenu à accrocher des banderoles, ils le font à chaque départ. Paulo est le premier d'entre nous à s'en aller. Sa femme est là à ses côtés. Elle est radieuse. Ils nous offrent un joli cliché de ce qui nous attend dans quelques mois. En les voyant ainsi aujourd'hui, je suis confiant pour Léo et moi. Je suis sûr que même Ryan ne peut plus avoir peur.

« Faites passer vos coupes ! » lance Anton.

La mousse coule dans les flûtes en plastique qu'Elsa est allée acheter entre midi et deux avec notre enveloppe pleine de billets. Elle a également rapporté un ensemble de sport emballé dans un papier argenté. Paulo a promis qu'il continuerait le tennis de table à l'extérieur.

« Hé, les deux-roues, vous ne voulez pas vous garer correctement le long de la table ? s'écrie le nouvel aide-soignant qui n'a pas froid aux yeux. Vous faites embouteillage, on ne peut plus passer ! »

Anton fait mine de s'offusquer, retrousse ses manches. Ryan lance une huée qui envahit la cafétéria, reprise en chœur.

« Ça va, ça va ! » abdique l'aide-soignant en levant les mains.

Il évite de justesse une coupe vide qui vole. Je n'ai jamais vu autant de vie ici.

Soignants et patients s'installent ensuite autour des trois longues tables qui ont été rassemblées. Les groupes se mélangent. Pour autant, nous nous retrouvons tous les trois, comme d'habitude. Ryan et son ouistiti perché sur ses genoux, Elsa et moi.

« Qu'est-ce que tu bois ? demande Ryan à Elsa en fronçant les sourcils.

— C'est du Champomy, j'y ai droit ! »

Son ventre a commencé à pousser. Pour quelqu'un qui ignorerait qu'elle est enceinte, ça n'a rien de flagrant, mais moi je la scrute tous les jours. J'attends avec une certaine fascination de voir se former la bosse, quelque chose de tangible, concret. Ryan connaît, il a vécu la grossesse de sa femme. Il a déjà assisté à ce phénomène presque surnaturel. Pour moi c'est tout nouveau. Et troublant.

« Alors, dis-je d'un ton que je veille à rendre détaché. On en est où, cette semaine ? »

C'est devenu notre rituel à tous les trois. Elsa a téléchargé une application qui lui permet de suivre les étapes de sa grossesse semaine après semaine. Elle a pris l'habitude de nous faire partager les menus détails de ce qui se passe dans son ventre.

« Voyons, dit-elle, les yeux fixés sur son écran. Cette semaine bébé devrait atteindre les cent cinquante grammes, ce qui est comparable à un poivron.

— Beurk, grimace Marlon.

— Il mesure environ quatorze centimètres. La peau et les ongles commencent à pousser.

— Déjà ? je m'exclame.

— Déjà. L'oreille est bien formée et l'ouïe se perfectionne. Le bébé peut entendre les battements de cœur de sa mère. »

Ryan se moque de mon air éberlué.

« Hé mec, c'est beau la vie, hein ? »

Je ne peux détacher mes yeux du ventre d'Elsa. Un léger renflement, c'est tout. Pourtant, en dessous se cache un être humain avec des cheveux et des ongles.

Le vibreur de mon téléphone portable se déclenche dans ma poche. Le prénom de Léo apparaît à l'écran.

Éléonore

La tonalité résonne dans le salon vide. Une sonnerie. Deux. Je me suis assise sur un carton dont l'étiquette indique « FRAGILE ». Tant pis. Troisième sonnerie. Il décroche. J'entends un vacarme qui m'agresse, m'oblige à éloigner le combiné.

« François ?

— Salut Mini.

— Tu… Tu fais la fête ? »

Je crois discerner des éclats de voix, des rires, la voix d'un enfant qui demande : « P'pa, moi aussi je peux avoir du gâteau ? »

« On fête le départ de Paulo. Ça ressemble aux fêtes d'anniversaire qu'on avait quand on était gosses, tu sais. Des banderoles, des nappes en papier, des gobelets en plastique et un gâteau au chocolat. Mais on a droit au champagne, c'est mieux. »

Il est d'excellente humeur. Je l'entends dans sa voix. Derrière, Ryan s'égosille. J'éloigne encore le combiné de mon oreille. Je ne sais pas à quoi je m'attendais en l'appelant mais pas à cela. Je rentre juste de mon premier jour de travail. Huit heures enfermée dans un open space avec quatorze téléconseillers, le casque vissé aux oreilles, parlant tous en même temps. Je me sens épuisée. Le silence de l'appartement vide m'a presque agressée après une journée de brouhaha.

« T'es occupé… J'appelais juste pour te raconter cette première journée.

— Je ne t'entends pas, Mini.

— J'appelais juste pour… Je te rappellerai plus tard, d'accord ? »

Je ne suis pas certaine qu'il m'ait entendue au milieu de la cohue. J'ai un début de migraine, et maintenant, avec ces cris dans le téléphone, je me sens irritée. Des pensées amères se bousculent dans ma tête, parfaitement injustes, mais je ne les contrôle pas : *Ramène l'argent à la maison, ma vieille. Pendant que tu trimes, lui, il s'amuse. Quand ce n'est pas le tennis de table ou la piscine, c'est le champagne et les gâteaux…* Est-ce qu'il s'est soucié de mon premier jour de travail ? Non. Peut-être…

« Tu ne veux pas venir ? Il est tout juste dix-sept heures. Si tu te dépêches, je te promets de te garder une coupe au frais.

— Non, ça va.

— T'es sûre ?

— J'ai des cartons à ranger. »

Je suis certaine qu'il ne perçoit même pas le reproche dans ma voix. Est-ce que je lui en veux de me laisser gérer un second déménagement seule ? Oui. D'être en train de boire du champagne ? De vivre avec insouciance ? Trois fois oui.

« Léo ?

— À plus tard. »

Je raccroche avant qu'il n'ait le temps de prononcer un autre mot. Je coupe mon téléphone. Je n'ai aucune envie qu'il rappelle, aucune envie de lui expliquer pourquoi je suis si tendue, si agacée. J'avale un Doliprane avec un grand verre d'eau et je me poste à la fenêtre de ma chambre. C'est bien le seul endroit où je retrouve mon calme, le seul spectacle qui éveille encore un peu d'intérêt en moi. Il me faudra attendre deux à trois heures pour que la nuit tombe, pour que les lumières s'allument et que les tranches de vie se révèlent à mes yeux. Puisqu'il faut occuper ces trois heures, je vais dormir. Je rêverai sans doute du discours commercial d'AVM Mutuelle, celui qu'on m'a forcée à répéter cent fois aujourd'hui, sans pouvoir varier d'un seul mot. *AVM Mutuelle bonjour, Éléonore à votre écoute.* Silence. *Puis-je vous demander votre référence ou votre numéro de client pour accéder à votre dossier ?* Silence. Pianotage. *Bonjour, monsieur Untel, je suis sur votre dossier. Avant de traiter votre demande, pouvons-nous vérifier ensemble vos coordonnées ?*

La migraine s'accentue. Je plaque mes paumes sur mes yeux. Les voix de mes collègues résonnent encore à mes oreilles. Quatorze voix qui parlent toutes plus fort les unes que les autres pour essayer de dominer le brouhaha. Aucun regard ne se croise, nous n'avons pas le temps pour cela. Sur notre écran, dans une fenêtre pop-up s'affiche la liste des numéros en attente et pour chacun le nombre de minutes déjà écoulées. Il vire au rouge quand nous dépassons les dix minutes. Il faut abréger, clôturer, prendre le client suivant ou risquer de se faire remonter les bretelles par le superviseur qui écoute nos appels et déambule entre nous en tapotant sa montre. Vais-je survivre ? Il le faudra… Mais ce soir, j'ai juste envie de dormir et de ne plus me réveiller.

François

J'aide Elsa à empiler les assiettes sales. Ryan a raccompagné son gosse à la sortie du centre. Son ex-femme l'attend pour le récupérer. Paulo et sa femme ont quitté la cafétéria sous des saluts tonitruants. Déjà le personnel décroche les banderoles, replace les tables pour le dîner. J'ai tenté de rappeler Léo mais son téléphone est éteint. Je suppose qu'elle n'a plus de batterie. Je n'ai pas vraiment compris ce qu'elle me racontait tout à l'heure avec le brouhaha alentour.

Alors que je me grille une cigarette, Ryan me rejoint.

« Ça fait bizarre, hein, de voir les autres partir, soupire-t-il.

— Ouais. Bientôt ce sera notre tour. »

Il ne proteste même pas. Le printemps est bien installé. La chaleur revient et avec elle les fleurs, les couleurs, les envies d'y croire.

« J'espère que tu te donnes autant que je me donne ! je l'avertis.

— C'est-à-dire ?

— Le psy m'a dit qu'il était fier de moi, qu'il ferait un rapport positif au chef de service pour appuyer ma demande. »

Ryan me donne un coup de coude moqueur.

« Qu'est-ce que tu lui as mitonné encore ?

— Rien. Rien que la vérité. Il approuve cet objectif que je me suis fixé, mon envie de ne pas m'éterniser ici, de me confronter le plus vite possible à l'extérieur.

— Tu te l'es mis dans la poche.

— Je crois bien. »

Je lui propose une clope, qu'il accepte.

« Eh bien moi je suis allé voir l'assistante sociale, m'apprend Ryan. Pour parler aménagement de l'appartement et aide à domicile, vu que je vais aller vivre seul.

— Tu ne retournes pas chez tes parents ?

— Je ne crois pas que ce soit une bonne idée. Si je retourne chez eux, ce sera comme au centre, je risque de me laisser vivre et entretenir.

— T'as raison. »

On observe la course des nuages dans le ciel qui commence à s'assombrir.

« On va le tenir, ce pacte du sang.

— Un peu, frère ! »

Je pose une main sur son épaule.

« Je suis fier de toi, Ryan. »

Il se dégage en riant : « Hé, lâche-moi ! C'était pour déconner, la proposition de tenter un truc ensemble.

— Ah… Dommage…

— Mais je suis fier de toi, moi aussi.

— C'est gentil. »

On a le visage dans un nuage de fumée. On sourit tous les deux, comme deux gosses. Comme deux frères, il a raison.

32

Éléonore

Scène dans la pénombre. Le conteur est debout face au public, un halo de lumière pointé sur lui. La grosse dame se trouve accoudée à une fenêtre, le menton dans la main, un second halo pointé sur elle.

CONTEUR : *À ce moment-là ils auraient pu être heureux, enfin.*
GROSSE DAME À SA FENÊTRE : *Oui, ils auraient pu, en effet. Mais ils avaient décidé d'être comme les deux cônes d'un même sablier. Quand l'un était en voie d'être rempli, l'autre se vidait inexorablement. C'était ça, leur malheur.*
CONTEUR : *C'était ça, leur malheur…*

Je repose mon stylo, me frotte les yeux. Je ne sais pas ce que je fais, pourquoi je couche des phrases qui n'ont ni queue ni tête sur le papier. Peut-être que la solitude est en train de me rendre folle. Je me suis aménagé un bureau devant la fenêtre de la chambre. Ce pupitre d'enfant légèrement branlant traînait en bas de l'immeuble jeudi dernier. Je l'ai rapporté à l'appartement. Maintenant il est calé contre la fenêtre qui donne sur la façade d'en face, aux cases illuminées qui m'offrent des tranches de vie. Chaque soir, avant le dîner, j'observe le retour à la maison de mes voisins, leur ballet incessant. Après le dîner, je m'installe à mon bureau, et éclairée d'une minuscule lampe de chevet je couche sur le papier des scènes sorties de mon esprit. J'ai commencé une pièce sur le couple d'amoureux. Je n'ai jamais écrit, c'est la première fois que j'ose sortir des idées de ma tête. Je ne cherche pas à créer une vraie pièce, une structure en trois actes, je ne cherche pas à avoir un début et une fin. Je me contente de faire vivre des scènes éparses, anarchiques, comme elles me viennent. J'ai laissé de côté le couple au bout de deux scènes. Mes personnages étaient tombés dans la routine. Ils m'ont lassée. Je m'intéresse maintenant à la famille du deuxième. Le père semble régner sur le clan avec autorité. Personne ne bronche. Les enfants sont sages comme des images. Chacun effectue ses tâches, dos droit, sans moufter. Quand il part, cependant, la maisonnée recommence à s'agiter : les petits courent, la mère allume la télévision ou la chaîne hi-fi. Un soir je l'ai même vue dodeliner de la tête sur la musique. J'ai décidé de leur consacrer une pièce qui s'intitulera *Tyrannie domestique*.

Ce soir cependant, aucun de mes voisins ne m'a inspiré la moindre phrase. J'étais trop préoccupée par François, par notre couple. François qui n'a jamais été si positif depuis son accident, qui va de l'avant, qui s'investit dans sa rééducation. Il rentrera ce week-end pour fêter son anniversaire avec moi. C'est sur nous que j'ai écrit. Conneries de sablier. Bonheur désynchronisé. Pourquoi je me sens si maussade au moment où François m'offre enfin ce que j'attendais de lui depuis tout ce temps : revenir à la vie ?

La solitude, sans doute. Le déracinement dans cette ville. La perte de mes repères, de mes amies. Les huit heures enfermée dans le brouhaha incessant, le discours commercial que je tiens chaque jour une centaine de fois sans avoir la liberté d'une nouvelle phrase. Les pauses prises dans la cuisine des salariés, tous en décalé, chacun son service pour déjeuner, chacun sa pause clope, de façon qu'il y ait toujours quelqu'un au bout du fil, à chaque minute de la journée. Nous nous croisons à peine. Nous ne connaissons même pas le prénom de chacun. Nous sommes des robots, des serveurs vocaux, rien de plus.

Voilà mon humeur du moment, je suis au trente-sixième dessous. François, lui, retrouve son énergie et l'envie de se battre. Je ne sais pas comment va se dérouler ce week-end, si nous parviendrons à nous harmoniser. Quand je lui rends visite, une heure et demie chaque soir, je parviens à donner le change. Mais ces quarante-huit heures ensemble risquent de me trahir.

J'ai sauvegardé dans les favoris de mon téléphone une recette de gâteau d'anniversaire. Un bavarois au citron. Ça me prendra quelques heures. Un répit pour l'esprit. François fêtera ses quarante-trois ans. Tout à coup, ça me paraît beaucoup, beaucoup trop.

François

Si j'avais pu oublier comment était Isabelle, en ces quelques mois de séparation, son caractère obstiné s'est vite rappelé à moi. Elle a dû sentir le vent tourner, mon moral remonter. Elle débarque au centre sans prévenir un mardi à l'heure du déjeuner. Il est toujours plus difficile de lui résister en face à face, elle le sait. Elle me trouve à la cafétéria, dans ma tenue de sportif. Je sors d'une séance de kiné suivie d'une session d'abdominaux menée par Anton. Elle écarquille les yeux.

« Dis-moi que je rêve… Toi en tenue de sport !

— Il aura fallu me clouer dans un fauteuil pour que je daigne me mettre au sport, hein ? »

Elle prend place à la table où je m'apprête à déjeuner, dans son tailleur impeccable. Elle sourit.

« Heureuse de te voir de retour parmi nous. Tu fais quoi ?

— Pardon ?

— Du basket ?

— Non. Du tennis de table et de la musculation. Tu veux partager mon plateau-repas ? »

Elle jette un regard peu amène à mes spaghettis-champignons de la cantine.

« Non, ça va. Je prendrai juste un café avec toi.

— Qu'est-ce qui t'amène ? »

Je désigne la pochette grise qui dépasse de son sac à main.

« Bien vu. »

Elle la dépose sur la table, à côté de mon plateau, puis en extrait une liasse de documents. Je décrypte le titre. Une proposition de contrat pour *Roméo et Juliette*. Je me renfrogne.

« Le producteur est prêt à s'engager dès maintenant.

— Tu ne lâches rien.

— C'est une occasion en or.

— Tu as la pièce avec toi ? Je peux la lire ? Pointer toutes les incohérences ? Te montrer qu'un Roméo à quatre roues ne peut pas être crédible ?

— Bien sûr qu'il va procéder à des arrangements pour la pièce.

— Eh bien ça n'est pas la peine. Dis-lui de laisser tomber. Je ne monterai plus sur scène.

— Tu t'obstines.

— Non, c'est toi qui t'obstines ! Tu fais comme si rien n'avait changé, comme si je pouvais reprendre ma vie là où je l'ai laissée il y a six mois. Je ne veux plus de la scène, je ne veux plus des lumières, des regards pointés sur moi, des applaudissements… L'ancien François rêvait de ça. Pas moi. Aujourd'hui c'est l'inverse, j'aspire à disparaître, à me faire le plus petit possible, à rester dans l'ombre. Ton regard, celui de Léo, je peux encore les supporter, mais pas celui des autres : ni les passants dans la rue, ni la bande, ni aucun foutu public. »

Elle baisse la tête sur son contrat, contrariée.

« Donc je lui dis non, tu en es certain ?

— Tu lui dis que c'est fini. À lui, à tous les autres. Merci, au revoir. »

Pendant quelques secondes elle triture les pages. Je la connais par cœur. Elle doit être en train de réfléchir à toute vitesse à un dernier argument, celui qui me ferait plier. Finalement elle range le tout dans la pochette, la replace dans son sac.

« Donc ça, c'est non. »

Elle joint ses deux mains sous son menton, plonge ses yeux bleus dans les miens.

« Peut-être que j'aurai plus de chance avec ma deuxième requête.

— Essaie toujours.

— Éliane…

— Bon sang !

— Elle me harcèle, François, je ne sais plus quoi lui dire. Prends-la au moins au téléphone.

— Non ! »

Un silence. Isa hèle quelqu'un au loin pour commander deux expressos. Nous ne disons rien en attendant que les boissons arrivent. Elle pianote du bout des doigts sur la table. Puis : « C'est ton anniversaire ce week-end. Tu pourrais au moins lui accorder le temps d'un thé… Ce serait le minimum, non ? »

Elle a le regard bleu sévère. J'abdique. Pas par compassion pour Éliane, mais parce que j'ai envie de faire un pas en avant. De m'extirper définitivement de tout ce qui me pèse.

« Donne-moi son numéro. Je lui passerai un coup de fil. »

Isa pousse un soupir, se redresse.

« Eh bien, j'aurai au moins rempli une de mes missions. Tu es dur en affaires.

— Dit-elle… »

Éléonore

Donc il m'annonce ça comme ça, de but en blanc, avec un air détaché : « On aura une invitée samedi. Pour souffler mes bougies. »

Ma première pensée va à Isabelle.

« Non, répond François. Pas Isabelle. Éliane.

— Éliane ? »

Je n'ai jamais entendu ce nom. Il fait un effort pour prononcer les deux mots qui semblent lui coûter tellement : « Ma mère. »

Je marque un temps d'arrêt. Sa mère. Sa mère ? Vraiment ?

« Je croyais que vous étiez…

— En effet. Elle insiste et Isabelle a joué les intermédiaires.

— Isabelle ? Qu'est-ce qu'elle vient faire là-dedans ?

— Tu comprendras quand tu rencontreras Éliane. Elle a bien plus d'estime pour Isabelle que pour moi. Si elle avait pu en faire sa fille… Éliane adore Isabelle. J'imagine qu'elles sont toujours en contact. »

Rencontrer la mère de François, ça ne me dit rien qui vaille. Tout d'abord parce que je suis l'autre, l'illégitime, la seconde, celle qui a arraché François à Isabelle. Je ne suis qu'une gamine qui a la moitié de l'âge de son fils, qui n'est pas foutue de subvenir correctement à ses besoins. Ensuite parce que la seule fois où François m'a parlé de sa mère, il n'a pas été spécialement élogieux. *Moins je la vois, mieux je me porte. Une carte pour Noël, un appel pour son anniversaire, ça fait l'affaire.* Je ne sais pas grand-chose d'Éliane, à part qu'elle a été une mère célibataire, une de ces femmes qui clamaient haut et fort qu'elles n'avaient pas besoin d'homme dans leur vie. Et d'ailleurs, si j'en crois François, elle n'avait pas besoin d'enfant non plus. Peu de place pour autre chose qu'elle… et la scène. Elle était comédienne. Je l'ai vue en photo un jour. Elle était belle à se damner. Une chevelure brune qui descendait en vagues dans son dos, des yeux de biche du même vert que ceux de François, surlignés à l'eye-liner, une taille de mannequin. Elle a eu son heure de gloire, a côtoyé d'autres étoiles sur les planches, s'est créé une jolie réputation. Quand François a eu la vingtaine, elle lui a payé le cours Florent sans rechigner. Il végétait en fac de sciences politiques, faisait davantage la fête qu'autre chose. Elle lui a signé son chèque plein de promesses tout en l'avertissant : « Ne t'attends pas à obtenir le même succès que moi. Tu n'es que le fils de… »

Voilà, il me semble, d'où vient la faille de François, son indolence permanente, son mépris de tout, son détachement. Il était un gosse de riche, un gosse qui avait eu tout ce qu'il désirait et qui manquait pourtant de l'essentiel : un peu d'estime de soi. Il en avait si peu qu'il était forcé de surjouer en permanence.

Je vais donc devoir partager un bavarois avec François et sa mère que je n'ai jamais rencontrée, coller un sourire sur mon visage et jouer les belles-filles heureuses. Surtout, il me faudra cacher sous le matelas toutes ces feuilles que je noircis chaque soir.

33

François

Léo est préoccupée par la visite d'Éliane cet après-midi. Je le sens. Depuis qu'elle est venue me chercher au centre, elle est différente, soucieuse. Dans le bus, elle ne cherche même pas à me détourner du regard des autres. La seule phrase qu'elle prononce est : « Elle arrive à quelle heure déjà ? »

Éliane est attendue pour seize heures. Notre intérieur ressemble à un appartement témoin. Léo a chassé la moindre miette, tout paraît aseptisé. Ici, contrairement à l'appartement des Buttes-Chaumont, tout est pensé pour que je puisse circuler avec le fauteuil. Pas de superflu : plus de tapis, plus de grands vases au sol ou de tables basses qui m'empêcheraient d'accéder au canapé. C'est triste et dénudé comme un intérieur d'hôpital. Léo n'a pas fait l'effort d'y mêler nos effets personnels, d'ajouter une touche intime, chaleureuse. Tout est resté dans son jus. Blanc. Froid.

« Où sont les cartons ? »

Il est évident qu'elle n'en a pas sorti la moitié de nos affaires.

« Dans la seconde chambre. »

En effet, ils sont là, contre un mur. Les volets de cette pièce n'ont même pas été ouverts.

« Je n'ai pas eu le temps. »

Évidemment que non. Elle file au centre à peine ses journées de travail terminées. Elle repart à l'heure du dîner, doit avaler une soupe et se coucher. Mais bientôt, tout sera terminé. Je serai là, avec elle. Je l'aiderai.

« Peu importe, dis-je. Viens. »

Je l'enlace maladroitement. Je suis à hauteur de sa taille désormais. J'enfouis ma tête entre ses seins. Elle ne recule pas.

Éléonore

Éliane débarque une heure plus tôt que prévu comme une fleur, nous interrompant dans nos fragiles retrouvailles.

« Je suis un peu en avance, non ? » s'exclame-t-elle avant de claquer un baiser sur la joue de François dans l'entrée.

Je termine de reboutonner mon chemisier. Nous n'avons pas tenté le diable cette fois, encore traumatisés que nous sommes par notre expérience malheureuse. Nous nous sommes contentés de nous embrasser, de nous déshabiller. François m'a caressée. C'était doux. Il n'y avait pas d'autre attente et c'est précisément pour cela que c'était doux.

« Alors mon grand, t'es coincé là-dedans pour combien de temps ? » poursuit-elle en entrant plus avant dans l'appartement.

Elle ne m'aperçoit pas, à la porte de la chambre, ce qui me laisse tout le loisir de l'observer. Elle doit avoisiner les soixante-cinq ans. Elle n'a pourtant rien perdu de son allure. Elle a toujours sa longue chevelure brune et épaisse, a conservé sa taille de guêpe, ses manières élégantes, ses dizaines de bagues aux doigts. Elle s'est parfumée. Trop. Des notes de pivoine entêtantes envahissent tout le logement. Surtout, elle a ce détachement qui caractérise François. Une désinvolture qui frôle l'insensibilité.

« Là-dedans ?

— Dans cet affreux fauteuil. Isabelle m'avait prévenue, mais je dois te dire que ça fiche un coup au moral de te voir comme ça. »

François se renfrogne, mais elle semble à peine s'en apercevoir. Elle continue d'avancer dans le couloir et se trouve nez à nez avec moi.

« Oh, bonjour, mademoiselle !

— Éléonore », précise François dans son dos.

Je lui tends une main, incertaine. Elle la refuse, me claque une bise sonore tout en posant ses deux mains sur mes épaules.

« Alors c'est vous qui vous le coltinez, hein ? »

Elle sourit. Je n'y parviens pas. J'ai du mal avec ses manières, sa façon de considérer que nous sommes intimes, qu'elle peut plaisanter de tout. Elle fait volte-face, se tourne vers son fils : « J'oubliais ! Joyeux anniversaire !

— Ouais, ouais. »

Je m'éclipse vers la cuisine, leur lance au passage : « Installez-vous, je vais préparer des cafés ! »

Et je décampe.

Elle pourrait être François dans sa version féminine. Ses yeux, son assurance désinvolte, sa beauté, car belle elle l'est assurément, malgré les rides. Elle paraît dix ans de moins que son âge. Est-ce ainsi que François aurait vieilli sans l'accident ? La scène, le succès, la lumière l'auraient-ils rendu aussi égoïste et creux ? Je n'aime pas cette femme. Dès le premier regard j'ai ressenti de l'hostilité à son égard. Et ses chuchotements dans la grande pièce à vivre ne font qu'amplifier mon inimitié.

« Elle a quel âge ? demande-t-elle à François.

— Pourquoi ?

— Ha ha ! Je te reconnais bien là, mon fils. Elle ne doit pas avoir plus de vingt ans si tu n'oses pas me le dire.

— Bien sûr que si. »

Elle rit. Il s'irrite.

« Pourquoi tu ris ? Ce n'est pas drôle.

— Non, ce n'est pas drôle en effet. »

Sa voix se fait plus grave. Je maudis la machine à café qui se met en route et dont le bruit couvre les propos suivants. Je ne perçois qu'une phrase qui me fait l'effet d'une gifle en plein visage : « Isabelle, c'était une vraie dame, elle. C'était quelqu'un. Un nom.

— On est divorcés. Je te le rappelle.

— N'empêche. Quoi que tu en dises… Tu lui dois ta carrière.

— Allez… Encore tes discours pseudo-féministes. »

La machine à café s'arrête. Éliane se tourne vers moi comme si elle se souvenait tout à coup de ma présence.

« Vous n'êtes pas d'accord, Léanor ?

— Pardon ?

— Je le répète à François depuis qu'il est tout petit : derrière chaque homme qui réussit, il y a une femme qui le façonne et l'élève. »

François a les mâchoires serrées. Je ne dois pas avoir un visage plus détendu.

« Je ne sais pas…

— Vous êtes jeune, vous apprendrez. Un homme, sans femme pour le pousser dans ses retranchements, ça se laisse vivre. Vous n'avez qu'à voir François avant qu'il rencontre Isabelle. Il n'était pas fichu de décrocher un rôle. Il vivotait, sans attentes.

— Laisse ! intervient François en me lançant un regard qui m'invite à ne pas entrer dans son jeu. Tu parles avec une femme qui déteste les hommes. Même son propre fils. »

Éliane éclate d'un grand rire tonitruant. Moi, je ne trouve absolument rien de cocasse à cette situation.

« C'est tout François, ça ! L'auto-apitoiement, la victimisation, le chantage affectif. »

Elle lui pince la joue avec une affection insupportable.

« Vous savez ce qu'il faisait quand il était petit, Léanor, quand je recevais des amies à l'appartement et que je ne lui prêtais pas suffisamment d'attention ? »

Je secoue la tête. François se prend le visage entre les mains.

« C'est pas vrai que tu recommences avec ça…

— Il se mettait tout nu ! Il se promenait avec le petit oiseau à l'air dans le salon, juste pour avoir l'attention de tout le monde ! »

Elle guette l'amusement sur mon visage, ne récolte qu'un étonnement poli.

« Et quand nous partions danser, boire un verre ou que sais-je, et que je m'apprêtais à le laisser, alors là c'étaient les larmes. Vous auriez vu ça ! Des torrents de larmes et de morve. Il s'agrippait à mes jambes ! Il mettait tout le monde mal à l'aise… Un vrai petit tyran ! Il ne faut pas croire, Léanor, sous leurs airs innocents, malgré leurs yeux doux aux longs cils, les petits garçons ont déjà ça en eux. Ce sont de vrais manipulateurs qui espèrent toujours arriver à leurs fins. Si j'avais le malheur de tarder à rentrer, je retrouvais les draps mouillés. Oui, il pissait encore au lit à huit ans ! Qu'est-ce que je vous disais ? Un véritable despote ! »

Elle rit encore. François sauve la face en concluant avec détachement : « Je te l'ai dit, elle déteste tous les hommes, jusqu'à son propre fils. »

Éliane lui claque un baiser sur la joue, y laisse un peu de rouge à lèvres.

« Et il continue à nous faire son chantage affectif ! Alors ce gâteau ? On le fête, cet anniversaire ? »

Quelques bribes lâchées à l'occasion m'avaient donné un aperçu de la personnalité d'Éliane, mais rien n'aurait pu me préparer à la réalité. Un sentiment d'horreur se mêle à mon profond malaise pendant que je découpe le bavarois et allume les bougies. François ne semble pas troublé, comme habitué à ce cinéma. Éliane profite de son nouvel auditoire – moi – pour revenir sur sa vie, son œuvre.

« Ce n'était pas simple d'être mère célibataire et comédienne. Surtout une comédienne comme moi, en tête d'affiche. Savez-vous que certains soirs je jouais deux rôles dans la même pièce ? J'étais la seule à pouvoir interpréter aussi intensément Antigone et Ismène. Quel fourbi ça a été de remanier la pièce pour me permettre d'interpréter les deux personnages ! Il ne fallait pas qu'elles soient présentes en même temps, vous comprenez. »

De François qui vient de passer six mois en soin et rééducation, elle ne demande aucune nouvelle. À peine cette question qu'elle réitère, futile et déplacée, en léchant sur sa cuillère un peu de glaçage au citron : « Alors, ils vont te l'enlever quand, ce fauteuil ? »

La réponse de François se perd dans un raclement de gorge : « Jamais.

— Ah non ? » fait-elle, si légèrement que je suis certaine qu'elle n'a pas écouté la réponse.

Pour ne pas laisser libre cours aux sentiments qui me gagnent, je préfère me concentrer sur François. Mais mon cœur se brise, car maintenant ce n'est plus François que j'ai en face de moi, le François que je connais, l'adulte, le comédien, le séducteur admiré et sûr de lui François Louvier. C'est le petit garçon. Face à Éliane et sa cruauté fardée, il baisse les yeux, fait profil bas, ravale ses répliques. J'ai le cœur si meurtri que je l'entoure de mes bras quand elle part. Je le serre contre moi et je lui murmure : « Viens. On va s'allonger. »

Je l'aide à passer du fauteuil au lit, je l'allonge puis je me couche sur lui. Je le recouvre de tout mon corps, de tout mon poids. J'espère ainsi l'arrimer, l'ancrer profondément à une autre réalité. Je lui promets qu'il n'aura plus jamais à supporter ça.

« Je ne suis pas Isabelle. Je me fous des conventions sociales. Si tu veux, tu pourras la laisser mourir seule. »

S'il est choqué par mes propos, il n'en montre rien. Il m'embrasse et il y a plus de fougue dans ce baiser que dans tous ceux qu'il m'a donnés ces six derniers mois. Le soleil brille dehors, il est à peine dix-sept heures. Pourtant nous restons là, à nous étreindre, dans la pénombre de la chambre. Nous retrouvons une passion éteinte depuis trop longtemps. Il n'est pas question de retirer nos vêtements, d'entreprendre des gestes qui pourraient tout gâcher, non. Je suis une vague. Il est le rivage immobile. Il ne peut pas bouger mais moi oui. Alors je vais et je viens avec des mouvements souples et amples contre lui. C'est fragile et intense à la fois. C'est peu et c'est tout. Je jouis du simple contact de nos sexes à travers les vêtements. Il cesse de respirer en voyant l'infini dans mes yeux.

Ce que nous venons de faire, nous ne l'avions jamais fait. Nous avons fait l'amour.

34

Éléonore

Bitume étouffant
Sous le soleil de plomb
Nos deux corps amers

Je me suis mise aux haïkus. Je ne me rappelle plus quand exactement. Un jour pendant la pause déjeuner. Mon cerveau ne fonctionnait qu'en pensées courtes, brèves, incisives, à force de répéter en boucle, tout le jour durant, les mêmes phrases cadencées et parfaitement rodées. J'ai songé : *Ça y est, je suis formatée, comme une machine. Ils m'ont totalement détraquée.* J'ai eu l'idée d'en faire des rimes sur un coin de serviette. J'avais besoin de mots libres, sans règles, sans cadre. C'est un haïku qui en est sorti. Cadencé, ordonné mais affranchi.

Pensées mécaniques
Robots de chair et de peau
La nuit ils s'échappent

J'ai eu l'impression de sortir de mon cube de verre. J'ai continué tout le mois de mai, puis celui de juin.

À chaque pause déjeuner, ou ailleurs, dans les transports. Je me suis mise à avoir en permanence dans mon sac à main un carnet de moleskine vert amande. Il contient aujourd'hui une cinquantaine de haïkus et des bribes de scènes de vie inspirées par mes voisins. Si quelqu'un tombait dessus, j'en mourrais de honte.

J'ai écrit en mai et juin en attendant qu'on me rende François. J'ai écrit en mai et juin pour tromper mon ennui, oublier les quatre tours d'immeuble, les amies de Paris qui ont cessé d'appeler parce que je vis trop loin, trop mal. J'ai écrit chaque fois que j'ai eu envie de pleurer.

Maintenant François est rentré. Je vais pouvoir ranger mon carnet de moleskine vert et oublier ces lubies de vieille folle solitaire.

François

Je suis rentré à la maison hier. Je n'ai pas réellement réalisé que c'était pour de bon, qu'il n'y aurait plus jamais de réveils au centre, de *Ça va, mec ?* de Ryan, de sessions de sport, de discussions le jour tombé avec Elsa, de mains timides posées sur son ventre. *Tu veux sentir ? Elle bouge…* Je n'ai jamais dit à Léo que je passais ma main sur la peau nue d'Elsa, sur son ventre tendu. Elle aurait trouvé ça étrange. Ryan lui-même n'aurait pas compris. Mais Elsa savait que je puisais ma force là-dedans, dans ces minuscules coups de pied qui me prouvaient que la vie se nichait avec intensité dans les êtres les plus petits et les plus fragiles, que moi aussi je pouvais faire plus et mieux. J'ai chéri ces moments-là, ces moments où Ryan passait à la douche et où Elsa s'asseyait au bord de mon lit. *Tu veux la saluer ?* Je perdais mes mots. Elsa se contentait de sourire.

Ça n'a pas été si difficile de partir, car Elsa a été arrêtée trois semaines avant la date prévue. Les contractions étaient trop nombreuses. Quant à Anton, il avait empaqueté ses affaires au milieu du mois de juin. Avec son compagnon, il rejoignait Amiens. Il n'est plus resté que Ryan et moi. Nous avons tenu bon, imposé nos conditions à la direction du centre. Nous sommes partis en même temps, hier à treize heures. C'était le 29 juin. Le soleil brûlait nos rétines et notre peau. Léo était là, dans une robe à fleurs qui m'a donné envie de la déshabiller sur-le-champ. Ryan a retrouvé ses parents. *On s'appelle, mec !*

Je le lui ai promis. Ryan va s'installer dans un T1 adapté, à deux kilomètres de chez ses parents, dans l'Oise. Il a prévu un lit pour Marlon. Il pourra l'accueillir. C'est une nouvelle vie qui commence pour lui. Pour moi aussi. J'ai du mal à le réaliser.

Léo dort encore, allongée à côté de moi. Elle me tourne le dos. C'est samedi. Elle ne travaillera pas, ne se réveillera pas avant des heures. Déjà avant, c'était ainsi, elle était une vraie marmotte. J'avais ma technique pour la sortir du sommeil, une technique imparable. Même si je n'ai plus la même facilité pour me mouvoir, pour me coller dans son dos, j'ai toujours l'envie, et cette érection matinale qui me paraît être une aubaine. Depuis l'accident, le bas de mon corps ne m'appartient plus. Il semble mener sa propre vie, seul, comme bon lui semble. Il répond à des règles que je ne comprends pas encore. Je n'ai d'autre choix que de m'y plier. De sauter sur le moindre sursaut de vigueur. Ce matin, mon sexe pourra peut-être pénétrer Léo. Comme avant. Cela fera huit mois que je ne l'ai plus fait.

Éléonore

Il me réveille comme avant… Je sens ses mains qui s'emparent de moi, qui saisissent mes seins, se glissent entre mes jambes. Comme avant. Je grommelle. Je frissonne. Je souris. Je suis encore dans ce monde vaporeux des rêves où la réalité ne s'impose pas. Pas encore. S'il lui prenait l'idée de s'introduire en moi, je ne m'en étonnerais même pas. Je suis dans un brouillard délicieux où François est toujours François, celui qui me prenait avec ferveur et caprice, n'importe quand, parfois même au milieu de la nuit. Celui qui me tourmentait et à qui je ne pouvais rien refuser. Il prend ma main, la fait glisser dans mon dos, la pose sur son sexe.

« Regarde… Regarde comme je suis dur. »

Je me retourne dans un grognement, les paupières encore collées. Je suis entre sommeil et réveil, dans ce délicieux état frissonnant. Tout cela ne pourrait être qu'un rêve érotique, le serait, si François ne reprenait pas ses chuchotements de plus en plus pressants.

« Viens vite. Dépêche-toi. C'est maintenant. »

Je ne comprends pas tout. Mes yeux ne se sont pas encore totalement ouverts sur la chambre ensoleillée, sur François, sur nos draps. Pourtant il m'assaille, me contraint, il m'agrippe avec force, déplace mon corps alangui, le force à se réveiller.

« Léo. Comme ça. Oui. »

Il m'installe sur lui, à califourchon, de dos. J'ouvre les yeux quand je sens la légère déchirure de la pénétration. Brutale. Pas préparée. Il est en moi. J'ai mal et pourtant cela me semble délicieux. Je suis bien réveillée maintenant, les yeux grands ouverts sur le mur blanc, sur la valise de François au sol, sur nos ombres qui se découpent sur les rideaux. Il agrippe mes cheveux, les enroule autour de son poignet, les tire en arrière. Je reconnais sa fièvre, la même qu'autrefois. Pendant une fraction de seconde, tout est comme avant. Mon corps prend vie, monte et descend autour de lui. Je perds le souffle, la notion de la réalité. François soupire, emporté par la vision de mon dos, de mon corps nu et cambré sur lui. Puis la réalité s'impose. Nous rattrape. Me rattrape.

« Pourquoi tu t'arrêtes ? »

Il s'agace, agrippe plus fort mes cheveux. L'érection est retombée. Il ne s'en est pas aperçu puisqu'il ne sent rien.

« Léo ? Qu'est-ce qu'il se passe ?

— Rien. »

Alors je reprends mes mouvements comme l'instant d'avant. Il n'est plus en moi mais je monte et je descends encore. Je souffle fort, trop fort, mais il ne s'en aperçoit pas. Il griffe mon dos, l'embrasse la seconde d'après et malmène mes cheveux. J'observe l'ombre du ballet de nos corps contre le rideau beige. Deux corps qui semblent ne faire qu'un, qui semblent faire l'amour. Je pense à l'allégorie de la caverne de Platon, aux hommes enchaînés dans la grotte qui ne voient de la réalité que ses ombres projetées sur la paroi. Qu'est-ce qui est réel, après tout ? Les objets ou leurs ombres ? Moi, je préfère croire aux silhouettes sur le rideau, celles qui font l'amour et se redécouvrent. Quand mon double noir se cambre sous un orgasme feint, mon corps de chair y croirait presque. François grogne comme je gémis, me fait rouler sur le côté et prend mon visage entre ses mains. Il m'embrasse. Il est heureux. Et moi aussi je le suis, même s'il y a cette petite lame qui perfore insidieusement mon cœur. Une douleur minuscule que je peux feindre d'oublier. Pour un temps, en tout cas…

35

François

L'été s'écoule lentement ici. Une chaleur oppressante s'abat sur les quatre tours de béton, réverbérée par le goudron. Je transpire dès le réveil et ne trouve guère d'occupation pour remplir ces longues heures où Léo travaille. Le ciel étonnamment bleu déroule quelques nuages, et mes yeux désabusés, pleins d'ennui, voient passer deux ou trois voisins rentrant chargés de courses. Le square reste vide. La balançoire en fer doit être brûlante. L'asphalte bouillant. J'ai l'impression d'être seul ici, prisonnier de ma tour de béton. J'attends Léo. Je vide quelques cartons, je range ce que je peux, je cuisine pour son retour. La chaleur m'est vite insupportable, alors je m'installe dans le canapé, face au téléviseur, tous volets fermés.

« Qu'est-ce que tu fais dans le noir ? demande-t-elle quand elle réapparaît en fin de journée.

— Je me repose. »

Elle a les yeux rouges et fatigués lorsqu'elle sort du travail. Les écrans lui filent la migraine. Elle est pâle. Elle devrait prendre le soleil mais je ne parviens pas à le lui proposer, à me résoudre à sortir, à me promener nonchalamment sous les rayons chauds dans ce fichu fauteuil. Je préfère rester là à regarder des séries. Un jour il faudra bien que je cherche du travail. Mais quoi ? Je ne veux plus entendre parler de théâtre. Il me faudrait un changement radical. Un truc pragmatique, rationnel, qui cadrerait mon esprit, l'empêcherait de s'échapper, de me jouer des tours. Je ne veux plus revenir à la scène, aux tirades, aux mots qui sonnent joliment et provoquent des émotions. J'en ai eu mon compte. Il me faut du concret, du neutre, du sans danger. Quand Léo rentre, elle vient se nicher contre moi. Elle embrasse mon front. Il faut que je la touche. J'en ai besoin. Je l'entoure, la palpe, passe mes mains sous sa robe, parcours son ventre, frôle ses seins. C'est plus fort que moi. Je crois que j'ai besoin de me rassurer, de réaliser qu'elle est là, qu'elle n'est pas partie. Elle me repousse gentiment. Parfois non. Parfois elle se laisse caresser, elle ferme les yeux, elle écarte ses cuisses et elle jouit, la tête renversée sur mon épaule. Après cela, elle se lève et elle ouvre les volets. Elle laisse entrer la lumière et un peu de chaleur. Elle trouve qu'il fait frais dans notre appartement. Moi, je m'y sens étouffer.

Le 14 juillet, nous entendons éclater les pétards et un feu d'artifice. Nous sommes devant la télévision. En fixant l'écran, elle déclare : « On devrait partir quelques jours. Je pourrais avoir le pont du 15 août…

— Partir où ?

— Je ne sais pas… Voir la mer. »

Je secoue la tête. Je n'y parviens pas. M'imaginer assis dans ce fauteuil sur le sable, face à une mer à jamais inaccessible, le corps livré aux regards d'inconnus, mes jambes maigres, pâles, la cicatrice qui court sur mon dos. Et quoi ? Elle ira plonger, faire quelques longueurs, me laissant comme un clébard sous le parasol ? Plutôt rester ici. Je n'arrive pas à l'exprimer. Elle pourrait comprendre si je trouvais les mots mais je me contente de monter le son de la télévision.

« On verra, dis-je.

— Ou en Bourgogne. Mes parents pourraient nous accueillir. Ils seraient ravis.

— On verra. »

Elle n'insiste pas. Je voudrais lui rendre le quotidien plus heureux mais il est encore trop tôt pour moi. J'espère que ça viendra.

J'ai kiné deux fois par semaine. Le cabinet se situe dans la ville voisine. J'y vais en bus. Le chauffeur me connaît. Je garde la casquette vissée sur le crâne pendant tout le trajet. Les jours où j'ai kiné passent plus vite que les autres. Quand le temps semble s'arrêter, j'appelle Ryan.

« Mec, ça me fait plaisir de t'entendre ! »

Moi aussi ça me fait plaisir de l'entendre. Il semble en forme, en fait des tonnes. Marlon est venu tout le week-end. Ils sont allés au square, ont fait un basket.

« Ce gosse m'épuise ! »

Je sens bien dans sa voix que tout n'est pas si rose.

« Et toi, ça va ? demande-t-il.

— Je ne sais pas. Je suppose.

— Tu supposes ?

— J'ai Léo. On reprend nos marques ensemble. Ça ne peut qu'aller… »

Je fixe les traits de lumière laissés par les persiennes sur le carrelage.

« C'est parfois long quand elle travaille. »

Ryan consent enfin à cesser de faire semblant lui aussi : « Mes semaines sont interminables. Et l'autre jour, je suis tombé en voulant passer du fauteuil au canapé. Je suis resté quatre heures par terre, incapable de bouger. J'avais mal partout. Je n'osais pas faire un geste. Si jamais j'abîmais une autre vertèbre… »

Un silence. Je me sens envahi par l'angoisse comme si j'y étais.

« J'ai fini par appeler ma mère.

— Tu n'avais rien de cassé ?

— Non. Enfin si. Mon ego.

— Et tes douleurs ? je demande pour changer de sujet. Comment ça va ?

— Ça va. Certains jours mieux que d'autres. »

Il me file le bourdon. Je promets de le rappeler et je raccroche. Ce soir-là, quand Léo rentre du travail, j'ai une idée bien précise en tête, quasi obsessionnelle : retrouver du travail au plus vite, sortir d'ici, éloigner l'obscurité qui pourrait bien recommencer à m'engloutir.

Il a accepté de sortir faire un tour avec moi dans les alentours de notre appartement. Le soleil décline, et avec lui la chaleur infernale de cette journée de juillet. Je l'ai encore trouvé avachi dans le canapé dans le noir. Mais il s'est redressé quand je suis entrée. Il avait eu Ryan au téléphone, Ryan qui semblait ne pas aller très bien.

« Tu veux faire un tour dehors ? » j'ai demandé.

Et il a accepté. Pour la première fois, nous arpentons les rues tous les deux, moi dans mes sandales compensées et ma robe bleu ciel, lui en jean et teeshirt dans son fauteuil. Il refuse de découvrir ses jambes. Même par trente-cinq degrés. Il en a honte, les trouve laides. Parfois, quand nous sommes tous les deux allongés, je les caresse juste pour lui montrer qu'elles ne me rebutent pas, qu'elles font encore partie de lui comme le reste de son corps, mais il repousse ma main, toujours.

« N'y touche pas. »

Son sexe, c'est différent. Il ne lui a pas déclaré la guerre. Il l'accepte, le tolère en tout cas.

« J'ai pris une décision », m'annonce-t-il comme nous attendons à un feu rouge pour traverser la rue.

Il a le visage levé vers moi en quête d'approbation.

« Il faut que je reprenne le travail. L'assistante sociale du centre de rééducation propose un suivi. Je crois que je vais m'y inscrire. »

Je souris, passe une main sur sa nuque. Ses cheveux repoussent. Pas grand-chose, trois centimètres, mais ça le change. Nous traversons la rue sur le passage piéton. Il frôle ma hanche à travers ma robe d'été. Je me sens légère. J'ai retrouvé un peu d'espoir, d'optimisme, ces derniers temps. Je ne suis plus seule à l'appartement désormais. François est là. Au travail, j'ai fait la connaissance d'Hélène et de Yonis au cours d'une pause cigarette. Hélène a la cinquantaine, est mère célibataire de deux ados. Yonis a vingt-deux ans, s'est perdu au cours de son parcours scolaire. L'open space me semble moins hostile maintenant que j'ai deux visages avec qui échanger des sourires. Yonis m'avertit quand la superviseuse m'a dans le collimateur. Il a une vue directe sur son bureau. Un raclement de gorge assorti d'un tapotement sur la tempe : c'est le signal d'alerte. Hélène, elle, me rapporte des parts de gâteau au yaourt qu'elle fait pour ses mômes. Oui, le quotidien est plus léger, plus supportable.

Plus loin, François me désigne un banc qui borde un parterre de fleurs et une fontaine. Nous nous installons.

« Tu fais quoi toute la journée au travail ? demande-t-il tout à coup. Tu prends des appels ? Tu fais de la saisie informatique ?

— Oui. Grosso modo. Et j'essaie de ne pas perdre patience face aux gens malpolis, pressés et directifs.

— Ce n'est pas trop compliqué ?

— Non. On m'a formée en quelques jours. »

Je ne vois pas vraiment où il veut en venir. Il s'allume une clope, attend d'être entouré de fumée pour déclarer : « Ils m'embaucheraient ? Je veux dire… Mon fauteuil ne poserait pas de problème pour ce genre de poste ? »

Je m'y reprends à trois fois pour allumer ma cigarette. Mes mains sont moites, légèrement nerveuses.

« On ne cherche personne. »

Au ton de ma voix, beaucoup trop abrupt, François fronce les sourcils.

« Je demandais comme ça. Au cas où…

— Je sais mais on ne cherche personne. »

J'ai tenté de me radoucir mais François continue de me fixer étrangement.

« T'as pas envie que je postule. »

C'est une affirmation que je ne cherche même pas à réfuter.

« T'as pas envie que je travaille avec toi. T'as pas envie de m'avoir dans les pattes, c'est ça ? »

J'inspire, emplis mes poumons de nicotine. Non. Non, je n'ai pas envie d'avoir François avec moi au travail. Le boulot est difficile mais il est devenu ma bouffée d'air frais ces derniers temps. C'est une autre vie, une existence en dehors de l'appartement, en dehors de mon couple, puisque je n'ai plus que ça, plus d'amis, plus de bande, plus rien.

« Je ne suis pas sûre que ce soit une bonne idée de travailler tous les deux au même endroit.

— Il y a des choses que je ne dois pas savoir ?

— Pardon ?

— Au travail.

— Pas du tout, arrête ! »

Ça fait bien longtemps que je n'ai pas eu affaire à ce François-là, avec sa voix cassante, sa colère qui enfle.

« Alors quoi ?

— Il y a des centaines d'entreprises où tu pourrais postuler. Pourquoi vouloir travailler dans la mienne ?

— Pourquoi avoir paniqué comme ça ?

— Je n'ai pas paniqué. »

Il jette sa clope à peine entamée. Ses mains se crispent sur les poignées du fauteuil. C'était pourtant une belle fin de journée, pourquoi faut-il qu'il la gâche ?

« Tu te tapes quelqu'un au travail ?

— Bon sang, arrête !

— Vu ta réaction, je peux me poser la question, non ?

— Non, tu ne peux pas ! »

Je me sens irritée à mon tour. Je crois que les quelques mois de solitude dans ma tour de béton m'ont quelque peu changée, que j'ai perdu ma patience. Je réplique en sentant la colère monter en moi : « Je ne sais pas ce que je peux faire pour te prouver ma loyauté. Tu veux que je démissionne ? Tu veux que j'abandonne ça, en plus du reste ? Que je m'enferme à la maison ? Que je me dévoue à notre foyer ? Dis-moi et je le ferai. Je ne sais plus ce que je dois inventer pour répondre enfin à tes attentes. »

Moi aussi je jette ma clope. François attrape mon poignet. Je me dégage brutalement, mais je le regrette aussitôt. Son geste était doux. Un geste de réconciliation. Maintenant il a les épaules basses, le visage déconfit. Il me fait de la peine.

« François, je… j'ai besoin d'avoir une vie à moi. »

Il acquiesce. Nous restons silencieux de longues secondes. Je ne sais que faire pour rattraper mes paroles, mon geste. Devant nous passe un groupe de jeunes. Ils ont dix-huit ans, dix-neuf peut-être, à peine vingt. Ils sortent en bande, des canettes de bière à la main. Les filles marchent bras dessus bras dessous. Les garçons parlent fort. Ils s'interrompent soudain. Une tête se tourne vers nous, puis deux. Ils se mettent à chuchoter. Les filles se donnent des coups de coude. Un garçon me fixe, laisse traîner son regard le long de mes jambes. J'ai l'impression d'être déshabillée. Ils poursuivent leur chemin mais leurs têtes se tournent encore de temps en temps.

« On rentre », lance sèchement François.

Je ne cherche même pas à protester. Je n'ai plus aucune envie de flâner dehors, de profiter de l'été.

« Qu'est-ce que tu crois qu'ils disaient ?

— On s'en fiche.

— *La pauvre, regardez-la, elle est bloquée avec un putain de handicapé. Pourtant elle est baisable, hein ? Elle a de jolies jambes, une belle paire de seins. Qu'est-ce qu'elle fait avec un légume pareil ?* »

Je préfère ne rien répondre. Quoi que je dise, je ne ferai qu'attiser sa colère.

« Je ne sortirai plus, déclare-t-il. Tu pourras aller te promener toute seule, te faire reluquer à tous les coins de rue. Tu auras l'impression d'avoir une vie à toi. Qui sait ? Peut-être qu'au détour d'une ruelle, tu pourras même te faire… »

Je lui saisis le poignet avec violence, le serre jusqu'à l'écraser. Je ne mesure pas mes mots, pas mon ton.

« Fais gaffe à ce que tu dis, François ! »

Il est si surpris qu'il reste décontenancé, la bouche entrouverte.

« Fais gaffe à la façon dont tu me parles ! »

Il se dégage vivement. Il me fait mal. Il part devant moi. Je ne cherche même pas à le rattraper. Nous rentrons à l'appartement sans un mot. Il allume la télévision et reprend sa place dans le canapé. Je m'enferme dans la chambre.

François

Elle est allée se coucher toute seule, sans dîner. J'ai ruminé ma colère en terminant la série policière suédoise commencée le matin même. Il est une heure et demie quand je la rejoins dans le lit. Je n'ose pas la toucher. Je ne sais pas ce que j'ai fait pour la mettre hors d'elle comme ça. Avant, elle faisait le dos rond, elle me passait tout. Mais c'est fini. Je ne suis plus rien, plus personne. Un putain de handicapé. Elle n'a plus besoin de prendre des pincettes. Je me rapproche d'elle au maximum, sans la frôler. Je veux juste sentir son odeur. La chaleur rend sa peau moite, fait ressortir les effluves chauds et sucrés du *Poison* qu'elle a vaporisé ce matin, avant de partir au travail. Pour qui elle se parfume ? Elle est toute la journée au téléphone, seule face à son écran. Pas de clients à rencontrer. Pas de prospect à convaincre. Pourquoi elle se parfumerait ?

Il y a bien eu Antoine. Elle peut tout à fait recommencer. Qui est-ce maintenant ? *Arrête.*

Elle doit sentir mon souffle dans son cou. Elle bouge dans son sommeil, s'éloigne de moi. Même inconsciente, elle me fuit. Qu'est-ce que je vais devenir si elle se tire ?

36

François

J'ai recréé un compte sur les réseaux sociaux. Un faux. Je m'appelle Vladimir Grozdan. Ma photo de profil est un portrait en noir et blanc de Charlie Chaplin. Personne ne songera à me démasquer sous ce pseudonyme vaguement slave. Je voulais avoir des nouvelles du monde, discrètement. Espionner ceux qui continuent de vivre. Antoine, la bande, Léo… Léo a refusé ma demande d'ami sur Facebook. Elle n'accepte pas les inconnus. Son compte Instagram est désespérément vide. Je n'ai aucun moyen de savoir ce qui constitue *sa vie à elle*. Je pourrais le lui demander mais je n'ose pas. Plus après sa colère de l'autre jour. Ce soir elle va prendre un pot avec des collègues. Elle n'a pas dit qui ni où. Elle a dit : « Une heure ou deux, pas plus. Je serai rentrée pour dîner. »

Elle se prépare à la salle de bains, s'apprête avec un soin tout particulier. Le mascara, le rouge à lèvres, ses cheveux qu'elle relève en queue-de-cheval. Que penser d'une femme qui dévoile sa nuque ? Quel genre de message souhaite-t-elle envoyer ? Je la rejoins, me place derrière elle. Elle porte une robe d'été blanche à fleurs rouges. Je passe mes mains en dessous. Elle ne me repousse pas. Elle termine d'accrocher ses boucles d'oreilles. L'arrivée d'un message fait s'illuminer son écran. Dans une conversation de groupe nommée AVM Mut', un dénommé Yonis vient d'écrire : *Je pars de chez moi*, assorti d'un clin d'œil. Une Hélène répond d'un pouce levé. Léo ne prête pas attention aux messages, elle replace quelques mèches échappées de sa queue-de-cheval. Yonis, c'est un homme. Est-ce lui ? Est-ce lui qu'elle veut tenir éloigné de moi ?

« Qu'est-ce que tu fais ? » lance-t-elle avec un sourire dans la voix.

J'entreprends de faire glisser sa culotte au bas de ses jambes. Nul jeu amoureux là-dedans. Je suis juste jaloux. Maladivement jaloux. J'aimerais lui demander qui est ce Yonis, lancer mon poing dans le miroir, lui interdire de sortir prendre ce pot. Mais je crains les réactions de Léo maintenant. Alors je fais glisser sa culotte au sol et passe une main entre ses jambes.

« Tu vas me mettre en retard. »

L'écran de son téléphone s'allume à nouveau. Elle tente de l'attraper mais je le fais tomber dans le lavabo et je tire sur son bras pour l'obliger à se retourner, à me faire face.

« Chéri », tente-t-elle de résister encore.

J'aime quand elle m'appelle chéri. Elle le fait si peu.

« Je serai là dans deux heures tout au plus… On pourra reprendre là… »

Mais sa voix meurt. J'ai disparu sous sa robe. Plaqué mes lèvres contre sa chair. Elle pose ses mains sur mon crâne. Pour me repousser. Puis pour m'interdire de me décoller d'elle.

« Je vais vraiment être en retard… »

Pourtant elle ne bouge pas. Elle se renverse en arrière contre la vasque. Elle a les jambes qui tremblent, la respiration courte.

Éléonore

J'ai du mal à revenir à la réalité. Je cours dans la rue pour attraper mon bus et mes jambes me portent à peine. Je suis fébrile quand je prends place au fond du bus. Je souris. À Hélène et Yonis j'écris : *J'arrive ! Désolée pour ce contretemps !*

Je sens mon ventre qui palpite encore et ma peau frémissante, si sensible. J'ai remis ma culotte à l'envers, j'ai embrassé François très vite avant de partir. Je lui ai fait signe par la fenêtre et lui ai envoyé un baiser. Il semblait apaisé. Je suis partie l'esprit léger. Je suis amoureuse et j'ai deux collègues qui sont en train de devenir des amis. Ma vie ressemble enfin à celle d'une jeune fille de vingt-quatre ans. L'air chaud de la fin de journée s'infiltre dans le bus, fait voler le bas de ma robe. Au fond peu importe que François refuse de partir en vacances, de mettre les pieds dans ma Bourgogne natale. Mais ces derniers temps, cette idée m'a rendue malade. Je ne cessais d'y penser nuit et jour.

« Mes parents adoreraient te rencontrer. »

Encore hier, j'ai essayé pendant le repas et il s'est renfermé.

« Tu veux vraiment qu'ils réalisent à quel point tu as gâché ta vie ? »

J'ai reposé ma fourchette, qui a produit un bruit mat. Je n'ai pas terminé mon assiette. J'ai ruminé toute la soirée et une bonne partie de la nuit, tant et si bien que j'avais décidé d'y aller sans lui. Une semaine chez mes parents, au milieu des vignes et des odeurs de raisin, loin du Clos des hortensias, loin de la foutue télévision de François qui tourne jour et nuit jusqu'à des heures indécentes. Il survivrait à mon absence pendant sept jours. Moi, je rechargerais mes batteries. J'allais le lui annoncer ce soir, mais j'ai changé d'avis. Parce qu'il est venu me trouver dans la salle de bains et qu'il est redevenu le François joueur, le François insatiable, celui qui me fait frémir, perdre mes mots, jouir plus vite que personne. Il est mon homme. Grincheux, parfois morose, colérique. Il est mon homme quoi qu'il advienne. Tant pis pour la Bourgogne. Tant pis pour mes parents. Ce soir je me collerai contre lui et je lui dirai à quel point il m'a fait perdre la tête.

Nous nous installons en terrasse sous un cerisier décoré de lampions. La chaleur tombe lentement au rythme des bières qu'un serveur dépose sur nos tables. Hélène déclare qu'elle n'est pas sortie depuis une éternité, qu'elle a l'impression de retrouver sa jeunesse.

« Moi aussi ! » je réplique avec engouement.

Hélène se moque.

« Tu ne l'as même pas commencée, toi ! »

Je ne réponds rien. Je lèche la mousse au bord de mes lèvres. Je n'ai pas envie de leur expliquer, d'employer des mots qui terniraient cette soirée d'été. Handicap. Paraplégie. Ils savent que je vis avec un homme qui a des problèmes de santé. Ils n'en mesurent pas l'ampleur. Yonis lève son verre : « À la santé de l'œil de Moscou ! »

Nous l'imitons en chœur. L'œil de Moscou, c'est ainsi que nous avons surnommé notre superviseuse. Maintenant nous avons ce surnom que nous partageons tous les trois et des blagues de travail que nous seuls pouvons comprendre. C'est peu et c'est beaucoup à la fois. L'ivresse me fait sourire pour rien. J'écris à Camille dont j'ai ignoré les derniers messages. Je me sens émotive alors je lui écris : *Tu me manques.* Juste ces trois mots. À côté, Hélène propose de commander une assiette de frites à se partager. Yonis approuve. J'hésite.

« François m'attend pour le dîner… »

Il est déjà vingt heures. Où sont passées les minutes ? Englouties avec les litres de bière. Je titube en voulant me lever.

« Envoie-lui un message ! lance Yonis.

— Oui, renchérit Hélène. Dis-lui de nous rejoindre ! »

J'éclate d'un rire sinistre. Ils me dévisagent sans comprendre.

« François ne mettra jamais un pied dehors. Encore moins dans un bar. »

Ils échangent un regard intrigué, n'osent pas en demander davantage.

« Bon, je lâche dans un soupir. D'accord. Commandez des frites. »

François

Il est vingt heures trente et elle n'est toujours pas rentrée. J'ai dressé la table, j'ai même sorti une bouteille de vin. Je me sens con tout à coup. J'ai envie de tout envoyer valser. La vaisselle en éclats, le vin projeté sur les murs blancs. Oui, ça lui ferait une jolie surprise. Mais je ne fais rien. Je reste prostré dans le canapé. La télévision braille. Mes yeux sont fixés sur l'écran de mon téléphone. Depuis le profil de Vladimir Grozdan je fais défiler le fil d'actualité d'Antoine, de Coco, Sofiane, Yvan, Bertrand… Leurs têtes de cons sur scène. Leurs têtes de cons autour d'un cocktail au Melchior. Notre QG. J'ai des centaines de messages d'eux, restés sans réponse. C'est plus fort que moi. Je ne parviens pas à relier les deux bouts de mon existence : ma vie d'avant et celle d'après l'accident. Je ne survis qu'ainsi, en oubliant que j'ai été valide, léger, admiré, en faisant table rase de ce que j'étais. Il n'y a que Léo qui a survécu à ce grand nettoyage. Léo et Isabelle, que j'ai régulièrement au bout du fil. Les autres, je n'y parviens pas… Même si je pense à eux, même s'ils me manquent parfois.

Une page de pub à la télévision. Un message arrive : Léo. Mon estomac se crispe. Mes poings aussi. *Désolée mon amour. On commande des frites. Ne m'attends pas. Dîne sans moi… Je ne rentre pas tard.*

J'envoie balader mon téléphone au sol. Puis la télécommande. Ils produisent un bruit mat en tombant sur le carrelage. C'est ridicule. Même ça, la colère, je n'y parviens pas. Avant j'étais doué pour casser, exploser, répandre des éclats de verre, du sang. C'est terminé.

Je repense à Léo dans la salle de bains tout à l'heure, à ses jambes qui la soutenaient à peine, à ses ongles plantés dans mes cheveux. Elle a joui avec une telle violence, avec un râle si rauque, j'ai à peine reconnu sa voix… Tout ça pour rien. Elle est là-bas, avec eux plutôt qu'avec moi. Avec Yonis. Pourquoi j'ai fait ça ? Pourquoi je l'ai fait jouir dans la salle de bains avant qu'elle parte ? J'ai voulu marquer mon territoire comme un clébard. Je me suis assuré qu'elle parte comblée. Pour quoi ? Pour qu'elle ne succombe pas au désir d'un autre ? Je me trouve pathétique. Risible. Enfoncé dans le canapé, dans mon jogging informe, avec les morceaux de la télécommande que je ne peux même pas atteindre. Voilà ce qu'elle est, ma nouvelle vie… À quoi ressemble celle de Léo ? Avec qui rit-elle ? Car je suis sûr qu'elle rit.

Éléonore

Sur le chemin du retour, alors que ma tête ballottait contre la vitre du bus, j'ai inventé quelques vers.

Nuit d'été sous un cerisier
Ombres mouvantes
Lucioles joyeuses
Nulle ivresse pour égaler
Le bonheur de rire
Sous un ciel étoilé

Ce n'est pas un haïku. Ça ne répond à aucune règle. C'est le fil de mes pensées, plus légères qu'une nuée d'abeilles.

L'appartement est plongé dans l'obscurité quand je pousse la porte. C'est anormal. Ces derniers temps, François veillait devant la télévision jusqu'à deux, trois, voire quatre heures du matin. Il faisait défiler les séries, s'abrutissait de vies artificielles sur l'écran. Mais ce soir, il est à peine vingt-deux heures et il est couché. J'allume la lumière dans la pièce principale. Je découvre la table dressée, la bouteille de vin qui m'attendait. Il n'a pas dîné. Tout est resté intact, même le plan de travail. J'ai le cœur qui se serre, la légèreté de cette soirée d'été s'envole déjà. J'abandonne mon sac à main sur le canapé, entre dans la chambre. Pas un mouvement. Il dort la fenêtre ouverte, les volets baissés. Il ne cesse de répéter qu'il a trop chaud ici, qu'il se consume. Il fait pourtant frais. Je me déshabille dans le noir, je chuchote : « Tu dors ? »

Il ne répond pas. Je me glisse contre lui, presque nue, dans ma culotte toujours à l'envers. Je passe un bras sur son torse, murmure dans l'obscurité : « Tout à l'heure… tu m'as rendue folle… »

Je suis presque sûre qu'il ne dort pas. Quelques secondes s'écoulent avant que sa voix résonne : « Ça ne suffira pas toujours.

— Quoi ?

— Te rendre folle. Te faire jouir. Ça n'aura qu'un temps.

— François…

— Je ne peux pas partir en week-end, t'amener boire un verre en terrasse. Je ne peux pas sortir de là. C'est plus fort que moi. »

Le silence retombe dans la chambre. Je laisse mes doigts se promener sur sa peau moite.

« Je n'ai plus de vie en dehors du centre. C'est terminé. Ma place est là-bas, avec les autres légumes. Nulle part ailleurs. Je n'aurais pas dû demander à en sortir.

— C'est faux. Il te faudra du temps pour te réhabituer à la vie dehors mais ça va venir.

— Non. C'est Ryan qui avait raison. On n'aurait pas dû vouloir en partir à tout prix. »

Mes doigts courent dans son cou. Il me repousse, las, amer.

« Ils étaient tous au Melchior ce soir. Nanou fêtait ses quarante ans. Ils ne m'ont pas contacté. Pas un seul.

— Comment tu le sais ?

— Je le sais.

— François… Tu fais le mort depuis dix mois. Tu ne leur réponds pas.

— Un message, ça ne coûte rien.

— Tu y serais allé ?

— Non. »

Une minute défile. Interminable. Je ne sais pas où je puise la force de cette idée qui franchit mes lèvres. Sans doute dans mon ivresse : « On n'a qu'à les inviter à la maison si tu veux les voir. Organiser une pendaison de crémaillère. Fêter ton retour.

— Tu veux que je fasse venir Antoine ici ? »

Je sais les images qui l'assaillent à ce moment précis, les insanités qu'il retient.

« Pas Antoine. Les autres. On n'est pas forcés d'inviter Antoine. »

Une nouvelle éternité dans l'obscurité de la chambre.

« Ils ne viendront jamais jusqu'ici, lâche-t-il enfin.

— Laisse-moi envoyer un message. On verra bien… »

Il ne réplique pas. C'est plus perturbant encore qu'un refus. Plus inquiétant. Je ne sais comment l'interpréter : une volonté d'aller de l'avant ou l'abandon de toute combativité ? Je choisis la première option. Je me serre plus encore contre lui et je l'entends chuchoter : « Tu ris ? Quand tu es à l'extérieur, dans ton autre vie, tu ris ?

— Parfois.

— Ici tu ne ris jamais.

— Bien sûr que si… »

Il a raison. Il le sait. Ce soir-là, nous nous endormons sur ce triste constat. Et sur ces quelques mots envolés de mon esprit, à peine formés…

Nuit d'été, parfum salé
Entre les draps moites
Tressaillent nos deux cœurs amers

37

Éléonore

Jusqu'au bout j'ai cru qu'il annulerait, qu'il changerait d'avis, qu'il me demanderait de les appeler, de remballer les tonnes de surgelés que j'avais achetés pour l'occasion et les litres de bière en fût. Hier, je l'ai trouvé crispé dans la salle de bains. Il était nu sur sa chaise de douche, les mâchoires serrées.

« Qu'est-ce qui se passe ? »

Il a grondé quand j'ai approché. Un seul mot : « Pars ! »

Si intense, si virulent que j'ai reculé jusqu'au couloir. Puis j'ai répété : « Qu'est-ce qui se passe ? »

Il a réussi à me fournir une réponse entre deux respirations saccadées : « Ça y est. Ça m'arrive à moi aussi. »

Je n'ai pu faire que des suppositions pendant la demi-heure que ça a duré. Une demi-heure à attendre dans le couloir, à m'enquérir de son état. J'ai pensé que c'étaient les fameuses douleurs chroniques dont on nous avait parlé au centre de rééducation. Des douleurs neuropathiques qui pouvaient s'accompagner de contractions musculaires involontaires, spontanées. On nous avait expliqué qu'elles touchaient soixante-dix pour cent des patients dont la moelle épinière avait été lésée, qu'elles apparaissaient graduellement, au fil des mois puis des années. Je n'y avais plus pensé. Nous avions bien assez de soucis pour ne pas en anticiper davantage.

« Est-ce que je peux t'apporter quelque chose ? Un médicament ?

— Non. »

J'ai entendu l'eau couler à nouveau. De l'eau brûlante, car de la vapeur est sortie de la salle de bains, m'a enveloppée. Ça a semblé se calmer. Je ne l'entendais plus souffler.

« François ?

— C'est bon. Va bosser. »

Je suis partie la boule au ventre. Il n'en a plus reparlé. Pourtant, le soir, devant la télévision, je l'ai vu se raidir. J'ai vu ses poings agripper le tissu du canapé. Il a continué de fixer l'écran.

Jusqu'à ce que l'horloge du salon indique dix-neuf heures ce samedi-là, j'ai cru qu'il annulerait. Je n'ai pas fait décongeler les petits-fours, les pains surprises, les verrines, la tourte au canard et au foie gras. Le fût de bière patientait encore sous le plan de travail, tiède. Pourtant il est dix-neuf heures et François se prépare dans la chambre.

François

Il me semble que c'est là l'occasion de quitter mon jogging informe, d'enfiler une tenue correcte. Un pantalon en lin. Une chemise blanche. Et d'ajouter une touche de parfum. Léo retrouvera un semblant d'homme pour la soirée. Est-ce vraiment une occasion qui mérite cet effort ? Je ne sais pas. Ils ont répondu présent pourtant, sans une once d'hésitation. Ils seront tous là : Yvan, Bertrand, Coco, Nanou, Sofiane… Pas Antoine. Dans la conversation de groupe que Léo a créée, personne ne s'est étonné qu'il ne soit pas invité. Que savent-ils de plus que moi ? Que leur a dit cet enculé ? Qu'elle n'a pas joui, a-t-il osé leur dire qu'elle n'a pas joui ? Savent-ils comment il l'a prise, comment elle s'est offerte ? Ça me rend malade. Quand je les aurai en face de moi, je ne pourrai pas m'empêcher d'y penser. Pourtant, ils n'ont rien fait pour me mettre mal à l'aise. Ils ont écrit plus que de raison dans cette conversation, au point de parler pour ne rien dire. Ils sont heureux de me revoir, heureux de me savoir en forme. Heureux de fêter mon nouvel appartement, de découvrir mon quartier. Je leur ai manqué. Ils ont des tas de choses à me raconter. Je n'ai pas réussi à leur répondre. Léo s'en est chargée comme de pas mal d'autres choses. La nourriture, la bière, le ménage. Elle aurait pu exiger que je l'aide. Après tout, c'est pour moi qu'elle organise cette soirée. Mais elle ne l'a pas fait, elle m'a laissé végéter dans le lit. Je crois qu'elle a compris pour les douleurs, pour les coups d'électricité que je ressens sans prévenir dans la colonne vertébrale, dans le bas-ventre, parfois dans les pieds au niveau des orteils. C'est fulgurant, désagréable. Ça s'accompagne d'une drôle de sensation de brûlure en haut des cuisses. Je n'ai jamais rien connu de tel. Au centre, j'ai vu Ryan en souffrir. Il serrait les dents, réclamait un médicament de temps en temps. Ce n'était pourtant pas le pire, selon lui. La spasticité, voilà ce qu'il redoutait : ces spasmes incontrôlables qui saisissent les jambes, cette contraction des muscles, comme des crampes d'une violence extrême. Il n'avait pas mal physiquement mais souffrait nerveusement, c'était de loin le plus éprouvant. Ses jambes folles pouvaient le faire glisser de son fauteuil, le réveiller en pleine nuit, le rendre totalement dingue. *La spasticité, c'est le mal incarné.* Je l'ai vu morfler au centre. Je sais qu'il disait vrai.

Mes douleurs se sont calmées en fin d'après-midi. Je n'ai plus mal. Je me sens juste lessivé. Vide. Je n'ai rien à offrir ce soir. Rien à raconter, aucune énergie pour esquisser un semblant de sourire.

Léo a invité Camille à cette fête. Je ne sais pas exactement ce qu'il s'est passé entre elles. Il m'a semblé qu'elles étaient en froid ces dernières semaines. Mais les choses se sont arrangées. La preuve : Camille est à la porte avant tout le monde. Je les entends pousser des exclamations, se claquer des bises bruyantes.

« Je vais t'aider à terminer de tout préparer ! » déclare Camille.

J'entends leurs pas qui résonnent dans le couloir.

« On va pousser la table contre le mur. Ce sera plus pratique. J'ai terminé le punch. Tu goûteras. Il me paraît un peu fort. »

Elles approchent maintenant. Elles ne sont plus qu'à quelques centimètres de la porte de ma chambre.

Je sens la panique me gagner, bêtement, sans raison. Léo dit : « Je vais voir si François est prêt. Tu vas pouvoir le saluer. »

Je sens la sueur dégouliner dans mon dos, coller ma chemise blanche. Une transpiration acide, rance. Putain, j'ai chaud. Mes mains se liquéfient, laissent des traînées humides sur mon pantalon. Elle toque. Trois coups.

« François ? »

Alors je ne contrôle plus rien. J'ai l'impression d'être un gosse terrifié, sur le point d'être pris en flagrant délit alors qu'il glisse un paquet de bonbons sous sa veste en jean au supermarché du coin. Mes yeux cherchent une échappatoire, mon cœur s'emballe. Ma vessie pourrait même lâcher. Je fixe la poignée de la porte qui s'abaisse. La tête de Léo passe par l'entrebâillement, dévoile une partie du couloir, de ses murs blancs. Camille est là, à quelques pas. Dans une fraction de seconde, ses yeux se poseront sur mon corps amaigri, sur mes jambes flasques et squelettiques, trop saillantes dans ce pantalon en lin, et sur mon visage pâle, creusé. Sur mon fauteuil. Sur mon handicap. Camille, la plus timide des deux, celle qui ne m'intéressait pas, que je trouvais terne et balbutiante. Camille qui osait à peine prononcer un mot quand Léo la traînait au Melchior. Camille qui rougissait quand je m'adressais à elle parce que j'étais François Louvier, un comédien d'une certaine notoriété ; parce que je signais des autographes parfois, à la sortie des spectacles, à des femmes un peu amoureuses ; parce que Léo lui racontait nos nuits, la façon dont je pinçais ses tétons, claquais ses fesses, la rage avec laquelle je la désirais. Elle ne peut pas voir l'homme que je suis devenu, cette moitié d'homme qui subsiste tant bien que mal dans les yeux de Léo. Je le réalise soudain. Ni Camille ni les autres. Yvan, Bertrand, Sofiane, Coco, Nanou, tout ce petit monde à qui je donnais le *la*. J'étais le gars qui rassemble, celui autour duquel on gravite. Dans le Système solaire, j'aurais été le Soleil. Aujourd'hui je suis Neptune, cette foutue planète inutile, loin des autres, à la marge, qu'on oubliera progressivement.

Léo constate joyeusement : « Oh ! Tu es prêt ! »

Elle ouvre la porte plus largement. Camille fait un pas en avant. Je vois sa main se poser sur le chambranle de la porte. Je crie, je m'époumone, plus par désespoir qu'autre chose : « Ferme cette putain de porte ! Ferme cette porte et dis-lui de partir ! »

Éléonore

Camille se fige à côté de moi. J'ouvre la bouche : rien ne vient, rien d'autre qu'un silence assourdissant qui envahit le couloir. Puis sa voix de nouveau, froide, tranchante : « La porte ! »

Je la referme vite. Pas tellement par volonté de m'exécuter mais pour fuir, nous couper de François. Je ressens un froid glacial tout à coup dans l'appartement, comme si l'hiver s'y était abattu.

« François ? »

Ma voix s'étrangle. Pas la sienne quand il réplique : « Fais ce que je t'ai dit ! »

Camille est devant moi, les ongles vernis, vêtue d'une salopette en jean, sa bouteille de vin dans une main, dans l'autre le gâteau qu'elle est allée chercher à la boulangerie. Le couvercle de la boîte est transparent. Sur le glaçage blanc se découpe en lettres chocolatées noires *Bon retour, François !* Je perds mes mots et tous mes moyens. Camille pose une main sur mon avant-bras, chuchote : « Je vais partir. C'est mieux. »

Mais je ne suis pas prête à la voir décamper. J'ai passé ma robe patineuse blanche, la préférée de François. Dans la cuisine, le four ronronne, en mode préchauffage. Sur la table du salon fièrement drapée de bleu, le punch patiente, accompagné des coupes que j'ai enfin daigné sortir des cartons. J'ai nettoyé le sol, maquillé mes yeux, décroché la toile d'araignée qui me narguait au-dessus de la hotte depuis des semaines. Je ne peux pas accepter de la voir décamper. Je tente de sauver la face, d'adopter une expression détachée, un ton clair : « Écoute, François… on va te laisser un peu de temps, d'accord ? Les autres seront là dans quelques minutes. Ils sont déjà dans les transports. Ça va aller. Tu veux que je t'installe dans le canapé ? Peut-être que… »

Je manque de souffle.

« Peut-être que ce sera plus simple si tu es installé dans le canapé quand ils arriveront, plutôt que dans ton fauteuil… »

Je sens bien, en prononçant ces mots, que c'est vain. Camille me fixe avec une peine mêlée de compassion. Elle répète : « Je vais y aller… »

François reste muet de l'autre côté de la cloison. Je repousse les larmes qui commencent déjà à brouiller ma vue, reprends plus fort : « Ce sont tes douleurs ? »

Puis pour Camille, plus bas : « Il souffre de douleurs chroniques. C'est si violent que ça lui coupe le souffle. Ça a commencé cette semaine… »

Elle pose une main dans mon dos pour me faire comprendre que ça n'est pas grave, qu'elle saisit la difficulté.

« François ? » je répète, au comble du désespoir.

Je ne sais vraiment plus que faire. Si les larmes se mettent à dévaler, nous aurons atteint le comble du pathétique cette fois.

« Je ne peux pas. Je me suis trompé. Dis-leur de faire demi-tour. »

Cette fois, sa voix a perdu de son cassant. Je la sens fragile, prête à se briser. Camille frotte mon dos. Je laisse échapper un reniflement. Le foutu glaçage me nargue.

« Ne pars pas ! j'ordonne à Camille qui zieute la porte.

— Non, je ne pars pas. Viens. »

Elle me désigne le salon, me pousse en avant. Tout est prêt. La table transformée en buffet, les chaises supplémentaires empruntées à un voisin, les petites serviettes blanches avec un liseré or. Et la vue de ces serviettes idiotes fait dévaler de nouvelles larmes.

« Viens, répète Camille. Assieds-toi, je vais nous servir du punch. On va le goûter, d'accord ? »

Je me laisse tomber sur une chaise. Je n'ai pas la force de prévenir les autres, elle le sait. Elle sort son téléphone portable, tape un message qu'elle expédie à l'un d'eux. Qui ? Je ne demande pas. Je la regarde nous remplir deux verres. Dans la chambre, du bruit nous parvient. Les roues qui cognent contre la tête de lit. Les ressorts du matelas qui grincent. Je sais chacun de ses gestes. Il s'est mis au lit. Et à cet instant précis je le hais. Je le hais si fort que je crie à travers tout l'appartement : « C'est trop facile ! C'est trop facile de te planquer là-bas ! De me laisser gérer tes humeurs une fois de plus ! »

Camille me fait les gros yeux. *Laisse, laisse couler*, semble-t-elle vouloir dire. Mais c'est trop tard car déjà François rétorque : « C'était ton idée, cette pendaison de crémaillère à la con ! Pas la mienne ! Je n'aurais jamais dû t'écouter !

— Voilà, c'est ma faute ! C'est toujours la faute des autres, hein ? À quel moment c'est ta faute, François ? À quel moment tu prends tes responsabilités ? »

Camille m'implore d'arrêter. Je la mets au comble de la gêne avec cette scène de ménage, j'en ai bien conscience. Heureusement François n'en rajoute pas, il a la décence de se taire. Seul le silence nous répond, puis le bip du four annonçant que le préchauffage est terminé. Camille se lève pour l'éteindre. L'écran de son téléphone s'allume. Un message de Coco. Un smiley triste.

« Tu veux que je t'aide à ranger tout ça ? » demande Camille.

Elle me désigne le salon, la fête prête à battre son plein qui ne démarrera pourtant jamais. Les vestiges d'une pendaison de crémaillère, d'un retour à la vie tristement avorté. Voilà ce que sera mon existence avec François, j'en prends soudain conscience : les prémices d'une fête qui n'aura jamais lieu.

« Non, laisse, je vais m'en occuper. »

Mais elle commence déjà à tout rassembler. Les coupes à champagne rejoignent les cartons. Les serviettes en papier sont empilées, rangées dans un placard d'où personne ne les sortira jamais. Moi, je me noie dans mon punch. Il est trop fort. Âcre. Parfait. C'est le goût de mon existence, désormais.

François

Elle pleure dans le salon, je l'ai entendue renifler. Camille est restée jusqu'à vingt et une heures puis elle est partie tout doucement sans faire de bruit. Elles ont tout rangé, fait disparaître les efforts et les espoirs de Léo. Je la décevrai toujours, comme j'ai déçu chaque femme que j'ai aimée. Éliane, Isabelle, maintenant elle. Finalement, ce n'est pas le handicap le problème. C'est moi tout entier.

Elle ne me rejoindra pas pour dormir, j'en suis persuadé. Elle se couchera dans le canapé du salon. Ce soir marque la fin de quelque chose. Nous le savons tous les deux. J'ai envie de mourir. J'ai envie que ça s'arrête.

Camille partie, je me retrouve seule avec mon ivresse. J'ai avalé la moitié du punch. Je ne veux pas dormir. Je ne veux pas me trouver face à François. C'est idiot de lui en vouloir autant, il fait ce qu'il peut pour combattre ses démons. J'imagine que c'était trop, une soirée avec tout le monde réuni. J'imagine que c'était une idée stupide, que j'aurais dû commencer par un goûter en petit comité, comme avec sa mère. Peut-être que je lui en demande trop. Mais je m'étais donné tant de mal…

J'allume l'ampoule nue dans la seconde chambre, celle où j'envisageais d'installer un banc de musculation pour François ou une table de ping-pong. Elle est dans le même état que lors de l'emménagement : encombrée de cartons poussés contre les murs. François n'a plus parlé de musculation ou de sport. Il n'a plus fait l'effort de sortir du canapé depuis des jours. Sauf pour aller chez le kiné. À quoi bon ?

Derrière une pile de cartons se trouve le petit bureau d'enfant que j'ai caché à François, celui devant lequel je m'installais pour écrire, pour fuir ma solitude. Je l'extrais de sa cachette. Je le dispose devant la fenêtre et je branche la petite lampe de chevet qui éclairait mon carnet. Puis je ferme à double tour la porte de la pièce. Je guette la façade d'en face avec un désespoir presque lancinant. La plupart des habitants sont partis en vacances, nous sommes en plein milieu du pont du 15 août. Les fenêtres sont toutes éteintes sauf une. Il suffit d'une.

Une lumière à laquelle se raccrocher. Une vie qui tremblote, là-bas, de l'autre côté de l'allée. C'est un homme, seul, assis devant la télévision. Une soixantaine d'années. Les images bleutées défilent. Sa tête bascule en arrière, la bouche ouverte. Il dort. Peut-être qu'il vient de mourir. Je saisis mon stylo avec un empressement qui frise la folie. Je couche les premiers mots depuis près de deux mois :

« L'enfer quotidien est le plus doux, le plus ronronnant. Une paire de pantoufles moelleuses, un écran de télévision rassurant. Une épaule contre laquelle se blottir. L'enfer quotidien nous emprisonne avec une facilité déconcertante, nous ne lui opposons aucune résistance. Nous nous y vautrons avec reconnaissance. Il nous tue à petit feu avec complaisance, sans douleur. Voilà les pensées qui habitaient une habitante du Clos des hortensias en ce samedi soir de la mi-août. Son voisin d'en face venait de mourir dans l'indifférence générale et elle songeait : "Si je n'appelle pas les pompiers, qui le fera ? Combien de temps avant qu'on ne s'alerte de l'odeur sur le palier ? Combien de semaines ?" »

Je poursuis une bonne partie de la nuit, puis j'éteins la lampe. Je laisse intact le bureau. Le carnet, je le cache sous un tas de cartons. Je vais m'allonger dans le canapé du salon. C'est ici que je dormirai.

38

François

Le faire-part arrive le lundi 24 août. Léo le dépose sur la table de la cuisine sans même me demander de quoi il s'agit. L'enveloppe dorée porte mon nom et mon prénom. Elle ne fait aucun commentaire, part terminer de se préparer dans la salle de bains. J'entends le sèche-cheveux qui se met en route et je décachette l'enveloppe. J'apprends qu'Émilie est née le 13 août, qu'elle pèse trois kilos cent cinquante grammes et mesure quarante-cinq centimètres. La photographie représente un nourrisson minuscule niché au creux d'une couverture blanche. Je ne peux m'empêcher de me sentir chamboulé. Cette petite chose aux yeux clos, c'est la même que je sentais gigoter contre ma paume sous les vêtements d'Elsa. Léo et moi sommes en froid depuis cette crémaillère avortée, mais ce matin je me sens le courage de faire un pas vers elle.

« Elsa a accouché. »

Elle coupe le sèche-cheveux, me rejoint au milieu du salon. Elle me prend le faire-part des mains, le lit.

« C'est un joli prénom », dit-elle seulement.

Elle s'apprête déjà à repartir : peigner ses cheveux, parfumer son cou, filer sans m'embrasser… Elle dort dans le canapé depuis neuf interminables jours. Je n'en peux plus. Je ne sais pas quoi dire, quoi faire. Alors ce matin-là, au dos glacial de Léo qui s'en va déjà je lance comme une bouteille à la mer, comme un appel désespéré : « On devrait faire un enfant. »

Elle s'interrompt, se fige mais ne se retourne pas. Je la vois secouer la tête.

« Laisse-moi te faire un enfant. Je te promets que tout s'arrêtera.

— Tout ? »

Elle ne se retourne toujours pas.

« Je serai différent. »

Elle repart dans la salle de bains d'un pas lent.

« Léo ?

— Tu ne sais pas ce que tu dis. »

Ma main se crispe, froisse l'enveloppe dorée. Je ne suis qu'un sale gosse qui refuse toute frustration. Je prends sur moi. J'attends qu'elle termine de sécher ses cheveux, qu'elle réapparaisse fraîche et auréolée de son parfum.

« Viens », lui dis-je.

Elle consent à faire quelques pas vers moi. J'entoure sa taille, la force à s'asseoir sur mes genoux. Nous ne nous sommes plus touchés depuis des jours. À ce contact, je ressens avec violence et fracas l'envie d'elle. Mon corps se meurt mais mon esprit la désire toujours autant.

« Non, François, pas maintenant, dit-elle comme mes mains reprennent possession de sa peau, assoiffées, désespérées.

— Je ne veux pas que tu partes fâchée.

— Je ne suis pas fâchée.

— Je ne t'ai plus touchée depuis la crémaillère.

— Je suis en retard. »

Ce n'est pas seulement ça. Quelque chose s'est fermé sur son visage depuis la fête gâchée. Mais une certitude s'impose ce matin : si je la laisse partir ainsi, si je la laisse retourner au travail sur ces échanges glaciaux, je suis certain que je la perdrai, que Yonis ou un autre me l'enlèvera définitivement.

« François ! »

Elle se lève d'un bond, furieuse, replace son chemisier. Elle s'éloigne à grands pas, attrape son sac à main, claque la porte de toutes ses forces. Sans un mot.

Éléonore

J'ai ruminé toute la journée les paroles désespérées de François. *Laisse-moi te faire un enfant. Je te promets que tout s'arrêtera. Je serai différent.*

Je lui en veux. Je lui en veux d'être si vil, si prêt à tout pour me garder, pour m'emprisonner. J'ai repensé aux mots d'Éliane : *Il ne faut pas croire, Léanor, sous leurs airs innocents, malgré leurs yeux doux aux longs cils, les petits garçons ont déjà ça en eux. Ce sont de vrais manipulateurs.*

Pourtant je n'ai lu que du désespoir dans ses yeux. Aucun calcul. Il se laisse dépérir depuis que je dors dans le canapé du salon. Il n'effectue plus aucun soin, ne surveille plus sa peau ni l'apparition de rougeurs.

Je crois qu'il ne se lave même plus, sauf les jours où il va chez le kiné. Il ne porte que des joggings, et commence à perdre ses cheveux. Il n'est plus que l'ombre de lui-même. À cause de moi. Je lui ai volé ce qui lui restait de vie en le rejetant. Je crois que j'ai besoin de prendre l'air. Un week-end en Bourgogne. Tout rentrera dans l'ordre si je respire un autre air que l'atmosphère viciée de l'appartement.

François

Elle prépare une valise avec application. Elle a son train demain matin, à sept heures, gare de Lyon. Elle m'a répété vingt fois que ce n'était pas à cause de moi, que c'était elle.

« J'ai besoin de m'aérer, ça ira mieux quand je rentrerai, je te le promets. Je serai disposée à être là pour toi de nouveau. »

Alors je la regarde plier et entasser. Elle a les traits fatigués. Elle repousse avec agacement les mèches de cheveux qui tombent devant ses yeux. Elle a pris du poids ces derniers temps. Elle ne fait plus de sport depuis mon accident. Elle a adopté mon mode de vie sédentaire. Nous passons nos week-ends enfermés dans l'appartement, devant la télévision. Elle a perdu l'envie de cuisiner. Elle a pris cinq kilos. Pourtant je la trouve belle ainsi, avec ses formes plus marquées, avec ses hanches élargies, ses seins plus lourds. Elle est belle comme ces statues de la Grèce antique, ces femmes aux plis marqués, à la chair rebondie, qui respirent la vie et la sensualité. Tous ces mots que je retiens, je pourrais les lui souffler. Ils la feraient rougir de plaisir. Ils éloigneraient la rancœur, les reproches. Mais j'en suis incapable. Elle me paraît à tout jamais inaccessible.

Ce soir-là, nous dînons en silence. La télévision nous empêche d'avoir à parler. Je débarrasse la table. Elle part se brosser les dents dans la salle de bains. Elle va se coucher tôt. À cause du train de sept heures. Mais je ne peux pas la laisser partir comme ça. Je m'extrais de mon fauteuil, m'allonge difficilement dans le lit, notre lit qu'elle déserte depuis trop longtemps.

« Léo, viens ! » dis-je quand elle sort de la salle de bains.

Elle hésite. Elle sait sans doute ce que je vais réclamer maintenant.

« Viens. Pour cette nuit au moins. »

Elle consent à me rejoindre dans la chambre, à s'asseoir au bord du lit. Mes mains l'attrapent, la font basculer. Elle proteste à peine. Même de cela, elle est fatiguée.

« Je ne peux pas te laisser partir comme ça… »

De guerre lasse, elle retire son tee-shirt large qui lui fait office de pyjama. Elle le passe par-dessus sa tête, dévoile ses seins, son ventre, ses nouvelles formes. Je lui retire sa culotte. Elle s'applique à faire naître une érection à la force de son poignet. C'est calme. Nous ne parlons pas. Nous ne nous embrassons pas. Je la regarde lutter avec acharnement pour me redonner un semblant de vigueur. Puis, quand elle y parvient, elle m'enjambe et elle s'assoit sur moi. Elle pousse un léger soupir quand mon sexe la pénètre. Puis plus rien. Elle monte et elle descend, en faisant ballotter ses seins. Elle ferme les yeux. Elle s'évade. Elle poursuit sa danse hypnotisante jusqu'à ce que mon érection retombe. Simplement, sans bouquet final. Je n'éjacule plus. Même un enfant, je ne pourrai le lui offrir.

Elle remet sa culotte, son tee-shirt, m'embrasse du bout des lèvres.

« Il vaut mieux que je dorme là-bas si tu ne veux pas que je te réveille à six heures. »

Je ne proteste pas. Quelque chose obstrue ma gorge. Je pleure quand la porte se referme. Je n'ai jamais baisé si tristement.

39

Éléonore

J'ai regagné le lit conjugal à mon retour de Bourgogne. J'ai dit à François que j'étais désolée d'être partie deux jours, que ça allait mieux maintenant.

Depuis je fume deux fois plus. Septembre file. Je n'aime pas ce mois, il symbolise le retour à l'ordinaire, la fin de la parenthèse estivale où l'on se sent tous un peu spéciaux. Liberté des corps, légèreté des rires. Moi, je n'ai pas eu droit à cela. Je n'ai connu que deux interminables mois enfermée dans le Clos des hortensias aux côtés d'un François qui n'a plus rien de l'homme dont je suis tombée amoureuse.

Cette soirée de crémaillère qui n'a pas eu lieu puis mon départ pour la Bourgogne ont bousculé quelque chose entre nous. Depuis, je crains à chaque instant que François n'en finisse à l'aide d'une lame de rasoir, d'un couteau de cuisine ou d'une boîte de somnifères. Et malgré ça, je sors chaque jeudi, je vais boire un verre avec Hélène et Yonis. Hélène est devenue comme une seconde mère pour moi. Yonis, un petit frère, un ami précieux. Parfois je regarde son visage mat, ses yeux noirs en amande et j'imagine ma vie si je décidais de l'embrasser, un jeudi soir lorsqu'il me raccompagne à mon arrêt de bus. C'est tard dans la soirée, il n'y a jamais personne. Que se passerait-il si je glissais ma main dans son jean, que je le suppliais de m'emmener loin ? Je ressens quelques frissons d'excitation. Ceux que je n'éprouve plus pour François parce qu'il n'est plus François, parce qu'il s'est transformé en une masse inerte au fond du canapé, qui se néglige, qui change à peine de vêtements et ne me regarde que pour me baiser le jeudi soir. Il a peur que je parte. Une trouille monstre. Alors il met un point d'honneur à me pénétrer chaque jeudi avant que je rejoigne Hélène et Yonis dans notre bar. Il avale son Viagra et il m'enfile devant la télévision allumée. Il croit que ces coïts furtifs, décevants, vont m'empêcher de me tirer. Le reste de la semaine, il s'enferme dans un silence opaque. Il ne me touche pas. Je ne suis baisable que le jeudi, parce que je redeviens une proie, une femelle qu'un autre homme pourrait renifler et sauter. Je le hais. Je me hais de ne pas réussir à briser la glace. Il camoufle sa détresse derrière cette façade morose et détestable, et moi je le laisse faire. Je le laisse me pénétrer en silence, s'enfoncer dans son mal-être, saccager les derniers vestiges de notre couple.

« Tu ne voulais pas chercher du travail ? »

Il ne tourne même pas la tête vers moi. Il continue de fixer la télévision qui fait danser des ombres bleutées sur son visage.

« Je voulais.

— Et ?

— Et je ne veux plus. »

Il fume dans le salon, dans son maudit canapé. Il sait que je ne veux pas.

« Il te suffit d'un petit effort pour atteindre la fenêtre.

— Elle n'a qu'à se déplacer jusqu'à moi, la fenêtre. »

Il n'y a plus de dialogues, que des échanges de sourds, insolents, méprisables. Il ne sait plus comment m'atteindre autrement qu'en cherchant à provoquer ma colère. Et même ça, ça ne fonctionne plus. Je tourne les talons et je quitte la pièce. Je vais m'enfermer dans la seconde chambre qui est devenue mon bureau. J'écris. Il n'y a que comme ça que je me sens bien : à la nuit tombée, installée à mon petit bureau avec vue sur l'immeuble d'en face. Là tout reprend place. François s'abrutit devant la télévision et moi je m'évade. Je deviens une autre femme ; tantôt une pute, tantôt une femme bafouée, une jeune adolescente, une mère de famille, une concierge triste. Parfois je deviens un homme, un connard marié, infidèle, un vieillard en bout de course, un trader désabusé, un travesti au cœur brisé. Le temps d'un acte ou d'une scène, je mène une autre existence, je me confronte à d'autres drames et tout est alors plus facile que mon quotidien.

François

Le seul rayon de soleil en ce mois de septembre, c'est Elsa. Son message arrive un après-midi sans prévenir : *Tu veux que je passe te voir un de ces jours, pendant mon congé maternité ?* Je dis oui. Puis je lui réécris dans la nuit alors qu'une insomnie me tient éveillé : *Tu viens avec le bébé, hein ?* Au matin, elle répond : *Bien sûr*, avec un smiley. On a convenu que ce serait un mercredi après-midi pour qu'elle puisse me présenter Léonie, son aînée. Je n'ai rien dit à Léo. Puisqu'elle veut que nous menions chacun notre vie, je garde pour moi mes rencontres et mes secrets moi aussi. Nous avons choisi le mercredi 30 septembre à quatorze heures. J'ai noté le rendez-vous dans le calendrier de mon téléphone avec un rappel une heure avant. Bien inutile. Je ne pense qu'à ça. Je compte les jours. La seule éclaircie dans mon enfer.

Ce jour-là je quitte mon jogging. Je prends une douche en règle, je me fais même un shampoing. J'enfile un jean et un polo. L'appartement est dans un état lamentable : vaisselle sale dans l'évier, plan de travail encombré, sac-poubelle éventré, traces de pas sur le carrelage… Léo a jeté l'éponge. Agacée de me voir rester immobile devant la télévision, elle a cessé d'être ma bonne en plus de tout le reste… Je ne peux même pas lui en vouloir. Si j'avais mes deux jambes fonctionnelles, je pourrais ranger, lustrer, m'adonner à un grand nettoyage, mais je ne peux plus faire grand-chose moi-même, rien de cette ampleur en tout cas. Il fait beau, c'est une chance. On s'installera dans le square. Je fais couler un café, fouille dans les placards à la recherche d'une thermos et de deux tasses. On improvisera un goûter en extérieur. J'ai dans l'idée d'acheter des pâtisseries à la boulangerie du coin. Je n'ai jamais mis les pieds dans le moindre commerce des alentours, je ne sais pas s'ils sont équipés de rampes d'accès. Mes seules sorties depuis trois mois, chez le kiné, ont fait l'objet d'un repérage millimétré, d'une organisation savamment orchestrée : un parcours sur trottoirs larges, une attente sous abri accessible à mon fauteuil, un trajet en bus de cinq stations, puis deux cents mètres à parcourir sur piste cyclable jusqu'au cabinet du kiné. Je ne suis jamais sorti de ces sentiers battus. Mais aujourd'hui il le faut bien, il me faut prendre un trottoir différent, affronter la rue principale et entrer dans une fichue boulangerie. Si ce n'était pour Elsa et le bébé, je ne le ferais pas.

La vendeuse derrière son comptoir m'a assuré qu'une petite fille de deux ans apprécierait très certainement l'éclair à la vanille. J'ai donc pris un éclair à la vanille pour Léonie, une tartelette aux fraises pour Elsa et une part de paris-brest pour moi. La boîte blanche ficelée de rose trône sur le canapé, à côté de moi, tout près de la thermos et des tasses ébréchées. La télévision diffuse un téléfilm. Je patiente, l'œil sur la pendule murale. Je me fais l'effet d'un petit vieux attendant sa visite mensuelle à la maison de retraite. Pathétique mais heureux.

Elsa a le teint frais et reposé malgré son nourrisson d'un mois et demi. Sans doute l'effet du fond de teint et d'une touche de blush. Elle a le même trait vert bordant ses paupières, le même sourire aussi. Elle porte une robe d'été sur laquelle elle a passé un gilet en laine. D'une main elle tient une fillette blonde haute comme trois pommes, de l'autre une petite nacelle avec à l'intérieur son minuscule bébé. Elle lâche la petite fille, dépose le cosy au sol et me serre contre elle.

« Ça me fait plaisir de te voir ! »

Elle sent le talc ou le lait pour bébé. C'est doux. Les mots restent bloqués dans ma gorge mais je sais qu'elle devine le plaisir que j'ai moi aussi à la voir.

« L'appartement est dans un état déplorable. On va s'installer dehors, d'accord ? »

J'ai la boîte de pâtisseries et le service à café sur les genoux. Elle s'exclame : « Attends, je vais t'aider ! »

La petite Léonie court au-devant quand elle comprend que nous allons au square.

« Tu fais une heureuse ! »

Le soleil m'agresse les yeux, j'ai pris l'habitude de vivre dans la pénombre. Déjà Léonie s'élance au sommet du toboggan. Elsa prend place sur un banc, installe la nacelle près d'elle en veillant à ce que le bébé n'ait pas le soleil dans les yeux. Elle ajuste le rabat, remonte la couverture sur le petit corps. Je gare mon fauteuil de façon que nous soyons côte à côte, face au square. C'est plus facile ainsi.

« C'est gentil d'avoir préparé tout ça, dit-elle alors que je remplis nos tasses d'un café encore fumant.

— Tu parles. »

Elle m'observe à la dérobée, ses mèches châtain cuivré voletant tout autour de son visage.

« Tu as l'air en forme.

— C'est parce que j'ai fait l'effort d'être présentable. »

Elle croit que je plaisante et je ne cherche pas à la détromper. Je l'interroge plutôt : « Toi, tu as l'air en forme. Le bébé fait déjà ses nuits ? »

Elle grimace, secoue la tête.

« J'aimerais…

— Elle est terrible ?

— Non, elle est calme, mais c'est un bébé… Elle a besoin d'être nourrie toutes les trois heures. »

Elle surprend mon regard posé sur Émilie. Incrédule. Fasciné. C'était là, juste sous sa peau, juste sous ma paume : un visage entier, des paupières fines, des cils blonds, du duvet sur le crâne, des lèvres délicates, des mains minuscules aux doigts parfaitement dessinés. Il ne manque rien, pas un ongle, pas une phalange. Tout est déjà là et si parfait.

« Tu veux la prendre ?

— Laisse-la dormir. »

Le bébé est comme hermétique à nous, au monde extérieur, son visage est d'un calme total. Je ne veux rien troubler.

« Tu as des nouvelles de Ryan ? demande-t-elle avec plus de gravité.

— Pas depuis quelques semaines. Pourquoi ?

— Je n'arrive pas à l'avoir. Je laisse des messages et il ne rappelle pas.

— Je crois que… que ça n'allait pas fort. La solitude, et une chute dans son appartement…

— Mince. Je pensais qu'il était prêt. Je pensais qu'il était temps qu'il sorte, même. Je me suis peut-être trompée.

— On a fait tout ce qu'on a pu pour sortir du centre. C'était notre décision. Te mine pas pour ça. »

Elle déglutit. Je vois bien qu'elle s'inquiète.

« J'essaierai de l'appeler, d'accord ? dis-je.

— D'accord. »

Pendant quelques instants, nous suivons du regard Léonie et son énergie débordante, qui tente de remonter le toboggan à l'envers. Puis Elsa se tourne vers moi, se voulant plus légère : « Toi ça va ?

— Globalement.

— Globalement ? C'est-à-dire ?

— Tout était plus simple au centre. Et les douleurs neuropathiques commencent à s'installer.

— Des brûlures ?

— Oui, et des coups d'électricité. Dans la colonne, dans les pieds, dans le ventre. »

Elle fronce les sourcils.

« Il ne faut pas rester avec ça. Tu sais qu'il existe des médicaments ou des patchs efficaces. L'hypnose fonctionne aussi très bien. Laisse-moi en parler au centre, je trouverai un médecin pour te prescrire ce qu'il faut, d'accord ?

— Ryan dit que ça ne marche pas toujours.

— Ça soulage.

— Bon. »

Elle boit une gorgée de café. Je sors les pâtisseries de leur boîte. Léonie rapplique aussitôt, répondant à l'appel du sucre. J'ai oublié les serviettes. Léo y aurait songé, elle. Léonie s'essuie dans son tee-shirt sous les cris d'Elsa, qui, elle, a des traces de fraise à la commissure des lèvres. Nous nettoyons les dégâts à l'aide de lingettes pour bébé tout en terminant nos cafés. L'automne s'installe. La chaleur est douce.

« Et avec Éléonore, comment ça va ? »

Elle a gardé ce sujet pour la fin, voyant que je ne l'abordais pas. Un haussement d'épaules lui répond.

« Elle est toujours là, hein ?

— Oui, elle est toujours là.
— Alors… ?
— Alors elle travaille toute la journée et chaque jeudi soir elle sort. Elle rentre après minuit. Elle sent la bière.
— Elle a besoin de décompresser, j'imagine.
— Le pire ce n'est pas quand elle sort. Le pire c'est quand elle reste à l'appartement, qu'elle s'enferme à clé dans la seconde chambre. Il n'y a rien dans cette seconde chambre. Rien que des cartons et un bureau de gosse que je n'avais jamais vu, qu'elle a récupéré dans la rue pour je ne sais quelle raison. Elle reste là-dedans pendant des heures et quand elle en ressort elle a les yeux qui brillent, quelque chose de changé sur le visage. Elle semble apaisée. »

Elsa triture sa tasse.

« Tu lui as demandé ce qu'elle faisait là-dedans ?
— Non.
— Pourquoi tu ne lui demandes pas ?
— Parce que… Parce qu'elle… »

Je cherche mes mots, une raison valable, une explication à tout ce gâchis, à cette absence de dialogue entre nous, mais je n'en trouve aucune.

« Tu devrais lui poser la question.
— Ouais… Mais… Je crois qu'on s'est un peu perdus en chemin. »

Elsa a un sourire triste. À ce moment précis, le bébé se réveille avec des miaulements de chaton minuscule. Notre attention se détourne de Léo, se centre sur Émilie dont les yeux s'ouvrent. C'est la première fois que je découvre ses iris, le regard typique des nouveau-nés, sa profondeur et sa gravité, cette impression d'infini qu'il renvoie.

« Tu la prends pendant que je prépare son biberon ? »

Elsa me colle son petit paquet tout chaud et gémissant entre les bras. Léonie accourt, crie : « Elle a faim ? »

Et je ne sais que faire, tout à coup, de toute cette tendresse : ce poids gesticulant, cette main miniature qui emprisonne mon doigt et s'y agrippe de toutes ses forces, et les menottes de Léonie, comme de jolies ailes de papillon blanches, posées sur mes genoux. Je me sens comme une brindille secouée par le vent.

40

Éléonore

Dans le silence de l'appartement, je ne peux pas louper ses jurons étouffés : « Putain, c'est quoi encore ces conneries ? »

François est devenu tellement mutique que le moindre éclat de voix tient de l'exceptionnel. S'il jure ainsi, tout haut, ce n'est pas rien, pas juste à cause de la télécommande tombée par terre. Je me glisse hors de la seconde chambre, après avoir refermé mon carnet pour le cacher sous un carton. François est dans le salon, dans le canapé. La télévision tourne mais c'est son ordinateur, posé sur ses genoux, qu'il regarde. Le générique d'une vidéo se lance. Je ne peux pas lire le texte mais je reconnais la photographie qui apparaît, un portrait en noir et blanc de François. Puis l'image s'efface et nous nous retrouvons dans un théâtre. Sur scène, trois comédiens s'animent, mais c'en est un, et un seul, qui capte l'attention immédiatement. François en Dom Juan. Le François de notre rencontre. L'œil vif, le pas sûr, les bras qui s'agitent en de larges mouvements, sa cape qui vole dans son dos. Je m'approche à petits pas du canapé pour voir de plus près. François sent ma présence mais ne se retourne pas. Je décrypte le titre en bas de la vidéo : *François Louvier – rétrospective d'une carrière unique.* Sur la vidéo, mon François de l'époque dans sa loge, en train de se faire maquiller. Il lance un regard à la caméra à travers le reflet du miroir. Un journaliste demande : « Pourquoi Dom Juan ? Pourquoi avoir accepté ce rôle ? »

Un des sourires de François. Si rares déjà. Bon sang, je pouvais cesser de manger pendant trois jours tant j'étais bouleversée par ce sourire.

« Dom Juan c'est un peu tous les hommes, vous ne pensez pas ? C'est un affreux bonhomme qui aime posséder et qui se soustrait aux exigences morales les plus simples. Je crois qu'on est pas mal à avoir ce fâcheux penchant… Heureusement, on bosse dessus. »

L'image laisse place à une autre : François en répétition, en compagnie de la troupe. En bas de l'écran, un texte défile expliquant que François Louvier a démarré sa carrière à vingt-cinq ans, à la sortie du cours Florent, que le premier grand rôle qui l'a propulsé a été Othello, et qu'il a joué dans pas moins de quarante-huit spectacles, avec une nette préférence pour le classique.

« Qu'est-ce que c'est ? je demande enfin, postée derrière le canapé.

— Des conneries. »

Il n'est pas disposé à m'en dire plus. Je tente de lire les informations sous la vidéo. Elle a été postée par Antoine Moutard aujourd'hui même, un 22 octobre. Je comprends alors. Il y a un an, jour pour jour, nous étions un samedi. François donnait sa dernière représentation sur scène. Le dimanche était jour de relâche. Le lundi matin, il se faisait percuter par un bus.

« Je suis sûr que c'est un coup d'Isabelle ! Donne-moi mon téléphone ! »

Le téléphone se trouve plus loin sur l'accoudoir du canapé. Il pourrait l'atteindre s'il le voulait, je pourrais le lui faire remarquer, mais il est si tendu que je préfère me taire. Je le lui tends et il abandonne l'écran d'ordinateur. Son interlocuteur est à peine en ligne que déjà François aboie d'un ton sec, haché : « C'est toi ? C'est toi qui lui as dit de faire ça ? »

Un silence, puis la voix d'Isabelle, d'un calme admirable : « Bonsoir, François. Tu parles de la rétrospective ?

— C'est toi qui as fait ça ?

— Non. Ce sont tes amis.

— Pourquoi ils auraient fait ça ?

— Pour te montrer qu'ils pensent à toi, qu'ils ne t'oublient pas à l'approche de cet anniversaire difficile.

— Ce n'est pas Antoine qui aurait pensé à ça, ni aucun d'eux ! C'est toi qui es derrière tout ça ! »

Isabelle respire fort dans le téléphone. Je sens bien que c'est un aveu de culpabilité. François crache avec plus de colère encore : « Pourquoi t'as fait ça ? M'avoir envoyé Éliane n'était pas suffisant ? Pourquoi cette vidéo de rétrospective comme si j'étais mort ? Tu voulais me rappeler à quel point je suis fini ? Loin de ce que j'étais ? Enterré ? »

Isabelle soupire. Sur l'écran de l'ordinateur, les images continuent de défiler et je ne peux pas m'en défaire. J'ai déjà presque oublié à quel point je l'ai aimé, admiré, fantasmé.

« On voulait te rendre hommage. À l'approche de l'anniversaire de ton accident. C'est tout.

— Ce n'est pas un hommage ! C'est un enterrement !

— Je me suis dit que… Je me suis dit que peut-être, en voyant ces images, tu réaliserais…

— Quoi ? Qu'est-ce que je réaliserais, Isabelle ? »

Il hurle maintenant. Les voisins d'à côté doivent l'entendre. Je me recule, imperceptiblement.

« Tu n'es plus toi-même sans la scène. C'était vrai quand je t'ai rencontré, il y a longtemps. Mais c'est toujours vrai. Le théâtre, c'est ton oxygène, ton espace d'expression, c'est ton univers, celui où tu te sens libre et vivant.

— Tu as pensé à devenir psychiatre ? Parce que avec les conneries que tu débites à la seconde, je te promets une brillante carrière !

— François !

— Fais effacer cette vidéo, tout de suite ! Je ne veux plus qu'elle circule sur la Toile ! Je ne veux plus que mon nom apparaisse nulle part sur le Net ! »

Elle s'apprête à répliquer mais il raccroche. Il envoie son téléphone contre le mur avec violence. L'appareil produit de petites étincelles bleues au moment du choc puis se fracasse au sol, l'écran parcouru de multiples fissures.

« Éteins-moi ça ! » hurle-t-il en désignant l'écran d'ordinateur.

Il me faut une fraction de seconde pour réagir, pour avancer d'un pas, faire ce qu'il me demande. Une minuscule fraction de seconde pendant laquelle j'essaie d'attraper les dernières images de François sur scène, du François d'avant. Il le voit. Mes yeux sur l'écran, l'expression sur mon visage. Il capte tout instantanément et sa fureur décuple encore.

« C'est terrible, hein, de s'apercevoir à quel point je suis tombé bas ! Il te manque ce mec, ce type propre sur lui qui paradait sur scène, ce bobo parisien, il te faisait rêver ? Regarde qui tu as maintenant, regarde ce plouc dans son jogging de merde, regarde ce minable qui n'arrive même plus à bander, qui pue la sueur, qui te dégoûte au point que tu fermes les yeux chaque fois qu'il te touche !

— Arrête.

— Non, toi arrête ! Prends l'ordinateur ! Va t'enfermer dans ta piaule là-bas ! Tu pourras même te masturber devant les images ! C'est ce que tu fais, hein ? Pendant des heures, enfermée à double tour là-bas ! Tu te masturbes en parlant avec d'autres types ? »

Je ne sais pas ce qui me prend. J'ai peur de François ce soir, de sa rage, mais il a raison, je suis également emplie de dégoût pour ce qu'il est devenu. Son corps abandonné, en décrépitude, son esprit souillé par la médiocrité. Alors je réplique, criant plus fort que lui encore : « Ouais, c'est ce que je fais. Je me masturbe pendant des heures dans cette chambre mais aussi au bureau, dans le bus, je me cache derrière mon manteau et je me touche dès qu'un homme croise mon regard. Je donne des rendez-vous à des mecs trouvés sur internet, puis je les suce, cachée derrière un abribus. »

Il me décoche une gifle. Je ne cille pas. Je ne recule pas. Je lève la main et je le gifle à mon tour. Une claque sonore, insolente, pleine de mépris. Il ouvre la bouche. Je pars avant qu'il ne parvienne à agripper mon bras, à me faire tomber. J'ai peur. Je le hais. J'ai le cœur qui bat à se rompre. Je file dans l'entrée, je récupère mon manteau et je disparais dans la nuit d'octobre sans me retourner. François n'a pas prononcé un mot.

François

Il faudrait que je retourne voir le psy du centre, un jour.

Ce qu'on est devenus, Léo et moi, est moche, laid, méprisable. Léo est aussi odieuse que moi. Elle a raison, je le mérite. La gifle aussi, je la méritais. C'est moi qui l'ai transformée en furie vulgaire. Comment en est-on arrivés là ?

Même à la fin de notre mariage avec Isabelle, même quand je lui ai annoncé que je la quittais, qu'il y en avait une autre, une plus jeune, une plus désirable, nous n'en sommes jamais venus à de telles bassesses. Il restait une once de respect, de calme malgré la colère. Est-ce parce que nous ne nous aimions plus, plus du tout, parce que la vie commune nous avait usés, éloignés, apaisés ? Est-ce parce qu'il reste quelque chose de vif, un amour douloureux, contrarié, que Léo et moi sommes cruels à ce point ? Je veux le croire.

Elle est revenue au milieu de la nuit, je ne sais pas où elle est allée marcher. Elle a dormi dans notre lit. J'étais dans le canapé. Impossible de dormir. Mon dégoût de moi-même et les spasmes dans mes jambes, car la spasticité s'était invitée. *Le mal incarné.* Je l'avais sans doute mérité. J'ai compris l'épuisement moral de Ryan, son impression de devenir fou. J'ai regardé mes jambes se lever seules, elles qui n'avaient plus esquissé un sursaut depuis un an. Si vite, si fort que j'ai basculé contre le dossier du canapé. Elles sont restées ainsi, à danser, à tressauter comme deux membres fantômes, étrangers, indépendants de moi, presque moqueurs. Ça ne faisait pas vraiment mal. Une crampe sans la douleur. Je me suis d'abord raisonné, j'ai attendu que ça passe. Ryan disait que le stress provoquait et aggravait la spasticité. Putain de vidéo rétrospective. Putain de dispute avec Léo. À deux heures, face à mes jambes folles, je dessinais entre mes paupières closes la seule solution qui m'apparaissait : aller chercher le couteau de cuisine le plus aiguisé possible, celui pour découper la viande. Trancher dans les chairs d'un coup vif, franc. Pas besoin de torchon entre les dents, je ne sentirais rien. Je pourrais m'acharner sur les ligaments, les tendons et sur l'os aussi longtemps que nécessaire. À moins que je ne me mette à vomir à la vue de cette boucherie. Je laisserais mes jambes au milieu du salon et je pourrais crever tranquillement dans la mare de sang.

Au lieu de quoi, quand les spasmes m'ont laissé tranquille, je me suis endormi, la tête renversée sur le dossier du canapé. J'ai ronflé. Je suis sûr qu'elle a pesté contre moi.

Quand je me suis réveillé, elle était déjà partie pour le travail. Je lui ai fait livrer des fleurs là-bas. Pour m'excuser de la gifle, de mes mots, du quotidien avec moi. Trente roses rouges. Elle est rentrée à dix-huit heures et tout ce qu'elle a trouvé à dire a été : « Tu m'as mise mal à l'aise devant mes collègues ! Plus jamais ça ! »

Elle n'a pas mis le bouquet dans l'eau. Elle a laissé les fleurs sur le plan de travail. Elle est allée s'enfermer dans sa pièce secrète. Qu'est-ce qu'elle fout là-bas ?

Depuis, mes jambes dansent. Il faudrait que je retourne voir le psy, je crois…

Éléonore

Il m'a fait livrer des fleurs au travail aujourd'hui. Un bouquet énorme, ostentatoire, ridicule. Tous les yeux de l'open space se sont tournés vers moi. La superviseuse a déclaré que ce n'était pas franchement le lieu. Yonis a eu un drôle d'air. Des filles chuchotaient, se demandaient si j'avais été cocue. J'ai cru mourir de honte.

Les hommes qui offrent des fleurs sont les pires. On offre des fleurs quand on ne peut plus rien offrir d'autre.

François

Aujourd'hui ça fait un an. Un an tout pile que je me suis fait percuter par un bus. Ce bus ne s'est pas contenté de me prendre ma colonne vertébrale, mes jambes, ma virilité. Ce bus a piétiné ma vie jusqu'à en faire une bouillie infâme de laquelle on ne peut plus rien extraire.

Aujourd'hui 24 octobre, je sors pour m'acheter une bouteille de cognac dans la supérette la plus proche. Léo est partie au travail sans me dire un mot. C'est une journée pourrie. Le ciel est gris, il pleut des cordes. Une journée parfaite, à l'image de mon humeur, de mon existence. Le fauteuil se coince dans un nid-de-poule. Je jure. J'insulte tous les dieux de la terre, et tous les passants qui m'observent, méfiants, changent de trottoir. Il faut l'arrivée d'un chauffeur-livreur pour me sortir de là. Il arrête son camion en pleine route, descend, débloque mon fauteuil.

« Merci.

— C'est pas un temps pour sortir, mon vieux.

— J'avais un anniversaire à fêter… et de l'alcool à acheter.

— Là-bas ? demande-t-il en me désignant la supérette à une centaine de mètres devant nous.

— Oui.

— Tu veux quoi ?

— Un cognac.

— Mets-toi à l'abri, je te ramène ça.

— Attends ! »

Il part sans attendre mon portefeuille, que je cherche en vain dans mes poches détrempées. Il part en laissant son camion au milieu de la route, warnings allumés. Les voitures s'agglutinent derrière, commencent à klaxonner. Je leur envoie quelques insultes bien senties. La pluie termine de s'infiltrer dans mes vêtements. Je m'en moque. Aujourd'hui j'ai trouvé plus d'amour et d'hospitalité en un chauffeur routier inconnu qu'en ma propre femme.

Éléonore

L'appartement pue l'alcool. Je m'en rends compte en passant la porte. *Oh non, pas ça…* C'est ma première pensée. Pas l'alcoolisme en plus du reste. La télévision tourne en fond. La fumée de cigarette se mêle aux effluves de cognac et à quelque chose de rance. Je m'attends au pire. C'est sans doute un peu ma faute, j'ai été cruelle hier, en rentrant du travail. J'aurais peut-être dû y aller moins fort, au moins mettre les fleurs dans l'eau. Mais je lui en veux toujours.

« François ? »

Ma voix reflète l'angoisse. Au fur et à mesure que j'avance dans le salon, je suis prise d'une furieuse envie de faire demi-tour, de quitter l'appartement en courant. Mais le salon est désert. Le cendrier repose sur l'accoudoir du canapé, à côté de la bouteille de cognac et d'une tasse à café, à demi remplie d'alcool.

« François ? » je répète plus fort.

C'est un gémissement que je perçois, en provenance de la salle de bains. La lumière est allumée. Le fauteuil bouche le passage. Un mouvement m'indique que François est au sol, entre les toilettes et le lavabo, allongé la tête contre la cuvette, les jambes coincées contre le pied du lavabo. Il ne peut pas se relever. Pas sans aide. Il est à demi nu, le pantalon baissé au niveau des pieds. Il baigne dans son urine. Je comprends d'où vient l'odeur rance.

Je dégage le fauteuil, m'accroupis. François est gelé. Il a les extrémités glacées, les lèvres bleutées. Je ne sais pas vraiment comment procéder.

« Ça fait combien de temps que tu es là ? »

Les premiers mots qu'il prononce sont étranglés, mal assurés : « Je ne sais pas. Beaucoup trop longtemps.

— Pourquoi tu n'as pas appelé ?

— Mon téléphone est dans le salon. »

Je suis toujours figée, paralysée par l'horreur, maladroite.

« Viens, on va te passer sous la douche. Une douche bien chaude. Il faut te laver et te réchauffer. »

Je prends ses bras, les enroule autour de mon cou. Je n'ai aucune idée de la façon dont je dois agir. Je ne sais même pas si j'aurai la force de le hisser, de le traîner jusqu'à la douche.

« Tu as trop bu ? Tu es tombé parce que tu as trop bu ?

— Non ! »

Il a le ton sec, l'œil noir. Il sent l'alcool pourtant.

« Alors quoi ?

— Ce sont les spasmes. Mes jambes sont parties en vrille. Je n'ai rien pu faire. J'ai basculé. »

Il pèse de tout son poids sur mes épaules. Je recule à petits pas, toujours accroupie. Il pèse des tonnes. J'ai envie de pleurer et de vomir. Il a un bleu à la tempe, probablement là où son crâne a tapé contre l'émail des toilettes.

« Lâche-moi. Je vais me traîner tout seul jusqu'à la douche.

— Non. »

Nous progressons à une lenteur folle mais nous y parvenons. Je le laisse sur les dalles de la douche, haletante, renonçant au siège de douche, nous n'avons pas la force de le hisser là-dessus, ni l'un ni l'autre. Je fais couler un filet d'eau, ajuste la température.

« Plus chaud… »

Il a les dents qui claquent. Le jet, brûlant, réveille doucement sa peau. Il est assis devant moi. Il me tourne le dos. Je regarde la rivière dévaler le long de sa colonne, passer sur sa cicatrice, terminer sa course sur son coccyx.

« Qu'est-ce que tu as là ? »

Je me penche sur sa peau. François s'agace : « Sors de là, tu vas être trempée. »

Mais je m'approche plus près encore. Au bas de son dos, au niveau du coccyx, il y a une cloque de la taille d'un œuf, remplie de sang et d'un liquide jaunâtre.

« Bon sang, François !

— Quoi ? »

Je sais très bien de quoi il s'agit. Nous avions reçu une salve d'informations à ce propos, au centre de Garches. Nous devions y être vigilants, repérer la moindre rougeur qui pouvait signaler un début de nécrose. Si ça ressemble déjà à une cloque, cela signifie que c'est là depuis longtemps, beaucoup trop longtemps.

« Depuis combien de temps tu n'as pas inspecté ta peau ? Appliqué ta crème ?

— Quoi ? répète-t-il encore.

— Tu as une escarre ! Une escarre de la taille d'un œuf ! C'est... Ce n'est pas beau à voir !

— Laisse », réplique-t-il en repoussant ma main.

Je recule, sonnée, balbutie : « C'est déjà bien avancé. Il va falloir... Il va falloir consulter très vite.

— C'est rien. »

Il continue à passer le jet sur sa peau, indifférent, sombre. Mes mains tremblent, s'agrippent au mur de la salle de bains. Une escarre. Une négligence. Nous étions censés surveiller. Nous le savions tous les deux. Nous faisions attention. Oui, mais c'était avant que les choses ne tournent si mal entre nous. Avant que François ne passe vingt heures par jour immobile dans le canapé, ne fasse plus sa toilette, rejette ce corps tant haï, au point de le laisser pourrir.

« Je vais appeler le centre. Demander la marche à suivre.

— Non. Tu n'appelles personne.

— Tu... »

Je suis prise d'un doute soudain.

« Tu l'avais vu ? Tu l'avais vu et tu n'as rien fait ? »

Il ne répond pas. Ma voix monte dans les aigus, je ne la contrôle plus : « Tu sais ce que tu risques, hein ? Tu sais ce qu'il va se passer si tu ne fais rien ? Ils vont devoir t'opérer, te faire une greffe de peau ! »

Il se savonne. Il ne dit rien.

« Je vais appeler le centre. »

Il est assis dans son fauteuil, enroulé dans son peignoir. Il m'écoute parler avec un médecin mais cela semble le laisser totalement indifférent. Il a retrouvé sa tasse et sa bouteille de cognac. Il boit de longues rasades. À chaque parole du chef de service, je me décompose un peu plus. Je comprends pourquoi il refusait que j'appelle Garches.

« Ça tombe bien que vous m'appeliez à propos de François Louvier. Mon interne m'a laissé une note à son sujet.

— Ah ?

— On n'arrive pas à le joindre après ses deux rendez-vous manqués.

— Ses… Pardon ?

— Il était attendu début septembre pour une radio de contrôle. Nous devions vérifier l'évolution de la colonne, de sa vertèbre cassée.

— Ah, je… Je ne savais pas…

— Et il était attendu une semaine plus tard pour un rendez-vous de suivi avec le psychiatre. Le docteur Georges avait dans l'idée de l'orienter vers un psychiatre libéral. Il le jugeait encore fragile. »

Un silence passe. François se ressert une tasse de cognac. Je suis trop hébétée pour lui demander d'arrêter de boire.

« Il n'a honoré aucun des rendez-vous et ne donne plus signe de vie depuis. Ni même à l'assistante sociale, avec qui il était censé rester en lien régulier. Nous étions sur le point de contacter Elsa Dorel, l'infirmière qui le suivait de près. Elle est en congé maternité mais nous avons pensé qu'elle avait peut-être de ses nouvelles.

— Je… Je suis désolée. Je ne savais pas… Si j'avais su… »

Ma phrase reste en suspens. À côté, François fait claquer le briquet, s'allume une cigarette.

« Je… Il faut que je vous l'amène. Il a une escarre à un stade avancé. Je viens de m'en apercevoir. »

François monte le son de la télévision. Pendant que le docteur s'inquiète, me pose des questions sur l'aspect de sa peau, sa couleur, un commentateur de foot s'égosille dans notre salon.

« Amenez-le-nous demain. À treize heures. »

Je raccroche. Le regard de François me glace. L'indifférence à l'état pur. Le néant.

Je sors dans le froid d'octobre. Je marche en direction du parc. La culpabilité me frappe de plein fouet. C'est moi qui ai causé tout ça. Mon indifférence. Ma passivité. Puis ma cruauté. J'ai détourné les yeux, je l'ai ignoré. J'ai cessé de lui parler. Je l'ai laissé se déliter tout doucement. Les rougeurs étaient sans doute là quand j'ai fait ma valise pour la Bourgogne.

Pendant que je le laissais me pénétrer, elles étaient là, gagnant du terrain, attaquant ses tissus. Et quand je l'ai giflé… Cette escarre, c'est la preuve de ma négligence, de mon incapacité à prendre soin de lui, de ma lâcheté monstrueuse.

Je fume deux clopes d'affilée sur le tourniquet qui tourne au ralenti. Autour tout est mort, tout est désert. Même les chats errants ne mettent pas les pattes ici. Je sors mon téléphone de ma poche et je signe l'aveu de mon impuissance : j'appelle Isabelle. Trois sonneries retentissent. Si elle ne répond pas, je ne sais pas ce que je ferai. Je n'arriverai pas à faire face ce soir. Mais elle décroche à la cinquième sonnerie, étonnée.

« Éléonore ?

— Bonsoir.

— Tout va bien ? »

Au silence qui suit, elle prend la mesure de mon état d'esprit. Elle chuchote avec des accents d'inquiétude : « Qu'est-ce qu'il s'est passé ?

— Je n'y arrive pas. Je n'y arrive plus.

— Attendez ! C'est à cause de la rétrospective ? C'était maladroit, je le conçois… Je pensais que ça pouvait aider… »

Ses pas résonnent dans le combiné puis le bruit d'une porte qu'on ouvre et referme. Isabelle s'isole. Elle est peut-être au théâtre ou avec des amis.

« Ce n'est pas la rétrospective. C'est… J'ai cru que je pouvais m'occuper de François, prendre soin de lui, lui offrir un quotidien confortable. Juste confortable. Mais… Je ne peux rien faire pour lui.

— Éléonore, calmez-vous. »

Je n'ai pas entendu les tremblements dans ma voix. Isabelle, oui.

« Vous avez besoin d'aide ?

— Oui. Je crois. »

Il m'aura fallu du temps pour l'admettre. Ce oui me donne l'impression de reprendre mon souffle.

« Est-ce que vous voulez que je vienne ? Tout de suite ?

— Je ne sais pas…

— Qu'est-ce qu'il se passe au juste ?

— Je viens de découvrir une escarre sur sa peau. Une escarre qui ne date pas d'hier. J'ai appris qu'il n'allait plus aux rendez-vous médicaux, qu'il ne répondait plus aux médecins du centre. Il n'est plus que l'ombre de lui-même. Il… C'est un suicide à petit feu. Ce n'est pas juste une négligence ou une absence d'hygiène, c'est un lent dépérissement qui ne date pas d'hier. J'aurais dû faire quelque chose.

— Calmez-vous, Éléonore. Je suis sûre que vous avez fait de votre mieux.

— Non. Pas vraiment. J'ai perdu patience. J'ai arrêté d'essayer. Je l'ai laissé s'enfoncer dans cet état pendant des semaines.

— Je connais François, d'accord ? Il n'y a pas plus orgueilleux que lui. Il ne vous aurait jamais laissée l'aider. Vous ne pouviez rien y faire. Ni vous ni moi.

— Je l'ai abandonné. Si j'avais été plus présente, j'aurais pu le maintenir à flot.

— Ne vous donnez pas tant d'importance. Ce mal qui le ronge, personne n'aurait pu l'apaiser. Pas même un psychiatre. »

Cette phrase me terrifie car elle ne laisse imaginer aucun espoir, aucun horizon.

« Je vais venir vous aider, d'accord ? Je peux passer demain si ça vous va.

— Demain nous allons au centre.

— Alors après-demain.

— D'accord. Après-demain. »

Je m'allume une autre clope. Mes mains tremblent mais ça va déjà mieux. Le calme d'Isabelle a un effet apaisant.

« Vous savez, reprend-elle, vous allez me prendre pour une obsessionnelle ou une femme complètement butée, mais… »

Elle laisse planer un silence. J'aspire une longue bouffée de nicotine.

« Ce n'est pas une fichue thérapie ou un kiné qui vont le sauver. Pas même une jolie jeune fille, au risque de vous décevoir.

— Alors quoi ? »

Je connais sa réponse avant même qu'elle ne la prononce.

« La scène. François est né pour la scène. Et tant qu'il n'acceptera pas d'y revenir, rien de ce que nous pourrons faire, vous, moi ou une autre, ne changera rien à sa détresse. François est un comédien-né. Si vous le sortez de son univers, il mourra à petit feu. »

Les mots d'Isabelle tournoient dans ma tête tandis que je rejoins l'appartement. François est devant la télévision. Il est presque venu à bout de la bouteille de cognac. La scène comme unique remède. C'est vain. Si elle dit vrai, alors François est condamné. Je dépose mon manteau dans l'entrée, me dirige vers la cuisine. J'ai envie d'un verre de cognac moi aussi. J'avalerais n'importe quoi qui pourrait me défaire de ce terrible poids. *Si vous le sortez de son univers, il mourra à petit feu.* Dans un placard de la cuisine, j'attrape un verre à shot. Je m'apprête à tourner les talons quand mon regard est attiré par le faire-part aimanté sur le réfrigérateur. Le prénom Émilie calligraphié en lettres dorées. Le visage innocent et doux du nourrisson.

« Tu veux fêter l'anniversaire de ma déchéance avec moi ? » s'étonne François en me voyant approcher avec mon verre.

Je me laisse tomber à côté de lui sur le canapé. Il me verse une rasade, le fond de la bouteille, tout en conservant les yeux rivés sur la télévision.

« Tu faisais quoi dehors ?

— J'ai fumé.

— C'est tout ?

— Non. J'ai appelé Isabelle. »

Aucun commentaire. Dans le silence qui suit, je me fais violence pour poser ma tête sur son épaule. Nous n'avons plus manifesté de tendresse l'un pour l'autre depuis une éternité. Tout me semble factice, artificiel.

« Tu lui as demandé de me reprendre ? » lâche François d'un ton sarcastique.

Je secoue la tête. Il me faut quelques secondes supplémentaires pour rassembler mes forces, prononcer les mots qui se forment déjà dans mon esprit : « On va faire un enfant, François. Toi et moi. »

Il s'étrangle avec son cognac, tourne un visage décontenancé vers moi.

S'il refuse de remonter sur scène, il ne me reste que cela pour le sauver : lui faire un enfant.

41

Éléonore

« C'est une idée effroyable », déclare Isabelle.

Elle est assise devant le café que je lui ai préparé. François est enfermé dans notre chambre avec l'infirmière qui vient chaque jour pour soigner son escarre.

« Éléonore, vous êtes consciente que vous allez ajouter de la difficulté à la difficulté ? Que votre épuisement mental ne va faire que s'aggraver ? »

Les yeux bleus d'Isabelle reflètent une gravité qui ne me met nullement mal à l'aise. Je sais. Je sais tout ça.

« Il n'y a rien d'autre à faire, non ? »

Elle se prend la tête entre les mains, se masse longuement les tempes. Elle est dépassée.

« On ne fait pas un enfant pour sauver quelqu'un. »

Quelques larmes emplissent mes yeux, troublant le visage d'Isabelle. J'ai du mal à parler, avec ces émotions coincées dans la gorge.

« Pour sauver François, si. »

Elle se lève brutalement, faisant racler sa chaise. Elle fait quelques pas, désemparée, au milieu de la cuisine.

« Je ne vous soutiens pas là-dessus. »

Un silence. L'incongruité de la situation m'effleure. Isabelle, l'ex-femme de François, qui joue les chaperons.

« Enfin, je vous aurai prévenue. »

Elle s'adosse au plan de travail. Il y a quelque chose de douloureux sur son visage. Des regrets ? Un enfant, c'est bien la seule chose qu'elle ne lui a pas donnée. Je m'éclaircis la gorge, me redresse, tente d'avoir l'air sûre de moi.

« Faites-moi confiance. »

Un tic nerveux traverse son visage.

« Que voulez-vous que je fasse d'autre, hein ? »

François

La nuit, pendant mes insomnies, je lis des chiffres. J'épluche les statistiques. Je compile les faits. J'ai besoin de concentrer mon esprit sur du réel, du concret. Mes yeux parcourent les articles scientifiques. *« Moins de 15 % des blessés médullaires ont une éjaculation spontanée lors des rapports sexuels. »* Je digère, j'intègre. Nulle émotion là-dedans. Je ne veux pas me laisser envahir par des considérations personnelles. Un projet à mener, des difficultés à prendre en compte, un objectif à atteindre par des biais détournés. Je pense rationnel. Sans ça, je me laisserai engloutir de nouveau.

« Un vibreur, placé sur le frein du prépuce et qui vibre aux alentours de 100 hertz avec une amplitude de 2,5 mm, permet, selon le niveau de la lésion et sa gravité, d'obtenir dans 70 à 80 % des cas une éjaculation,

précise le docteur Pierre Denys, spécialiste des troubles génito-sexuels des personnes handicapées à l'hôpital Raymond-Poincaré de Garches. Ce vibreur a l'avantage de pouvoir facilement être utilisé au domicile à la fin d'un rapport sexuel ou lors de la masturbation et de permettre un orgasme[1]*.* »

Il est des faits plus difficiles à intégrer que d'autres. Si nous avons un enfant, il sera le fruit d'un processus médicalisé. Vibro-massage. Récupération du sperme à l'aide d'une seringue. Insémination artisanale. Les médecins de Garches m'ont prévenu l'autre jour : ce sera sans doute long et incertain. Mes spermatozoïdes ont perdu de leur mobilité avec mon quotidien immobilisé. Notre chance : Léo est jeune et fertile.

La nuit, elle dort paisiblement comme si son quotidien n'était pas devenu un enfer. J'éclaire son visage de la lueur de mon téléphone et j'observe ses paupières détendues, ses lèvres relâchées, à peine entrouvertes, ses sourcils lisses. Je me laisse envahir par une tendresse qui me quitte pendant la journée, parce que je me blinde.

Éléonore

Isabelle est devenue une des fondations de notre couple fragile. Avoir cette pensée me laisse aujourd'hui encore incrédule. Pourtant c'est la vérité. Isabelle passe la soirée chez nous les mardis et les jeudis. Nous

1. https://www.doctissimo.fr/html/sexualite/mag_2000/mag1027/se_2792_orgasme_paraplegique.htm

attendons ces soirs-là avec la même hâte, la même fébrilité, François et moi. Elle arrive tard après sa journée de travail. Jamais avant vingt heures trente. Pour la recevoir, François se met à la cuisine une bonne partie de la journée. Poulet basquaise, lasagnes aux épinards, riz pilaf… Je l'observe avec étonnement. J'ai peur que le mirage se dissipe. Il reprend des forces, s'anime tout doucement. Une infirmière passe tous les jours pour son escarre. Il fait l'effort de sortir prendre l'air, il fait le tour du quartier, s'assied dans le square chaque jour. Il a repris en main son corps, son hygiène, ses soins. Pas pour lui. Pour moi, ou pour cette nouvelle mission qui le fait se lever chaque jour : me faire un enfant.

Nos discussions comportent encore beaucoup de silences et nos soirées beaucoup de télévision, mais nous avons Isabelle désormais, dont nous attendons la visite ; Isabelle comme un bouclier entre nous, comme un médiateur qui nous offre un terrain d'entente neutre.

Nous sommes retournés à Garches hier. La colonne vertébrale de François s'est stabilisée. L'assistante sociale lui a proposé une liste de formations professionnelles dans le but d'une reconversion. Surtout, on nous a remis un ensemble de documents intitulé « Procréation et grossesse chez le patient paraplégique » et un appareil appelé le Ferticare, qui permettra à François d'avoir des éjaculations. Le reste, nous l'avons déniché nous-mêmes à la pharmacie du coin : une pipette et un ensemble de bocaux stériles. Je ne dis rien de tout cela à Camille quand je l'appelle. Je lui dis que ça va mieux, c'est tout.

« Je vous aide à débarrasser ? »

L'horloge murale annonce vingt-trois heures. Isabelle va partir. Nous tentons de la retenir comme chaque fois : « Un café ? Une tisane ? »

Nous repoussons le moment où nous serons tous les deux, où nous devrons affronter nos silences. Ce soir encore davantage. Ce soir, dès que la porte sera refermée, nous devrons nous livrer à l'activité pour laquelle nous tenons bon tous les deux : notre première tentative pour faire un enfant. Ce ne sera pas tendre ni intime. Ce ne sera pas fiévreux, sensuel ou torride. Ce sera étrange, désincarné, comme notre vie depuis l'accident de François.

« Une tisane, mais je ne traîne pas. »

Je fais chauffer l'eau de la bouilloire. François rejoint Isabelle, qui s'est installée sur le canapé. Quand elle est là, il n'allume pas la télévision. Ils parlent mais je ne les écoute pas vraiment. Je savoure ce moment où je n'ai plus à me préoccuper de François, où quelqu'un d'autre prend soin de lui. De temps en temps me parvient un prénom d'ami commun, le nom d'une troupe de théâtre, d'un spectacle. Je sais ce qu'elle fait : elle essaie de rallumer la flamme, de réveiller l'envie chez lui, mais François reste stoïque.

Ce soir-là, je sers les tisanes mais je reste debout, incapable de m'asseoir.

« Tout va bien ? demande Isabelle.

— Oui. »

Nos regards se croisent, à François et moi. Nous pensons à la même chose. À ce qui nous attend juste après.

Nous ne nous sommes pas vraiment concertés. Il aurait fallu calculer mes cycles, compter les jours, établir un calendrier précis. Nous ne l'avons pas fait. Nous avons récupéré le kit à la pharmacie hier et il nous est apparu évident de nous mettre à la tâche immédiatement.

« Je vais me préparer dans la chambre », indique François.

J'acquiesce. Isabelle vient de partir. Je débarrasse la table. Quelques secondes plus tard, le bruit du vibromasseur s'élève. Je lance le lave-vaisselle. Je m'adosse au plan de travail. J'attends qu'il m'appelle. J'ai froid.

Il s'éclipse quand j'entre dans la chambre. Sur le lit, il a déposé le bocal.

« Ça a marché ?

— Ça a marché. »

Il part, referme la porte derrière lui. J'aimerais qu'il reste. J'aimerais que ça se passe autrement. J'ai l'impression étrange de vivre cet instant comme une spectatrice extérieure. Mon corps agit en mode automatique. Mon esprit est ailleurs, observe mes gestes avec une impression d'irréalité. Retirer mon pantalon, baisser ma culotte, attraper la seringue, la remplir, m'allonger, fixer le plafond, écarter les jambes. Dans le salon, un bruit résonne comme une déchirure sèche. Puis le crépitement caractéristique qui précède les premières notes d'un vinyle. Je reconnais l'intro de cette vieille chanson, *Something Stupid.* Les voix de Frank et Nancy Sinatra s'élèvent dans l'appartement.

Un sourire maladroit parvient à étirer mes lèvres quand la porte s'ouvre et que François apparaît.

« Bon sang, ne me dis pas que tu te transformes en *lover*, François Louvier ? »

Ses yeux brillent dans la pénombre.

« Non. Tu crois ? Merde ! »

Il manie le fauteuil, vient se poster entre le mur et le lit, au niveau de ma tête. Il pose sur mon corps la couverture puis il prend une de mes mains. Sinatra et Nancy chantant :

The time is right, your perfume fills my head
The stars get red, and, oh, the night's so blue
And then I go and spoil it all
By saying somethin' stupid like, « I love you »

« Ça aurait pu être pire, non ? »

Il m'observe, les sourcils froncés, guette ma réponse.

« Ça aurait pu être pire. Tu aurais pu choisir Gainsbourg. Tu aurais pu choisir *69 année érotique*. »

Il sourit, ses doigts serrent les miens.

« À toi de jouer, Mini. Je te fais confiance : pas de strabisme, pas d'oreilles décollées. Un beau, on a dit. »

Un rire s'échappe. Un rire cristallin de jeune fille. Parfois c'est là, tout près : parfois je touche du doigt ce qui justifie tout ce que nous traversons. Ça crépite comme une étincelle dans la pénombre.

François

Ce n'est pas un si mauvais moment. Léo reste allongée dans ce lit, sa main dans la mienne. Le vinyle fait un tour complet. Sinatra s'essouffle, se tait.

« On recommencera demain ? » demande-t-elle quand le silence revient dans l'appartement.

J'acquiesce : « Tous les jours. »

Elle ferme les yeux, elle est fatiguée. J'embrasse son front.

« Dors… »

Je n'ai pas sommeil. Je vais aller m'asseoir quelques heures dans le canapé. Je démarrerai une nouvelle série. Une adaptation de Harlan Coben. Je n'écouterai pas vraiment les dialogues. J'oublierai l'intrigue. Pendant tout ce temps, j'aurai une seule pensée en tête, obsessionnelle, merveilleuse : Léo s'est endormie avec ma semence enfouie au creux d'elle.

42

François

« On se retrouve comme au bon vieux temps, hein ? »

Isabelle fait tournoyer le vin au fond de son verre, un léger sourire aux lèvres.

« Remarque… tu n'aurais jamais cuisiné pour moi à l'époque.

— T'exagères.

— Non, François. À peine. »

Nous venons de terminer tous les deux notre assiette d'endives au jambon. Isabelle a apporté un bordeaux pour accompagner le repas. C'est seulement elle et moi ce jeudi soir. Léo sort avec Camille pour fêter ses vingt-cinq ans, clore cette drôle d'année qui vient de s'écouler. Elles prendront quelques verres dans le quartier de Saint-Germain-des-Prés. Léo restera dormir chez Camille, ça lui évitera de prendre le RER et d'abréger trop tôt sa soirée. Je suis OK avec ça, étrangement. Depuis que nous avons mis en route le projet « Mini-mini », nous avons des relations plus apaisées.

« Quelle est la suite ? lance Isabelle. Je suis impatiente de savoir ce que tu nous réserves. »

Je fais pivoter mon fauteuil, me dirige vers le réfrigérateur. Je dépose le plat contenant le dessert sur mes genoux et je reviens vers la table.

« Un tiramisu ? s'étonne Isabelle.

— Pour faire honneur à tes origines. »

Elle lève un sourcil.

« Le mariage ne te va vraiment pas, François. Mais le divorce… tu t'y débrouilles plutôt bien. »

Je fais glisser le plat vers elle, stoïque.

« Sers-nous. »

Moi, je m'allume une cigarette. Léo n'est pas là pour se plaindre de la fumée. J'aérerai. Dans le salon, le vinyle de Scorpions égrène les premières notes de *Wind of Change*. Isabelle pose les assiettes garnies du dessert devant nous. Avant d'entamer sa part, elle termine son vin, son regard bleu fixé sur moi, songeur.

« Qu'est-ce qu'il y a ? dis-je au milieu de la fumée.

— Je me demandais quelque chose.

— Quoi ? »

Elle hésite, détourne le regard quelques secondes mais revient à moi.

« D'où t'est venue cette envie d'enfant ? Je veux dire… Tu n'en as jamais parlé. En neuf ans de mariage, pas la moindre évocation, et là…

— Et là quoi ?

— Là c'est comme une envie pressante. Une envie que tu aurais réfrénée trop longtemps. »

Elle n'aurait pas dû. Ces quelques mots ont un peu refroidi l'atmosphère de ce dîner en tête à tête. Nos postures sont plus raides, moins naturelles.

« Les gens changent. »

C'est une réponse à la con, je le sens. D'autant qu'Isabelle a envie de lancer l'offensive.

« C'est quoi ? Une crise de la cinquantaine précoce ?

— Peut-être, tiens !

— Ou une façon égoïste de coincer ta jeunette de vingt-cinq ans ? »

Ses yeux bleus intenses me transpercent.

« On aura tout vu ! La femme trompée prend la défense de la maîtresse, maintenant ? »

Elle ne rit pas. Elle réplique tout à fait sérieusement : « Nous n'en sommes plus là depuis longtemps, François. Je suis ton ex-femme et Éléonore n'a plus rien d'une maîtresse. Il me semble qu'elle connaît davantage ton intimité et tes faiblesses que moi, malgré nos neuf ans de mariage, non ? »

Elle me gonfle avec ses questions et son regard qui ne me lâche pas une seconde.

« Qu'est-ce que tu veux savoir ? je demande sèchement.

— J'espère juste que ta demande est sincère. Que tu ne fais pas ça dans une vaine tentative pour la retenir.

— Bien sûr que non ! »

Un silence glacial envahit le salon. Isabelle se penche sur son tiramisu, l'attaque à la cuillère.

« Parfait alors. Tu sais, je ne donnais pas cher de sa peau mais je me suis trompée. Elle se bat pour toi. Cet enfant, elle le fait pour toi, juste pour toi.

— Je crois qu'elle en a envie aussi.

— Tu *crois* ? »

Je serre les poings. Sous la table, mes jambes se soulèvent brutalement, faisant cogner assiettes, couverts et verres.

« Ce sont tes spasmes ? s'inquiète Isabelle.

— Oui. Ça s'aggrave avec le stress. Je devrais arrêter de t'inviter à dîner… »

Elle se lève, vient se placer derrière moi, posant ses mains fraîches sur mes épaules.

« Tu as des traitements contre ça ?

— Une piqûre tous les mois.

— Ce n'est pas efficace ?

— Ça atténue un peu la spasticité. Pas totalement. »

Elle poursuit ses massages au niveau de mes trapèzes. Je me détends un peu mais mes jambes restent contractées, prises dans un étau.

« Je n'ai pas dit que tu ferais un mauvais père, déclare Isabelle d'une voix plus douce. Je voulais juste comprendre d'où te venait cette envie. »

S'il n'y avait pas ses mains sur mes épaules et la tendresse dans ses caresses, j'aurais conservé le silence, sans doute même que je l'aurais envoyée balader. Mais elle m'enveloppe, me fait fermer les yeux, et les mots m'échappent : « J'ai besoin de redevenir quelqu'un.

— Qu'est-ce que ça veut dire, François ?

— Je ne suis plus rien. Je ne suis plus un comédien. Je ne suis plus un amant, à peine un compagnon. Père, c'est un rôle que je pourrai tenir, je crois.

— Pourquoi tu penses que tu n'es plus un compagnon ni un amant ?

— Je ne vais pas te faire un dessin, Isa. Ça ne fonctionne plus vraiment là-dessous. C'est capricieux, instable, peu vigoureux.

— Bon sang, François, arrête avec ta queue ! Tout ne tourne pas autour d'elle !

— Je vois bien qu'elle ne prend plus de plaisir.

— Elle ne prend plus de plaisir parce que tu t'obstines à vouloir reproduire les mêmes gestes qu'avant, à vouloir avoir la même sexualité qu'avant.

— Qu'est-ce que tu veux que je fasse ?

— Tu es autre chose qu'un sexe, François. Tu es un homme instruit, un passionné de littérature classique, un animal social quoi que tu en dises, tu sais cuisiner quand tu fais l'effort, tu peux être drôle et subtil quand tu t'en donnes la peine. Cultive tes autres qualités et oublie ta queue cinq secondes ! »

Je conserve le silence. Elle interrompt ses massages.

« Tu ne dis rien ?

— Je réfléchis. Je ne sais pas si je dois te remercier pour ces compliments. Je ne suis pas sûr que ça en soit, d'ailleurs.

— Ce sont des compliments. Et un coup de pied au cul. »

Elle recommence à pincer mes trapèzes. Je tressaille.

« Et puis, sexuellement parlant, il y a d'autres façons de donner du plaisir à une femme, François. Je t'ai connu plus inventif que cela… »

Je lève les yeux au ciel. Je suis sûr qu'elle sourit dans mon dos.

« Isa, cette discussion est un peu incommodante.

— Tu as raison. Il est temps d'attaquer le tiramisu. »

Elle fait le tour de la table, reprend sa place. Pendant un temps, j'ai oublié mes jambes contractées sous la table, l'irritation que cela me procure toujours.

« Il est succulent, François. Qu'est-ce que je te disais ? Il y a d'autres façons de contenter une femme. »

Mais mes pensées restent toujours ailleurs, quelque chose me préoccupe.

« Je crois que Léo a envie de cet enfant.

— Tu la connais mieux que moi. »

Toutes ces heures, Léo allongée dans la pénombre de la chambre, les jambes relevées sur une pile de coussins. Toutes ces heures, les yeux mi-clos, un léger sourire aux lèvres pendant que je m'appliquais à faire passer le temps. L'autre soir, ne sachant plus que raconter, je lui ai récité des vers de Racine. *Bérénice*. Ils me sont revenus sans effort, comme si je les avais déclamés sur scène la veille.

Tous mes moments ne sont qu'un éternel passage
De la crainte à l'espoir, de l'espoir à la rage.

Léo a cessé de respirer. J'ai poursuivi, parce que je sentais que le moment était fragile, que tout pouvait se rompre si vite, si facilement. J'ai récité des vers au hasard, ceux qui me revenaient, ceux qui la retiendraient encore quelques instants auprès de moi :

Vous sûtes m'imposer l'exil ou le silence.
Il fallut le promettre, et même le jurer.

Mais puisqu'en ce moment j'ose me déclarer,
Lorsque vous m'arrachiez cette injuste promesse,
Mon cœur faisait serment de vous aimer sans cesse.

Elle a recommencé à respirer doucement. Puis elle a tourné son visage vers moi. Elle a déclaré : « Si avec ça il n'aime pas les classiques… »

Elle souriait, la main posée sur son ventre.

Éléonore

Je n'ai pas mis les pieds dans un bar depuis une éternité. Tout me paraît excessif : le volume de la musique, le monde, les odeurs d'alcool, la luminosité des projecteurs rouges. Camille me guide, accrochée à mon coude comme si elle sentait que je pouvais m'évaporer. Elle a sa table ici, dans le fond de la salle. La musique y est moins forte. Une table pour deux près des toilettes.

« Reste ici, dit-elle. Je vais commander. »

Je m'assois. J'ai encore du mal à réaliser que je suis là : en plein Paris, un jeudi soir. Je n'ai pas à me soucier des horaires de bus, à m'inquiéter de rentrer au plus vite, à me culpabiliser d'avoir laissé François seul. Il est avec Isabelle. Il a cuisiné tout l'après-midi pour elle. Ils boiront du vin et discuteront jusqu'à minuit. Je peux m'offrir cette parenthèse. Demain, je n'ai pas à me rendre au travail. Mes congés de Noël ont démarré cet après-midi. Dix jours de répit. Dix jours hors de l'open space.

« Attention ! »

Camille revient, dépose les mojitos sur la table. Nous trinquons. Elle lance : « À tes vingt-cinq ans et à Noël ! »

Puis nous avalons le liquide glacé et sucré aux saveurs de menthe.

« Alors, quoi de prévu pour les fêtes ? interroge-t-elle en jouant avec sa paille.

— On va aller en Bourgogne, chez mes parents. On part dans deux jours. »

Elle s'étrangle avec son cocktail, en recrache une partie sur la table.

« *On ?* »

Je lui tends un mouchoir.

« Oui, *on*.

— François et toi ?

— Oui. »

Elle ouvre de grands yeux incrédules. Je déclare : « Je t'avais dit, ça va mieux.

— Qu'est-ce qu'il s'est passé ?

— Je ne sais pas trop… »

La promesse que j'ai faite. Le vibreur qui résonne chaque soir, à peine la table débarrassée. Le récipient qui m'attend sur le lit, plus ou moins rempli en fonction des jours – parfois François est à sec. La pipette. L'introduction du sperme. Je n'ai pas envie d'évoquer cela d'emblée avec Camille. Ni même la raison pour laquelle j'ai décidé de le faire.

« Isabelle est revenue dans nos vies, dis-je à la place.

— Son ex-femme ?

— Oui. Je l'ai, comme qui dirait, appelée à l'aide. Elle est présente, elle… Elle lui fait du bien je crois. »

Camille me lance un regard que j'ai du mal à interpréter.

« Tu n'as pas peur qu'elle… qu'elle tente de…

— De le récupérer ?

— Oui.

— Non. Ça n'a rien à voir. Elle lui fait du bien autrement. »

Camille se remet à aspirer son mojito avec la paille. Il y a tant de choses de mon existence qui la dépassent aujourd'hui.

« Donc la Bourgogne tous les deux, lâche-t-elle ensuite.

— Je n'ai fait que souffler l'idée. François a accepté tout de suite.

— Incroyable !

— Oui… comme tu dis. Mes parents sont heureux. Ma grand-mère, je ne t'en parle pas ! Ils procèdent déjà à des aménagements dans la maison pour que François puisse circuler plus facilement.

— Vous officialisez enfin, constate-t-elle avec un sourire.

— Oui. C'est vrai… »

Nous faisons tout n'importe comment, dans le mauvais sens mais qu'importe.

« Et toi ? j'interroge. Raconte un peu ! Quoi de neuf en cette fin d'année ? »

Nous avons terminé notre mojito, commandé quelques tapas. J'ai écouté Camille m'avouer qu'elle avait rencontré quelqu'un au travail. Je l'ai questionnée. Elle a rougi. Ce soir, j'ai été une jeune fille de vingt-cinq ans comme une autre dans la capitale, légère et volubile.

« Tu m'accompagnes fumer ? » je propose.

Nous sortons dans la nuit humide de décembre. Un taxi patiente en double file. Un couple s'embrasse, l'homme adossé contre le mur, la fille agrippée à son cou. Il se dégage de ces baisers une passion qui me rappelle celle que nous connaissions, François et moi, quand nous sortions du Melchior au milieu de la nuit. Nous nous cachions sous les porches, dans les halls d'immeubles restés ouverts, dans les ruelles désertes, derrière les abribus. Il ne fallait pas que quelqu'un de la bande, sorti peu après nous, puisse nous surprendre. Ces caresses volées, en pleine rue, faisaient monter le désir et la nuit entière ne suffisait pas à le combler. Je souris. Camille le voit.

« À quoi tu penses ? » demande-t-elle.

J'allume ma cigarette, regarde le bout rougeoyant crépiter dans la nuit.

« À François et moi dans notre vie d'avant. »

Elle a un regard attristé.

« Ça va aller. Vous allez surmonter ça.

— Camille…

— Le pire est derrière vous.

— Camille, il se peut que je sois enceinte. »

Elle est prise d'une longue quinte de toux. À cause de la fumée de ma cigarette, qu'elle exècre. À cause de son indignation.

« Quoi ? lance-t-elle enfin quand elle retrouve son souffle.

— Il se peut que je sois enceinte.

— D'accord, mais… je pensais que… je pensais qu'il ne pouvait pas… pas tout à fait…

— Il peut toujours. Différemment…

— Mais tu ne te protèges pas ?

— Non… C'est voulu.

— Quoi ? »

Cette information, plus encore que la précédente, la laisse ahurie.

« Voulu… Genre voulu-voulu ?

— Genre on y passe nos soirées, toutes nos soirées sans exception depuis deux mois. Il fait sa petite affaire dans un bocal, aidé de matériel médical, et je… Tu vois quoi. »

Elle en perd ses mots, tente de digérer l'information en jouant avec un caillou qu'elle fait rouler sous sa bottine.

« C'est ton idée ?

— La sienne. »

Nouveau blanc. Nouvelle consternation de Camille.

« C'est pas ce que tu crois. C'est plus doux que ça en a l'air. En réalité, ça nous rapproche.

— Ce projet ?

— Oui. Toutes ces heures passées dans le silence et la pénombre de la chambre, toutes ces heures sans télévision, sans échappatoire, où je dois juste rester allongée. Ça nous rapproche. On… C'est doux, tu vois. Il me tient la main, il chuchote des choses, et moi j'ai l'impression de revenir à nos débuts… Après l'amour… quand on ressentait le besoin de discuter encore et encore, de tout, de rien, pour ne pas laisser filer les heures passées ensemble. »

Camille envoie valser le caillou, digère les informations.

« L'autre jour il a récité du Racine et j'ai eu l'impression qu'il était de retour. Pour de bon.

— Pourquoi tu penses être enceinte ?

— On a démarré il y a deux mois maintenant. Je n'ai pas eu mes règles depuis.

— Tu as fait un test ?

— Non.

— Pourquoi tu ne fais pas le test ? »

Je m'emplis de nicotine pour gagner du temps.

« Je n'ai rien dit à François. Je ne veux rien lui dire pour le moment. Tant que rien n'est sûr.

— Eh bien, achète ce test et fais-le ! On peut le faire demain matin si tu veux.

— Non. »

Elle me fixe étrangement. Je tente de démêler le fil de mes pensées. Tout est si confus.

« On se retrouve tout juste. Je ne veux pas que ça s'arrête.

— Quoi ?

— Ce rituel. Ces moments dans le noir tous les deux. Ces moments où il me couve, où il est tendre.

— C'est pour ça que tu ne fais pas le test ? »

Je hausse les épaules.

« Peut-être bien. Ou peut-être que j'ai la trouille. J'ai accepté ce projet de bébé comme ça, sur un coup de tête, en une tentative désespérée pour ramener François à la vie. Je n'ai jamais imaginé que ça irait si vite. »

Tout était contre nous, l'âge de François, sa paraplégie : les statistiques ne plaidaient pas en notre faveur. On nous avait avertis : cela pourrait prendre des mois, voire des années. On a démarré tous azimuts sans nous soucier des cycles, de l'ovulation, de changer notre régime alimentaire, de prendre des vitamines… Et voilà que malgré tout, nos corps auraient trouvé le moyen de procréer. Je peine à le croire.

« Tu as des symptômes ? demande Camille.

— Non. Rien.

— Alors ce n'est peut-être qu'un simple retard. »

Elle sourit avec un peu plus de légèreté, comme si elle était rassurée pour moi. Ma phrase tombe tel un pavé dans la mare : « J'ai mal aux seins. Depuis trois semaines, en permanence. C'est un symptôme, tu crois ? »

Elle me jette un regard qui me fait l'impression d'une condamnation.

« Je crois que oui… »

Je détourne les yeux. Elle lâche un « Putain, Léo ! » que je ne sais comment interpréter : joie, ébahissement, effroi pur et simple ?

« Si tu es enceinte, alors tu devrais arrêter ça. »

Elle désigne ma cigarette sur laquelle je tire avec ardeur.

« Rien n'est sûr, dis-je.

— Et le mojito. Pourquoi tu l'as bu ?

— Rien n'est sûr », je répète.

Elle me jette un regard qui me transperce. Trop sincère.

« Tu devrais te mettre au clair avec ce que tu veux vraiment. Tu m'as l'air un peu perdue. Parole d'amie… »

Elle attrape mon coude, m'attire à elle, pose sa tête sur mon épaule.

« T'es pas obligée de le faire », murmure-t-elle.

Je déglutis. J'écrase ma cigarette, elle m'écœure. Elles n'ont plus le même goût depuis quelque temps, même si je tente de me persuader du contraire.

« Viens, on rentre se mettre au chaud. »

43

François

Elle m'a traîné dans un magasin pour qu'on achète les cadeaux de Noël.

« Pas un grand centre commercial, promis ! »

Elle s'est contentée d'une épicerie fine dans la ville voisine. On a affronté le bus et quelques trottoirs, mais elle était là pour me seconder. On a pris un champagne Veuve-Clicquot pour ses parents, ainsi qu'un assortiment de chocolats et de thés. Pour sa grand-mère, Madeleine, on a choisi un vin d'orange et des bougies. Les deux petits paniers joliment dressés ballottent maintenant sur la banquette arrière, entre nos deux valises. Isabelle nous a laissé la Megane. Avant de partir, elle a déclaré que je pouvais la garder maintenant, qu'on en avait davantage besoin qu'elle. Nous sommes donc en route, en direction de la Bourgogne. J'ai la boule au ventre. Je ne peux pas m'en empêcher. J'ai quarante-trois ans, un mariage et un divorce à mon actif, dix-sept années passées sur scène devant un public. Pourtant, j'ai les mains moites à l'idée de rencontrer les parents de Léo. Peut-être parce que j'ai quarante-trois ans justement, et leur fille vingt-cinq. Je fais office de vieux sur le déclin, paraplégique par-dessus le marché. Je suis un boulet au pied de leur fille. Quelle autre image pourraient-ils avoir de moi ? Si j'avais une fille de l'âge de Léo, je n'apprécierais pas la présence d'un François Louvier auprès d'elle. Et cette constatation me fiche un coup au moral.

« Tu penses à quoi ? demande Léo en me voyant bien silencieux.

— À l'image que tes parents auront de moi.

— Ce sont des gens simples, sans arrière-pensées ni jugements. Ils t'apprécieront tel que tu es.

— Tu parles !

— Tu as rencontré les parents d'Isabelle par le passé. Ne me dis pas que tu en as fait tout un plat !

— Ça n'a rien à voir.

— Et pourquoi ?

— Le père d'Isa baragouinait à peine deux mots de français et sa mère… sa mère était à moitié amoureuse de moi. »

Elle me décoche un coup dans la cuisse. Par réflexe. Elle oublie parfois que je ne sens plus rien.

« Isabelle et moi, on avait le même âge à l'époque. On était jeunes et beaux, on gravitait tous les deux dans le milieu du théâtre. Rien ne détonnait. Tout était à sa place.

— Voyons, tu n'es pas si laid que ça, pas si vieux non plus ! » réplique-t-elle avec malice.

J'aime la voir comme ça, radieuse, légère, presque insolente. Quand elle est ainsi, je n'y tiens plus, je suis pris d'une furieuse envie de la savoir enceinte, tout de suite, maintenant. Je veux qu'il nous arrive quelque chose de beau, de grand. Je veux que de toute cette galère qu'elle traverse à mes côtés depuis un an ressorte un peu de lumière.

« Qu'est-ce qu'il y a ? demande-t-elle encore, voyant mon visage s'assombrir.

— Je suis contrarié de devoir laisser de côté le projet "Mini-mini" pendant une semaine.

— On reprendra à notre retour. »

Ça ne paraît pas l'attrister outre mesure. Elle semble confiante. Se rend-elle compte de l'énergie qu'elle me transmet quand elle est ainsi, heureuse et sans arrière-pensées ? Je n'en suis même pas certain…

À la sortie de l'autoroute, nous nous retrouvons au milieu d'étendues vertes et vallonnées qui dépaysent le citadin que je suis. Nous longeons vignes – avec parfois une chapelle plantée entre les cépages –, prés et bosquets, traversons des villages de vieilles maisons en pierres.

« C'est là que tu as grandi ? Je ne m'attendais pas à ça.

— Tu t'attendais à quoi ?

— Je ne sais pas, mais c'est beau. »

Le givre recouvre la nature et donne au paysage une touche poétique et douce.

« On y est », indique-t-elle alors que la voiture ralentit.

Nous sommes visiblement au centre du village. Des maisons s'alignent de chaque côté de la route principale. Un bureau de poste fermé depuis de longues années se laisse envahir par la végétation. Les prés dévalent sur des kilomètres derrière. Les poteaux électriques sont branlants. Et là, au milieu de nulle part, se trouve le seul commerce des environs : la boulangerie des parents de Léo. Il s'agit d'un vieux bâtiment, une bâtisse de vigneron mangée par le lierre. Sur la façade nord, une devanture vert bouteille est surmontée d'un lettrage blanc indiquant *Aux fourneaux Lambray*. La vitrine est couverte de buée et ornée de guirlandes clignotantes. Au-dessus, je compte trois fenêtres, aux volets du même vert bouteille.

« Là, c'est la partie habitation, m'indique-t-elle. Mais les deux communiquent. »

Elle contourne le bâtiment. Une entrée étroite permet d'accéder à une cour gravillonnée donnant sur l'arrière de la maison. Une porte en arcade, à la peinture verte légèrement écaillée, donne accès à l'habitation. Une seconde porte, blindée celle-là et blanche, brillante, débouche sur la boulangerie. Juste au-dessus, une soufflerie rejette dans l'air glacé des odeurs de pain frais.

« Voilà. »

Elle coupe le moteur puis descend, se dirige vers le coffre pour récupérer mon fauteuil. J'essuie mes paumes moites sur mon jean. Je ne sais pas de quoi j'aurai l'air là-dedans pour une première rencontre : une poignée de main, des échanges timides, eux d'en haut, moi d'en bas. Comme un gosse. Ce sera l'image de moi qui s'imprégnera dans leur esprit à jamais. Je déteste cette posture.

Léo déplie le fauteuil. Elle dépose un baiser sur mes lèvres comme pour m'encourager. Puis elle me laisse me transférer seul. La spasticité est une vraie plaie mais j'ai appris à utiliser la rigidité de mes jambes à mon avantage : désormais, pour aller de la voiture au fauteuil, je peux passer par la station debout pendant une fraction de seconde. C'est peu mais c'est beaucoup.

« Tu progresses », constate-t-elle.

Puis elle se place derrière moi pour pousser le fauteuil. Dans les gravillons, je ne peux pas m'en sortir tout seul.

Éléonore

Il y a une petite marche pour franchir la porte d'entrée. Je ne m'en étais jamais aperçue avant. Mais mes parents ont pensé à tout. À peine la porte est-elle ouverte que ma mère, accoutrée d'un tablier blanc, brandit une planche, manquant de m'éborgner.

« Qu'est-ce que c'est ?

— C'est pour la marche. »

Elle sourit timidement à François, qui murmure un bonjour. Je regarde l'objet qui a failli me blesser : il s'agit d'un vieux volet, probablement récupéré dans le grenier par mes parents et qui a été soigneusement poncé. Ma mère le dépose au sol pour créer une rampe d'accès.

« Ça ira ? » demande-t-elle.

Nous passons la marche sans encombre.

« Merci », dit François.

Je me sens fière qu'ils aient pensé à cela. Je suis certaine que François est touché lui aussi. Nous nous trouvons donc dans l'entrée tous les trois et je me charge des présentations.

« Maman, voici François. François, je te présente ma mère, Nathalie. »

Il tend une main, elle s'avance dans l'intention de lui déposer une bise. S'ensuit un léger flottement avant qu'ils ne s'accordent et n'échangent une bise maladroite.

« Entrez, entrez », dit ma mère.

La voie jusqu'au salon a été dégagée. Certains meubles ont été poussés. Le porte-parapluie a disparu, ainsi que le tapis du couloir. François ne peut pas savoir toutes les dispositions qu'ils ont prises pour l'accueillir ici. Un feu de cheminée est allumé et crépite. Ma grand-mère se trouve au coin de l'âtre, assise dans un fauteuil en velours, vêtue d'un de ses traditionnels chandails aux boutons dorés. Bleu ciel aujourd'hui.

« Bonjour, ma caille. »

Elle saisit ma main qu'elle serre dans la sienne. Puis, se tournant vers François, elle prononce un poli « Bonjour, monsieur ».

Ce à quoi François réplique : « Appelez-moi François. »

Derrière nous, ma mère s'active, préparant un plateau avec des tasses, un sucrier.

« Je vous sers un café, un thé ? Vous avez fait bonne route ? Ton père dort encore mais il sera là bientôt. Moi je vais devoir retourner à la boutique, mais je vous laisserai en compagnie de Madeleine. Ça ira ?

— Ça ira.

— Je serai avec vous pour le déjeuner. On fermera boutique jusqu'à quatorze heures trente.

— Ça ira, ne t'en fais pas », je répète encore.

Pour le moment, tout le monde est emprunté, gêné. Je n'ai jamais vu François si discret ni ma grand-mère si silencieuse. Mais je suis certaine que les choses vont s'arranger tout naturellement.

« On va prendre un café et je te ferai faire une visite des lieux, d'accord ? » je lance à François, qui acquiesce.

Ma grand-mère triture son solitaire avec l'air d'une petite fille timide. Ça ne lui ressemble tellement pas que je ne peux m'empêcher de sourire.

François

Léo avait raison. Ses parents sont des gens simples, sans jugements ni arrière-pensées. Des gens de la campagne, pleins d'humilité, qui vivent ici depuis toujours, mènent une existence sobre et tranquille. Dès les premières minutes, j'ai compris que j'étais accepté sans conditions, simplement parce que Léo avait fait de moi son compagnon. Ils aiment Léo, infiniment. Et cela leur suffit pour m'accueillir comme un des leurs. Peut-être que c'est justement ça, l'amour parental. Je découvre, moi qui ne suis qu'un gosse de riche élevé par une mère nombriliste et narcissique. Ici tout m'est inconnu : les silences pleins de tendresse entre eux, les regards pudiques, les embrassades pleines de retenue, les petites attentions qui se multiplient : la planche de bois dans l'entrée, les oranges achetées pour Léo parce qu'elle en raffole, son plat préféré cuisiné jusque tard dans la nuit, la veille de notre arrivée, les chaussons fourrés qui nous attendent, les macarons qui accompagnent le café, le sapin illuminé et décoré pour elle… Je n'ai jamais eu de grand-mère. La présence de Madeleine est ce qui me fascine le plus.

« Vous vivez ici ? »

Elle sourit.

« Non. Tout près. Mon fils voudrait que j'emménage ici pour m'avoir à l'œil mais j'ai mon club de tricot là-bas et tous mes petits commerces.

— Viens, je vais te montrer », déclare Léo sans plus d'explications.

Sans transition, elle m'offre une visite de la maison. Tout est de plain-pied, ce qui me convient parfaitement. Jouxtant le salon, une cuisine à l'ancienne dans les tons bruns, puis une salle de bains sombre et un cabinet de toilette. Dans l'autre partie de la maison se trouvent les deux chambres : celle de Léo et celle de ses parents. La chambre de Léo a traversé les années sans subir de changements. Son décor me permet de découvrir l'adolescente rêvant de fuir la campagne, de gagner Paris : les posters de la tour Eiffel, le boa suspendu au lustre, l'affiche du Moulin-Rouge. Mais aussi les peluches, la chaîne hi-fi et sa collection de CD…

« Où tu m'emmènes ? »

Car elle me pousse maintenant en direction de la buanderie : un espace contenant la machine à laver, un congélateur, de nombreux rangements et une porte discrète, dissimulée dans le fond.

« Elle donne sur l'arrière-boutique. »

Mon fauteuil, trop large, reste bloqué sur le pas de la porte. C'est un espace qui me restera inaccessible.

« Viens », poursuit Léo en me faisant reculer.

Elle m'entraîne ailleurs. Nous retraversons le salon, puis le couloir d'entrée. Nous nous retrouvons dans la cour gravillonnée, dans le froid glacial.

« Vous allez prendre froid ! rouspète Madeleine.

— On fait vite ! » promet Léo dans ses charentaises, le cou nu.

Elle s'accroupit à mon niveau, me désigne quelque chose qui m'avait échappé lors de notre arrivée : un petit bâtiment en pierre, comme une annexe, dont les volets en bois brut abîmés par le temps sont clos.

« Qu'est-ce que c'est ?

— Tu vois la route qui borde la maison ? De l'autre côté, il n'y a que des champs et des friches, mais à l'époque c'étaient des vignes, des kilomètres de vignes à perte de vue. Ça a disparu depuis longtemps. Tout a été décimé par le phylloxéra. À l'origine, le vignoble venait jusqu'à la porte de notre maison, qui était une bâtisse de vigneron. Et cette maisonnette que tu as en face de toi, c'était la maison des manouvriers.

— Les manouvriers ?

— C'étaient de petits propriétaires terriens, qui n'étaient pas très riches. Pour compléter leurs revenus et survivre, ils travaillaient épisodiquement pour de plus gros exploitants. Ils étaient logés dans cette annexe et se partageaient la cour avec le vigneron.

— C'est là que mon fils voudrait m'installer ! » lance la voix de Madeleine derrière nous.

Elle est restée sur le pas de la porte, resserrant son gilet de laine contre elle.

« Papa aimerait retaper la maisonnette et y installer Madeleine, confirme Léo.

— Il y a du boulot.

— Ce n'est pas en si mauvais état. Ça pourrait être fait en quelques mois si mémé se décidait. Mais elle est bien là où elle est, alors… »

Elle me ramène déjà vers la maison, où nous retrouvons le feu de cheminée et nos cafés.

Le père de Léo, Jacques, nous rejoint juste avant le déjeuner. C'est un homme petit et robuste, aux mains brûlées par les fourneaux. Ses cheveux bruns ont commencé à grisonner. Ses yeux sont du même noir que ceux de Léo. Il a le visage marqué par de profonds sillons mais cela lui donne du caractère. Il n'est pas franchement bavard. Ce n'est pas grave. Léo et Madeleine emplissent la cuisine de leurs babillages tout en dressant la table. Quand l'horloge sonne midi trente, Nathalie fait irruption dans son tablier blanc. Elle se lave longuement les mains puis nous passons à table. Entre deux verres d'un apéritif local se joue le jeu des questions-réponses auquel je me plie de bonne grâce. Une politesse courtoise est toujours de mise entre nous, mais je sens mes épaules se détendre au fil des minutes. Bien sûr, ils sont intrigués par ma carrière de comédien, les rôles que j'ai interprétés, les théâtres qui m'ont accueilli, mais cet aspect de ma vie ne semble pas plus important pour eux que le reste : Où ai-je grandi ? Avec qui ? Ai-je une grande famille ? Voilà ce qui les intéresse : mes racines. Moi qui en ai si peu…

Éléonore

Cette première journée a filé sans que je m'en aperçoive. Après le déjeuner, j'ai emmené François faire le tour du village pendant que mon père et Madeleine restaient au coin du feu. Je pensais que François se désolerait du calme, du manque de perspectives et de vie de l'endroit, de ces étendues interminables noyées dans un brouillard opaque. Mais il a déclaré que c'était ressourçant. Même le froid mordant ses mains ne l'a pas gêné. À notre retour, je l'ai laissé se reposer. J'ai rejoint ma mère à la boulangerie pour lui donner un coup de main. Tout en vidant la caisse enregistreuse de la recette du jour, elle a déclaré qu'elle était heureuse de nous avoir ici.

Nous avons tous aidé à la préparation du dîner : un simple potage et une omelette au fromage. Le réveillon de Noël ayant lieu le lendemain, nous avons décidé de faire un dîner frugal. Mon père a tout de même sorti ses plus vieilles et plus précieuses bouteilles. François a semblé apprécier. Madeleine et mon père se sont chamaillés à propos d'une vieille histoire de famille concernant un vin hors de prix que Madeleine avait gâché en le laissant au soleil. Ma mère les a laissés faire avec un léger sourire. Rien n'avait changé. Tout était à sa place. Et François était là.

Après le dîner, nous allons fumer dans la cour. Je m'assois sur les genoux de François. Il passe sa main autour de ma taille. Dans la cuisine, ma mère et Madeleine terminent de nettoyer la table. Mon père relance le feu de cheminée pour la nuit.

« Ils vont raccompagner Madeleine chez elle et ils nous proposeront sans doute de regarder un téléfilm, dis-je en soufflant de la fumée dans la nuit. On n'est pas obligés de s'y coller. On peut s'éclipser dans la chambre.

— Ça me va.

— Quoi donc ? S'éclipser ?

— Non, le téléfilm. *Julie Lescaut*, *Columbo*, peu importe.

— Je sais qu'on est dans la Bourgogne profonde mais tout de même… *Columbo*… »

François sourit. Je le serre contre moi. On reste ainsi une éternité, à fumer l'un contre l'autre dans la nuit glaciale. Je devrais arrêter, je le sais. Demain peut-être…

« J'ai compris des choses aujourd'hui, déclare finalement François.

— À quel propos ?

— À ton propos. J'ai compris d'où venait ton caractère. »

Je l'interroge du regard, attendant qu'il poursuive.

« Ta douceur, ton calme, ta patience. Ta façon de t'atteler à n'importe quelle tâche sans rechigner, pas même quand il s'agit de me supporter. Tu es un cœur simple. Comme tes parents. »

Je ne sais pas vraiment que répondre. Je suis plus touchée que je ne le devrais. Nous revenons de si loin. À moins que ce ne soient ces stupides hormones.

« Alors que moi… Regarde par qui j'ai été élevé. Éliane était un dragon. Mauvaise. Imprévisible. Impulsive. Elle faisait voler les assiettes à la moindre contrariété, les chaises, les livres. Elle cassait ses talons aiguilles quand elle était en colère d'un simple coup de pied au sol, décochait des gifles à tout va simplement parce que j'avais le malheur de me trouver sur son chemin. Quiconque la contrariait se prenait une bordée d'injures. Regarde ce qu'elle a fait de moi. Un type instable et colérique. »

Je ne trouve pas les mots. Je me contente de passer une main dans ses cheveux.

« Si on a un gosse, si on a la chance d'y arriver un jour… »

Je tressaille. Il ne s'en aperçoit pas.

« … j'espère lui donner un meilleur exemple. »

Longtemps, dans le noir de la chambre, je me demande si je n'aurais pas dû le lui dire à cet instant précis. Le moment était propice. Nous deux dans la nuit glaciale, nos corps se tenant chaud, le silence. Je ne sais pas quels mots j'aurais pu choisir. *Je crois que je suis enceinte*. Simples. Suffisants. J'aurais vu la lumière naître dans ses yeux, mais j'aurais été envahie par une peur terrible. Cette lumière, mon corps pouvait la lui reprendre à tout moment. Sur un simple caprice de la nature. À cause d'un utérus capricieux ou d'un placenta fragile. À cause de toutes ces cigarettes que je continue d'inhaler. Tout pouvait être emporté par quelques traînées de sang. Alors je me suis tue.

Le souffle de François s'alourdit. Il dort. Moi, je ne peux pas. J'essaie de sonder mon corps. Je ne sens rien de différent en moi. Rien de magique, ni de merveilleux. J'ai les seins plus lourds et l'haleine plus chargée le matin. C'est tout.

François

L'horloge sonne minuit. Dans le salon de la famille Lambray, je découpe la bûche au chocolat pendant que Jacques débouche une bouteille de champagne. Nathalie rapporte une pile d'assiettes à dessert. Madeleine bâille derrière sa main. Léo dispose nos cadeaux achetés pour sa famille au pied du sapin. Elle porte une robe noire, des collants et ses charentaises fourrées. Elle m'évoque la petite fille qu'elle a dû être, ici dans cette maison. Une enfant discrète, silencieuse, sage, camouflant son ennui derrière un sourire flou, traversant ces années trop calmes en rêvant devant des photos de la capitale dans les magazines. Je place la bûche découpée en six parts égales au centre de la table.

« Un travail parfait ! » déclare Nathalie.

Léo rit en silence. Elle chuchote à mon oreille : « Tu vois, il n'y a pas que la mère d'Isabelle qui soit amoureuse de toi. »

J'attrape sa main sous la table, l'emprisonne dans la mienne. Il y a un an, jour pour jour, j'ai voulu mourir. Je sais qu'elle y pense elle aussi. Il était vingt-trois heures trente quand j'ai avalé les cachets et prié pour que ça soit rapide et sans douleur. Je me suis raté. J'ai été à l'agonie pendant des heures avant de sombrer dans un coma à peine plus profond qu'un rêve.

Cet acte appartient à une autre existence. Aujourd'hui je n'ai plus la violence suffisante pour aller au bout d'une telle décision. Même au plus profond de ma détresse au Clos des hortensias, je n'ai jamais retrouvé ce courage. Je me suis contenté de me laisser sombrer sans rien faire. Heureusement, tout cela est derrière nous depuis que Léo a prononcé les mots qui ont changé mon existence. Maintenant j'ai un avenir, des perspectives qui se dessinent. J'ai des responsabilités qui m'attendent, un rôle à apprendre et des erreurs à ne pas commettre. Je retrouve un nom et un visage.

Personne ne fait traîner la soirée trop en longueur. Léo refuse le champagne, elle a l'estomac bien assez plein comme ça. Madeleine pique du nez en attendant le café. Jacques lui déplie le canapé du salon, elle dormira ici cette nuit. Nous ouvrirons les cadeaux demain. Alors que la maison silencieuse s'emplit du tic-tac de la grande horloge, Léo se glisse sous les draps et vient se serrer contre moi.

« Joyeux Noël.

— À toi aussi, Mini. »

Elle prend ma main dans la sienne. J'ai l'impression qu'elle veut me dire quelque chose mais elle ne le fait pas. Elle niche sa tête au creux de mon cou. Nous nous endormons ainsi, main dans la main.

44

Éléonore

Les jours défilent ici dans un quotidien ouaté. Nous prenons nos marques tous ensemble avec une facilité déconcertante, comme si nous avions toujours vécu ainsi. Je suis la première levée le matin. Les jambes de François le tiennent éveillé une bonne partie de la nuit et il parvient à se reposer en matinée. À sept heures je suis debout. J'enfile des vêtements au hasard dans le noir, chausse mes charentaises et rejoins ma mère dans la boutique.

« Déjà là ? »

Elle me laisse voguer dans la boulangerie, replacer les écriteaux, emballer les pâtisseries, servir un client ou deux puis m'échapper dans l'arrière-boutique quand les odeurs sucrées des viennoiseries me rendent nauséeuse. Depuis quelques jours, je suis obligée d'avaler un fruit en milieu de matinée pour atténuer la sensation d'écœurement. Ma mère est trop occupée derrière son comptoir pour remarquer mon manège. Quand je la vois grimacer à cause de sa hanche, je prends la suite. Je me poste derrière la caisse enregistreuse et j'accueille les clients. Elle me dit : « Repose-toi. »

Et je réplique : « Toi, repose-toi. »

Les après-midi, ma mère ferme la boulangerie jusqu'à quinze heures. Nous faisons durer le déjeuner, lançons une partie de tarot. Puis mon père part faire sa sieste et ma mère rouvre la boutique. François et moi allons nous promener dans les alentours. Hier nous avons pris la voiture, il voulait s'aventurer au-delà du village. Nous avons longé les vignes sur plusieurs kilomètres et déniché les ruines d'une ancienne église. Il les a photographiées avec son téléphone. Quand nous rentrons, nous trouvons Madeleine dans le salon, invitée à dîner. Nous préparons tous les trois un potage, un gratin de blettes ou une quiche lorraine. Il m'arrive d'avoir l'impression que tout cela n'est qu'un rêve, une douce chimère. Cette impression fugace atteint son apogée le jour où, de retour de la boulangerie où j'ai aidé ma mère à fermer boutique, je trouve François et Madeleine disputant une partie de Scrabble. Il a un visage que je lui ai rarement connu, serein, naturel, apaisé.

« Tout est plus simple ici, non ? je lui chuchote dans le noir.

— Tout est plus doux. »

Ce soir-là, pour la première fois depuis bien longtemps, je laisse François passer sa main sur mon corps, palper mes seins tendus et faire naître quelques soupirs, vite étouffés dans l'oreiller. C'est dans la délicieuse euphorie qui suit les caresses que je murmure ces quelques mots qui me dépassent : « François, j'ai besoin que tu ailles à la pharmacie demain, pendant que je serai à la boulangerie avec ma mère.

— Qu'est-ce qu'il se passe ? »

Je perçois l'inquiétude dans sa voix. La tension dans son corps.

« Mini ? Il n'y a rien de grave ?

— Non. Je crois qu'il nous arrive quelque chose de bien. »

Il retient son souffle, frôle ma hanche, puis mon ventre.

« Tu veux dire…

— Je veux que tu me promettes qu'on ne le fera pas avant notre retour au Clos des hortensias.

— Quoi ?

— Ce test. »

Il ne comprend plus grand-chose, s'agite à côté de moi.

« Je veux qu'on ait quelque chose à célébrer quand on sera là-bas, quand on se retrouvera seuls dans cette banlieue-dortoir déprimante. »

Il aimerait répliquer mais il ne le fait pas. Il laisse sa main s'alourdir au creux de mon ventre.

« D'accord. »

François

Tout est plus fort quand on a un espoir chevillé au corps, ce petit battement minuscule dans la poitrine. Je n'écoute plus vraiment Madeleine quand elle me raconte son club de tricot. Mon esprit est trop léger pour se concentrer sur les choses humaines. Il côtoie le céleste. Le divin. Un enfant…

Je sais que je ne dois pas trop m'emballer. Léo m'a prévenu. Rien n'est sûr tant que le test n'est pas fait. Tant qu'on n'a pas réalisé une échographie de contrôle puis passé les trois mois. La clope ? Elle arrêtera. Quand ? Elle m'a stoppé net. *Ne me fais pas ça ! Laisse-moi gérer.*

Je n'ai plus osé en parler. Je tente de réduire ma consommation moi aussi, car si je sors fumer, je sais qu'elle me suivra. L'envie est terrible, parfois à la limite du supportable, mais je tiens bon.

Je perds toutes les parties de Scrabble avec Madeleine et toutes celles de tarot avec Léo, Jacques et Nathalie.

« Tu n'es pas concentré ! soupire Léo.

— Je fais ce que je peux. »

Elle garde les pieds sur terre, elle. Elle est réfléchie et posée. Je suis le feu. Elle est la terre.

Notre dernier soir arrive sans que j'aie vu passer la semaine. Je suis près de la cheminée quand Éliane appelle. Huit mois sans nouvelles et la voilà qui rapplique. Elle a la voix guillerette, déconnectée de la réalité comme à son habitude.

« Comment va mon fils préféré ?

— Tu en as d'autres ?

— Ha ha. »

Elle rit. Je fixe les flammes. Je me demande à quoi ça rime tout ça, pourquoi elle s'obstine à maintenir un lien factice. Un jour, quand j'avais cinq ou six ans, je lui ai demandé qui était mon père et j'ai reçu une gifle. Lorsque j'ai osé renouveler la question, les années avaient passé, j'étais un ado plein d'insolence. Elle a déclaré qu'aucun homme n'avait été suffisamment captivant pour la marquer, qu'elle n'en avait pas la moindre idée. Depuis je me demande si elle ne me met pas dans le même sac. Je suis absent de sa vie. De temps en temps, une brève pensée la traverse et je reçois un coup de téléphone. Deux fois par an. Le reste du temps, je fais partie des hommes qu'elle a côtoyés : sans substance, peu dignes d'intérêt, rapidement oubliés.

« Je voulais te présenter mes vœux pour la nouvelle année. Qu'est-ce qu'on te souhaite ? »

Un bébé. Pourtant c'est tout autre chose qui franchit mes lèvres : « Je crois qu'on devrait arrêter.

— Pardon ?

— De s'appeler. De faire semblant de se donner des nouvelles. Je crois qu'on devrait arrêter. »

Elle tousse dans le combiné, répète : « On devrait arrêter ?

— Oui. Et reprendre notre liberté. Tu n'as pas besoin de moi, et moi je n'ai pas besoin de toi. Ça ne sert à rien de faire semblant. Tu n'as jamais été une mère. On le sait toi et moi.

— Je… Qu'est-ce que… T'es mal luné encore ? C'est ça ? Je te connais par cœur…

— Non.

— Non quoi ?

— Tu ne me connais pas. »

Elle ajoute quelque chose. Je fixe le feu un instant puis je coupe la communication. Un léger frôlement dans le fond du salon me fait réaliser que Madeleine est là, tapie dans l'obscurité. Elle faisait un somme dans un fauteuil.

« Désolé », dis-je, un peu penaud.

J'ignore ce qu'elle a entendu ou compris.

« Vous voulez faire un Scrabble ? demande-t-elle.

— Je… D'accord. »

Éléonore

Ce soir, à la veille de notre départ de Bourgogne, je couche deux haïkus dans mon carnet. Cela fait une éternité que ça ne m'était plus arrivé.

Quand s'éteint Noël,
Le cœur gonflé, l'âme calme
Que nous reste-t-il ?

Un espoir fragile
Plus inconsistant qu'un cil
Pour survivre à l'hiver

François me surprend au-dessus de mon carnet. Je pensais qu'il était à la douche.

« Tu fais quoi ? »

Il s'approche. Je referme le carnet très vite, je ne sais pas pourquoi. Je lis de la déception sur son visage. Je constate que je l'ai blessé.

« Bon… Tu peux lire mais je ne veux pas de commentaire. »

Ses sourcils se lèvent tandis qu'il parcourt les lignes.

« C'est de toi ?

— Oui.

— C'est très beau.

— J'ai dit : pas de commentaire.

— Tu as écrit tout ça ? »

Il fait défiler les autres pages noircies, une cinquantaine. Je lui arrache le carnet des mains.

« Donne-moi ça ! »

Il m'observe étrangement, comme s'il me découvrait tout à coup.

« C'est ça que tu faisais dans la seconde chambre ?

— Oui. »

Je fourre aussitôt le carnet au fond de ma valise, sous plusieurs couches de vêtements.

« Promets-moi de ne plus y toucher.

— C'est très bon, pourtant.

— Non. C'est nul.

— Je ne savais pas que tu écrivais.

— Moi non plus. Je ne savais pas que j'étais capable de le faire. »

Il veut dire quelque chose. Je coupe court : « On devrait dormir. »

Je suis gênée qu'il ait posé les yeux sur mes mots. Des poèmes d'écolière. De la poésie d'adolescente. Rien qui vaille un clou. Nous nous couchons dans l'obscurité.

« Quand est-ce que tu t'es mise à écrire ?

— Au Clos des hortensias. J'en avais envie depuis longtemps.

— Tu me montreras un jour ?

— On verra.

— Léo ?

— Quoi ?

— Pourquoi tu ne m'en as jamais parlé ? »

Je n'ai pas de réponse à cela. J'attrape sa main sous la couverture. Il la serre.

« On va survivre à l'hiver, Mini. On va survivre au Clos des hortensias. Le pire est derrière nous. J'en suis certain. »

Je ne crois plus à aucune promesse. S'il y a une chose que j'ai apprise avec le handicap de François, c'est que le quotidien est traversé de tempêtes, qu'on ne peut jamais se reposer durablement.

45

François

Sur la table de la cuisine s'étalent une dizaine de fiches de formations. Conseiller bancaire, technicien supérieur des systèmes et réseaux, agent de voyages, assistant juridique, community manager… Toutes me soulèvent le cœur. Je n'en ai lu aucune en entier. Je préfère boire un énième café, le téléphone en haut-parleur posé près de moi. La voix de Ryan illumine cette matinée morose et glaciale.

« M'en parle pas. Moi ils se sont mis en tête de me reconvertir en expert en assurances. Tu me vois en expert en assurances, mec ? Tu imagines la tête des clients quand un type cloué dans un fauteuil pour le restant de ses jours leur parlera des accidents de la vie ? »

Mes mains se portent machinalement à la poche de mon jean pour en sortir un paquet de clopes mais je réfrène mon mouvement. Il a fallu que je promette d'arrêter avec elle pour qu'elle consente à diminuer sa consommation.

« Et agent de voyages, je rétorque. Tu me vois en train de parler trek, randonnée et canyoning ? »

On se marre comme des cons. Comme c'est bon d'entendre à nouveau sa voix. Des mois que je n'ai pas appelé, qu'il n'a pas appelé non plus. Comme s'il lisait dans mes pensées, il demande : « Qu'est-ce que t'as fait tout ce temps ?

— Oh… Pas grand-chose… J'ai eu une période moins facile. »

Un silence dans le combiné, puis un raclement de gorge.

« Moi c'est pareil, répond Ryan. Je suis retourné vivre chez mes parents.

— Sérieusement ?

— J'aurais fini par faire une connerie en restant tout seul dans mon appart. »

Je n'ose imaginer ce qu'a dû être son quotidien, moi qui ai sombré si vite malgré la présence de Léo.

« Bon. Et ça va mieux ?

— Oui. J'ai Marlon une semaine sur deux maintenant.

— Génial !

— Et toi ça va mieux ?

— Oui… Léo est enceinte.

— *Quoi ?* »

Le téléphone est à trente centimètres de mon oreille mais Ryan me perce le tympan.

« Mec ! T'es pas sérieux ? »

J'imagine sans peine son visage marqué par les cicatrices d'acné, son grand sourire jusqu'aux oreilles, celui que je ne supportais pas au début mais que j'ai appris à apprécier, à guetter même.

« Eh, dis donc, ça marche alors, mec ! La mécanique n'est pas trop grippée ! »

Je souris. Il rit comme un bossu dans le combiné. Cette nouvelle a ensoleillé sa journée, je le sens.

« Mec, ça alors ! Je vais devenir parrain !

— Quoi ?

— Ben oui. Je serai le parrain, non ? »

Bon sang, que c'est bon de l'entendre avec sa voix de crétin. Si nous avions été au centre, je lui aurais décoché une droite dans l'épaule.

« Comment ça va ? Vous devez être aux anges. »

Mon sourire s'efface malgré moi. Ryan semble lire dans ce léger silence.

« Non ? lance-t-il.

— Si.

— Il y a un loup, mec. Tu ne peux rien me cacher. »

Je termine le café au fond de ma tasse. Froid. Dégueulasse.

« Non, c'est juste… C'est Léo.

— Eh bien ?

— Je ne sais pas. Je pensais qu'elle serait différente.

— C'est-à-dire ?

— Qu'elle serait plus heureuse que ça. »

Ryan me laisse un peu de temps pour formuler mes pensées, poursuivre. Je ne sais pas vraiment pourquoi ce ressenti s'est installé. Quand on a réalisé le test, au retour de Bourgogne, tout était beau pourtant. Elle était chamboulée, silencieuse mais émue. Je ne me suis pas trompé, j'ai vu ses yeux se brouiller. Mais ensuite, elle n'a rien changé à son comportement. Elle a repris son existence comme avant, pas plus heureuse, pas plus épanouie, pas transformée par la nouvelle. Alors que moi je flottais sur un petit nuage, je voulais le crier au monde entier, je me sentais différent.

« Elle n'est pas comme Elsa, je lâche enfin.

— Qu'est-ce que tu veux dire ?

— Tiens, l'autre jour, on a eu l'échographie de contrôle. On a vu le sac, l'embryon, on a entendu le cœur. On est ressortis avec les clichés.

— Et ?

— Et elle les a rangés dans un dossier, c'est tout. Elle n'en a plus reparlé.

— Tu aurais voulu qu'elle les affiche sur le frigo ?

— Je ne sais pas… Rappelle-toi Elsa… Elle avait ça avec elle, dans son sac à main. Rappelle-toi comme elle était émue de le montrer.

— Ouais, c'est vrai.

— Léo n'en a parlé à personne. Ni au travail ni ailleurs.

— Il est encore trop tôt.

— Peut-être… »

Pourtant il n'y a pas que cela qui me chagrine. C'est une foule de détails infimes que j'ai du mal à regrouper.

« Elle n'en parle jamais.

— Peut-être par superstition…

— Et elle continue de fumer.

— Ça viendra… C'est pas facile d'arrêter d'un coup.

— Elle est d'une humeur affreuse.

— Ça, c'est normal ! s'exclame Ryan. Mon ex était infecte pendant tout le premier trimestre ! Je ne pouvais rien lui dire sans qu'elle se mette à hurler.

— Bon… »

Je pourrais m'avouer vaincu, accepter de croire aux arguments de Ryan, mais une phrase d'Isabelle tourne en boucle dans ma tête. *Cet enfant, elle le fait pour toi, juste pour toi.*

« Arrête de te tracasser, mec. Ça ira mieux dans un mois ou deux. Elle redeviendra aussi douce et câline qu'un chat. Promis. »

Je laisse mon regard se promener sur les fiches éparpillées. Community manager. Pourquoi pas…

« Et le sport ? reprend joyeusement Ryan. Tu t'y tiens ? »

Éléonore

C'est une malédiction. J'ai l'impression de payer pour une erreur que j'aurais commise. Je suis accablée de fatigue en permanence. Je me lève épuisée, avec l'impression d'avoir fait la fête toute la nuit, d'une humeur de chien. Je me couche à peine le repas avalé. Je dors mal. Mes seins sont lourds, douloureux. J'ai dû arrêter de dormir sur le ventre. Quant à l'hiver, j'ai l'impression qu'il ne s'arrêtera jamais. Le temps est humide, gris, le ciel bas. Et puis, j'ai faim et pourtant tout me dégoûte. Je n'aime plus mon café. Je n'aime plus que les aliments fades, secs. Des pâtes sans rien. Du pain. Des biscottes. Des petits-beurre. De temps en temps une banane. François se désespère de voir ses plats en sauce boudés. Et il se décompose chaque fois qu'il me voit sortir mon paquet de cigarettes.

— *Léo…*

— *Lâche-moi.*

Je suis devenue irascible et il ne dit rien. D'une certaine façon, nous avons encore inversé nos rôles. Le sablier, le bonheur désynchronisé, ou juste mes fichues hormones.

J'aime bien aller au travail parce que, là-bas, le regard des autres sur moi n'a pas changé. Je suis toujours Éléonore Lambray, jeune téléconseillère parmi ses semblables. Je fume et personne n'y trouve rien à redire. Je suis de la même humeur que tout le monde là-bas : blasée. Hélène me rapporte du gâteau au yaourt que je peux avaler et Yonis considère que je suis aussi jeune et désinvolte que lui, ce qui n'est plus le cas dès que je franchis la porte de l'appartement.

Moi qui ai attendu longtemps un peu de tendresse de François, voilà que je ne supporte plus qu'il me touche, qu'il me frôle, même la nuit. Il paraît que c'est normal, que le premier trimestre est souvent un cauchemar. Je hais le Clos des hortensias, je hais cet hiver qui n'en finit plus, je hais mon corps qui se transforme et que je ne reconnais plus.

François

Isabelle a décommandé le dîner cette semaine encore. *J'ai trop de travail*, s'est-elle excusée par SMS. Je ne suis pas dupe. Depuis que je lui ai annoncé la grossesse de Léo, elle évite l'appartement. Une volonté de montrer qu'elle désapprouve cette décision insensée ou juste la faiblesse d'une femme trop vite remplacée, dont la rivale, jeune et fertile, porte la vie. Je ne lui en veux pas. J'espère juste qu'elle reviendra car je ne garderai pas longtemps la tête hors de l'eau dans cette situation. J'ai l'impression que Léo m'en veut. Elle m'évite en tout cas. Sa grossesse est de moins en moins réelle chaque jour qui passe, un peu plus oubliée, passée sous silence. Son ventre n'a pas encore poussé. Rien n'indique un heureux événement. La formation de community manager pour laquelle j'ai postulé ne démarrera pas avant juin. Seuls les coups de téléphone à Ryan, à toute heure, parviennent à détourner mon attention des douleurs neuropathiques qui ponctuent mes journées et que j'étouffe à coups de médicaments.

Ce soir, elle ne s'est pas couchée à peine la table débarrassée. Elle a pris une douche interminable, elle a passé un pyjama chaud, excessivement chaud, et elle est allée s'enfermer dans la seconde chambre. Je sais ce qu'elle y fait désormais. Elle écrit. Je résiste longtemps, les yeux rivés sur l'écran de la télévision, mais j'ai l'esprit accaparé par Léo. Je me demande si elle a tourné la clé dans la serrure, si elle s'est enfermée, coupée du monde, coupée de moi. Si elle l'a fait, je sais que cela ne présage rien de bon. Si elle l'a fait, je ne sais plus comment nous maintiendrons un semblant d'équilibre ici. Je ferai les efforts nécessaires pour ne pas sombrer de nouveau mais je saurai que ce ne sera qu'une question de temps. Cet endroit est maudit, je le sens. Dès que nous avons mis les pieds ici, nous n'avons plus jamais été heureux, jamais au même moment, en tout cas.

Je finis par poser la télécommande sur l'accoudoir, puis je déplace mon fauteuil le long du couloir, le plus lentement et silencieusement possible. Je veux juste savoir. Si la porte est fermée… Cette idée m'obsède. Mais elle n'est même pas rabattue. Léo l'a laissée entrouverte et je la vois de dos, assise à son bureau. Elle a remonté un genou contre sa poitrine. Une petite lampe de chevet forme un léger halo au-dessus de son carnet. Elle mordille son stylo, le nez hors de la lumière, dans la nuit noire. Je ne sais plus, tout à coup, ce qu'il convient de faire : entrer et la déranger ou l'observer en retrait. Alors j'attends et je la regarde. Elle semble ailleurs, plongée dans des pensées qui l'entraînent bien loin. Elle s'avance au bord de sa chaise, colle son nez à la vitre. Elle semble remarquer quelque chose qui fait sens. Je distingue son reflet qui sourit. Puis elle se met à gratter dans son carnet, à toute vitesse. Je ne l'ai jamais vue ainsi, si concentrée. Pas même quand elle apprenait ce rôle d'Hilary pour l'audition que je lui avais dégotée. Elle écrit, écrit à n'en plus finir, se gratte les cheveux avec son stylo puis s'interrompt. Elle a aperçu mon reflet dans la vitre.

« Qu'est-ce que tu fais là ? »

Son visage, qui était si serein et lisse, se raidit soudain. Ça me fend le cœur de le constater : c'est moi le problème, moi tout entier.

« Je… Je venais juste te voir. »

Elle referme son carnet d'un geste sec. Pourquoi ? Je suis si tendu que je n'avance même pas.

« Tu écris ?

— Oui.

— Des poèmes ?

— Non.

— Tu veux avorter ? »

Sa bouche s'ouvre. Ses yeux s'agrandissent. J'y lis un peu d'effroi. Ça me soulage un temps.

« Quoi ? »

Je rentre dans la pièce. Elle reste figée.

« Pourquoi tu dis ça ?

— Je vois bien.

— Qu'est-ce que tu vois ?

— Ça ne te rend pas heureuse.

— Je suis malade comme un chien, François. Pour l'instant, ça ressemble plus à un état grippal qu'à autre chose.

— Tu penses peut-être que tu l'as fait pour de mauvaises raisons. »

Elle ne répond pas. J'ai la gorge nouée.

« Si tu penses que tu as donné ta parole pour de mauvaises raisons, alors je préfère qu'on mette fin à tout ça. Je ne veux pas que tu te sentes obligée d'aller au bout de cette grossesse si tu n'en as pas réellement envie.

— Je n'ai jamais dit que je n'en avais pas envie. »

Pourtant il y a une telle raideur dans son visage. Elle est sur la défensive.

« C'est toi qui comptes, Léo. Avant tout. Je voulais te le dire. »

Elle me tourne le dos brutalement, fait face de nouveau à la fenêtre et à la nuit dehors. Elle reste immobile. Elle renifle, s'essuie le nez du plat de la main.

« J'écris sur eux », dit-elle sans aucune transition.

Elle désigne l'immeuble d'en face dont on aperçoit les fenêtres éclairées.

« Sur qui ? Les habitants ?

— Oui. J'ai commencé par le couple d'amoureux du cinquième, puis j'ai écrit sur la famille du deuxième. Et dernièrement c'est le voisin solitaire qui m'a inspirée.

— Lequel ? »

Elle me fait une place face à la fenêtre pour que j'approche avec mon fauteuil. Elle pointe du doigt la façade.

« Troisième étage, quatrième fenêtre en partant de la gauche. »

Je repère le carré de lumière blafarde. L'homme est assis dans un fauteuil face à la télévision qui fait danser des ombres sur son visage.

« Il ne fait pas grand-chose », je constate.

Léo sourit.

« Il ne fait jamais rien. Il est assis à cette place tous les soirs. Du moment où je rentre du travail à celui où je vais me coucher, il ne bouge pas. Il reste assis dans son fauteuil.

— C'est le François de l'immeuble d'en face, dis-je, mi-amer, mi-amusé.

— Il doit être sacrément seul. J'essaie de comprendre ce qui lui est arrivé.

— Il s'est fait plaquer par sa femme ? »

Elle réplique, tout à fait sérieusement : « Non, elle est morte dans un accident de voiture. Ils avaient un chat qui s'est laissé dépérir à la mort de sa maîtresse. Pendant un temps, Robert, c'est son prénom, a entretenu une liaison virtuelle avec une jeune fille sur internet avant de se rendre compte que derrière le pseudo Léana se cachait le voisin du septième, un jeune hacker qui s'ennuyait ferme et lui extorquait quelques centaines d'euros chaque semaine en échange de photos de femmes dénudées qu'il volait sur le Net. »

Je ne peux m'empêcher de sourire.

« Hé, mais c'est génial ! Et ensuite ?

— Ensuite, Robert, réalisant l'arnaque, a décidé d'aller se confronter à son voisin, le jeune hacker. L'échange a mal tourné. Robert, voulant repousser Joaquim, l'a envoyé un peu fort contre la bibliothèque, qui s'est effondrée sur lui. Il est mort sur le coup. Paniqué, Robert a laissé le corps là-bas et est retourné s'enfermer chez lui.

— C'est du Hitchcock que tu nous fais !

— La police a conclu à un bête accident. Robert n'a jamais été inculpé, mais, rongé par le remords, il s'abrutit aujourd'hui devant des séries policières, essayant nuit et jour de trouver la faille qui fera rouvrir l'enquête et le fera accuser.

— Quelle horreur ! Comment ça va se terminer pour ce pauvre Robert ?

— J'ai ma petite idée.

— Dis-moi !

— Un jour, apercevant un fourgon de police garé devant l'immeuble, croyant sa fin venue, il se jettera du troisième étage… Sans jamais savoir que les policiers étaient là pour un simple tapage nocturne au premier. Ce sera la scène finale, le flic avec son talkie-walkie annonçant : *Tout va bien, ils ont baissé la musique, on peut repartir.* Le cadavre au premier plan, éclairé par un projecteur, gisant dans une position absurde. »

Elle m'observe, les yeux brillants, comme si elle attendait mon verdict.

« La scène finale… Le projecteur…, dis-je.

— Oui.

— Tu écris… pour le théâtre ?

— Oui, répond-elle comme si c'était une évidence.

— J'imaginais qu'il s'agissait de nouvelles… »

Elle secoue la tête.

« Tu te moquais de jouer sur scène, hein ? » je lance tout à coup.

Je me souviens de mon acharnement à lui faire apprendre un rôle, à lui décrocher un casting.

« Ça me fichait la trouille, rien que l'idée de monter sur scène.

— Oui. Je me rappelle, c'est ce que tu disais. Et moi je pensais que ça te ferait du bien, que ça te donnerait confiance en toi. C'était stupide. »

Elle hausse les épaules.

« Je ne suis pas faite pour être dans la lumière.

— Non, bien sûr. Ça devait flatter mon ego d'imaginer que j'allais faire de toi une comédienne. »

Un silence. Pour le chasser, elle déclare : « Écrire, ça permet de devenir quelqu'un d'autre, de porter un costume, d'incarner un personnage. Écrire, c'est aussi puissant que la scène, j'imagine, mais autrement.

— Tu as raison. »

Je fixe l'homme toujours immobile devant son écran. Je veux encourager Léo sur sa lancée. Elle est légère quand elle parle de ses personnages.

« Comment s'appelle cette pièce ?

— J'ai bien une idée de titre…

— Dis-moi.

— Je ne suis pas certaine… J'avais pensé à *Une solitude ordinaire*.

— Ça sonne bien. Tu me la ferais lire ?

— Je ne sais pas.

— On devrait la montrer à Isabelle. »

Elle grimace, secoue la tête.

« Non. J'écris comme ça, juste pour me changer les idées. C'est tout.

— Et s'il s'avère que c'est un chef-d'œuvre ?

— Oublie. »

Elle cale son carnet entre ses genoux comme pour m'empêcher de m'en emparer. Elle m'a opposé un refus net mais elle n'est plus aussi fermée que quand je suis entré dans la pièce. Le silence qui suit est presque doux entre nous.

« Je devrais te laisser écrire, dis-je.

— Oui », répond-elle, les yeux dans le vague.

Je passe une main sur sa nuque et elle ne se raidit pas.

« Bonne nuit. »

Je me retire avec mon fauteuil, sans bruit. Elle reste immobile, le regard fixé sur la nuit.

46

Éléonore

Il a tenu à ce que nous sortions.

« Juste une heure. »

Le mois de janvier a filé je ne sais comment. À vrai dire, j'ai perdu le compte du temps écoulé depuis les semaines d'aménorrhée. L'état grippal s'est prolongé sans éclaircies. J'ai passé les huit derniers jours à la maison tant les vomissements se sont intensifiés. Le docteur a indiqué sur l'arrêt de travail : *Grippe intestinale*. Je suis consciente que je devrai l'annoncer à ma superviseuse un jour mais je ne m'en sens pas capable pour l'instant. Quand j'aurai prononcé les mots à voix haute, ça deviendra réel. Seule Camille le sait, parce qu'elle m'a harcelée, et François bien sûr. Le reste du monde ignore que je suis assaillie par un mélange d'hormones et de sentiments contradictoires. Je ne veux pas repenser à la question de François : *Tu veux avorter ?* J'ai refusé d'y répondre ce soir-là et, par la suite, j'ai tout fait pour la refouler le plus loin possible. Il n'y a qu'à Isabelle que je pourrais confier que je ne suis pas si sûre d'avoir fait le bon choix, que je ne me sens pas prête, pas comblée, juste perdue. Mais je sais ce qu'elle me conseillerait de faire, alors je n'en parle pas, à personne, et j'écris.

J'ai passé huit jours au lit, donc, et François a tenté de maintenir à flot l'appartement, mais il ne peut pas faire de miracles dans son état. Le réfrigérateur est vide, le sol a perdu de son éclat et les sacs-poubelle s'amoncellent dans l'entrée. Quand j'émerge et que les nausées me laissent du répit, je grignote une biscotte sèche et je couche quelques mots sur mon carnet. Mes cheveux sont ternes, gras, ma peau granuleuse. Pourtant François me tanne pour qu'on sorte.

« Ça nous fera du bien. On va manger un morceau dans le coin.

— Il n'y a qu'un kebab dans le quartier.

— Alors ce sera un kebab.

— Je ne peux rien avaler.

— Tu boiras un Coca. »

J'ai cessé de fumer. C'est le seul point positif. L'odeur de la clope a fini par me dégoûter. Pourtant l'envie est toujours là et, de temps à autre, je tire sur mon stylo en fermant les yeux.

« Tu n'as pas besoin de ça », déclare François comme je m'obstine à vouloir passer du mascara sur mes cils avec mauvaise volonté.

Je n'ai pas songé une seconde à la raison pour laquelle François voulait que nous sortions. Je n'ai pas noté que nous étions le 14 février. J'ai juste enfilé un jean et un pull noir. Je marche à ses côtés dans les rues tandis que le soleil décline sur les trottoirs humides.

Le kebab n'est pas particulièrement fréquenté ce soir de semaine. Le patron attend derrière son comptoir, vaguement attentif au match de foot diffusé sur l'écran de télévision. Trois jeunes garçons se disputent pour savoir lequel d'entre eux doit payer l'addition.

« Pour deux », indique François tandis que nous entrons.

Je suis immédiatement assaillie par les odeurs de friture, qui me donnent des haut-le-cœur.

« Sur place ? »

J'avise les deux tables en plastique sur le trottoir. La pluie a cessé. Nous serons mieux dehors, loin des odeurs de cuisine, même si l'air est frais.

« Dehors », indique alors François.

Puis, avec un sourire amusé : « C'est son repas de Saint-Valentin. »

Le patron s'esclaffe : « Tu lui sors le grand jeu, chef ! »

Je souris presque malgré moi. Après avoir pris les commandes, le patron revient avec un vase rempli d'affreuses fleurs en plastique d'un rose criard qu'il dépose entre nous. Il allume même une bougie chauffe-plat, ce qui nous fait rire tous les trois.

« Et voilà. »

Il s'éloigne, fier de lui. François m'observe.

« C'est pas si mal comme dîner romantique, non ?

— Ça pourrait difficilement être pire…

— Tu exagères.

— Il ne manque que la pluie et on aura touché le fond. »

Il fait mine de se vexer. Je souris.

« Mais je te pardonne.

— Tu es trop généreuse, ma chérie. »

C'est la première fois qu'il m'appelle ainsi, la première fois qu'un petit nom lui échappe en dehors de « Mini ». Je m'en trouve presque gênée, et lui aussi puisqu'il sort son paquet de cigarettes, puis se ravise.

« J'oublie tout le temps. »

Il fixe mon ventre, très brièvement, avant de détourner le regard. Il n'y a rien à contempler, rien qui évoque la vie. Il est trop tôt. François s'impatiente. Moi non, je subis les symptômes dans un état second, légèrement égarée. Plus tard, quand la grossesse deviendra palpable et visible, je suis sûre que ce sera plus facile. Je suis sûre que ce bébé deviendra réel, que je finirai par en avoir envie.

François

J'ai bien fait de lui proposer ce dîner à l'extérieur. Même si nous grelottons de froid sur le trottoir, même si Léo ne grignote pas plus de quelques frites, même si je dois contenir mon envie de clope pendant tout le repas, nous retrouver en dehors de l'appartement nous fait du bien. Je la questionne sur sa pièce de théâtre, *Une solitude ordinaire*, et elle s'anime.

« J'ai laissé tomber mon scénario à la Hitchcock.

— Quoi ? Mais pourquoi ?

— J'ai eu une autre idée. Ça m'est venu hier, en contemplant les scènes éparses que j'avais écrites sur le monsieur devant sa télévision, sur la famille du deuxième, sur le couple du cinquième. Des brouillons qui manquaient de structure, mais je me suis dit : et si je reliais toutes ces solitudes entre elles ? »

Je l'observe avec attention. Elle a les yeux qui brillent et les joues plus roses.

« Je crois que j'aimerais parler de l'immeuble tout entier. De la société tout entière. Ce monsieur qui s'abrutit avec la télévision, cette famille bridée par le caractère tyrannique du père, ce couple dont les téléphones portables ont pris toute la place. Je veux présenter au spectateur un melting-pot de situations ordinaires, banales. Des solitudes ordinaires. On cherchera tout au long de la pièce à comprendre ce qui relie ces foyers : leur quotidien, une connaissance commune, leur passé, un événement qu'ils vont enfin tous partager ? La réponse ne viendra qu'à la fin sous la forme d'un message sans équivoque qui parlera à chacun : nous sommes tous enfermés dans notre quotidien, nous sommes tous dans ces carrés de lumière jaune sur la façade d'en face, à quelques mètres les uns des autres, et pourtant éminemment seuls. Mais si nous nous regardions, nous découvririons tous ces alter ego aussi seuls que nous, aussi désœuvrés, angoissés, optimistes, peureux, amoureux, emplis d'espoirs, de rêves, de craintes. Le message pourrait être alors : ouvrons grand les fenêtres et rencontrons-nous ! Un message d'humanité… Tu vois ? »

Je vois. Parfaitement.

« Léo… C'est brillant ! »

Elle vide le fond de son Coca d'une traite. Je suis sûr qu'elle s'imagine que j'exagère, que je cherche à la flatter.

« Tu devrais vraiment montrer ça à…
— Non.
— Alors à moi, au moins… J'aimerais le lire.
— Un jour peut-être. Si je vais au bout… »

Malgré tout, elle sourit. Je pousse l'assiette de frites vers elle.

« Tiens, mange un peu. »

Et elle ne rechigne même pas.

« Mini ?
— Oui ? »

Elle lève le regard vers moi, picorant le bout d'une frite.

« J'ai repéré un nouveau personnage pour ta pièce.
— Ah ?
— Au rez-de-chaussée. Tu ne le vois pas depuis la seconde chambre parce que tu as ce buisson qui le cache, mais depuis notre salon on a une vue imprenable sur le sien.
— Raconte !
— Je l'ai surnommé Stevie.
— Stevie ? Pourquoi Stevie ?
— Tu comprendras quand tu le verras.
— Pourquoi tu me fais languir ? Raconte-moi !
— Finis l'assiette de frites et je te dirai tout.
— C'est du chantage ! »

Elle me mitraille du regard. Je lui souris. Je l'aime ainsi : dans son jean et son vieux pull noir, les cheveux emmêlés, les yeux fatigués, le teint terne. Je l'aime écrivaine et secrète, pleine de mystère, silencieuse et butée. Je l'aime davantage aujourd'hui que je l'ai jamais aimée.

« Quoi ? lance-t-elle.

— Rien. »

Je lui souris toujours.

Éléonore

C'était une belle soirée, finalement. J'ai découvert qu'un nouveau protagoniste allait rejoindre mon œuvre : Stevie, comme a décidé de le nommer François. Un bodybuildé aux cheveux décolorés, obsédé par son corps, qui soulève de la fonte six heures par jour et se prend en photo devant le miroir le reste du temps. Il sera mon Narcisse moderne, celui qui a décidé de s'épouser lui-même, qui s'enchaîne à une solitude totale autocentrée. Il m'inspire déjà.

Nous rentrons frigorifiés. Sur le chemin, je prends la main de François. Nous ne pouvons plus vraiment marcher main dans la main mais ce soir j'ai envie de faire comme s'il n'y avait pas ce fauteuil entre nous.

« Viens », dit-il quand nous pénétrons dans l'appartement.

J'imagine qu'il veut que nous nous allongions l'un contre l'autre mais il me désigne la seconde chambre. Il appuie sur l'interrupteur et la lumière blafarde d'une ampoule à nu inonde la chambre.

« Eh bien ? » dis-je, ne comprenant pas vraiment où il veut en venir.

Il ignore mon bureau, la fenêtre, la façade d'en face. Il se place face aux piles de cartons que nous n'avons jamais eu le courage de vider.

« Qu'est-ce que ça t'inspire ? demande-t-il.

— Quoi ? Ces cartons pleins ?

— Oui.

— Pas grand-chose… Du découragement, tout au plus. »

Il tapote ses genoux pour que je m'y installe. Je m'exécute, décontenancée.

« Pourquoi cette question ? »

Il ne me répond pas. Impossible de décrypter quoi que ce soit sur son visage.

« Ça me paraît assez évident à moi, chaque fois que j'entre dans cette pièce, chaque fois que je fais face à ces piles de cartons.

— Qu'est-ce qui te paraît évident ?

— Regarde où on vit… Cet appartement…

— Eh bien ?

— Il n'est qu'un lieu de transit. Regarde cette pièce… Tu ne l'as jamais totalement transformée en bureau, même si tu y écris des heures chaque jour. Et je ne l'ai jamais aménagée en salle de sport ou en chambre d'amis. C'est resté un lieu de stockage qui contient des cartons fermés, prêts à être déplacés ailleurs. »

Je suis trop perplexe pour trouver quoi que ce soit à répondre.

« Tu n'es pas heureuse ici, hein ?

— Ce n'est pas… Si…

— Léo…

— On s'y fera.

— Je ne crois pas. On a connu peu de beaux moments ici. »

Je pourrais répliquer : il y a bien eu le test de grossesse. Mais pour être parfaitement honnête, même cela n'a pas suffi à illuminer cet endroit. François le sait.

« Ce n'est pas vraiment l'appartement en lui-même…, dis-je.

— Ce n'est pas seulement le quartier non plus, réplique François.

— Alors quoi ?

— Je… J'y ai pas mal réfléchi ces derniers temps. Je crois que c'est… la situation. Vivre ici, aux portes de Paris. Se contenter d'une banlieue-dortoir à peine desservie par un bus, c'est comme une punition. Être à deux pas de nos anciennes vies, de nos carrières finies, la tienne avant même d'avoir commencé, à deux pas de nos amis qui n'en sont plus vraiment, de la fête qui s'est terminée trop tôt pour nous. Être forcés de rester chaque jour à côté de ce qu'on avait et de ce qu'on a perdu. Pourquoi on fait ça ? Pourquoi on s'impose ça ?

— Je… Je ne sais pas…

— Ailleurs, ce serait plus simple. Loin, dans un autre décor, dans une vie qui n'aurait rien à voir, qui ne nous rappellerait pas Paris en permanence. »

Je ne le suis plus. Je le fixe, la bouche entrouverte, sans réagir.

« Peut-être qu'il est temps d'arrêter de nous voiler la face. On ne retrouvera pas notre vie d'avant. On n'a pas besoin de s'agripper à Paris comme ça. Je vais entamer une formation à distance et toi… Toi tu pourrais travailler n'importe où… Tu pourrais faire mieux… tellement mieux que ce boulot sous-payé qui ne fait même pas briller tes yeux. Tu pourrais au moins trouver un travail qui ait du sens.

— Mais… »

C'est tout ce que je trouve à dire. Puis, après un silence plein de consternation : « Et tes soins ?

— Je peux être suivi n'importe où. Il me suffirait de retrouver un kiné là-bas, de faire transférer mon dossier médical. Et s'il faut revenir de temps en temps pour des rendez-vous de contrôle à Garches, alors je prendrai le train. »

Il me scrute avec une intensité qui me perturbe.

« Là-bas…, dis-je.

— Oui.

— Où là-bas ?

— Je… »

Il semble perdre ses moyens un instant.

« Je pensais juste à te faciliter les choses…

— Je ne comprends pas, François.

— Tu ne vas pas continuer à t'épuiser comme ça avec ce boulot stupide et toutes ces tâches ménagères que tu gères seule. Tu vas avoir besoin de repos maintenant, d'un peu de paix. Et moi… J'aimerais prendre en charge tout le reste mais tu vois… je suis assez limité… »

Il me désigne son fauteuil. Je suis toujours consternée.

« De quoi tu parles ? Là-bas… C'est où ?

— La Bourgogne. »

J'ouvre la bouche. Rien ne sort. La Bourgogne. François. Il poursuit, suivant le cours de ses pensées : « Madeleine m'a dit que ta mère t'avait proposé de prendre sa suite à la boulangerie. Qu'ils peuvent aménager le poste pour toi, pour que tu profites de ta jeunesse quand même, que tu aies tes week-ends de temps en temps. Madeleine dit que tu te plais à la boulangerie, que ça n'est pas la question, mais que tu as refusé à chaque fois en arguant que ta vie était à Paris.

— Madeleine… Quand est-ce qu'elle t'a raconté ça ?

— Pendant un Scrabble. Elle n'est pas toujours concentrée, tu la connais… Elle préfère bavarder. »

Je suis trop abasourdie pour me montrer amusée.

« Là-bas, il y aurait du monde pour veiller sur toi, tout le temps. Tu pourrais souffler, te reposer… Là-bas tu as dit que tout était plus simple… »

Je déglutis. J'ai envie de pleurer tout à coup sans trop savoir pourquoi.

« C'est une simple proposition, ajoute François en constatant mon trouble. J'ai pensé à ça cette semaine et… je me suis dit que ça te rendrait peut-être heureuse d'aller passer quelques mois là-bas. Au moins le temps de ta grossesse. Mais… c'était peut-être stupide. Pourquoi tu pleures ? »

Je n'y vois plus grand-chose. Les larmes dévalent et je renifle à grand bruit.

« Mini ? C'était une idée à la con ?

— Tu n'as pas idée de ce que tu dis… De ce que c'est que de vivre là-bas à l'année… C'est…

— C'est mort ?

— C'est mort. C'est trop calme. C'est même le calme plat. C'est… ce n'est pas Paris ! Moi j'y suis habituée, je m'y ferai aisément, mais toi… Toi tu ne tiendras pas deux semaines !

— On parie ? »

Il sourit, essuie les larmes sur mes joues. Ce n'est plus le François que j'ai connu à la sortie du Théâtre Saint-Jean. Celui-ci a perdu son arrogance. Il est plus simple, il a laissé tomber ses artifices. Il se révèle plus fragile et plus fort à la fois.

« C'est une simple proposition », répète-t-il.

Nous restons de longues secondes blottis l'un contre l'autre dans son fauteuil. Je tente de reprendre pied. De l'autre côté de la rue, une fenêtre s'allume sur la façade d'en face. François suit mon regard. Nous découvrons le couple du cinquième, probablement de retour de son dîner de Saint-Valentin. Elle se débarrasse d'une veste qu'elle jette probablement sur le canapé, sort son téléphone portable d'une poche et le consulte. Lui apparaît à son tour, le visage également éclairé par une lueur bleutée. Ils ne disent rien, n'allument ni lumière ni bougie, restent figés tous les deux, captivés par leur monde virtuel.

« Si on part, dit François à mon oreille, tu risques de perdre tes muses. »

Cette constatation semble l'attrister. Je passe une main dans ses cheveux qui ont repoussé.

« Si on part, j'aurai un vivier inestimable de muses, ne t'en fais pas. »

Il me fixe, interrogateur.

« Les clients de la boulangerie ?

— Tu n'as même pas idée du potentiel d'inspiration que ça représente.

— Alors on n'a pas grand-chose à perdre en quittant le Clos des hortensias, non ?

— Moi non. Mais toi…

— Quoi, moi ?

— Qu'est-ce que tu feras là-bas ?

— J'essaierai de faire mieux qu'ici. »

Je fronce les sourcils sans comprendre.

« J'essaierai de m'occuper de toi un peu mieux que je ne l'ai fait jusqu'à maintenant. J'essaierai de me mettre sérieusement à cette formation à distance et… peut-être que je reprendrai le sport. Je crois que tout sera plus facile là-bas.

— Et Isabelle ? »

Il lève les yeux au ciel.

« Sérieusement, c'est à elle que tu penses ? On peut s'en sortir sans Isabelle, non ? On va devenir une famille après tout… »

Je sens quelque chose se dénouer au niveau de mon ventre. J'ai l'impression de mieux respirer d'un coup, d'avoir le tournis, aussi.

« Ça va ? s'inquiète François en me sentant m'affaisser.

— Oui. »

Je n'ajoute rien. Nous restons assis. En apparence rien n'a changé. À l'intérieur, mes pensées s'agitent. Je réfléchis tout doucement à cette idée folle : aller nous installer en Bourgogne. Reprendre notre souffle tous les deux là-bas. M'offrir une parenthèse le temps de ma grossesse et peut-être davantage. Nous donner une autre chance, loin de ce que nous avons perdu. J'ai cet immense espace dans mon ventre qui s'est ouvert avec les quelques mots de François : *On va devenir une famille après tout…* Un espace comme un horizon neuf, vierge, lumineux, infini et bleu, balayé par les vents, un espace qui débloque mes nœuds, décomprime ma poitrine, me permet de mieux respirer. *On va devenir une famille*. Demain je serai encore fatiguée, nauséeuse, j'aurai les seins douloureux. Rien n'aura changé, et pourtant je sais déjà que tout aura changé. Grâce aux mots de François.

« Tu veux que je te montre Stevie ? demande-t-il en essayant de faire revenir un peu de légèreté.

— Hein ? Oui… »

Je me lève. J'ai les jambes extrêmement faibles. Je me retiens au fauteuil de François pour ne pas vaciller.

« Ça va ? répète-t-il en me fixant avec inquiétude.

— Oui… Oui, c'est juste… »

Un sourire flou naît sur mes lèvres. François me scrute, de plus en plus perplexe.

« C'est juste que je suis enceinte. »

Je le répète plus fort, comme si j'en prenais seulement conscience : « Je suis enceinte. »

47

François

Nous quittons le Clos des hortensias le premier jour du printemps, le 21 mars, la voiture chargée de bagages. Le ciel est bleu. L'air reste frais. Léo conduit, les mains plaquées sur le volant. Elle a perdu tous les kilos qu'elle avait pris en s'installant dans notre banlieue triste. Elle a fondu ces derniers temps. Les nausées ont creusé son visage et affiné ses hanches. Pourtant, la fermeture Éclair de son jean reste ouverte depuis quelques jours, le bouton ne ferme plus, et ce simple détail me rend heureux. Bientôt, son ventre s'arrondira vraiment. Pour le moment, il est simplement gonflé et dur, ce n'est pas un ventre de femme enceinte, pas encore. Elle a donc son jean ouvert et tire sur son tee-shirt pour le masquer. Quand nous serons là-bas, elle cessera enfin de cacher sa grossesse. Elle devra l'annoncer à ses parents. Elle n'a pas voulu le faire au téléphone, même si le premier trimestre est passé, même si l'échographiste nous a assuré que le fœtus se portait bien, que nous pouvions ébruiter la nouvelle.

La voiture file, nous éloigne de la région parisienne. Isabelle m'a cédé la Megane sans contrepartie.

Un dernier cadeau de notre mariage, a-t-elle ironisé sans sourire. Elle est passée à l'appartement hier soir. C'était la première fois depuis l'annonce de la grossesse. Elle est venue parce qu'elle y était forcée : elle devait me donner la voiture, les clés et les papiers. J'avais préparé des lasagnes, Léo une tarte aux poires. Isa a répété plusieurs fois qu'elle était pressée. Elle a expédié le dîner, a refusé un café. Léo portait une tunique large qui ne laissait rien paraître de son état – une attention délicate pour mon ex-femme – mais n'a pas bu de vin et a écarté le plateau de fromages. Et j'ai bien vu à ce moment-là comment Isa se crispait sur sa chaise. Avant de partir, elle s'est attardée sur le seuil. Je sentais qu'elle n'avait pas envie de filer comme ça.

« Toi en province ? a-t-elle lancé, sceptique, en remontant son sac à main sur son épaule.

— Pourquoi pas ? »

Elle a eu un rictus amer.

« Toi en père de famille. Toi au fin fond de la Bourgogne. Bon sang, François, je rêve. »

Elle s'est penchée et m'a serré contre elle maladroitement.

« J'ai fait la vidange de la Megane », a-t-elle soufflé dans mon cou.

Puis elle a ajouté, très vite : « Désolée, je crois qu'il va me falloir encore un peu de temps pour me faire à l'idée.

— De…

— De cette grossesse. »

Elle était toujours dans mon cou. Je ne pouvais me résoudre à la repousser. J'ai entouré ses épaules.

« Tu n'en voulais pas, Isa.
— Non.
— Alors ?
— Alors je n'ai jamais dit que j'étais logique ou rationnelle. »

Elle s'est redressée, a remonté son sac sur son épaule, de nouveau.

« Soyez prudents sur la route demain ! »

Elle est repartie à pied. Un taxi l'attendait à l'angle de la rue pour retourner à Paris. Je me suis senti triste pour elle. Pour nous. Pour notre couple qui avait disparu en ne laissant derrière lui qu'un chat en fin de vie et une Megane. Pas d'enfant. Rien qui nous survive. J'ai retrouvé Léo. Elle nettoyait le plan de travail de la cuisine. Je l'ai enlacée. Elle a demandé : « Qu'est-ce qu'il y a ? »

J'ai dit : « Rien. »

Et nous sommes restés enlacés ainsi pendant de longues secondes qui se passaient de mots.

Léo est bien silencieuse au volant. Je lui en fais la remarque. Elle hausse les épaules.

« Tu t'inquiètes de la réaction de tes parents quand ils découvriront que je t'ai engrossée ? »

Elle grimace. J'adore la taquiner et la voir réagir avec la même innocence que si c'était la première fois.

« Techniquement, je me suis engrossée moi-même », réplique-t-elle.

C'est moi qui me renfrogne maintenant et elle qui sourit.

« Mes parents seront ravis. Je ne crains pas leur réaction. Et toi ?

— Un peu. »

Devant nous, l'autoroute se déroule à l'infini. Je n'ai jamais quitté Paris plus de deux ou trois semaines, pour les vacances d'été. Isabelle et moi prenions l'avion. Nous ne nous perdions jamais ainsi, au milieu d'étendues verdoyantes, pendant ces longues heures de route à profiter du silence entre nous. Elles ont quelque chose d'apaisant, ces heures à s'abîmer les yeux sur un horizon monotone.

« Tu ne regrettes pas qu'on ait pris cette décision ? » je lance tout à coup en me tournant vers Léo.

Elle semble sortir de ses pensées doucement.

« Non. »

Nous n'avons pas mis fin au bail. Nous n'avons pris aucune décision radicale concernant l'appartement. Léo a donné sa démission au travail et nous avons patiemment attendu qu'elle termine sa période de préavis. Je crois qu'elle était un peu triste de laisser ses deux collègues mais qu'elle est soulagée de partir, elle aussi. Nous avons bouclé deux valises chacun, avec l'essentiel, de quoi tenir quelques mois. Nous aviserons ensuite. Nous verrons si nous nous plaisons là-bas ou si le Clos des hortensias finira par se rappeler à nous. Plus rien ne nous retient pour le moment. Le centre de Garches a transmis mon dossier au centre de rééducation de Troyes. Mon kinésithérapeute m'a donné le contact d'un confrère dans les environs. Nous partons sans entraves. Nous ne laissons que quelques fantômes derrière nous : Isabelle et Camille pour l'essentiel.

Éléonore

Au printemps, la Bourgogne est belle. À l'époque où je détestais mon village, où je rêvais de m'envoler pour Paris, le printemps représentait déjà une période de trêve entre ma région et moi. Nous faisions la paix, je décidais de la tolérer. Je prenais même un certain plaisir à enfourcher mon vélo et à découvrir les premiers champs de colza et de coquelicots. J'admirais le réveil des vignes, l'apparition des premières feuilles d'un vert tendre, le retour des ouvriers viticoles venus préparer le sol, tailler la vigne, sélectionner les meilleurs bourgeons… La vie revenait. Le brouillard disparaissait. Le calme de la Bourgogne seyait parfaitement au printemps. Je l'appréciais presque.

Je suis heureuse que nous revenions en cette saison, même si je ne peux me défaire de la crainte que François ait pris cette décision sur un coup de tête, sans y réfléchir sérieusement, qu'il se lasse au bout de quelques semaines… Au moins, il découvrira la Bourgogne au printemps, à son meilleur. C'est une chance de plus pour faire pencher la balance du bon côté.

J'ai mis du temps à déposer ma démission. Presque une semaine. Je voulais être certaine qu'il ne reviendrait pas sur ses paroles. C'est lui qui m'a rappelée à l'ordre au bout de six jours : *Tu as parlé à ta cheffe ? Tu as donné ton préavis ?*

J'ai déposé ma démission le lendemain et annoncé ma grossesse. Tout est devenu réel. Le bébé avait commencé à exister avec les mots de François : *On va devenir une famille. J'essaierai de m'occuper de toi un peu mieux que je ne l'ai fait jusqu'à maintenant.* Le trouble plein d'étonnement dans les yeux de Yonis a terminé de lui donner vie, ainsi que les félicitations excitées d'Hélène. J'ai du mal à réaliser que je ne les verrai plus. Pour moi c'est un départ de plus en à peine un an et demi. J'ai parfois cette sensation que ma vie est devenue une fuite en avant, puis je me rappelle que j'ai un enfant qui grandit dans mon ventre et François à mes côtés. Nous partons rejoindre ma famille. Nous ne fuyons pas. Nous nous enracinons.

C'est ce que j'aurais voulu dire à Camille quand elle m'a regardée avec des yeux ronds. Je n'ai pas trouvé les mots.

La grossesse… et ça… C'était trop pour elle. Malgré tout, elle m'a serrée dans ses bras et elle m'a dit qu'elle était heureuse si je l'étais. Elle a promis qu'elle viendrait me voir en Bourgogne. J'ai promis que je viendrais la voir à Paris mais elle ne m'a pas crue. Dans son esprit, j'étais doublement condamnée : par mon statut de mère et par celui de femme de François. J'étais enfermée pour toujours dans la boulangerie de mes parents, dans mon rôle de nourrice et d'infirmière sans possibilité de m'évader. J'ai eu l'impression de suffoquer pendant une fraction de seconde mais ça n'a pas duré. Les souvenirs de la bicoque en pierre, du feu de cheminée, de François et Madeleine au-dessus d'une partie de Scrabble m'ont rattrapée, et avec eux la certitude que tout serait doux là-bas.

François

Nous faisons une pause à une demi-heure de l'arrivée. La vessie de Léo n'est plus ce qu'elle était. Cette foule de détails sont comme des piqûres de rappel du bonheur à venir. Ils me maintiennent sur mon petit nuage. Les douleurs neuropathiques et les spasmes sont toujours là, je ne dors guère plus de quatre heures par nuit, je m'effondre rarement avant le petit matin, épuisé et sur les nerfs. Pourtant, je tiens le cap. La colère reste à distance. Une vessie fainéante, une fermeture de jean ouverte, des seins qui gonflent, s'épanouissent chaque jour, la ligne brune qui apparaît sous le nombril… Je collectionne ces petits riens chez Léo qui me gorgent d'énergie, me remplissent.

Pendant que Léo s'engouffre dans la station-service, j'attrape mon téléphone portable dans la portière de la voiture. Je n'ai jamais réactivé mon compte sur les réseaux sociaux ni remis en ligne mon site internet. Je ne consulte plus mes e-mails. La plupart des messages qui me parviennent maintenant sont ceux de Ryan, plusieurs fois par jour, parfois d'Elsa ou d'Isabelle bien que cette dernière soit plutôt silencieuse depuis janvier. Les amis de la bande ont cessé de m'écrire progressivement, lassés de mon silence, même si le point de bascule se situe à cette pendaison de crémaillère avortée l'été dernier. J'imagine que rebrousser chemin à quelques centaines de mètres de l'appartement les a agacés. Je suppose qu'ils se sont dit : *Ça va les conneries. Il est temps pour François d'aller de l'avant, s'il ne le fait pas maintenant, il ne le fera jamais.* Le genre de choses que j'aurais balancées moi aussi, avant. La vérité c'est qu'une vie entière ne suffira pas à me faire accepter mon handicap, que je parviendrai à m'en accommoder, certains jours plus que d'autres, mais le digérer, jamais. Et cela, personne ne peut le comprendre. Ou seulement mes frères de mésaventure : Ryan, Paulo, Anton…

Je déverrouille l'écran de mon téléphone par réflexe, histoire d'occuper mes mains quelques instants. Je ne m'attends pas à tomber sur un message d'Antoine. Son prénom, ses sept lettres en caractères noirs sur mon écran me font l'effet d'un uppercut. Ce n'est pas la première fois pourtant. Il a essayé de renouer le contact à plusieurs reprises mais je ne m'habitue jamais à la douleur cuisante de voir apparaître son prénom, et avec lui le rappel de sa trahison. Cette fois, pas de mots, pas de smiley. Juste une photo. Une capture d'écran. Son iPhone lui a rappelé un souvenir datant de deux ans. Nous deux avant un spectacle. Je porte le costume de Dom Juan, lui de Sganarelle. Il tient son téléphone à bout de bras en selfie, je fixe l'objectif. Sur le miroir de la loge, derrière nous, au crayon noir sont couchés les mots « dernière des dernières ». Le spectacle prenait fin. Je me rappelle encore cet étrange sentiment qui nous assaillait à la dernière représentation : le soulagement d'en avoir fini avec ce rôle et la nostalgie qui nous prenait déjà aux tripes. Cette photo et rien d'autre. Antoine ne s'est pas risqué à susciter ma colère, à recevoir ma haine. J'hésite de longues secondes, le pouce au-dessus du clavier numérique. Jusqu'à aujourd'hui, je n'ai jamais envisagé de lui répondre, même des mots meurtriers. J'ai toujours gardé un silence méprisant, effaçant un à un chacun de ses messages. La douleur, la colère, tout était trop fort, trop présent. En cette fin de matinée, sur cette aire d'autoroute en plein cœur de la Bourgogne, j'ai des envies de lâcher-prise, des envies de paix. Un smiley. Un simple symbole, non pour lui dire que je lui pardonne mais pour lui faire comprendre que cette photo ravive des souvenirs mélancoliques en moi aussi, que je n'ai pas oublié cette dernière de *Dom Juan*, et toutes les autres qu'on a pu vivre ensemble. Alors je fais défiler les symboles. Une étoile, un pouce levé, un soleil derrière les nuages, une comète, un verre de vin, une bouteille de champagne, un cœur, un appareil photo, un projecteur, des lunettes de soleil. Les pas de Léo me font lever la tête. Elle revient, tirant sur son tee-shirt pour cacher sa braguette ouverte. Elle me sourit. Je replace le téléphone portable dans la portière. L'envie est passée. Tant pis.

Ils sont là tous les trois quand nous arrivons dans la cour de gravier. Jacques en claquettes et chaussettes, tout juste réveillé de sa sieste, Nathalie et son tablier de vendeuse en boulangerie, Madeleine dans un joli chandail fuchsia. Le bonheur sur leur visage est teinté d'incrédulité et je réalise qu'ils n'avaient pas cru à notre installation jusqu'à cet instant précis où ils nous voient de leurs propres yeux, dans une voiture pleine à craquer de bagages.

« Vous avez fait bonne route ? »

Déjà Jacques se précipite pour ouvrir la portière de Léo, Nathalie s'avance à petits pas, un sourire aux lèvres, Madeleine trépigne dans ses chaussons fourrés.

« On vous porte les bagages dans la chambre ? »

Léo les embrasse puis les houspille gentiment : s'ils continuent de lui tourner autour, elle ne va jamais pouvoir m'aider à sortir de la voiture. Jacques et Nathalie s'empourprent. Madeleine s'exclame : « Bien dit, ma caille ! Te laisse pas faire ! »

Ils ont perdu de leur réserve avec moi par rapport à la précédente visite. Ils me saluent avec chaleur comme si j'avais toujours fait partie de leur clan, m'embrassent sur les deux joues, même Jacques. Nathalie va chercher son volet pour me permettre de passer la marche. Jacques s'empare de nos bagages. Madeleine s'agrippe au bras de Léo qui pousse mon fauteuil.

« C'est quoi cette petite mine, ma caille ? »

Je souris. Je suis sûr que Léo aussi et qu'elle tente de se contenir.

« C'est rien. Un petit virus.

— Va falloir te remplumer. »

Oh oui, il va falloir la remplumer. Il me tarde de la voir tout en rondeurs, pleine de cette vie qu'elle porte.

Éléonore

Ils ont fermé la boulangerie jusqu'à quinze heures pour pouvoir nous accueillir comme il se doit autour d'un déjeuner copieux. La cuisine embaume le bœuf bourguignon, un clin d'œil à François, j'en suis certaine, pour lui faire découvrir la gastronomie de la région. Mon père s'active devant les fourneaux. Ma mère ne tient pas en place, mettant un point d'honneur à régler le moindre détail logistique.

« Je vous ai installé une commode dans la chambre pour que vous ayez à votre disposition un stock de draps de lit et de draps de bain. Ça ira ? Pour la douche, l'installateur vient demain pour monter le siège et la barre d'appui. »

François me dévisage, décontenancé. Je hausse les épaules. Moi aussi, j'ignorais qu'ils s'étaient lancés dans des travaux d'aménagement en vue de notre séjour ici. Je le sens troublé.

« Jacques a eu l'idée de descendre le fauteuil à bascule du grenier. Vous pourrez l'installer dans la chambre et vous faire un coin lecture, un salon à vous…

— C'est parfait, maman. Je suis sûre qu'on sera à l'aise, ne t'en fais pas. »

Je sens bien qu'elle est mortifiée à l'idée que nous ne nous sentions pas à notre place ici.

« On passe à l'apéro ? » s'enquiert Madeleine avec une certaine impatience.

Mes parents s'activent comme s'ils recevaient une centaine d'invités. François est toujours mutique. Il n'y a que Madeleine et moi pour sourire avec légèreté.

« Qu'est-ce qui te rend si joyeuse, ma caille ?

— Le printemps.

— Le printemps, le printemps, tu m'en diras tant… »

Après deux verres d'un apéritif à base de prune, je sens que François commence à se détendre. Il pose sa main sur mon genou et je comprends le signal. Nous n'avons pas vraiment décidé du moment ni de la façon dont nous allions procéder. J'ai tourné les phrases dans ma tête lors du trajet en voiture mais je les ai toutes oubliées. Nous avons conclu que nous improviserions. J'imagine que le moment est venu. J'ai beaucoup de mal à tromper mon monde, à ne faire que tremper mes lèvres dans mon apéritif, à repousser indéfiniment les tranches de saucisson cru. Il est grand temps de cesser nos cachotteries.

« Je… En fait, je… Disons, on… »

Je m'emmêle les pinceaux, mes mains deviennent moites. À côté, François ne fait rien pour m'aider.

« On avait une nouvelle à vous annoncer… »

Si mon père reste stoïque, son verre à quelques centimètres de sa bouche, absolument pas préparé à ce qui l'attend, les sourcils de ma mère tressautent. C'est Madeleine qui nous prend tous de court en reposant son verre avec fracas et en s'écriant d'une voix tonitruante : « J'en étais sûre ! Tu as un polichinelle dans le tiroir ! »

François ouvre de grands yeux.

« Un quoi ? »

Ma mère porte sa main à sa bouche. Mon père n'a pas encore atterri.

« Un polichinelle dans le tiroir. Un moussaillon dans la cale. Une brioche au four ! »

Les joues de Madeleine sont rose vif. Elle pince celle de François avec affection.

« C'est pas le tout de réciter du Molière si tu ne connais pas tes expressions françaises, jeune homme ! »

Il reste coi devant une Madeleine plus vive que jamais qui, déjà, se tourne vers moi et claque un baiser sonore sur ma joue.

« Un virus hivernal ! Le printemps ! Tu me prends pour un lapin de six semaines ? »

Elle me serre contre elle à m'étouffer. De l'autre côté de la table, mon père se tourne lentement vers ma mère. Il vient de comprendre.

« Un bébé ? » lui demande-t-il.

Celle-ci acquiesce d'un hochement de tête. Elle a les yeux humides et semble avoir perdu l'usage de sa langue.

« Pour quand ? »

C'est François qui répond, d'une voix étonnamment claire, étonnamment fière aussi.

« Pour le 10 août. »

J'ai les joues brûlantes. La main de François, sous la table, presse mon genou.

François

Ils ont été fidèles à eux-mêmes. Pas de grandes embrassades, pas de longs discours. Un bonheur partagé, silencieux, plein de pudeur. Des yeux humides, des sourires timides, une seconde bouteille de prune posée sur la table.

« Donne-moi ça », a décrété Madeleine en reprenant à Léo son verre d'alcool.

Sa mère lui a apporté un jus de fruits, a posé une main furtive sur son épaule.

« Il va naître ici ? »

C'est Jacques qui a osé la question que tous se posaient.

« Je ne sais pas… Peut-être », a répondu Léo en cherchant mon regard.

J'ai compris que tout dépendrait de moi, que si ça ne tenait qu'à elle, elle resterait ici. J'ai dit : « C'est fort possible. »

Je l'ai dit sans prendre la peine de réfléchir. Je ne voulais pas gâcher ce moment. J'en avais gâché tant d'autres. C'était au tour de Léo de recevoir, d'avoir sa part de bonheur.

« Et la boutique ? s'est inquiétée Nathalie. Tu ne vas pas travailler à la boutique dans ton état.

— Bien sûr que si.

— Je n'aurais jamais accepté que tu me remplaces si j'avais su.

— Je ne suis pas malade. Je pourrai tenir bon jusqu'en juillet au moins. »

Nathalie a voulu répliquer mais Jacques lui a rappelé qu'elle-même avait tenu la boutique jusqu'à l'avant-veille de son accouchement et que personne n'avait réussi à la déloger de son comptoir. Madeleine a confirmé. Nathalie s'est tue. Léo a souri avec son sourire de petite fille qu'on a envie d'envelopper de ses bras.

« Je vais bien. Je me ménagerai. »

Mère et fille se sont éclipsées dans la boutique après le déjeuner. Jacques est parti raccompagner Madeleine chez elle. Elle m'a embrassé sur les deux joues avant de partir et m'a félicité. Je suis seul dans le salon des Lambray maintenant. La cheminée est éteinte. Tout est silencieux. Je me sens déraciné, ici où rien ne m'est familier, ni la lumière qui filtre par les fenêtres, ni les meubles, ni les photographies aux murs, ni les odeurs. Je n'ai plus de repères. Plus de souvenirs de ma vie d'avant. Plus d'habitudes. Le fantôme de l'ancien François Louvier ne rôde plus nulle part. Tout est vierge. Tout peut être réécrit. Léo, moi et cet enfant que nous attendons, nous pouvons tout reconstruire de rien. Et je crois que c'est précisément ce qui m'apaise entre ces murs de pierre au milieu de la Bourgogne.

48

Éléonore

Le printemps s'épanouit plus intensément que jamais ici, comme pour donner envie à François de rester. Les températures battent des records. On parle d'un été caniculaire à venir. Les arbres sont en fleurs, les prés verdissent, le pollen vole. Ma mère a du mal à me laisser seule à la boutique. Elle s'obstine à y passer régulièrement, me secondant.

« Je vais bien. »

Je ne cesse de le lui répéter. Et c'est vrai : est-ce le déménagement ou la trêve du deuxième trimestre ? J'ai retrouvé mon énergie, mon appétit, une légèreté qui m'avait quittée depuis longtemps. Ma mère a aménagé les horaires de la boulangerie pour que je puisse me reposer. Nous n'ouvrons qu'à sept heures. Nous fermons boutique de treize heures trente à quinze heures trente, ce qui me permet de m'allonger auprès de François chaque après-midi et de faire une sieste réparatrice. Le soir, je baisse le rideau à dix-neuf heures trente. Le dîner est prêt quand je rejoins la maison. François et ma mère terminent de dresser la table. Ils m'enjoignent de me reposer et je ne me fais pas prier. Nous dînons, nous jouons à la crapette, nous regardons un téléfilm ou bien nous allons nous installer dans la cour, François et moi. Nous regardons les étoiles que nous ne voyions jamais si nettement en région parisienne. Il fume son unique cigarette de la journée. Nous humons les odeurs de l'herbe fraîche et de la glycine qui grimpe le long de la façade. Nous égrenons des listes de prénoms. Il n'aime que les prénoms classiques, sans originalité. Je le fais bondir en évoquant des Nino, des Gabriella. Nous n'y songeons pas sérieusement, pas encore. Nous jouons à être légers, à nous retrouver.

La boulangerie ferme le dimanche après-midi et le lundi. François, qui ne voulait jamais quitter l'appartement quand nous étions au Clos des hortensias, se met à me réclamer des sorties de plus en plus loin. Il a envie d'espaces vallonnés, de vieilles pierres, de lilas et de violettes. Nous partons en voiture, le fauteuil plié dans le coffre, avec notre pique-nique dans un petit sachet de la boulangerie. Nous ne pouvons pas aller bien loin sur les chemins de terre tortueux où les roues du fauteuil se bloquent dans les nids-de-poule. Parfois nous nous contentons de nous asseoir sur un rocher, sur un talus ou à même le sol et nous profitons d'une vue panoramique sur les vignobles. Je n'écris plus. Je n'en ai plus vraiment le temps ni l'envie. Je me nourris d'autre chose : de la chaleur d'un foyer, des odeurs du printemps, de ce nouveau François qui se dessine chaque jour un peu plus nettement sous mes yeux.

François

Léo a peur que je m'ennuie toutes ces heures où elle est à la boulangerie. En réalité, les plus longues sont les heures nocturnes. Celles qui s'égrènent sans fin, alors que toute la maisonnée dort et que je suis tenu éveillé par mes spasmes. Léo a la respiration tranquille. Je crains toujours de troubler son sommeil. Au Clos des hortensias, je m'abrutissais devant la télévision jusqu'à sombrer au petit matin. Ici, non. J'aurais trop peur de réveiller Jacques et Nathalie. Alors j'attends dans l'obscurité de la chambre. Un rayon de lune parvient parfois à dessiner les contours d'une étagère, de la chaise à bascule ou du lit à barreaux que Nathalie a tenu à descendre du grenier. C'est dans ce lit que Léo a dormi les deux premières années de sa vie. Il est intact, en bois brut. C'est dans ce lit que dormira à son tour notre enfant. Je l'ai dépoussiéré et ciré hier. Mes yeux s'y accrochent dans le noir.

Depuis deux nuits, j'ai pris l'habitude de sortir dans la cour pour tromper mes insomnies. Je me transfère en silence dans mon fauteuil, je veille à ne cogner aucun meuble, aucun coin de mur. Je manœuvre sans bruit dans la maison et je me retrouve dehors dans la nuit fraîche. Hier j'ai fumé quelques cigarettes et j'ai respiré l'air de la nuit. Il est plus pur, débarrassé de toutes les activités humaines. Ce soir, mon paquet de cigarettes est vide et je suis troublé par une lumière qui s'allume sur la façade. Puis la porte de service s'ouvre. J'ai presque oublié que je n'étais pas le seul animal nocturne de cette maison. Jacques est là dans sa tenue de boulanger, charlotte sur la tête. Il cale la porte avec une grosse pierre puis a un sursaut en me découvrant dans la cour.

« Tout va bien ?

— Oui. Je prends l'air. »

Il rajuste le filet sur sa tête. Il n'a pas vraiment le temps de bavarder. D'ailleurs il ne sait pas très bien comment faire. Pourtant il aimerait, je le vois dans ses yeux.

« Mes jambes dansent la java chaque nuit.

— Hein ? »

Je m'approche de lui tant bien que mal dans le gravier.

« Je suis embêté par des spasmes. C'est courant dans mon état et les piqûres ne font pas de miracles.

— Ah.

— À défaut de pouvoir dormir, je tente de tromper l'ennui.

— J'imagine. »

Je jette un coup d'œil à l'intérieur de son espace de travail, une des rares pièces que je n'ai pas été amené à visiter. Entre de larges surfaces en inox se trouvent des fours, des tours réfrigérés, un batteur, un refroidisseur et tout un tas de machines que je n'ai jamais vues.

« Je mets toujours la radio pour travailler », lance Jacques.

Sur ce, il branche la prise du minuscule transistor et règle la station soigneusement jusqu'à tomber sur celle qu'il cherche. Je reconnais le jingle de RTL. Tout en commençant à s'activer dans la pièce,

Jacques précise : « C'est *L'Heure du crime* jusqu'à trois heures. Tu connais ?

— Non.

— Ce sont des enquêtes portant sur les crimes non élucidés. Puis de trois heures à quatre heures trente c'est une redif des *Grosses Têtes*. Le gosse arrive juste pour le début de la matinale en général, à quatre heures trente.

— Le gosse ?

— Alban. L'apprenti. C'est lui qui s'occupe de la pâtisserie. »

Il se dirige vers les espaces de stockage.

« Si tu n'es pas retourné dormir, tu le verras tout à l'heure. »

Puis sa voix s'éteint tandis qu'il soulève d'énormes sacs de farine.

Je reste dehors, immobile dans la nuit. Depuis l'intérieur de la boulangerie me parvient le son de la radio entrecoupé du bruit des pétrins mécaniques. Plus tard, j'observe Jacques qui dépose sa pâte dans un genre de réfrigérateur. Une chambre à fermentation, m'explique-t-il. Il faut que les arômes se développent, que le gaz carbonique fasse gonfler la pâte. J'enregistre les informations, ses gestes, je prête en même temps une oreille attentive à *L'Heure du crime*, je frissonne dans l'air frais mais cela ne me gêne pas. Jamais une insomnie ne m'a paru si douce. Je ne suis pas seul, réveillé avec mes spasmes et mes douleurs. Je fais partie du monde moi aussi.

François fêtera ses quarante-quatre ans ce mois-ci, le 22 avril. La veille nous passerons la seconde échographie. Il considère que c'est son cadeau : voir le visage de notre enfant en 3D, découvrir son sexe. Il dit qu'il se moque d'avoir un garçon ou une fille, qu'il veut juste savoir pour commencer à l'imaginer. Moi, je crois que j'aimerais que ce soit une fille parce que ce serait plus simple. Je n'aurais pas à percer la psychologie masculine. D'ailleurs, plus je découvre François, plus j'assiste à sa métamorphose, ici en Bourgogne, et moins je comprends les ressorts de l'être humain. Ou peut-être que François est trop complexe. Insaisissable à jamais. Quoi qu'il en soit, j'aimerais avoir une fille. J'agirais avec elle comme avec moi. Nous serions en osmose.

Mon ventre ne laisse plus de doute quant à mon état. L'autre jour, une cliente m'a félicitée et j'ai compris que j'allais avoir besoin d'une nouvelle garde-robe. Mon tee-shirt taille S était tendu à l'extrême, révélant la pointe proéminente de mon nombril. Le soir j'ai commandé des robes de grossesse sur internet, dont une orange avec des motifs de feuilles de palmier blanches. J'ai décidé que ce serait la robe que je porterais pour l'anniversaire de François. J'ai appelé Isabelle le lendemain. J'avais envie de soleil, de surprise, de sourires, d'une journée dans la cour entourée de glycine, à l'abri d'un parasol. Elle n'a pas répondu. J'ai laissé un message vocal qui évoquait l'anniversaire. Je sens bien qu'Isabelle met de la distance entre nous depuis la grossesse. Elle doit être tiraillée entre son affection pour François, son envie d'être présente pour lui, et la douleur de savoir que je porte son enfant. Je ne lui en veux pas. C'est stupide mais elle me manque. Je suis sûre qu'elle manque à François aussi.

Malgré son silence, je n'abandonne pas l'idée de faire une surprise à François. Je profite d'un moment de calme à la boulangerie pour appeler Ryan. J'avais subtilisé son numéro dans le téléphone de François il y a quelques mois, au moment où je nous sentais dériver en eaux troubles. J'avais songé à lui en dernier recours si j'en venais à craquer mais c'est finalement Isabelle que j'avais appelée à l'époque.

« Allô ? »

Ryan décroche, méfiant en voyant ce numéro qu'il ne connaît pas.

« Bonjour, c'est Éléonore, la compagne de François.

— Hey, salut ! »

Puis sa voix étranglée résonne : « Tout va bien ? Il est arrivé quelque chose ?

— Non ! Tout va bien !

— Oh merde, j'étais en train d'imaginer le pire !

— Désolée ! Je voulais juste… Je voudrais organiser une petite fête surprise pour l'anniversaire de François ici, en Bourgogne. J'ai pensé à toi… À Elsa aussi, mais elle doit avoir des week-ends bien occupés avec ses filles et son mari… »

Je laisse passer un bref silence.

« Je… J'imagine que c'est compliqué pour toi de prendre le train ou la route, que ça demande de l'organisation. S'il faut aller te chercher quelque part, n'hésite pas. J'ai une voiture et je peux envoyer mes parents sans problème si tu arrives pendant les heures d'ouverture de la boulangerie. »

Je parle, je parle, je ne lui laisse pas vraiment le temps d'en placer une. Je crois que je suis terrifiée à l'idée que ma surprise tombe à l'eau, qu'il décline lui aussi, comme Isabelle avec son silence.

« Ce sera tout simple, un repas en plein air, un barbecue peut-être, et un gâteau… Cela pourrait se prolonger en week-end. Je crois que ça lui ferait vraiment plaisir de te revoir. »

Je reprends mon souffle brièvement, juste le temps pour Ryan de m'arrêter : « Léo ?

— Oui ?

— C'est quoi, la date ?

— Oh… oui, désolée ! Son anniversaire est le vendredi 22. Je pensais faire ça le samedi soir.

— Je regarde les horaires de train, d'accord ? Ne raccroche pas. »

Mon cœur bat étonnamment fort. La clochette de la boulangerie retentit et un ouvrier en tenue de chantier entre. Je l'accueille et le sers avec des gestes fébriles. Mon « Bonne journée ! » meurt sur mes lèvres.

« T'es toujours là ? lance tout à coup Ryan dans le combiné.

— Oui.

— Ça le fait si j'arrive vendredi après-midi ? Je veux dire… je ne veux pas taper l'incruste mais ça fait sacrément longtemps que je l'ai pas vue, cette vieille branche ! »

Un rire étranglé franchit mes lèvres.

« Bien sûr ! À quelle heure tu peux être là ?

— Dix-sept heures en gare d'Auxerre. C'est trop tôt ?

— Tu plaisantes ? On sera là ! J'enverrai ma mère. Elle s'appelle Nathalie. Elle se fera un plaisir de venir te chercher. »

Ryan répond quelque chose. Je ne l'entends pas. La clochette sonne de nouveau, et puis je suis trop occupée à calmer les battements de mon cœur. Stupides hormones.

Alban se propose de préparer un gâteau spécial pour l'anniversaire de François, un dessert que nous n'avons pas en boutique mais qu'il est parfaitement capable de réaliser : un entremets au crémant de Bourgogne et aux framboises. Nous échangeons des messes basses dans l'arrière-salle de la boulangerie chaque matin. Il s'entraîne tous les après-midi chez lui. Il me montre des photos de ses réalisations. On s'en approche chaque jour davantage.

Mis dans la confidence, mes parents se prêtent au jeu eux aussi : mon père a passé commande de quelques bouteilles, ma mère a acheté nappes, bougies et autres décorations de table. Sur ma pause de l'après-midi, j'entreprends de nettoyer le grand parasol, sous le regard sévère de François : *Tu vas te blesser !* Apparemment je suis en sucre. François s'est mis à me vénérer comme si j'étais une sorte de divinité. Il n'ose même plus me toucher, à part quelques caresses très chastes. C'est moi maintenant qui en aimerais davantage, et lui qui joue les mijaurées.

« François…, je le supplie parfois, la nuit, en mordillant son cou.

— Je suis désolé, Mini. Je ne peux pas. »

Je m'endors boudeuse. Ça ne dure pas très longtemps. Ici, la morosité n'a pas de prise.

François

J'ai compté les jours jusqu'à ce rendez-vous avec tant d'impatience… J'ai appelé le cabinet deux fois pour être certain qu'on aurait droit à une échographie en 3D. La secrétaire m'a envoyé balader la seconde fois. Cette nuit, je n'ai pas pu dormir du tout. J'étais trop excité. Je suis resté aux côtés de Jacques puis j'ai assisté à l'arrivée d'Alban et je les ai regardés travailler comme deux musiciens parfaitement accordés, se croisant sans jamais se gêner, faisant courir leurs mains à toute vitesse sur le plan en inox. Maintenant j'en connais un rayon : la première fermentation, la pesée qui correspond à la séparation de la pâte en pâtons, le façonnage, l'apprêt, aussi appelé seconde fermentation, la scarification – quel terme affreux – puis la cuisson du pain. Enfin le défournement. Cette nuit, pour la première fois je suis resté jusqu'au défournement. D'habitude je regagne mon lit un peu avant six heures.

« Tu veux goûter ? m'a demandé Jacques en désignant le pain tout juste sorti du four.

— Ouais. D'accord. »

Il a sorti un couteau qu'il a essuyé sur son tablier puis il a découpé de belles tranches. Il a saisi la motte de beurre qu'utilisait Alban et il en a tartiné la mie brûlante avant de m'apporter la tartine sur le pas de la porte. C'est là que je reste, en retrait, dehors, sur le seuil. J'ai toujours peur que l'un d'eux se prenne les pieds dans mon fauteuil. J'ai savouré le pain beurré les yeux fermés. C'était divin. Puis j'ai regardé le jour se lever et réveiller la campagne. Les oiseaux se sont mis à chanter. Le gravier a crissé. Léo est apparue dans sa chemise de nuit, sur laquelle elle avait passé un peignoir.

« Tu n'as pas dormi ?

— Non.

— Pas du tout ?

— Non. »

Elle m'a embrassé. J'avais encore le goût du pain beurré sur la langue. J'ai songé à Nietzsche qui disait : « Le bonheur est une femme », et j'ai voulu rectifier son affirmation : *Le bonheur, ce sont les lèvres d'une femme sur les miennes et le goût du pain beurré sur la langue.*

*

« J'ai encore quelques mesures à effectuer. »

Nous y sommes enfin. Léo est installée dans ce cabinet d'échographie sans âme, le ventre à l'air et enduit d'un liquide visqueux. J'ai cessé de respirer depuis de longues minutes mais l'échographiste semble vouloir jouer avec nos nerfs. À l'écran, sa souris trace des droites, fait apparaître des chiffres en millimètres. J'ai l'impression que nous n'y viendrons jamais.

« Je termine par le fémur », indique-t-il.

Je me moque du fémur comme je me moquais du périmètre abdominal ou de l'aspect de la vessie. Je m'impatiente : « Ça y est ? On peut le voir ?

— Mais vous le voyez, monsieur. Il est là.

— Le voir vraiment. »

Soudain il s'exclame : « Ça alors ! » À l'écran, j'ai l'impression que le bébé se retourne, nous offre une galipette de haute voltige.

« Tu l'as senti ? » je demande à Léo.

Elle acquiesce sans quitter l'écran des yeux. L'échographiste affiche un sourire amusé.

« Si vous aviez décidé de garder la surprise, bébé vient d'en décider autrement. »

Je ne comprends pas. Je regarde Léo, qui me semble troublée, et l'écran, où je ne discerne pas grand-chose, à moins que…

« Ce sont les deux jambes, et là c'est son petit machin, oui. »

Je ris. Ça ne m'est pas beaucoup arrivé dans ma vie de rire ainsi, de façon aussi spontanée. Mais là, dans le cabinet de l'échographiste, face à l'image d'un minuscule sexe de bébé, je ris à gorge déployée et Léo m'observe sans comprendre.

« On lui apprendra la pudeur. Parce que là… »

Le docteur s'esclaffe avec moi. À l'écran, jambes écartées, le bébé nous offre une vue rapprochée sur son anatomie. Seule Léo reste sérieuse, peut-être un peu contrariée.

« Il te ressemble », je déclare dans la voiture.

J'ai devant moi les deux clichés du visage en 3D. Une vraie tête humaine, un visage fini, complet, déjà beau. Comment imaginer qu'il puisse être si complet alors que le ventre de Léo fait à peine la taille d'un petit melon.

« Il ressemble à tous les bébés du monde, c'est tout. Pas plus à toi qu'à moi ou qu'à la voisine.

— Quelle voisine ? »

Elle ne répond pas. Elle est légèrement renfrognée.

« Tu es déçue ? je demande.

— De quoi ?

— Que ce soit un garçon.

— Non. »

Je ne suis pas dupe. Elle s'est refermée depuis que le bébé nous a révélé son secret.

« Pourquoi ? Quelle différence ça fait ? » dis-je.

Elle pose une main sur son ventre comme si elle ne voulait pas que notre enfant entende notre conversation.

« Je ne sais pas… À cause d'Éliane et toi.

— Comment ça ?

— Cette relation mère-fils… toxique. Tentative de séduction. Rejet. Je ne veux pas de ça…

— Éliane n'était pas une mère. Éliane n'a aimé personne de toute sa vie. Aucun homme en tout cas. Tu n'es pas comme elle. »

Léo hausse les épaules, garde sa main sur son ventre. Elle ne répond pas, mais lorsque nous arrivons à la maison, ses traits se sont apaisés.

Éléonore

François est persuadé que je saurai être une mère, que cela me viendra naturellement.

Lui, il accepte son rôle de père avec la plus grande facilité. Peut-être parce que c'est le meilleur rôle qu'il ait eu à tenir depuis longtemps. Sans doute qu'être père est plus valorisant qu'être paraplégique, divorcé et sans emploi. Être père est une bénédiction pour lui.

Moi, je ne sais pas si j'arriverai à me sentir mère…

Je regarde le cliché du visage reconstruit en 3D et j'y vois un bébé, un joli bébé, mais il ne m'évoque rien. Ni François ni moi. C'est un inconnu, et pourtant il vit en moi.

49

François

Aujourd'hui j'ai quarante-quatre ans, des jambes inutiles, des sphincters fatigués, une vie sexuelle proche du néant, et pourtant je me réveille heureux. Aujourd'hui j'ai quarante-quatre ans, et quand j'ouvre les yeux après une courte nuit, les jambes contractées sous l'effet d'un spasme, je découvre près de moi Léo, dans une robe de chambre rose bonbon de son adolescence, ses cheveux noirs dévalant jusqu'à ses reins et son petit ventre rebondi pointant droit devant. Elle pianote sur son téléphone portable à toute vitesse, ne sachant pas que je suis réveillé. Je l'observe : son visage lisse qui respire la fraîcheur, ses paupières gorgées de sommeil, ses lèvres sèches, légèrement craquelées, ses fines épaules, ses seins plus lourds que jamais, son ventre… Elle porte mon enfant. J'ai encore parfois du mal à le réaliser. Elle porte mon enfant et elle me porte également à bout de bras, même si elle l'ignore.

« Alors Mini, déjà en train de papoter avec Camille ? »

Elle sursaute, pose sa main sur sa poitrine, se tourne vers moi avec un visage courroucé.

« Arrête de me faire peur comme ça ! »

Elle cache précipitamment son écran. Je ne sais pas ce qu'elle fait là-dessus. Depuis quelques jours, elle y est scotchée.

« Joyeux anniversaire ! » dit-elle, la voix encore légèrement bougonne.

Je l'attire contre moi, je la serre jusqu'à la faire grimacer. À côté du lit, le vieux radio-réveil indique six heures quinze. D'habitude, Léo est une marmotte. Elle reste au lit, repousse le moment de se lever jusqu'à ce que sa mère finisse par toquer à la porte. Alors elle s'habille et file à la boulangerie sans rien avaler, pas même un café.

« Tu es déjà réveillée ? Comment ça se fait ?

— Demande à ce monsieur. »

Elle désigne son ventre. Depuis hier, elle l'appelle « ce monsieur », comme pour s'habituer à l'idée qu'elle porte un garçon.

« Il bouge ?

— Tu parles, il fait un concours de sauts périlleux. »

Je souris.

« Et toi ? demande-t-elle. Ce sont tes jambes qui te réveillent à cette heure ?

— Oui.

— Toi tes jambes, moi mon ventre… On est bien barrés tous les deux. »

Je pose ma main sur son abdomen. Léo sent le bébé depuis quelque temps. Moi non. C'est encore trop léger, ou alors je tombe toujours au mauvais moment.

« Pour mon anniversaire il pourrait faire un effort… »

Elle rit de mon air ahuri, de ma bouche qui s'arrondit soudain.

« C'est lui ?… »

Car sous mes doigts je viens de sentir une série de minuscules secousses que je reconnais : j'ai senti le bébé d'Elsa s'agiter ainsi quand nous étions au centre. Mais cette fois c'est différent. Cette fois c'est mon enfant. Cette fois, c'est le ventre de Léo.

« Je te l'ai dit… il est déchaîné. »

Je pose ma seconde main sur sa peau comme pour englober tout son ventre, entourer le bébé tout entier.

« Tu sais décrypter le morse ? demande-t-elle.

— Quoi ? Non…

— Dommage. Parce que ces petits coups-là, ça pourrait vouloir dire *Bon anniversaire, vieux schnock !* »

Elle rit, fière d'elle. Je la fixe avec tant d'intensité que son rire meurt, ses sourcils se froncent.

« Quoi ?… s'inquiète-t-elle.

— Rien. »

Puis, sans que j'aie conscience de le dire : « Je t'aime. »

C'est elle qui reste bouche bée maintenant, et les yeux pleins de flou. Elle est magnifique ainsi : cueillie par surprise.

Ce sera peut-être facile d'aimer cet enfant. Si je l'aime comme j'aime François, alors ce sera évident.

*

J'ai fixé les derniers détails avec Ryan par SMS ce matin : ma mère ira le chercher à la gare d'Auxerre. Puis, revenue ici, elle garera la voiture le long de la route pour conserver la surprise jusqu'au dernier moment. Madeleine sera à la maison pour occuper François, l'empêcher de découvrir le gâteau, les bouteilles, les nappes et la vaisselle des grands jours dans la cuisine. J'imagine qu'ils disputeront un Scrabble.

Isabelle ne m'a jamais rappelée. Elle m'a gratifiée d'un simple texto qui disait : *J'espère que vous allez bien. Je penserai à vous ce jour-là. Embrassez François pour moi.* Rien d'autre. Quant à Elsa, elle s'est confondue en excuses désolées : elle fête un baptême en famille ce même week-end, mais elle a transmis une carte et un cadeau à Ryan. Peu importe. Ce sera une belle journée. Je ne crois pas que François réussira à se rendormir après avoir senti les petits coups de pied. Je crois qu'il lui faudra quelques heures pour s'en remettre, et à moi aussi. Ce ne sont pas les coups qui m'ont troublée mais les expressions sur le visage de François : le ravissement, l'incrédulité, la fierté. J'ai compris que j'avais fait le bon choix en lui offrant cet enfant, contrairement à ce qu'Isabelle affirmait. Je ne l'ai pas juste ramené à la vie. Je lui ai rendu ce qu'il avait perdu. Je l'ai ramené parmi les hommes.

Peu importent les mots qu'il utilise pour en rire : engrosser, mettre en cloque, féconder, déposer sa graine… Cet enfant vient de lui, de son corps cabossé, déréglé, meurtri, haï, un corps qui ne répond plus à grand-chose mais qui a pourtant donné la vie. Il en a été capable. Et cette graine extraite de lui, qui grandit maintenant en moi, lui a prouvé ce qui fait aujourd'hui toute la différence : il est encore un homme.

François

J'ai eu beaucoup de mal à me rendormir après les émotions du matin. J'ai traîné derrière le comptoir, regardant Léo et son bidon s'occuper des clients. Ils sont doux avec elle. Ils ont tous un mot gentil à propos du bébé, de sa grossesse. Ils ont le sourire facile. Les gens d'ici ont le cœur sur la main.

La fatigue m'a rattrapé à midi et je suis allé me coucher. Ni Léo ni sa mère ne m'ont réveillé pour le déjeuner, elles m'ont laissé me reposer.

Il est près de dix-sept heures quand j'émerge, encore dans le brouillard. Je ne sais pas si j'arriverai à retrouver un rythme normal un jour. Tant que la spasticité sera là, c'est peu probable. Dans le salon, Jacques avale une tasse de café. Lui aussi se réveille de sa sieste réparatrice. Et je découvre à ses côtés une Madeleine particulièrement apprêtée.

« Vous ici ? »

Je lui fais un baisemain. Elle l'a exigé il y a quelques semaines en apprenant que j'avais joué Dom Juan sur scène. *J'ai toujours rêvé de recevoir des baisemains. Puisque tu as appris…* Depuis, nous nous saluons ainsi.

« Je suis passée pour te souhaiter un heureux anniversaire, jeune homme. »

C'est ainsi qu'elle s'évertue à me nommer, et j'avoue que cela me convient parfaitement.

« Alors le rouge à lèvres et le chemisier rouge sont pour moi ?

— Pour qui d'autre ? Bon anniversaire ! »

Elle dépose un baiser bruyant sur ma joue. Jacques me tend la cafetière pleine et une tasse qu'il avait visiblement préparée pour moi.

« Ça va ? »

Sa question sous-entend : *Tu as bien dormi ? Tu n'as pas eu trop de spasmes ? Et les douleurs ?* Jacques est ainsi : il économise ses mots mais j'ai appris à le comprendre.

« Ça va. »

Lui aussi sait décrypter mes réponses. Il y a du pain frais sur la table ainsi qu'une motte de beurre. Une fenêtre a été laissée ouverte et dans le salon s'engouffrent les odeurs du printemps et une douce chaleur. Décidément, il est bon d'avoir quarante-quatre ans.

Le café avalé et le petit déjeuner tardif englouti, j'annonce : « Je vais aller voir Léo à la boutique. »

Et je surprends un échange de regards entre Madeleine et son fils.

« Oui. À la boutique. D'accord », s'empresse de répliquer Madeleine.

Je ne sais pas trop ce qu'il se passe entre ces deux-là. Tandis que je m'éloigne, je les entends chuchoter dans mon dos. Je me demande s'ils ne m'ont pas préparé une petite surprise.

Je m'installe derrière le comptoir, aux côtés de Léo qui a revêtu une robe étrangement belle pour travailler. Orange avec des motifs de feuilles de palmier blanches. C'est une robe de grossesse qui souligne exagérément son ventre. J'adore cela.

« Je veux que tu la portes tous les jours ! » je déclare.

À cause du fauteuil, ma tête dépasse à peine du comptoir. Quand la cloche sonne, je sais qu'un client entre mais je ne le découvre qu'au dernier moment. Ainsi, lorsque le carillon retentit une nouvelle fois, je m'étonne de ne pas entendre tout de suite le *Bonjour !* de Léo. Elle marque un temps de silence, puis un sourire s'étale sur son visage. Enfin, après quelques secondes de trouble, elle prononce le traditionnel « Bonjour, monsieur, qu'est-ce que je vous sers ? ».

Et je ne réalise pas tout de suite, même en voyant le visage à quelques centimètres de moi, de l'autre côté du comptoir. C'est un visage marqué par une acné mal cicatrisée, des cheveux bruns coupés ras, un sourire badin que je reconnaîtrais entre tous… Je ne peux pas faire le lien parce que l'homme face à moi me surplombe. Il est à une taille normale, à une taille d'homme, car il se tient debout. Or, le visage me renvoie à un autre homme, un semblable, un homme en fauteuil.

« Alors, mec, on est devenu sénile ? Fais attention, ne bave pas sur ta chemise ! »

La voix railleuse me sort à peine de mon engourdissement. J'ai du mal à aligner trois mots. Ils sortent avec lenteur et stupeur : « Tu es… debout ? »

Léo pose une main légère sur mon épaule. D'un geste du menton, elle invite Ryan – puisqu'il s'agit bien de Ryan visiblement – à faire le tour du comptoir. Ryan en Bourgogne. Ryan avec une affreuse chemise hawaïenne et des lunettes de soleil remontées sur le crâne. Ryan debout qui se déplace avec des gestes claudicants, appuyé sur deux béquilles.

« Qu'est-ce que c'est que ça ? »

Je désigne ses jambes équipées d'un appareillage en métal noir. Il sourit de toutes ses dents.

« Des orthèses en carbone. Mais ce n'est pas le sujet. Viens là ! »

Il lâche une béquille, me tend ses bras. Je suis encore totalement sonné. Malgré tout, avec l'aide de Léo je parviens à me mettre debout. Une seconde. Juste le temps d'étreindre cet enfoiré de Ryan qui n'a pas idée de me faire des surprises pareilles.

« Bon anniversaire, mec ! »

Alors je comprends, en me rasseyant dans mon fauteuil, en voyant dans les yeux de Léo les larmes qu'elle essaie de masquer tant bien que mal : elle a organisé tout cela en secret, depuis plusieurs jours déjà.

« Comment va la future maman ? » demande Ryan en se tournant vers elle.

Je le regarde l'embrasser sur les deux joues. Je ne sais pas ce qui me prend le plus de court dans cette étreinte : l'image de Ryan debout, sa présence dans la boulangerie, ou le ventre rond de Léo entre eux. Il me semble qu'une éternité s'est écoulée depuis le centre de Garches. Une éternité de nuits difficiles et de matins porteurs d'espoir. Ce sera toujours ainsi : il y aura de l'obscurité, parfois, des envies de volets fermés, des cris contenus, mais il y aura aussi la lumière crépusculaire et les journées de printemps comme aujourd'hui. L'essentiel étant qu'au milieu de cette alternance on avance. Et on l'a fait tous les trois : grandir, grossir, se relever. Tenir debout…

Éléonore

Je ne sais pas qui de Madeleine ou de Ryan obtient la palme d'or de l'animateur de cérémonie. Ils rivalisent avec vigueur pour faire rire la tablée, monopoliser l'attention. Nous avons installé la longue table dehors, accroché des lampions autour du parasol pour poursuivre la soirée à la nuit tombée. François est étonnamment silencieux. Il est ainsi, il a le bonheur discret. Il a ouvert de grands yeux devant Ryan à la boulangerie et son ébahissement ne l'a plus quitté quand il a découvert les préparatifs de la fête qui l'attendait.

Il est muet comme un petit garçon qui ne veut pas laisser voir son émotion. Sous la table, il ne lâche pas ma main. Pas une seconde.

« Ça va ? » lui demande de temps en temps mon père.

Et François acquiesce. Ils semblent se comprendre au-delà des mots, tous les deux. Quand je vois François ainsi, quand je sens sa main brûlante dans la mienne, quand je suis prise d'un tel élan d'affection sans limite, je me sens confiante.

« La route des vins ! s'exclame Ryan en bout de table. Voilà ce que je rêve de faire ! »

Il a retiré ses orthèses. Il s'est installé dans son fauteuil roulant. Quand j'observe Ryan, sa verve, son énergie, sa capacité à attirer l'attention, sa drôlerie, je réalise plus que jamais que ce fichu fauteuil ne lui a rien pris. J'espère qu'un jour François comprendra qu'il en est de même pour lui.

« La route des vins, je l'ai faite avec mon époux en 1959 ! clame Madeleine avec fierté. Pour notre anniversaire de mariage, les noces de coton ! On s'est arrêtés dans deux hôtels particuliers de marchands de vins. Ça avait de la gueule, jeune homme, tu peux me croire ! »

Ryan se tourne vers François, les yeux brillants. Il est bien éméché.

« Il faut qu'on y aille !

— Oui. On ira. »

François se tourne vers moi. Il ne suit pas vraiment la conversation mais le cours de ses pensées.

« Son kiné s'est mis en relation avec le centre de Garches. Ils ont fait fabriquer ces orthèses sur mesure. »

J'ai surpris leur conversation tout à l'heure. Ils étaient dans la cour en train de partager une cigarette.

François a demandé : *Depuis quand tu remarches avec ça ? Pourquoi tu ne m'as rien dit ?* Et Ryan a répondu avec une émotion mal contenue : *Je voulais te faire la surprise. Je me suis juré qu'on trouverait l'occasion de se revoir, et ce jour-là je voulais te surprendre en arrivant debout.* J'ai eu envie de pleurer. Encore.

François me ramène dans le présent en poursuivant : « Il a fait ça pour pouvoir accompagner son fils sur le terrain de basket et faire quelques paniers avec lui… debout. »

Je sais parfaitement où il veut en venir, pourquoi ses yeux brillent si intensément maintenant.

« Moi aussi je vais avoir un fils… »

Je serre sa main sous la table.

« On se renseignera, dis-je.

— Ça coûte pas loin de sept mille euros.

— On se débrouillera. »

Je me détourne de ses yeux, de son visage à l'expression si intense, sans quoi je risque de me remettre à pleurer.

« Qu'est-ce qu'il se passe ? » je lance à la tablée.

Car Madeleine et Ryan sont en train d'échanger une poignée de main solennelle. Mon père semble effaré, figé sur sa chaise. Ma mère a l'air d'hésiter entre glousser, l'esprit embrumé par le vin, ou se ranger du côté de son mari.

« Départ demain huit heures ! conclut Ryan en levant son verre, avant de le finir.

— Quoi ? » s'écrie François en même temps que moi.

Mon père secoue la tête, visiblement sonné.

« Arrête d'être si coincé, Jacquie ! » soupire Madeleine, les joues bien rouges.

Ma mère glousse, très clairement cette fois. Elle plaque sa main contre sa bouche en croisant le regard noir de mon père.

« Qu'est-ce qu'il se passe ? » je répète.

Mon père bredouille entre ses lèvres : « On aura tout vu. Une octogénaire pleine d'arthrose qui promène deux handicapés ! Vous n'avez rien de plus dangereux ? Un saut en parachute ? »

Un fou rire est en train de gagner ma mère. Elle tente de l'étouffer derrière sa serviette en papier mais il enfle, déborde, jaillit. Madeleine jubile : « Voilà, Jacquie ! Même Nathalie prend ça avec joie ! Fais comme elle ! »

Je m'adresse à Ryan qui se trouve en face de moi et je réitère ma question : « Qu'est-ce qu'il se passe ?

— On t'enlève ton homme demain. Madeleine nous emmène faire une partie de la route des vins. Départ huit heures tapantes. »

Puis, se tournant vers mon père : « Ne vous en faites pas. Elle aura droit à trois verres dans la journée, pas plus. On sera bien prudents. On va tout faire pour éviter un accident de la route ! »

Ma mère s'étouffe au milieu de ses spasmes. Le rire de François rejoint le sien. Je ne sais pas vraiment pourquoi, je me mets à pouffer moi aussi. À l'autre bout de la table, mon père, résigné, se sert un grand verre d'alcool de prune. Quelle soirée !

« Tu es sûre que ça ne t'embête pas ? On peut faire ça une autre fois, comme ça tu pourras te joindre à nous… »

Je chuchote dans le noir de notre chambre. Ryan m'a pris de court tout à l'heure avec sa lubie de faire la route des vins. Je n'ai rien voulu dire à table, je n'ai pas voulu gâcher ce moment, mais maintenant je cogite. Ça m'embête de laisser Léo ici pour la journée, elle qui a organisé ce week-end surprise… Avec Pâques dimanche, ils auront un des week-ends les plus chargés de l'année à la boulangerie. Impossible pour Léo de s'absenter, de demander à sa mère de la remplacer derrière le comptoir. Un autre samedi, Nathalie l'aurait fait avec grand plaisir, mais demain ce ne sera pas jouable, elles ne seront pas trop de deux.

« Ne t'en fais pas, murmure Léo. Amusez-vous tous les trois.

— On reviendra pour dix-neuf heures, promis. On sera là pour l'apéritif.

— Ne t'avance pas trop. Entre Madeleine et Ryan, je ne suis pas sûre que tu aies ton mot à dire… »

Je l'embrasse. Un autre « Je t'aime » résonne dans l'obscurité. Ils pleuvent en ce moment.

« Merci pour cette surprise… »

Il me semble que je n'aurai jamais assez de toute une vie pour lui exprimer toute ma gratitude. Alors je prends son visage entre mes mains. Je l'embrasse et je la déshabille tout à la fois, très tendrement. Ce soir, peut-être que j'arriverai à lui faire l'amour, peut-être que je parviendrai à lui donner un peu de plaisir avec mon sexe, avec mes mains, avec ma bouche, peu importe. Mais si ce n'est pas le cas, alors ça ne changera absolument rien, et c'est précisément pour cela que c'est si merveilleux…

50

Éléonore

Chaque fois que je passe devant le bureau que François s'est installé, je ne peux m'empêcher de m'arrêter quelques secondes pour contempler la photographie. C'est un vigneron qui l'a prise. On y voit Madeleine, debout, entourée de Ryan et François. Les garçons sont chacun dans leur fauteuil. Ma grand-mère a les mains posées sur leur nuque. Ils sourient à l'objectif. Ryan lève son verre. François est sérieux mais l'éclat au fond de ses yeux ne trompe pas. Derrière eux se trouvent une dizaine de tonneaux et des murs de pierre délicatement mis en valeur par quelques luminaires discrets. Au dos de la photo, je sais déjà que se trouve une date, *23 avril*, ainsi que l'écriture de Ryan qui dit : *Merci pour tout, mon frère*. Ryan l'a envoyée par la poste quelques jours après son retour dans l'Oise. Quand François s'est installé un semblant de bureau à partir de tréteaux et d'une planche de contreplaqué, c'est la première chose qu'il a mise dessus : ce cliché. À côté, la carte d'anniversaire d'Elsa. Une envolée de ballons accompagnée d'un *Joyeux anniversaire !* pailleté. À l'intérieur, Elsa a couché quelques phrases pleines de douceur. L'une d'elles dit : *Je sais déjà que tu seras un père formidable*. Et une autre m'a étonnée : *Léonie me demande régulièrement : Quand est-ce qu'on retourne chez le monsieur de l'éclair à la vanille, tu sais, celui qui a un toboggan dans son jardin…*

J'ai compris que François avait reçu Elsa et ses filles au Clos des hortensias, probablement à cette période où nous ne communiquions plus beaucoup. Il ne m'en avait jamais rien dit. À l'époque, pendant que je ne voyais en François qu'un type exécrable qui végétait sur son canapé, Elsa avait déjà perçu ce que je découvre aujourd'hui, des mois plus tard : il fera un père formidable. Il *est* un homme formidable. Chaque fois que je vois cette carte d'anniversaire, c'est un pincement au cœur que je ressens. Je ne veux plus penser à cette époque maudite.

À côté de la photographie de la route des vins et de la carte d'Elsa se trouve un cliché de nous deux qui a été pris par ma mère le soir de l'anniversaire. Je porte ma robe orange que François aime tant. Je suis assise sur ses genoux. Il a le menton posé sur mon épaule. Nous sommes beaux, aussi beaux que sur la photo de mon fond d'écran, celle qui date du tout début de notre relation. Sur cette vieille photo que j'aimais tant, François apparaît intense et ténébreux, fort et inébranlable, moi sensuelle et offerte, vivant dans sa lumière. Sur la photographie de son anniversaire, c'est différent. François a un visage plus doux et apaisé. Je n'ai plus cette sensualité à fleur de peau mais une posture affirmée, solide. C'est moi qui prends la lumière et François qui reste dans l'ombre de mon cou. Pourtant nous sommes aussi beaux. Peut-être même plus.

Le bureau de François est déjà envahi : outre les photos, deux blocs-notes, un pot plein à craquer de stylos, un ordinateur portable, des Post-it, une collection de surligneurs. Il a tout préparé en vue de sa formation qui démarrera au début du mois de juin. J'entamerai alors la dernière ligne droite de cette drôle d'aventure qu'est la grossesse. Quand j'y pense, j'ai l'impression que le temps a filé à toute vitesse. Depuis l'anniversaire de François surtout. Parmi les événements notables il y a eu la venue de Camille un dimanche : un aller-retour rapide mais qui m'a fait un bien fou. C'était la première fois depuis l'accident qu'elle voyait François, la première fois qu'elle me voyait avec ce ventre, qu'elle prenait de plein fouet la réalité. Elle a peiné à trouver les mots sur le quai de la gare où je l'ai raccompagnée. *Il a l'air d'aller mieux.* Puis, après une hésitation : *Je crois que je préfère ce François-là au François du Melchior.* J'ai souri. Je ne savais pas si je devais me sentir vexée par cette remarque. J'ai repensé à mon François d'avant, plein de vie, de fausse assurance, meneur assumé, homme passionné, toujours empressé, un peu trop parisien. Je lui ai avoué à demi-mot : *Je crois que moi aussi finalement.*

Le mois de mai a été également marqué par le nouvel objectif de François : se tenir debout grâce à des orthèses en carbone. Il s'y est lancé bille en tête, multipliant les appels téléphoniques à Garches, à Elsa, au centre de rééducation de Troyes, aux différents kinésithérapeutes de la région, à tous ceux susceptibles de l'aider dans ce projet fou. J'ai vu revenir en lui une certaine acrimonie, une colère sourde qui ne supportait aucune attente, aucune hésitation, aucune entrave. Les ponts de mai et les absences des uns et des autres l'ont rendu fou. Heureusement, il a fini par obtenir un rendez-vous à Troyes pour le milieu du mois de juin afin d'effectuer une série de tests physiques. On l'a cependant averti : tout le monde n'est pas éligible aux orthèses. Il faudrait qu'il démontre de bonnes capacités physiques et un mental endurant. Il a serré les mâchoires sans rien dire. Je savais ce qu'il pensait : c'était très loin d'être gagné, il avait abandonné toute pratique sportive depuis sa sortie du centre. Mais très vite, son leitmotiv est revenu : *Si Ryan a réussi, je réussirai aussi*. C'est ainsi qu'ils fonctionnent tous les deux : ils se tirent vers le haut l'un l'autre.

François

Un petit vent balaie la cour et amène un peu de fraîcheur. Sur la table, mes feuillets volent. Je rattrape de justesse celui que j'essaie en vain de décrypter. Le titre indique : *Créer et gérer des espaces d'échanges (blogs, forums, pages Facebook…) afin d'entretenir le dialogue entre la marque et ses utilisateurs.* Je n'y parviens pas. J'ai beau fixer mon esprit sur les lignes, les mots, tenter de percer les concepts, je finis toujours par m'évader ailleurs. Mes yeux papillotent, se posent sur le parasol vert pomme au-dessus de ma tête, sur le ciel d'été, bleu vif, sur Léo, allongée sur son transat. Aujourd'hui c'est dimanche et la boulangerie a fermé à treize heures. Elle dort, couchée sur le côté, une main glissée sous son visage. C'est elle la principale cause de mon manque de concentration. Parce qu'elle ronfle légèrement avec ce ventre trop gros pour elle, ce poids qui comprime sa poitrine. Parce qu'elle porte une robe d'été légère qui dévoile ses jambes. Parce que la grossesse la rend plus belle et délicate que jamais.

J'ai commencé la formation depuis une semaine et je dois avouer que, malgré la promesse faite à Léo de faire mieux ici qu'à Paris, d'étudier sérieusement, je ne suis pas très studieux. La douceur de notre vie ici a atténué les maux, réduit la spasticité de mes jambes, me laissant plus tranquille la nuit. Pourtant, je ne parviens pas à retrouver un cycle de sommeil normal. Je reste de longues heures les yeux ouverts dans le noir. Et puis, je dois avouer que j'ai pris goût à ce temps passé dans la boulangerie aux côtés de Jacques la nuit, la radio diffusant ses enquêtes criminelles pendant que le reste du monde dort. Alors je continue d'aller rejoindre Jacques et Alban. Je mets la main à la pâte maintenant. J'installe mon fauteuil face au plan de travail en inox, là où il gêne le moins, et j'aide Jacques à former les pâtons puis à façonner le pain en baguettes, en torsadés, en boules, en épis ou en marguerites. J'aime travailler le pain. C'est une tâche apaisante, gratifiante, pleine de sens. Alors que « créer le buzz », construire une stratégie « social media », organiser des campagnes publicitaires, gérer des « KPI »... C'est brasser du vent. Ça me donne envie de me pendre.

Les conséquences de ces nuits passées à la boulangerie : je dors une grande partie de la journée et je ne trouve pas l'énergie de me plonger dans mes modules de formation. Je tente vaguement d'étudier en fin d'après-midi, avant d'aider Nathalie à préparer le dîner. Mais je ne trouve pas grand intérêt au métier de community manager. Si ça ne tenait qu'à moi, j'aurais déjà arrêté. Mais Léo compte sur moi. Nous allons avoir un enfant. Il faut que je sois un modèle : travailleur, responsable, fiable. Alors, quand elle m'a demandé tout à l'heure : *Ça te plaît toujours ?* en désignant mes feuilles, j'ai juré que oui. Je vais m'y mettre sérieusement... Je lui ai promis que j'essaierais de faire mieux.

Un ronflement plus élevé que les autres interrompt brièvement le sommeil de Léo. Elle change de position, se tourne sur l'autre côté puis reprend sa sieste, imperturbable. Je déplace l'ombre du parasol pour qu'elle n'attrape pas de coups de soleil. Quand je peux observer Léo longuement, sans qu'elle le sache, je suis toujours pris d'une profonde tendresse puis, inexorablement, d'une pensée pour Antoine, qui l'a possédée un jour, un infime et terrible moment. C'est plus fort que moi. Si bien que la tendresse se teinte toujours d'amertume. Mais cet après-midi, non. Cet après-midi je la regarde dormir comme un loir, ses cheveux étalés autour de son visage, fainéante et délicieuse. Elle est ronde, enfin.

Elle affiche au nez de tous cette vie qu'elle porte en elle. J'ai guetté cette vision pendant si longtemps. Elle est tranquille, sans crainte, se laissant aller à des rêves au beau milieu de la cour. Et je ne peux m'empêcher de songer : *Tu n'as rien eu, Antoine. Tu n'as rien eu d'elle. Une étreinte rapide et sans saveur, aussitôt regrettée. Moi j'ai tout. Tout ce qu'elle a pu me donner, elle l'a déposé à mes pieds.* Alors je ne vois plus vraiment de raison de continuer à le haïr, en ce dimanche radieux de juin. Je tâtonne sur la table, repousse les feuillets, attrape mon téléphone portable. Le dernier message d'Antoine est cette photographie de nous deux dans les loges pour la dernière de *Dom Juan*. Il n'a pas tenté de reprendre contact. Je reste de longues secondes à fixer le cliché, hésitant. Je ne sais pas par quoi commencer, quels mots employer, si je dois me contenter d'un simple « salut » ou au contraire rédiger un message solennel. Finalement j'appuie sur l'icône « appareil photo » de mon téléphone. Je cadre la scène de ce dimanche paisible à la campagne, de cette nouvelle vie, du nouvel homme que je suis. Mes jambes en premier plan, dans le fauteuil, puis un morceau de la table et de son parasol vert pomme, un fragment du ciel d'un bleu insolent, les vieilles pierres de la façade mangée par le lierre, et Léo. Léo endormie sur son transat, dans sa robe légère, avec son joli ventre rond qu'on ne peut ignorer. Le cliché s'enregistre. Je le contemple, satisfait. Il renvoie quelque chose de doux, de serein, de bucolique. Je le fais glisser dans un message à destination d'Antoine. Je n'y ajoute pas de légende. Je l'envoie ainsi. J'ai bien trop peur de changer d'avis, bien trop peur de voir la colère revenir.

Je tente de me replonger dans mes cours. Module suivant : *Stimuler les conversations en impliquant les internautes autour de sa marque.* Je me moque des réseaux sociaux. Cet après-midi plus que jamais. J'ai le cœur étrangement serré. Je me sens délesté d'un poids aussi. Je n'ai pas terminé le premier paragraphe que le vibreur retentit. Antoine.

Félicitations !!!

S'ensuit un flot de messages tapés avec empressement :

Où vous êtes ?

À la campagne ?

C'est prévu pour quand ?

Comment tu vas ?

Envoie-moi ta tronche aussi ! Je veux voir si tu as pris un coup de vieux !

Vous attendez une fille ou un garçon ?

J'oublie de répondre à la moitié des questions. Je passe l'appareil photo en mode selfie, tente de cadrer mon visage tant bien que mal avec le contre-jour. Finalement, je conserve le cliché saturé de lumière qui masque la moitié de ma tête.

Pas une ride, tu as vu ?

Je souris bêtement, absorbé par mon écran, quand Léo se redresse, les yeux encore gonflés de sommeil.

« Qu'est-ce que tu fiches ? »

Elle se lève, pieds nus dans le gravier. Elle se déplace jusqu'à moi de cette drôle de démarche qui donne l'impression qu'elle tangue. Elle se poste derrière moi, découvre mon écran, la conversation où Antoine répond en rafales :

Le juge ne peut pas statuer. J'exige un portrait en bonne et due forme avec éclairage correct et visage cadré.

En Bourgogne ? Sérieux ?

Je la sens se raidir dans mon dos un instant. Puis elle pose une main sur mon épaule. Elle ne fait aucun commentaire. Juste : « Je vais nous chercher à boire. »

Puis elle disparaît dans la maison, insensible au gravier qui s'écrase sous ses pieds nus, insensible au poids de son corps. Ses cheveux volent dans la petite brise estivale. Sa robe danse. Je la regarde s'éloigner, libre et légère, et je réalise enfin… Antoine n'a jamais possédé Léo. Je n'ai jamais possédé Léo. Léo écrit dans un carnet de moleskine vert. Elle invente des mondes, donne vie à des personnages, crée du beau à partir de rien. On peut l'admirer, la charmer, la désirer, la chérir, l'idolâtrer, l'aimer. Mais on ne la possède pas.

Éléonore

Je l'ai conduit au centre de rééducation moi-même. Je ne sais pas pourquoi, je ne sentais pas ce rendez-vous. J'ai préféré l'accompagner en voiture plutôt que le confier à un taxi médicalisé ou à ma mère, qui a pris ma place derrière le comptoir pour l'après-midi. François est tendu mais pas inquiet. Il s'attend à une issue positive, je le vois à son visage. Sans doute parce que les choses se sont déroulées sans accroc ces derniers mois. La grossesse miraculeuse, notre installation dans cette bulle de douceur en Bourgogne, les jours qui s'écoulent sans heurt, Antoine réapparu dans sa vie. Ils se sont téléphoné hier soir, François a allumé une clope dans la cour et ils ont discuté vingt minutes. Je n'ai pas osé approcher. C'est mieux qu'ils se retrouvent tous les deux sans moi qui viendrais raviver de mauvais souvenirs.

Le parking du centre est complet. Nous tournons depuis cinq minutes déjà. Les places pour handicapés sont toutes prises.

« Dépose-moi là. Je vais être en retard », indique François.

Je me gare en double file, descends, sors le fauteuil du coffre. Je le lui déplie. Il fait son transfert tout seul. Il n'a que rarement besoin de moi maintenant.

« Tu me rejoins à la consultation ? Deuxième étage, service neuro.

— Oui. Je me dépêche. »

Je le regarde s'éloigner dans son fauteuil. Il est confiant. J'appréhende la déconvenue. Je la pressens.

Je me suis garée si loin qu'il me faut près de dix minutes pour rejoindre le bâtiment puis le deuxième étage. François n'est plus dans la salle d'attente et cela me contrarie. Quoi qu'on lui annonce, j'aurais préféré être à ses côtés. Je prends place sur une chaise en plastique qui massacre mes reins. Je fixe la porte derrière laquelle les espoirs de François sont peut-être en train de se fracasser. Quand elle s'ouvre, une éternité plus tard – j'ai épuisé tous les magazines de la table basse –, je comprends à son seul visage que mes craintes se sont confirmées. Il a les yeux noirs, les mâchoires serrées. C'est l'ancien François qui se trouve devant moi, celui que je croyais avoir laissé au Clos des hortensias.

François

Je vois bien qu'elle veut savoir, qu'elle attend un débrief, mais je n'arrive pas à desserrer les mâchoires. Je m'étais préparé à un avis mitigé, à un éventuel refus, mais je pensais pouvoir argumenter. Je n'ai jamais envisagé que le médecin soit si dur, si catégorique. Je me suis retrouvé comme un con, comme un gosse qui perd ses mots. J'ai bafouillé. Je m'en veux d'avoir été si peu capable de lui faire face.

« Pourquoi vous voulez ces orthèses ? »

Il me fixait par-dessus ses lunettes, avec son air suffisant de médecin tout-puissant.

« Pour… tenir debout.

— Pourquoi ? »

N'était-ce pas une raison suffisante, tenir debout ?

« Vous pouvez vivre votre quotidien en fauteuil, non ? Vous le faites depuis un an et demi.

— C'est… J'ai…

— Tenir debout pour le plaisir de tenir debout, ce n'est pas suffisant. Ça ne vous rendra pas votre ancienne vie, monsieur Louvier. »

Il était si condescendant. J'étais devant lui, en caleçon, bien trop vulnérable.

« Je vais avoir un enfant. »

Il a balayé cet argument d'un geste de la main.

« C'est très éprouvant pour le dos, vous savez. Très douloureux. Nous ne le recommandons que pour les plus sportifs. Si vous aviez eu une condition physique correcte, j'aurais pu l'envisager, mais là… vous n'avez plus aucun tonus dans les abdominaux. Vous faites des exercices en dehors de vos séances de kiné ? »

Je n'ai pas eu besoin de secouer la tête. Il avait décidé qu'il connaissait déjà la réponse.

« Écoutez, je ne suis pas là pour vous décourager, mais je ne peux pas vous donner de faux espoirs non plus. Dans le cadre d'une paraplégie basse, la marche peut être travaillée avec des orthèses et un déambulateur avec une aide humaine importante, mais c'est très physique, très consommateur d'énergie, et cela se fait plutôt dans un objectif sportif, d'effort. Ce ne sera jamais un mode de déplacement. Votre mode de déambulation restera le fauteuil roulant avec lequel vous serez par ailleurs beaucoup plus libre et autonome. »

Je n'ai pas répondu. Je m'étais fermé. C'était terminé. Je n'avais plus envie de discuter avec lui.

« Ne voulez-vous pas réfléchir à autre chose à partager avec votre futur bébé ? Être en fauteuil roulant ne fait pas de vous un père de deuxième catégorie. Vous aurez beaucoup d'autres choses à apporter à votre enfant… »

Comme je l'ignorais, serrant les mâchoires, il a ajouté :

« Je suis navré, mais je ne peux pas vous donner un avis favorable à votre requête. »

Puis il s'est mis à taper des notes sur son ordinateur pendant que je mettais une éternité à me rhabiller. La colère faisait trembler mes mains.

Alors quand Léo me demande, sur le chemin vers la voiture : « Ça va ? », je préfère acquiescer, tout barricader à l'intérieur. Je ne pourrais rien laisser sortir sans que l'ancien moi explose, gâche tout. Une fois installée derrière le volant, Léo prend ma main, la pose doucement sur son ventre. Une façon de me dire que peu importe l'issue de ce rendez-vous, les orthèses en carbone, ce qui compte est ailleurs, dans ce cœur qui bat sous sa peau. Je fixe la route. Je caresse son ventre.

Éléonore

« Tu pourras demander un autre avis à Garches. »

Il ne me répond pas. Nous sommes dans la cour. Ma mère dresse déjà la table du dîner dehors. La chaleur de ce mois de juin nous permet de profiter des veillées au clair de lune. Je lui lance un regard d'avertissement pendant que François se transfère dans son fauteuil : pas de questions maintenant. Elle hoche la tête. Mon père apparaît. Je n'ai pas le temps de le prévenir lui aussi.

« Alors, on sort un grand cru ? »

François lui répond, prenant visiblement sur lui pour conserver un ton égal : « Pas ce soir, non. »

Mon père hausse les épaules. Personne ne moufte. Pourtant, quand nous nous installons à table, une dizaine de minutes plus tard, le grand cru est sur la table. *Le vin console les tristes, rajeunit les vieux, inspire les jeunes et soulage les déprimés du poids de leurs soucis*[1]. C'est la phrase qu'il a inscrite sur les murs de sa cave. Il la fait sienne ce soir.

François est silencieux à table mais personne ne tente de le faire parler. On lui remplit son assiette et son verre. Il remercie poliment. Ma mère semble hésiter au moment du plateau de fromages. Elle porte la main à la poche centrale de son tablier, se ravise, consulte mon père du regard. Un coin blanc dépasse de l'ourlet. Je finis par la presser : « Qu'est-ce que c'est ? »

Elle sort une enveloppe décachetée, nous la tend. J'imagine qu'il s'agit d'un courrier pour François, une lettre de Garches qu'ils auraient ouverte par hasard. Je la déplie entre nous, en découvre l'objet sans en saisir vraiment le sens. *Accord pour une autorisation de travaux au 12, route de Chablis.* Je fronce les sourcils. Ma mère s'est sans doute trompée en pensant que ce courrier nous était destiné.

« Ce n'est pas pour nous », lui dis-je en repoussant la lettre vers elle.

Mais elle me lance un drôle de regard.

« Lis. »

François s'est penché sur le feuillet. Il semble concentré. Alors je l'imite. Tandis que la lumière décline, mes yeux se plissent, parcourent les phrases

1. Lord Byron.

en diagonale, attrapent des mots : *Ancienne maison de manouvrier datant de 1911. Rénovation des réseaux d'eau et d'électricité. Rénovation de l'isolation, de la façade et du toit. Rénovation des murs et des sols.* Je relève la tête.

« Vous avez fait une demande pour l'annexe ? »

Mes parents confirment d'un hochement de tête. Mon père se gratte le crâne de la pointe de son couteau.

« Vous vous êtes décidés, ça y est ? Mémé Madeleine a fini par capituler ? »

Ils échangent un regard qui semble signifier : *Allons bon…*

« Non, répond mon père. Madeleine n'a pas cédé. Elle est têtue comme une bourrique, tu la connais. »

À côté de moi, je sens François qui se redresse et, sans vraiment me l'expliquer, j'ai l'impression que son énergie a changé. Sa colère se dilue, se trouble, s'effrite malgré lui.

« Vous allez en faire un garage ? je poursuis.

— Non. »

Ma mère nous lance un sourire timide.

« C'est pour vous.

— Pour nous ?

— La maison. On la rénove pour vous. Pour vous trois. »

François reste muet. Moi, je me mets à lisser la lettre sans trop savoir pourquoi. J'ai du mal à prendre la mesure de cette information.

« On a pensé que vous auriez besoin d'intimité quand le petit sera là, poursuit ma mère. Jacques a déposé la demande en mairie il y a un mois. Maintenant qu'on a l'accord, on va pouvoir démarrer les travaux. Avec un peu de chance, le gros du chantier se fera pendant l'été et tout sera terminé pour le milieu de l'automne. »

Je ne parviens toujours pas à ouvrir la bouche. C'est mon père qui prend la suite, pragmatique : « La cuisine sera refaite à neuf. Elle pourra être ouverte sur l'ancienne salle à manger, que vous voudrez sans doute transformer en salon. Les murs sont en très bel état et pourront être conservés d'origine. Les deux chambres auront besoin d'être repeintes mais ce ne sera l'affaire que de quelques jours. Le gros des travaux se concentrera sur la salle de bains et les toilettes. »

Je m'y reprends à deux fois pour prononcer quelques mots : « Des travaux pareils… »

Je n'ai pas bu de vin mais j'ai un coup de chaud tout à coup.

« Ça fait des années qu'on avait ce projet de rénovation, déclare ma mère. Cette fois, avec vous ici, le moment semble venu. »

Elle perçoit mon trouble, son visage se crispe.

« Vous n'avez pas à vous sentir obligés de rester pour autant. Si vous voulez retourner chez vous, en région parisienne, rien ne vous en empêche. On aurait fait ces travaux de toute façon. La maison servira à vous accueillir quand vous viendrez nous rendre visite pour Noël ou à l'été. Et puis, d'ici quelques années, qui sait, Madeleine consentira peut-être à nous rejoindre. »

François vide son verre de vin d'une traite. Je crois qu'il a chaud lui aussi. Mon père le ressert aussitôt. Je sens bien qu'ils attendent tous une réaction de ma part maintenant. Je me tourne vers François, perdue. Il glisse sa main sur ma cuisse sous la table, lance avec un demi-sourire : « On dirait qu'on va devoir envoyer notre préavis au Clos des hortensias, non ? »

J'ouvre la bouche mais rien ne vient, excepté : « Et merde ! »

J'attrape le verre de François. Ils protestent tous autour de la table mais je les fais taire d'un regard assassin. Je ferme longuement les yeux, le liquide fruité glisse sur ma langue. Quand je les rouvre, ils sourient tous les trois.

« Quoi ? dis-je, sur la défensive. J'ai le droit de trinquer, moi aussi. »

François

Je tire sur ma clope. Ma seule et unique clope de la journée. Quand le petit sera là, j'arrêterai totalement. Je m'en suis fait la promesse. Et je ferai du sport. Quand j'aurai récupéré un peu de tonus musculaire, je demanderai qu'on réexamine mon dossier pour les orthèses. Je leur démontrerai à tous ma motivation. L'abattement qui m'a assailli à la sortie du centre de rééducation s'est teinté d'autre chose. Quelques gouttes d'un grand cru, la peau nue et moite de Léo sous la table, un courrier administratif, et la vie reprend ses droits. L'espoir. L'envie d'en découdre.

De me battre. J'ai tout mon temps pour y arriver. J'ai tout mon temps pour me remettre debout. Laisser passer l'été. Laisser naître notre fils. En septembre, je me replongerai dans la bataille, plus déterminé que jamais.

51

Éléonore

Il ne manque plus grand-chose pour boucler notre valise : la trousse de toilette que nous fourrerons à l'intérieur ce soir et ce maillot de bain une pièce spécial femme enceinte acheté hier. Nous partons dans le Sud pour dix jours. C'est François qui en a eu l'idée : « Tu ne veux pas aller voir la mer ? »

Moi j'aurais pu rester tout l'été ici, passant du transat au lit, cherchant tantôt le soleil et la moiteur, tantôt l'ombre et les frissons. Depuis que j'ai laissé la place à ma mère à la boulangerie, je dors toute la journée.

« Voir la mer…

— C'est toi qui voulais voir la mer l'été dernier. »

L'été dernier nous étions au Clos des hortensias. Je rêvais d'évasion, de grand air, de quitter mon sinistre quotidien. Là c'est différent. Je suis bien dans ma Bourgogne natale, entourée des miens, bercée par le son des marteaux-piqueurs et autres engins de chantier qui commencent à transformer la maisonnette. Un grand panneau est désormais visible depuis la route, annonçant : *Rénovation de maison individuelle – Société Da Costa*. Les travaux ont démarré début juillet. Des palettes et des matériaux en vrac ont envahi la cour gravillonnée, ainsi qu'une brouette et un dumper motorisé. Pourtant, le brouhaha ne perturbe pas le moins du monde ma retraite tranquille. En revanche, François dit qu'il ne parvient pas à se concentrer sur sa formation avec ce boucan. Je crois qu'il n'a aucune envie de se plonger dans cette formation, de toute façon.

Alors il a pris les choses en main. Il a réservé un hôtel sur la Côte d'Azur, un établissement pour vieux riches avec piscine, plage privée, restaurant en pension complète, et tous les équipements nécessaires pour lui, tout le confort pour moi.

« On ferait mieux de garder cet argent pour tes orthèses, ai-je tenté de protester. Si tu fais une nouvelle demande à l'automne… »

Mais François a répliqué d'un ton ferme et sans appel : « Non. Allons plutôt voir la mer. »

Puis il a ajouté : « On ira t'acheter un joli maillot de bain pour protéger ton ventre des coups de soleil. »

J'ai compris qu'il ne céderait pas, qu'il était prêt à tout : affronter la piscine et la plage en fauteuil roulant, dévoiler ses jambes amaigries, son dos et sa cicatrice. J'ai compris qu'il avait commencé à guérir tout doucement. Alors j'ai accepté de braver les centres commerciaux et leur foule. J'ai acheté un maillot de bain bleu turquoise aux bretelles ornées de petits nœuds blancs.

Je me suis laissé gagner par cette idée de nos deux corps au soleil, paresseux et brûlants. Nous partons demain matin très tôt, en voiture. La dernière échographie a été faite. « Un beau bébé qui se porte à merveille », a conclu l'échographiste. Pas de contre-indication à faire de la route. Il m'a donné le feu vert. « Reposez-vous quand même. » François a ri. « Ne vous inquiétez pas, doc, on est sur un spécimen de koala. » Puis, devant le regard plein d'incompréhension du praticien : « Elle dort vingt heures par jour. »

François

Le Sud nous offre une parenthèse encore plus douce que la Bourgogne. Nous ne faisons pas grand-chose durant ces dix jours. Buffet à volonté et farniente. Nous dormons tard. Sans mes escapades nocturnes à la boulangerie, je retrouve un rythme de vie plus normal.

Les matins, au bord de la piscine, je fais semblant de réviser sur mon transat. Je tourne les pages, mes yeux parcourent des lignes sans intégrer aucune information. Mon classeur indique que je suis arrivé au module 4 : *Ciblage d'audience pour une campagne de publicité efficace*. En réalité mes yeux ne quittent pas le maillot de bain turquoise aux nœuds blancs et le petit carnet qu'elle remplit de prénoms de garçons. Un jour, voyant que je l'observais, Léo s'est mise à inscrire des prénoms plus farfelus les uns que les autres : Casimir, Goulven, Ignace, Clodomir, Prodige.

« Tu les inventes ?

— Pas du tout. Ils existent, tu n'as qu'à vérifier par toi-même.

— Prodige… Ce serait bien le prénom de mon fils.

— Et Modeste ? C'est sympa aussi. Modeste Louvier. »

Elle esquive la tong que je lui lance. Quand elle ne roupille pas au soleil, Léo fait la planche dans la piscine. Elle attire les yeux des vieilles dames venues dilapider leur retraite ou celle de leur mari, des coups d'œil pleins d'envie et de mélancolie. Nous sommes parmi les plus jeunes ici. Je n'aurais pas dû craindre les regards. Je ne suis pas le plus mal foutu, il y a de nombreux octogénaires qui présentent autant de cicatrices que moi et dont les jambes sont aussi décharnées que les miennes. Et puis j'ai même croisé un fauteuil ou deux.

« Tu as toutes tes chances pour être élu Mister Club Med 2020 », se moque Léo.

Nous sommes heureux ici. Nous sommes moqueurs et puérils. Nous nous aimons comme des gosses.

Éléonore

François a accepté que je le conduise à la mer aujourd'hui. Jusqu'à présent, il préférait la sécurité des dalles bordant la piscine et le confort des fauteuils de mise à l'eau. Il ne se baignait pas beaucoup. Il lui faut fournir de gros efforts pour se maintenir à la surface avec les deux poids morts que constituent ses jambes. Et puis, quoi qu'il en dise, quoi qu'il laisse paraître, il n'aimait pas vraiment les regards posés sur lui pendant qu'un maître-nageur l'installait dans l'élévateur pour le mettre à l'eau.

En faisant connaissance avec un couple de retraités au buffet du petit déjeuner, j'ai entendu parler d'une petite crique de sable fin à deux kilomètres de l'hôtel.

« On ne pourra pas manier le fauteuil sur le sable.

— On essaie et on voit, d'accord ? »

Il s'est acharné à me faire changer d'avis tout au long des deux kilomètres que nous avons parcourus à pied, et maintenant encore, tandis que je pousse de toutes mes forces pour faire avancer son engin de malheur dans le sable.

« Arrête. Arrête ça tout de suite ! Tu vas finir par accoucher sur place ! »

J'abdique, parce que des étoiles dansent devant mes yeux et que je me sens étouffer. J'ai du mal à reprendre mon souffle.

« C'était une idée à la con. On voit la mer depuis l'hôtel. Ça me suffit. »

Je me laisse tomber sur le sable, haletante. Des flashs crépitent encore devant mes yeux éblouis par le soleil. Je reste persuadée que la mer lui aurait fait du bien, que le sel l'aurait porté bien mieux que l'eau chlorée de la piscine, que les vagues l'auraient bercé. Mais je dois me résoudre à abandonner. Il n'y a personne ici, personne aux alentours. La crique se situe dans un virage. L'accès n'est pas indiqué, il s'agit d'un simple sentier caché entre deux bosquets de plumbagos bleu azur. Nous avons failli nous faire écraser en traversant la route. Et maintenant nous sommes comme deux imbéciles, enlisés après avoir parcouru à peine deux mètres. Pourtant, la mer est plus belle que jamais devant nous, d'un aigue-marine profond sous le soleil de midi.

« Va te baigner, toi, me dit François.

— Non. Je reprends mon souffle et puis on rentre à l'hôtel. Tu as raison. C'était stupide. »

Il secoue la tête.

« Qu'est-ce que tu fais ? » dis-je.

Car il est en train de prendre appui sur ses avant-bras. Il procède comme s'il allait se transférer mais il se laisse tomber dans le sable, lourdement.

« Arrête… Qu'est-ce que tu fais ? »

Je m'inquiète déjà. Comment vais-je pouvoir l'aider à remonter dans son fauteuil ? Avec ces étoiles devant les yeux et mon étourdissement, je ne donne pas cher de ma personne. Mais déjà François effectue une rotation dans le sable, se place dos à la mer. Il place ses deux jambes bien droites, bien tendues devant lui. Puis il se hisse sur ses avant-bras, contracte ses muscles pour soulever son bassin, et recule d'une vingtaine de centimètres. Il recommence lentement, avec concentration. Ses bras tractent le reste de son corps, à reculons.

« Attends, je vais t'aider ! »

J'ai compris. Je me place derrière lui, dans son dos. Quand il se hisse à la force de ses bras, je loge mes mains sous ses aisselles et je le tire vers moi, vers la mer. Nous progressons plus vite maintenant, même si François me répète de le laisser se débrouiller seul.

« Tu vas te provoquer des contractions. »

Je m'en moque. Plus nous approchons de l'eau, de sa fraîcheur, de la brise marine, plus mes forces décuplent. Bientôt l'écume vient lécher mes pieds et le bassin de François.

« On y est… On a réussi. »

Je parle au ciel, au soleil brûlant qui crée mille reflets autour de nous.

« Allez, encore quelques pas. »

Les vaguelettes s'écrasent dans le dos de François. Il les sent. Enfin. Il ferme les yeux, sourit. Je répète comme une ritournelle : « On y est… On y est. »

Et nous progressons encore. Quelques mètres. Je m'agenouille, laisse l'eau m'engloutir jusqu'à la poitrine. Je tire François vers moi. Porté par l'eau salée, son corps ne pèse plus rien. C'est un jeu d'enfant : l'entraîner avec moi dans les vagues, mouiller ses cheveux, caresser sa nuque. Sur son visage, les reflets argentés de l'eau dansent. Il ne dit rien. Il n'en a pas besoin. Nous savons lui et moi que le bonheur est silencieux, il se savoure les yeux fermés.

François

Le dernier soir, Léo ne passe pas sa chemise de nuit en sortant de la douche. Elle retire sa serviette, la laisse tomber au pied du lit et déclare : « Fais-moi l'amour. »

La nuit résonne du chant des grillons. La brise entre par la fenêtre ouverte et soulève les rideaux blancs. Ce soir, pour la première fois depuis notre sombre période au Clos des hortensias, Léo me demande de la pénétrer. « Tu es sûre ? »

J'ai encore en mémoire ses yeux vides et tristes pendant qu'elle montait et descendait sur moi, la télévision qui tournait en fond et le dégoût de moi-même tandis que je m'acharnais à lui imposer ça. Je pensais la retenir, je ne faisais que la salir. Tous ces mois qui ont suivi, j'ai tenté d'oublier ce que j'avais fait. Je ne l'ai plus touchée, ou rarement. Même lorsque nos caresses devenaient plus intimes, j'ai toujours fait en sorte de me dérober, de ne pas avoir à la pénétrer. Je l'ai aimée autrement, avec mes mains, mes lèvres, avec plus d'égards et beaucoup de tendresse. Mais ce soir, elle me caresse et elle répète, ses yeux dans les miens : « Je veux que tu viennes en moi. »

Dix mois que nous n'avons plus uni nos corps. Dix mois nécessaires pour oublier ces sombres jeudis soir, l'homme ignoble que j'ai été et les larmes qu'elle a dû ravaler.

Ce soir, c'est comme si nos corps se rencontraient pour la première fois. Je retrouve la Léo de nos débuts. Sensible, sensuelle, à fleur de peau. Sa bouche s'ouvre, son souffle est saccadé, ses lèvres se gonflent, ses pupilles se dilatent. Ses yeux deviennent flous pendant qu'elle se perd de plus en plus profondément dans son extase. Et moi, je ressens tout. Pas dans mon sexe, pas dans mon bas-ventre, mais dans ma tête. Je sens sa jouissance, son abandon total, et j'y prends un plaisir infini.

Plus tard, son souffle s'apaise. Le chant des grillons envahit de nouveau tout l'espace. Léo pose ma main sur son ventre. Le bébé s'agite plus énergiquement que jamais.

« Désolé, mon vieux. J'espère qu'on ne t'a pas réveillé. »

Léo sourit, les paupières fermées.

Je m'adresse à elle, guettant la moindre émotion sur son visage : « Ça ne marchera pas toujours si bien, tu sais… Cette vigueur nouvelle, c'est sans doute l'effet de l'air marin. » Depuis près de deux ans que j'apprivoise ce nouveau corps, je commence à le comprendre, à anticiper ses caprices, ses dysfonctionnements.

« Je m'en moque. »

Elle garde les yeux clos. Sa respiration fait monter et descendre sa poitrine plus gonflée que jamais. La peau de ses seins marbrée de veines bleutées, ses tétons marron. Elle s'en moque. Je remonte le drap fin sur son corps, regarde ses cheveux frissonner dans le fin courant d'air nocturne. Elle s'en moque. Et je crois que ce soir, j'ai décidé de la croire.

Quand j'étais encore au centre de rééducation, quand je vouais une obsession à ma queue, à ma supposée virilité, Ryan m'avait prêté un ouvrage qui circulait dans le service : *Aimer au-delà du handicap*, de Bernadette Soulier. Il y était question de paraplégie, de vie amoureuse et sexuelle.

Un couple, c'est aussi se disputer, se faire mal et le regretter, c'est construire des projets ensemble, c'est aller au spectacle ensemble, c'est parler de rêves, de ses souffrances, de son enfance, ou du « petitou » qu'on voudrait faire naître. […] C'est tellement dense, ce qu'on peut mettre dans le grand sac du mot couple, que le mot coït ne prend pas tant de place finalement et le mot orgasme encore moins.

J'avais jeté l'ouvrage avec dédain. Ryan l'avait rangé dans sa table de nuit sans un commentaire. Ce soir, alors que Léo s'endort tout près de moi, je repense à ces mots et j'ai envie de remercier Bernadette Soulier. Je songe : *Un couple, c'est s'aider à atteindre la mer, coûte que coûte, peu importent les efforts qu'il faut déployer pour y parvenir, et se maintenir l'un et l'autre à la surface pour affronter les vagues.*

Il y aura d'autres plages où nous serons enlisés. D'autres déserts de sable à parcourir à la force des bras. D'autres épreuves. Nous nous en sortirons. Nous sommes un couple aussi fragile et aussi fort que les autres.

52

Éléonore

J'imaginais entrer en travail tranquillement au début du mois d'août. J'imaginais que les premières contractions arriveraient pendant que je somnolerais sur un fauteuil du salon ou dans mon lit au réveil. J'avais envisagé qu'elles se déclenchent dans la douche, au milieu de la cuisine, dans la cour gravillonnée pendant que j'observerais les travaux. J'avais même eu l'idée fantasque qu'elles me cueilleraient dans la boulangerie, pendant que je bavarderais avec ma mère en attendant les clients.

Mais à aucun moment je n'avais songé que ça me prendrait si tôt, si bêtement, au volant de la voiture, au retour des vacances, avec vingt-six jours d'avance, au péage de Valence. J'ai tendu le bras pour attraper le ticket et j'ai senti comme une déchirure à l'intérieur de moi, puis une étrange sensation d'enserrement, douloureuse. J'ai frôlé mon ventre qui était devenu dur comme de la pierre.

« Ça va ? Qu'est-ce qu'il se passe ? a demandé François.

— Rien. »

Le plus urgent était de remonter la vitre, avancer, passer la barrière.

« Arrête-toi sur le parking du péage », a-t-il dit.

Nous nous sommes donc arrêtés, François avec un visage démesurément inquiet, moi tentant de minimiser mon ressenti.

« Je ne suis pas certaine que ce soit une contraction.

— C'en était une, oui ou non ?

— Sans doute pas. J'ai dû forcer en tendant le bras. Rien de plus. »

Il me scrute, méfiant.

« Je vais appeler ta mère.

— Pourquoi tu veux appeler ma mère ?

— Pour que… Pour qu'elle nous donne son avis… pour qu'elle te dise d'aller à l'hôpital.

— Ce n'était rien qu'une contraction isolée…

— Ah ! C'en était une !

— Ce n'est pas étonnant, François. Je suis à moins d'un mois du terme et je viens de faire deux heures et quart de route.

— On devrait s'arrêter là. Sans doute appeler les pompiers.

— Arrête. Je vais juste prendre un Spasfon, me reposer cinq minutes et on repartira. »

Je suis bien obligée d'afficher une attitude sereine. Avec un François aussi stressé, nous finirions par faire une syncope tous les deux.

« Il reste presque quatre heures de route, constate-t-il d'une voix rauque, les yeux sur le GPS.

— Ça va le faire. Détends-toi.

— Allume quand même ton application.

— Quelle application ?

— Celle qui compte et chronomètre les contractions. Si ça se poursuit, on s'arrête et tu te diriges vers l'hôpital le plus proche. »

Je lève les yeux au ciel.

« D'accord. »

Quelques kilomètres plus tard, je dois me rendre à l'évidence : soit c'est le travail qui se met en place et je vais accoucher dans les vingt-quatre heures, soit quelque chose cloche. Mon ventre me fait atrocement souffrir. Mon estomac est mis à rude épreuve, mes intestins avec. Mais quelque chose me chiffonne : on m'avait parlé de vagues de douleur, de pics puis de répits. On m'avait parlé de contractions plus ou moins régulières. Or, cette douleur-ci n'offre pas de répit. Elle est continue. Continue et sourde. Pourtant, je prends la décision de ne rien dire à François, d'afficher une attitude sereine et de rouler de plus en plus vite. Je ne veux pas accoucher loin de chez moi, dans un hôpital où personne ne me connaît, sur le retour des vacances. Il suffit que je pousse la voiture un peu plus loin, un tout petit peu plus loin, jusqu'à la Bourgogne. Là-bas je consulterai un médecin. La sage-femme m'avait prévenue : pour un premier accouchement, le travail dure en moyenne douze heures. *Ne vous précipitez pas*. Quatre heures de route pour laisser le travail s'installer, ça me paraît jouable.

C'était compter sans l'angoisse de François. Il me scrute, ne rate rien du compteur qui grimpe.

« Pourquoi tu donnes des coups d'accélérateur comme ça ? Ralentis !

— Ça va, je me suis laissé distraire. »

Ces à-coups sur l'accélérateur, je ne fais pas exprès. La douleur est toujours bien présente, sans alternance, sans pics, toujours semblable et continue, mais plus les minutes défilent, plus elle devient difficile à supporter. Mon ventre est pris dans un étau et le reste de mon corps se raidit avec lui, jusqu'au bout des pieds. J'enfonce la pédale bien malgré moi. Je change de station de radio. Rire et chansons, ça va nous distraire. Je monte le volume et je souris à François.

« Éteins l'application. C'est inutile, vraiment. »

Je n'ai pas de contractions. Juste un mal de chien qui finira bien par passer.

Les panneaux défilent. Chaque ville qui s'annonce est une victoire. Roussillon. Vienne. Lyon. Mâcon enfin. Nous entrons en Bourgogne. Pourtant il reste encore deux heures vingt au GPS. Et mon espoir de rallier à temps l'hôpital d'Auxerre commence à faiblir. Mon courage avec. J'ai de plus en plus de mal à me concentrer sur la route. J'ai en permanence l'impression qu'un haut-le-cœur plus fort que les autres va m'emporter, que je vais vomir sur le tableau de bord, faire une embardée, nous tuer sur le coup. D'autant que la migraine s'est invitée au rendez-vous…

« Je vais prendre un deuxième Spasfon. »

J'actionne le clignotant pour m'arrêter à l'aire de repos annoncée.

« Qu'est-ce qui se passe ? s'inquiète François.

— Rien. J'ai juste besoin de faire une pause. Je pense que j'ai attrapé une insolation. »

J'avale le cachet avec une grande quantité d'eau. Je fais quelques pas en dehors de la voiture. Quand je suis debout, que je marche, quelques éclairs crépitent dans mes yeux. Je m'éloigne, hors de la vue de François. Je m'adosse à un arbre. Je l'entends paniquer dans mon dos : « Léo, ça va ? Reviens !

— Du calme ! »

Il commence à m'angoisser. Je le laisserais bien dans la voiture, derrière moi. Je m'accroupirais là, sur ce petit terre-plein d'herbe. Je fermerais les yeux et je serrerais les dents. On me foutrait la paix et je n'aurais qu'à gérer moi-même la tempête dans mon corps. Je n'ai pas perdu les eaux, il n'y a sans doute pas d'urgence. J'ai juste besoin de souffler, de récupérer quelques instants, d'éloigner la migraine et les nausées. Ensuite je reprendrai le volant. Peut-être pourrais-je rouler encore sur une centaine de kilomètres… Peut-être même pourrais-je arriver à Auxerre si le Spasfon veut bien faire effet et calmer mes entrailles. La migraine, c'est une autre histoire, cette douleur aiguë qui me vrille les tympans. On ne m'avait pas prévenue pour la migraine. Ni pour les flashs de lumière blanche qui éclatent derrière mes paupières lorsque je les ferme. Les jurons de François me parviennent. François, bloqué dans la voiture, incapable de me rejoindre sans son fauteuil : « Putain, Léo, arrête de déconner ! J'appelle le SAMU ! »

Je me redresse avec un léger vertige.

« J'arrive ! »

Dans la folie de mon obstination, nous parcourons cinquante autres kilomètres. François, la main crispée sur la poignée, surveille la moindre expression de douleur sur mon visage. Moi, je lutte contre les assauts d'un marteau-piqueur dans mon crâne, contre les coups de couteau assassins dans mon utérus. Puis j'abdique. Je me rabats sur la bande d'arrêt d'urgence, pile brutalement et vomis par la fenêtre ouverte.

« J'appelle le SAMU. »

Je ne proteste même pas. Je sais que j'ai fait une connerie.

François

Je comprends assez vite à l'expression sur le visage des médecins secouristes que quelque chose de sérieux et d'anormal est en train de se produire. Léo a évoqué la douleur insoutenable dans son ventre, une douleur continue, sans répit. Puis la migraine violente. Ils ont échangé des regards que je n'ai pas aimés. Puis ils ont pris sa tension artérielle et se sont décomposés. Ils ont aussitôt contacté l'hôpital par téléphone.

Mon fauteuil cogne contre les parois du véhicule à chaque soubresaut. Ils m'ont calé entre la perche à perfusion et la porte arrière, comme quelque chose d'encombrant. Je complique les choses. Le père, en proie à la panique, complique toujours les choses dans un accouchement, mais un père en fauteuil roulant, un père qui ne peut pas suivre, qu'il faut monter dans l'ambulance en installant une rampe, c'est vraiment la poisse. Mauvaise pioche. Je suis sûr que c'est ce qu'ils pensent. D'autant que Léo est plus pâle que jamais. Elle garde les yeux fermés, ne cherche plus à comprendre, à parler, à poser de questions. Elle s'est retranchée derrière ses paupières closes et eux ont mis la sirène en route. Ça aussi c'est mauvais signe.

Le véhicule s'arrête. Je ne sais pas vraiment où nous sommes, quel coin de France accueillera notre enfant. Les portes s'ouvrent, des soignants se précipitent à l'intérieur, avec une rapidité qui me donne le tournis. Je comprends assez vite qu'ils vont l'emmener sans moi, sans perdre de temps. L'un d'entre eux a quand même cette parole : « Dites-lui à tout à l'heure. »

Le brancard passe devant moi. Je tente d'agripper une main de Léo. Elle ouvre une paupière, son œil me paraît étrangement vide, vitreux. Je lance une plaisanterie parce que je ne vois plus quoi faire pour ne pas sombrer tout à fait : « On va bientôt accueillir Prodige… »

Elle ne réagit pas. Pas un sourire. Pas un éclat dans le regard. Ils l'emmènent. Avec moi, il ne reste plus qu'un ambulancier. Il installe la rampe d'accès, dessangle mon fauteuil, désactive les freins.

« Ça se présente mal, non ? »

Il semble sortir du brouillard, prendre conscience de ma présence.

« Ils craignent une prééclampsie. »

Ce mot ne m'évoque rien. Il est vaguement barbare, légèrement inquiétant.

« Ils vont l'emmener au bloc pour une césarienne d'urgence. »

Mes yeux s'écarquillent. Il pose une main sur mon épaule.

« Allez, je vous conduis au plus près de l'action. Ça va aller. »

Mais son visage indique que rien n'est certain.

Dans ce couloir où on me fait patienter, c'est idiot mais je songe au prénom de l'enfant. Nous n'avons pas vraiment tranché. Nous avions chacun nos préférences et étions prêts à faire des concessions. J'aimais son Augustin. Elle aimait mon Valentin. Mais nous n'avions rien décidé, nous avions encore le temps. Un jour, dans un couloir semblable, Léo a dû m'attendre avec la même angoisse, la même impression de suffoquer.

« Monsieur Louvier ? »

Une soignante se trouve devant moi. Elle me tend une charlotte ainsi qu'une tenue complète en papier bleu roi jetable et une paire de surchaussures.

« Je vous conduis pour vous changer ? »

Elle se place derrière mon fauteuil. Nous nous mettons à rouler. Me changer pour quoi ?

« Elle va bien ?

— Sa pression était extrêmement élevée. Il ne fallait pas traîner. Ils ont déjà posé la rachianesthésie. Ils vont l'ouvrir d'un instant à l'autre. »

L'ouvrir. La déchirer. Arracher à sa chair notre enfant. La recoudre. Une poupée de chiffon. Je me sens faible tout à coup.

« Dites-moi quand vous êtes changé. »

Elle s'en va. Je me bats contre le pantalon jetable, le déchire au niveau de l'aine. Je ne maîtrise plus mes mains, leurs tremblements. J'ai le pantalon au niveau des genoux quand son pas se rapproche.

« J'ai entendu un cri. Je crois que votre fils est né. »

Elle a un sourire dans la voix. Elle n'obtient aucune réaction de ma part, juste un silence consterné. Mon fils est né… En une fraction de seconde. Pendant que j'enfilais une foutue tenue jetable. Ils ne m'ont pas attendu.

« Il va bien. Je vous accompagne auprès de lui ? »

Éléonore

Je n'ai aucun souvenir précis de ce qui a suivi mon arrêt brutal sur la bande d'arrêt d'urgence. Je me souviens d'avoir rejeté le contenu de mon estomac, la migraine était trop puissante. J'ai sombré dans un état de semi-conscience. Il paraît que le phénomène dont j'ai été atteinte, qui s'appelle « prééclampsie », touche quatre cent mille femmes chaque année, qu'il est la deuxième cause de décès maternel. Une des complications les plus redoutées de ce syndrome est la formation d'un hématome rétroplacentaire. Cette douleur lancinante qui vrillait mon utérus l'indiquait. Ils ont dû agir très vite.

« Dans ces cas-là, on n'a pas le choix, on est obligé d'ouvrir immédiatement. C'est code rouge. »

C'est un interne qui me raconte tout ça, en vérifiant mes constantes en salle de réveil. Peut-être qu'il s'est mis en tête de me maintenir éveillée. Peut-être qu'il a compris à mon air hagard que je n'avais pas suivi les événements, que j'étais encore sur cette bande d'arrêt d'urgence avec un bébé dans le ventre et qu'il fallait m'expliquer, me donner à comprendre pourquoi j'étais là, le ventre vide mais sans bébé avec moi. Tout a été si brutal.

« Votre fils est avec votre mari. »

Je tique sur le mot « mari ». Sur le mot « fils » aussi. Qui est-il, ce fils ? On ne m'a montré son visage qu'une dizaine de secondes avant de l'emporter. Ma pression artérielle était encore trop élevée. Et puis il fallait me recoudre. Maintenant je supporte les bavardages de cet interne en essayant de reconstituer la chronologie des faits. La bande d'arrêt d'urgence. L'ambulance. Les vêtements découpés pour plus de rapidité. *Penchez-vous en avant. Encore plus.* L'aiguille dans la colonne vertébrale. La table d'opération. Mes bras attachés en croix. Le drap tendu. Le bruit de l'aspiration. Le cri. Le minuscule visage défiguré par les pleurs. Je ne m'en souviens même plus. Des charlottes tout autour de moi. Aucune voix audible. Et cet interne qui me scrute.

« Le 15 juillet. C'est un petit Cancer, non ? »

Un cancer. Je ne pense pas tout de suite au signe astrologique mais à la maladie. Je grimace. Il précise : « Le signe astrologique. »

Je m'en moque. S'il savait comme je me moque de son signe astrologique. Je voudrais qu'on me ramène en arrière, sur cette bande d'arrêt d'urgence. Je voudrais avoir le temps de deviner, de me préparer. Mais on me l'a arraché, comme ça, comme une mauvaise herbe, et maintenant je suis seule, le ventre vide, comme mort. Rien de tout cela n'est réel.

François

C'est idiot, je sais que les bébés ne comprennent pas grand-chose à ce qu'on leur raconte. Mais pendant tout ce temps où on me laisse seul avec lui, dans cette pièce lumineuse, je me sens obligé de parler, et parler encore.

« Tournus. Je n'en ai jamais entendu parler de ce bled. Pourquoi ici ? Pourquoi tu as tenu à pousser ton premier cri ici ? Il doit bien y avoir une raison. »

Il me fixe avec des yeux de vieillard, des yeux qui ont tout vu, qui ont percé les secrets de l'univers, les yeux d'un sage. Il a des cheveux épais, d'un noir de jais. Comme moi enfant. Sur les rares photos d'Éliane à la maternité, on me voit identique : chevelu, les yeux du même gris nacre.

« Tu sais, il va me falloir quelques heures pour réaliser. On ne t'attendait pas tout de suite. Pas si vite. »

Ce bébé, minuscule et calme dans mes bras, est mon fils. J'ai du mal à le croire. Du mal à prononcer ces mots. Ils restent bloqués dans ma gorge. Il s'appelle Augustin, la pancarte au-dessus de son berceau le dit. Elle prétend aussi qu'il pèse deux kilos six cent cinquante et qu'il mesure quarante-huit centimètres. La pancarte ne dit rien d'autre. Elle ne dit pas qu'il a été conçu dans une folle tentative pour me garder en vie, dans un sursaut désespéré pour raviver une étincelle fragile. Maintenant que je le tiens au creux de moi, le geste de Léo me paraît plus réel que jamais. Et ma responsabilité immense.

« J'espère que tu ne m'en voudras pas de t'avoir fait venir au monde. Je tâcherai d'être digne de toi. »

Il bâille. Je l'ennuie déjà avec mes discours.

« Quand j'ai demandé à ta mère de me faire un enfant, elle a cru à un caprice. Tu sais, moi-même je n'ai pas vraiment compris d'où me venait cette inspiration soudaine. J'étais dans les ténèbres, et quand on est dans les ténèbres, on désire ardemment la lumière, c'est bien connu. Peut-être bien que ce désir d'enfant c'était comme un cri : *Amour, donne-moi ta force, et cette force me sauvera.* »

Il me fixe avec intensité, sourcils froncés.

« C'est de Shakespeare. *Roméo et Juliette.* »

Je passe la main sur son front. Il ferme les yeux. Il y a une telle confiance dans son abandon, une telle sérénité.

« Dors maintenant. Repose-toi. Tu as fait ce qu'il fallait pour me garder en vie. Maintenant, c'est à mon tour de veiller sur toi. Sois tranquille. »

Il s'endort avec sa respiration saccadée de petit oisillon. Moi, je ne pourrai plus jamais dormir. Plus tout à fait.

Éléonore

Il ne ressemble ni à François ni à moi. Il est calme. Il ne pleure pas, sauf quand il faut le nourrir. Il cherche François du regard. Moi, pas tellement. François lui parle sans arrêt. Moi, je n'y arrive pas.

Moi, on m'a déchiré sept couches de tissus pour aller le chercher. J'ai mal. Mon ventre est comme un champ de bataille laissé en ruines. Mes seins sont durs comme des pierres. Bientôt ils se mettront à couler et je ne pourrai rien y faire.

François me sourit, me caresse les cheveux, dit qu'il est fier de moi, fier d'avoir un fils. Les infirmières, les sages-femmes, toutes me félicitent, déclarent qu'il est beau, puis elles m'introduisent leurs doigts dans le vagin et elles m'appuient sur le ventre très fort jusqu'à me faire crier.

J'aimerais dormir et je n'y parviens pas. Ils sont là, tous les deux. Ils ne me laissent pas en paix. François dans son fauteuil. Augustin dans son berceau en plastique transparent. Je ne peux pas rater son visage, ses yeux gris profond, sa bouche innocente, ses poings serrés. La plus grande torture est là, l'avoir sous les yeux et me rappeler à chaque instant ce que j'ai fait : l'avoir mis au monde pour garder son père en vie. Un acte égoïste qui me semble presque criminel.

« Vous voulez l'avoir avec vous pour la nuit ou on l'emmène en nurserie ? me demande une sage-femme qui prépare sa tournée du soir.

— Emmenez-le en nurserie. »

François me jette un regard étonné, presque déçu. Et ça monte en moi sans prévenir. Une colère, une sourde révolte, une presque haine. Je m'entends prononcer, d'une voix que je ne me connais pas, froide et sans âme, ces mots cruels : « Garde-le, toi. Après tout, c'est toi qui l'as voulu. »

La sage-femme et François se figent, échangent un regard. La pièce semble se vider de son air. Je prends conscience de mes paroles. Pourtant, nulle culpabilité ne m'envahit, nulle honte. Il y a toujours cette colère en moi, toute-puissante, ce désespoir criant. Je tente d'adopter un ton plus égal pour implorer : « Par pitié, laissez-moi dormir… »

La sage-femme acquiesce, se précipite à petits pas vers le berceau. François me dévisage comme s'il ne m'avait jamais vue. Les larmes envahissent mes yeux. Pas à cause de mes mots, non. À cause du regard de François sur moi. Je me sens si nulle tout à coup. Étrangement, il semble soulagé de voir les larmes dans mes yeux, comme si elles me redonnaient une forme d'humanité.

« Je vais avec lui… D'accord ? »

Il fait pivoter son fauteuil. *C'est ça. Va avec lui.*

53

François

Léo n'est plus elle-même depuis qu'on lui a sorti son fils du ventre. Il paraît que c'est normal. Les sages-femmes m'ont parlé de baby blues. De chute d'hormones. Des douleurs des « tranchées » et de celles de la montée de lait. Du chamboulement que c'est de devenir mère, de la fatigue, de la violence d'un accouchement par césarienne en urgence. De la peur de mourir. De l'incapacité à réaliser.

« Tout rentrera dans l'ordre au bout de quelque temps. »

À l'hôpital, Léo a beaucoup dormi, et pourtant ce n'était jamais assez. Elle disait que les allées et venues des soignants la réveillaient sans cesse, que les cris des bébés l'empêchaient de se reposer. Augustin est resté en nurserie les trois nuits. C'est mieux pour elle, ai-je pensé. Malgré le lit d'appoint qu'on m'avait installé à côté de Léo, j'ai fait des allers-retours durant ces trois nuits entre la chambre et la pouponnière. Ça me fendait le cœur d'imaginer mon fils tout seul là-bas, sans notre odeur, sans notre présence. Je le rejoignais et je posais ma main sur sa poitrine. Je sentais son cœur d'oisillon battre à toute vitesse. Je veillais sur ses rêves.

Les parents de Léo sont venus le troisième jour, accompagnés de Madeleine. Léo a pleuré en les voyant. Elle s'est effondrée dans les bras de sa mère. Ce jour-là, j'ai cru que ça irait mieux. Léo a pris Augustin dans ses bras pendant tout le temps qu'ils sont restés là, mais quand il s'est mis à pleurer, elle l'a repoussé. Ses seins se sont mis à couler. Le tissu de son tee-shirt s'est imbibé. Les larmes sont revenues dans ses yeux, et la colère. C'est Nathalie qui a donné le biberon à son petit-fils.

« Tu ne veux pas allaiter ? » a demandé Madeleine.

Et Léo a fait semblant de ne pas l'entendre. Personne n'a insisté. Non, elle ne veut pas allaiter. Quand je la vois ainsi, étrangement absente et détachée, je suis pris d'une terreur effroyable : et si elle ne voulait pas être mère ? Le spectre d'Éliane n'est jamais bien loin.

Nous sommes rentrés à la maison ce matin. Je suis sûr qu'ici, dans la maison aux pierres dorées, les choses seront plus faciles. Elle marche difficilement, courbée en deux à cause de la cicatrice, alors c'est moi qui m'occupe des soins d'Augustin, secondé par une Nathalie douce et appliquée. Nous changeons Augustin sur le lit parce que je ne peux pas accéder à la table à langer, qui se trouve au fond de la salle de bains. Dans la nouvelle maison, tout ira mieux. Les choses seront pensées pour moi. Nathalie lave Augustin dans le petit évier de la cuisine. Elle me le tend ensuite enroulé dans une sortie-de-bain. Je le frictionne dans mes bras. Il pleure. Il n'aime pas avoir froid. Léo n'est pas là. Léo dort dans notre lit, insensible à ses cris.

« Elle se repose, tu sais, lance Nathalie en surprenant mon regard vers la porte de la chambre.

— Oui, bien sûr. »

J'aide Nathalie à enfiler le body à mon fils. Je referme les boutons-pression. Je me demande si Éliane a fait un baby blues à ma naissance, si elle a refusé de m'allaiter, si elle m'a laissé dormir à la nurserie ou si le venin s'est installé plus tard. Et Léo, que lui est-il arrivé ?

Éléonore

J'ai juste besoin que François me prenne dans ses bras. Juste besoin qu'il lâche le bébé deux minutes, qu'il me rejoigne dans mon lit, se serre contre moi. Comme avant. On m'a ouvert le ventre et tout a changé. François n'a d'yeux que pour cet enfant qui est aussi le mien. Ce n'est pas que je ne l'aime pas. Ce n'est pas que je l'aime non plus. Tout est nouveau. Je ne sais pas faire. Cet enfant, c'était juste une idée, un projet, c'est devenu un état, femme enceinte, un état dont je m'accommodais. Maintenant c'est réel. Il réclame de l'attention en permanence, à chaque heure de la journée, et j'ai des pensées terribles, des pensées qui disent : alors c'est ça ma vie maintenant ? Je voulais juste garder François en vie…

Augustin dort et François est parti prendre une douche. Je m'approche du berceau. Je regarde notre fils et je m'oblige à énoncer des faits. Il est beau. Il a une bouche en forme de pétale de rose, un visage rond et plein. Il sent bon le lait. Il s'appelle Augustin Louvier. Moi, Éléonore Lambray. Nous n'avons pas le même nom de famille et je ne l'ai pas senti descendre dans mon bassin. Je n'ai pas accompagné sa venue au monde, je n'ai pas poussé. On m'a juste ouverte et on l'a enlevé. Je l'ai à peine aperçu.

Je frôle du bout des doigts les contours de son corps. Je m'arrête, le souffle suspendu, en sentant ses coudes pointus. Ce sont eux, ce sont bien eux. Je les ai sentis maintes fois à travers la peau de mon ventre ces dernières semaines. Je les caresse encore et encore. Je n'ai que ça pour me raccrocher à mon enfant : la pointe acérée de ses coudes minuscules.

François

Nous dînons tous ensemble dans la cour éclairée de lampions. C'est une jolie soirée d'été. Jacques sort une bouteille de champagne.

« Pour arroser la venue au monde d'Augustin ! »

Nathalie tend les coupes. Madeleine sourit. Léo réplique, sur un ton presque agacé : « Il ne devrait même pas encore être né. »

Elle a un drôle d'air. Personne n'ose la contredire. Le babyphone est posé au centre de la table et elle y jette des regards inquiets, irrités, comme si elle redoutait le moment où un cri jaillira.

« À notre petit-fils ! » déclare Jacques quand les coupes sont remplies.

Je n'ose pas me tourner vers Léo en clamant : « À notre fils ! »

J'ai peur de rencontrer son regard égaré, de m'y noyer. Léo se lève sans tremper les lèvres dans son champagne.

« Où tu vas ? »

Elle ne répond pas, s'éloigne de sa démarche difficile et douloureuse. Elle revient quelques instants plus tard avec mon paquet de cigarettes, en extrait une clope et le briquet. À table, personne ne bronche. Tout le monde l'observe avec une certaine appréhension. Mais rien ne se passe. Le babyphone reste silencieux. Léo se contente de fumer en sirotant son champagne.

Ce soir-là, je me prends à penser que les choses sont en train de rentrer dans l'ordre. Quand les pleurs d'Augustin retentissent, Léo se lève. Nathalie déglutit avec une forme de soulagement dans le regard. Jacques veut me resservir un peu de champagne mais je refuse. Je fais pivoter mon fauteuil. Je rejoins Léo dans la chambre. Elle a débranché le babyphone, s'est installée avec Augustin dans notre lit, adossée contre les oreillers.

« Qu'est-ce que tu fais ? »

Notre fils hurle, se débat. Léo lève vers moi des yeux pleins de larmes.

« J'essaie… »

Je suis à deux doigts de lui arracher le bébé des bras quand je comprends. Elle a relevé son tee-shirt, dénudé un de ses seins. Avec des gestes maladroits, elle tente de maintenir la minuscule tête en face de son téton, de lui ouvrir la bouche. Rien n'y fait. Augustin s'énerve, réclame à grand bruit son lait qui n'arrive pas assez vite, pas de la manière habituelle en tout cas.

« Il ne le prend même pas… »

Elle a une toute petite voix. Je la sens désemparée.

« Attends, je vais t'aider. »

Je manœuvre comme je peux pour m'approcher du lit, puis je soulève délicatement Augustin dans mes bras. Je tente de le calmer quelques secondes.

« Ça va aller. Ton lait est là. Il faut juste que tu attrapes ce sein. Tu ne l'as jamais fait mais je suis sûr que tu peux y arriver. »

Léo pleure tout à fait maintenant. Je tente de replacer Augustin contre elle, dans une position plus propice, mais il se cambre, rejette ce sein qu'il ne connaît pas, hurle de plus belle, et c'est Léo qui crie maintenant : « C'est bon, c'est bon, reprends-le ! Fais-le taire ! »

Elle remonte la couverture sur elle, tourne son visage vers la fenêtre. Je berce Augustin dans mes bras, tente de l'apaiser.

« Mini… Il est juste trop affamé… »

Elle ne répond pas.

« Est-ce que tu pourrais aller lui faire son biberon ? »

Malgré toute ma bonne volonté, je ne peux pas avoir le bébé dans les bras et manœuvrer en même temps jusqu'à la cuisine. Elle se lève avec des gestes lents et douloureux, quitte la chambre.

« Il ne t'a pas rejetée. »

Je ne suis pas sûr qu'elle m'ait entendu. Quoi que je dise, c'est ainsi qu'elle l'a ressenti.

Éléonore

Je ne supporte plus les travaux, le bruit des engins, du marteau-piqueur, des gravats qui tombent, même les voix des maçons ou le crissement du gravier sous leurs pieds, je ne les supporte plus. Je crois que je deviens folle. Il n'y a pas d'autre explication. Ce matin j'ai hurlé dans la cuisine : « Ils ne vont pas se taire ? Qu'ils détruisent la maison entière et qu'on n'en parle plus ! »

Madeleine et François, qui disputaient une partie de Scrabble, se sont tus. Augustin, dans le porte-bébé, contre le torse de François, a continué de dormir. Et moi… Moi, je pleurais en essayant de me faire un café, parce que je suis épuisée et que je ne peux pas dormir dans la journée à cause de ces foutus travaux.

Augustin, qui était un bébé très calme, s'est mis à pleurer sans cesse. Il paraît que c'est normal les réveils en pleine nuit, les biberons, les coliques du soir, les cris de décharge. Mes nuits sont un cauchemar et je ne peux même pas trouver le repos le jour. Ça tape, ça cogne, ça vrille, ça n'en finit plus. François ne s'en plaint pas, lui. Il est habitué à ne pas beaucoup dormir, cela fait des mois qu'il survit avec de courtes plages de sommeil. Moi non. Et puis François sait faire. Il est déjà un père. Il porte Augustin avec douceur, lui parle, il lui chante même du Gainsbourg. Cette nuit, pendant qu'Augustin engloutissait son biberon, François lui a déclaré : « C'était un philosophe, tu sais. Il s'était affranchi de tous les codes, de toute cette bien-pensance dégoulinante. »

J'avais enfoncé mes boules Quies dans les oreilles mais j'entendais quand même : « *Si j'étais Dieu, je serais peut-être le seul à ne pas croire en moi.* C'est fort, hein ? »

Augustin s'en fiche. Augustin ne pense qu'à être nourri, changé, et le tout dans la seconde. Voilà à quoi je songeais, moi.

« Et celle-là, attends : *L'homme a créé des dieux ; l'inverse reste à prouver.* Je devrais la répéter à Madeleine. On aurait un débat intéressant là-dessus, j'en suis sûr. »

J'étais à deux doigts de lui demander de la fermer mais il a récité avec gravité : « *Mais qui sans amour existe ?* »

C'était de Gainsbourg encore. Je me suis tournée vers eux. François était face à Augustin dans un dénuement total. Et l'enfant le fixait sans ciller, d'un regard pénétrant.

« Tu peux me le dire, toi ? » a murmuré François à notre fils.

J'ai fixé le plafond pour ne pas pleurer. J'ai pensé : ils seraient tellement mieux sans moi.

Je dois faire une dépression. C'est sans doute ça. J'ai lu sur internet les termes : dépression post-partum. Je coche les cases. Toutes. *Incapacité à s'occuper correctement de son enfant. Absence de plaisir en le faisant.* C'est terrifiant. Monstrueux. Mais si au moins ces putains d'engins de chantier pouvaient se taire, je dormirais une heure ou deux… Je ne demande pas plus pour le moment… Une heure ou deux de répit.

54

François

« Tu vas où ? »

Léo se tient en tenue de sport et baskets, les cheveux sales regroupés en chignon. Devant elle, la poussette avec Augustin endormi à l'intérieur. Elle n'a pas abaissé le rabat. Augustin a le soleil dans les yeux. Elle ne pense pas à ces choses-là. Elle est distraite, ailleurs, quand elle s'occupe de lui. Pourquoi elle n'y pense pas ?

« Je vais le promener. »

Elle ne me propose pas de les accompagner. Les chemins sont parfois cahoteux avec mon fauteuil mais ce n'est pas cela. Je sens qu'elle veut fuir ma présence, se retrouver seule avec Augustin, et alors c'est terrible mais la suspicion s'insinue. Un sentiment atroce, venimeux, odieux. Je doute de la femme que j'aime. Et si… Et si elle l'abandonnait quelque part, au détour d'un champ ? Et si elle voulait s'en débarrasser, lui faire du mal ? C'est terrible d'avoir ce genre de pensées mais c'est plus fort que moi. Elle a un tel détachement par rapport à lui…

« Il fait trop chaud à cette heure-là », dis-je.

Je voudrais qu'elle change d'avis, qu'elle reste ici, mais elle m'a à peine entendu. Je ne sais pas où elle se trouve, au fond d'un gouffre qu'on nomme dépression. Elle me paraît inaccessible.

« Mets-lui son rabat ! »

Elle me lance un regard sombre, abaisse le rabat et s'en va. C'est terrible de l'avouer mais j'ai peur de ne plus jamais revoir mon fils.

Je maudis mes jambes qui ne me permettent pas de la suivre, de la rattraper en courant, de déclarer avec légèreté : *Je viens avec vous !* Elle a déjà disparu au loin. Ne reste que moi dans la maison qui me semble immense. La boulangerie a fermé ses portes pour le mois d'août. Nathalie et Jacques sont partis en vacances. Deux semaines dans la Drôme. Nathalie voulait annuler. Jacques aussi était soucieux à l'idée de me laisser seul avec Augustin et le fantôme de Léo. Car c'est ce qu'elle est devenue : un vague fantôme de la femme qu'elle était encore il y a un mois. Elle a la même apparence physique, la même voix, mais au fond de ses yeux, il n'y a plus rien qu'un vide abyssal.

« C'est censé s'améliorer quand ? ai-je demandé à Elsa, hier, au téléphone.

— Je ne peux pas te dire. Il faut qu'elle consulte… »

C'est tout vu. En plein mois d'août, aucun spécialiste ne pourra l'accueillir. Nous cohabitons donc dans cette maison vide, dans ce village désert où seuls les cris d'Augustin résonnent à intervalles réguliers. Le chantier s'est arrêté pendant le congé des ouvriers et Léo, qui en avait fait une obsession, ne dort pas mieux. Elle avale des comprimés de mélatonine nuit et jour, espérant trouver un peu de répit. C'est terrible de me sentir d'une telle impuissance.

Je guette l'heure en attendant son retour. Je suis incapable de me lancer dans une tâche quelle qu'elle soit. Ni la vaisselle ni la lecture d'une page ou deux de ma formation. La formation… Quelle blague ! Je n'ai pas réussi à m'y intéresser depuis la naissance d'Augustin. Plus que jamais, son contenu me paraît vide de sens. Et puis, je n'ai pas la tête à ça. Pas avec Léo qui dépérit de jour en jour. *Tu veux avorter ?* lui avais-je demandé un soir lointain. Et elle n'avait pas répondu. Ni oui ni non. Maintenant, Augustin est là. Elle a perdu sa lumière. Peut-être aurais-je dû lire dans son silence…

Éléonore

Les cheveux de François ont repoussé. Il doit porter un bandeau pour qu'ils ne lui tombent pas dans les yeux. D'ici quelques mois, il aura retrouvé sa chevelure d'avant l'accident. Il sera redevenu tel qu'il était avant le drame, ou presque : plus mince, le visage plus creusé, avec une lueur plus intense au fond des yeux qui le rend grave et beau. L'accident a gommé sa désinvolture, lui a donné une profondeur qu'il n'avait pas. Augustin, quant à lui, lui a rendu sa lumière. François n'est plus brisé, rachitique, amer. Il est père, et quand il tient Augustin contre lui, dans ce porte-bébé qu'il ne lâche jamais, il me paraît inébranlable. François s'est retrouvé. Il n'a plus besoin de moi. Augustin et lui se sont reconnus, sont tombés en amour, et ils m'ont laissée sur le bas-côté sans même s'en apercevoir. Plus rien dans ce corps que je traîne, dans cette existence que je mène, n'est à moi. Ces vergetures violettes, cette cicatrice qui barre le bas de mon ventre, qui défigure à jamais mon intimité, ce n'est pas moi. Ce quotidien fait de cris et de fatigue, de tâches à répéter sans cesse, vides de sens, ce n'est pas moi non plus. Je n'ai jamais voulu ça. J'ai voulu sauver François. J'ai donné tout ce qu'il me restait de force et d'énergie, je l'ai fait maturer et grossir dans mon ventre et on me l'a enlevé, juste enlevé, d'un grand coup de bistouri. On m'a recousue sans s'apercevoir que j'étais vide dedans, plus de lumière. Je suis une carcasse sans vie.

Il ne reste plus rien de ma jeunesse, de ma légèreté, de mes rires qui s'envolaient, de mes espoirs, de mes fantasmes, de mes rêves. Le théâtre… Paris… Comment en suis-je arrivée là ? Une grosse vendeuse de boulangerie à la peau flasque, affublée d'un enfant qu'elle n'arrive même pas à aimer. Je me suis enterrée en Bourgogne pour le restant de ma vie. Quelle vie ?

Voilà le genre de pensées qui tournoient dans mon esprit pendant que je marche d'un pas saccadé, la poussette devant moi. J'essaie pourtant. Cette promenade au grand air, seule avec Augustin, c'est une vaine tentative pour être une mère hors du regard plein de reproches de François. *Il fait trop chaud à cette heure-là. Mets-lui son rabat !* Mais Augustin dort, Augustin ne regarde pas le ciel, ni les champs, ni même mon visage. À quoi bon ? Pourquoi faire semblant ? Les larmes brouillent ma vue. Je ne sais même plus ce que je veux : être seule, être seule avec Augustin, être avec François, mes parents. Parfois j'aimerais qu'ils m'étouffent dans leurs bras et parfois j'aimerais ne jamais les revoir, aucun d'entre eux.

François

Je suis tellement soulagé de les voir revenir que j'ai du mal à le masquer. Augustin dort encore dans sa poussette. Léo a les yeux humides mais je n'en fais pas la remarque. Je devrais. Mon attention est accaparée par ces vilaines rougeurs sur le visage d'Augustin, sa peau cramoisie. C'est plus fort que moi. À cause des soupçons, à cause du venin qui coule en moi, à cause des doutes qui m'assaillent sur Léo.

« Tu l'as fait exprès ? »

Elle me regarde sans comprendre. Augustin soupire dans son sommeil, à peine troublé par notre présence.

« Je t'avais dit de mettre son rabat.

— J'ai mis son rabat.

— Regarde son visage ! Regarde comme sa peau a brûlé !

— J'avais mis son rabat ! »

Le ton monte. Les sourcils de notre fils se froncent mais cela ne nous arrête pas.

« Encore faut-il l'ajuster à la position du soleil ! Ça t'a effleurée ? »

Je suis cruel sans le vouloir. Mille images polluent mon cerveau. Léo en train de fumer, laissant négligemment la poussette en bord de route, le soleil brûlant la peau d'Augustin. Léo retirant intentionnellement le rabat pour le faire souffrir. Pourquoi ? Pourquoi ferait-elle ça ? C'est stupide.

« Pardon, dis-je. Désolé… »

Je tente de prendre sa main mais elle recule. Elle semble abasourdie. Et la seconde suivante, parfaitement froide et effrayante.

« Alors ce n'est pas assez ? Il faudrait en plus que je sois la mère idéale ? »

Elle s'arrête, le temps nécessaire pour repousser les larmes. Elle ne veut pas pleurer. Elle veut être cruelle. Juste cruelle.

« Élève-le tout seul puisque je ne suis pas à la hauteur !

— Je n'ai pas dit ça.

— Si, tu l'as dit, et tu le penses, en permanence. Bon sang, j'ai tout fait, tout ce qui était en mon pouvoir depuis bientôt deux ans ! »

Augustin se réveille. Ses yeux, d'abord vides, reflètent l'étonnement, puis sa bouche se retrousse, ses sourcils se froncent. Il se met à pleurer et Léo plaque ses mains sur ses oreilles, furieuse.

« Je t'ai tout donné ! J'ai tout sacrifié ! J'ai abandonné ma vie sociale, mes amies, mon avenir professionnel, ma jeunesse, mes rêves, mes économies ! J'ai été jusqu'à te donner mon corps ! Oui, mon putain d'utérus, pour que tu puisses avoir l'enfant que tu voulais ! »

Elle reprend son souffle, appuie plus fort encore ses paumes contre ses oreilles. Elle ne veut pas entendre notre fils. Les cris d'Augustin redoublent d'intensité.

« Toi tu as ce que tu voulais ! hurle-t-elle. Tu as souffert mais maintenant tu as exactement ce que tu espérais ! Et moi ? Est-ce que tu crois que je mène l'existence que je voulais ? »

Au milieu des hurlements de notre fils, elle se tait, elle me scrute et je ne peux rien répondre. Je ne veux pas alimenter sa fureur.

« Tu crois que c'est ma vie rêvée, *ça* ?

— Arrête, Léo…

— Épuisée en permanence, coincée derrière le même comptoir que ma mère à vingt-cinq ans, affublée d'un gosse… »

Elle s'interrompt brutalement mais je sais exactement où elle veut en venir.

« Dis-le ! »

Elle détourne les yeux.

« Dis-le ! je répète plus fort. Dis-le : maquée avec un handicapé ! »

Elle secoue la tête avec écœurement, poursuit comme si elle ne m'avait pas entendu : « Qu'est-ce que je peux espérer maintenant ? Les deux ans d'Augustin pour pouvoir faire une nuit complète ? Attendre désespérément la visite annuelle de Camille, la seule amie qui me reste encore, puis la kermesse de l'école primaire pour échanger trois mots avec les autres mères ? Enterrer ma grand-mère. Voir mes parents vieillir. Prendre leur suite à la boulangerie et grossir encore, me ternir, me décolorer jusqu'à ce que même toi, tu n'aies plus envie de me toucher.

— Qu'est-ce que tu racontes, enfin ? »

Je la sens fléchir. Elle ne sait pas. Elle ne sait plus. Les larmes l'emportent, gagnent la partie, dévalent sur ses joues. Augustin s'est tu, niché dans mes bras. Je le berce avec des mouvements saccadés.

« Je crois que vous seriez mieux sans moi, vraiment. »

Ce sont les dernières paroles qu'elle prononce avant de tourner les talons.

Éléonore

Je sais qu'il est posté dans le couloir, je sens sa présence dans mon dos, alors j'écourte ma conversation téléphonique. J'essuie mes larmes d'un geste rageur.

« Tu m'espionnes ? » je lance avec agressivité.

Il ne répond rien. Il a placé son petit doigt dans la bouche d'Augustin qui le tète avec avidité, ses petites paupières luttant encore quelques instants contre le sommeil.

« Tu appelais qui ? » demande-t-il sans animosité.

Il n'y a pas de secret mais je n'ai pas envie de lui dire. Je reste mutique.

« C'était Camille ?

— Peut-être.

— Si tu veux passer quelques jours chez elle, tu n'as qu'à me le dire. »

Il est toujours dans le couloir et moi sur notre lit. Je lui tourne le dos.

« Je ne sais pas ce que je peux faire pour t'aider », lâche-t-il enfin.

Je ne réagis toujours pas. Le silence s'installe. Puis il reprend, plus bas : « Je croyais qu'on avait surmonté le plus difficile. Je pensais qu'on s'en était sortis. J'ai bêtement cru que ça irait, maintenant… »

Je réplique, plus amère que je ne l'aurais voulu : « Eh bien non ! C'est à mon tour de crier maintenant. Et à toi d'encaisser. »

Je me lève, j'ouvre la penderie, commence à prendre quelques vêtements. Il a compris mais je précise quand même : « Je vais quelques jours à Paris chez Camille. »

Les larmes reviennent. Je leur tourne le dos mais je les devine quand même, tous les deux : Augustin endormi contre son père, tétant son doigt, Augustin serein et confiant, ce qu'il n'a jamais été avec moi, ce qu'il ne sera jamais.

« Juste quelques jours. »

Je déglutis, essuie encore ces larmes qui dévalent.

« Ce n'est pas sa faute, François. Ce n'est pas lui. C'est moi. C'est… C'est le trop-plein… J'ai besoin de prendre un peu l'air.

— Bien sûr. »

Il a un ton doux. J'empile encore d'autres vêtements. Tee-shirts, pulls, robes, pantalons… Beaucoup plus que nécessaire. Beaucoup plus qu'il n'en faut pour une escapade de quelques jours. François ne fait aucun commentaire.

François

Je crois que son départ a répondu à une urgence. Elle n'a pensé à rien. Elle a emporté des vêtements. Elle a oublié sa brosse à dents et ses papiers d'identité.

Elle a déposé un baiser sec sur le front d'Augustin comme si elle n'osait pas le respirer de trop près, puis un autre, un peu plus tendre, sur mon front. Elle est montée derrière le volant, nous a adressé un dernier coucou. Elle pleurait.

Elle est partie si vite, si soudainement, qu'elle n'a pas pensé une seule seconde au reste, au fait que je suis coincé ici, incapable d'aller acheter un paquet de couches pour Augustin, incapable de lancer une machine à laver puisqu'elle se trouve dans la buanderie et que l'espace est beaucoup trop étroit pour mon fauteuil. Incapable d'entrer dans la salle de bains. Incapable d'accéder au micro-ondes, placé en hauteur. Je pourrais établir la liste des choses qu'il me sera impossible de faire, je pourrais l'appeler, m'énerver, la traiter d'inconsciente, de mère indigne, lui demander de rappliquer. Pourtant, étonnamment, je ne me laisse pas envahir par la panique. Léo est partie pour une durée indéterminée. Jacques et Nathalie sont à des centaines de kilomètres. Augustin dépend entièrement de moi. Pourtant je réfléchis calmement, mon fils toujours endormi dans les bras. *Rien d'insurmontable. Tant que je garderai les idées claires, tout ira pour le mieux.* J'établis une autre liste, claire et précise, celle des choses que je saurai faire. Cela fait déjà un mois qu'Augustin est arrivé, un mois que Léo peine à remonter la pente, un mois que je gère l'essentiel de ses soins. Bien sûr, Nathalie m'a aidé au quotidien, mais nous avons fait en sorte de préserver mon autonomie. Nous avons installé tout le nécessaire pour bébé dans des placards bas, qui me sont accessibles. Couches, lingettes, liniment, bodys propres, boîtes de lait, tétines… Je peux le nourrir, le changer, l'habiller seul. L'essentiel donc. Si j'ai besoin d'une course, je pourrai toujours téléphoner à Madeleine. Entre elle et toutes ses amies du club de tricot, il y aura toujours une âme charitable pour me déposer un paquet de couches ou une boîte de lait. Oui, nous nous arrangerons. Nous nous en sortirons, Augustin et moi.

Le soleil décline. Je suppose que Léo est arrivée chez Camille, qu'elle a pris place dans son clic-clac. Peut-être qu'elle pleure contre son épaule. Peut-être qu'elle vide son sac, qu'elle dit du mal de moi, me maudit, m'envoie au diable. La maison est toujours silencieuse. J'ai rempli d'eau et d'un savon moussant l'évier de la cuisine. À côté, sur le plan de travail, j'ai installé une serviette-éponge, une sortie-de-bain ainsi que le coupe-ongles et l'huile d'amande douce. Je dépose le petit corps nu d'Augustin dans l'eau avec mille précautions. Il ne crie pas, ne se raidit pas. Il ouvre de grands yeux au contraire et se détend. Ses mains s'agitent doucement, ses pieds battent, provoquant des clapotis qui troublent le silence.

« La température vous convient, crapaud ? »

Ses deux yeux de nacre me fixent avec intensité. Il ouvre la bouche comme s'il allait répondre mais il se contente de me montrer sa langue puis de se frotter les yeux avec le poing.

« On va s'en sortir tous les deux. Si tu n'as rien contre des biberons à température ambiante et des pyjamas grossièrement lavés à la main, on devrait passer du bon temps. »

Il me regarde toujours avec la même concentration. C'est incroyable. Je jurerais qu'il me comprend. Il me fait confiance.

Éléonore

Rien ne doit me les rappeler. J'ai coupé mon téléphone portable parce que je ne veux pas voir Augustin dans son berceau sur mon fond d'écran. Je pourrais remplacer cette photo par une autre, par un paysage estival ou un coucher de soleil, mais je ne veux pas. Ce serait comme abandonner totalement mon fils. Alors j'ai coupé mon téléphone portable. J'ai demandé à Camille de ne pas aborder ce sujet. Je dors avec elle dans son clic-clac, je squatte son studio minuscule, je lui prépare des pâtes à la bolognaise, je lui remplis son réfrigérateur. Nous n'évoquons ni François ni Augustin. Je pense tromper mon esprit, parvenir à me faire croire que je suis une jeune fille normale : une étudiante en vacances chez sa meilleure amie dans la capitale. La journée, quand elle travaille, je déambule au hasard des rues et je finis toujours par m'asseoir dans un troquet. Ils m'ont tant manqué ! Je ressors mon carnet de moleskine, je recommence à écrire. Dans le Clos des hortensias, je donne vie à une femme, un personnage grossier, détestable ; une femme plus seule que toutes les autres, une de celles qui n'arrivent pas à se sentir mères…

Le soir, nous sortons. Nous fumons et nous buvons beaucoup trop. Parfois Camille demande à Étienne de nous rejoindre. Ils s'embrassent, s'effleurent, se chuchotent des choses à l'oreille. Dans ces moments-là, j'ai envie de rentrer, de frôler le crâne d'Augustin, de me glisser dans mon lit contre François. Puis quelqu'un crie, on monte le volume de la musique. Dans ce vacarme qui me berce, je les oublie un peu.

François

« Allô… allô… ?

— Journal de bord. Jour numéro 4. »

Ryan rit au bout du fil.

« Alors tu es toujours vivant ! constate-t-il.

— Tu en doutais ?

— Franchement, oui. Je pensais que mon filleul survivrait, mais toi…

— Enc… »

Je m'interromps : Augustin me fixe dans son transat posé sur la table.

« Oui, surveille ton langage, mec. Alors ?… »

Un léger silence. Nous savons tous les deux où il veut en venir.

« Elle n'est toujours pas rentrée ?

— En effet, Houston, nous sommes toujours seuls à bord du vaisseau.

— Pas de nouvelles de la Terre ?

— Pas encore. »

Pas de drame, pas de conclusion hâtive. En plaisanter avec légèreté, voilà le deal implicite. Même si aujourd'hui j'ai envisagé la possibilité qu'elle ne revienne pas. Pas du tout.

« J'ai été encore plus loin dans le survivalisme ce matin.

— Raconte !

— Il fallait vraiment que j'accède à la buanderie, c'est là que se trouvait le pack d'eau minérale pour le biberon du fils.

— Et donc ?

— J'ai rampé en mode commando militaire. J'ai réussi à le récupérer.

— Mec…

— Oui ?

— Tu ne devrais pas plutôt appeler mamie ? »

Je ne peux m'empêcher de sourire chaque fois que Ryan appelle Madeleine « mamie ». Sur la route des vins, il n'a pas arrêté, et Madeleine a même fini par lui pincer la peau du cou. *Ça suffit, non ? Si j'étais ta grand-mère je serais probablement déjà morte !*

« Non. Je gère.

— Et les courses ?

— J'ai fait la connaissance du facteur. Il a déposé un recommandé hier. J'en ai profité pour lui donner une liste de courses et un billet. Il m'a déposé tout ce qu'il fallait en fin de journée.

— Pourquoi tu n'appelles pas mamie ? Ça te ferait de la compagnie.

— On est bien, fils Prodige et moi. »

C'est vrai. L'autre vérité, c'est aussi que je ne veux pas trahir Léo, révéler à sa famille qu'elle a fichu le camp sans penser à rien.

« Et toi ça roule ? Comment va Marlon ? »

Il met quelques secondes à embrayer, encore un peu inquiet. Moi j'agite un petit hochet devant les yeux d'Augustin, un objet que j'ai fabriqué, constitué d'un fouet à pâtisserie et d'une boule de papier d'aluminium remplie de riz. Je crois que la solitude me va bien, elle me rend créatif.

Je ne veux pas en faire un drame, je veux en faire une expérience, un défi que je me lance et que je réussis. Un défi qui me prouvera qu'il me reste plus de forces que je ne le pensais, que mes fichues jambes ne me sont pas indispensables.

Nous vivons un peu hors du monde, Augustin et moi. Nous restons parfois éveillés une partie de la nuit, quand les coliques le font souffrir. Ses coliques et mes spasmes. Nous nous comprenons. Je sais ce que c'est de dépendre d'un autre pour assouvir le moindre de ses besoins, de se sentir impuissant, livré à soi-même. Le jour, je dors en même temps que lui. Nous fermons les volets, nous nous étendons l'un à côté de l'autre. Je continue de lui parler. Je lui promets que sa mère sera bientôt de retour.

Léo a fichu le camp et Isabelle a refait irruption. C'est dingue comme le destin s'amuse parfois. Isabelle appelle au matin du cinquième jour. Voix claire, ton un peu trop poli. Je sens qu'elle a longuement hésité avant de composer mon numéro.

« François… J'aurais dû te téléphoner plus tôt. Je suis désolée. »

Je suis dérouté par son appel. Je suis au beau milieu d'une toilette au gant, dans l'évier de la cuisine. Augustin dort, posé dans son transat.

« Je… Je me suis rappelé que l'accouchement était prévu pour la mi-août. Je suppose qu'Éléonore vient d'accoucher… »

Toujours une distance dans ses questions qui n'en sont pas vraiment. Isabelle prend sur elle.

« Augustin a déjà un mois.

— Oh !

— Il a pointé le bout de son nez en avance.

— Tu ne m'as rien dit ! Pourquoi tu ne m'as rien dit ? »

Elle le sait, au fond : six mois de silence radio.

« Tout s'est bien passé ?

— Plus ou moins. Ils vont bien tous les deux.

— Augustin, tu as dit ?

— Augustin, oui. Tu veux… voir sa tête ?

— D'accord. »

Je fais basculer notre appel en mode visio. Isabelle m'apparaît à l'écran à la terrasse de notre ancien appartement, sur les toits. Elle a le teint hâlé et reposé. Derrière elle, le vacarme de Paris.

« Tu rentres de vacances ? Tu as la mine d'une jeunette de trente ans.

— Toi non, réplique-t-elle.

— Moi je suis père. Je dors par tranches de trois heures.

— Et tu pourrais enfiler une chemise !

— Je faisais ma toilette.

— Dans l'évier de la cuisine ?

— Tiens, regarde-le ! »

Je coupe court. Je n'ai pas envie de dévoiler à Isabelle le départ de Léo, le quotidien qui ressemble à du camping. J'oriente mon téléphone de façon à faire apparaître sur l'écran le petit visage d'Augustin. Il dort avec les poings fermés, ramenés de chaque côté de son minois. Il a une respiration tranquille et ses paupières s'agitent de temps en temps, au gré de ses rêves.

« Il est… charmant. »

Isabelle n'a jamais été très douée avec les enfants. Ils lui inspirent des sentiments ambivalents.

« Il te ressemble, non ?

— Je crois. »

Elle fait mine de se coudre les lèvres.

« Je ne dirai rien à la maman, promis. »

Je suis content qu'elle ne puisse pas voir mon visage qui s'est crispé. La maman… Et si elle ne revenait jamais ? Elle n'aurait jamais coupé son téléphone si elle avait prévu de rentrer.

« Toi, ça va ? » je demande pour éloigner ces pensées.

Elle marque un temps de silence, replace une mèche de ses cheveux blonds derrière son oreille. Je lui trouve les pommettes plus saillantes, le visage plus fin.

« Tu as perdu du poids, non ? dis-je.

— J'ai rencontré quelqu'un. »

J'encaisse la nouvelle avec une drôle de sensation au niveau de l'estomac. Comme une légère pointe de jalousie, diffuse et lointaine, un peu abîmée.

« C'est bien. Je suis content pour toi.

— Il n'est pas comédien, rassure-toi.

— Je n'avais pas d'inquiétude.

— Plus jamais un comédien. Plus jamais d'artiste.

— Il fait quoi alors, ce…

— Charles. Charles est commissaire-priseur. »

Je ne peux retenir une mimique moqueuse.

« Quoi ? lance Isabelle, piquée au vif.

— Ça te correspond mieux, en effet.

— Pourquoi tu dis ça ?

— Pour rien. »

Le temps des règlements de comptes est bien loin. Nous nous contentons de sourire.

« Et Éléonore, comment va-t-elle ?

— Bien. Un peu fatiguée mais elle va bien. Tu devrais venir nous rendre visite à l'occasion.

— Oui. J'y songerai. Peut-être en septembre.

— On sera contents de te voir.

— Moi aussi… »

55

Éléonore

Je rentre. Je ne sais pas vraiment pourquoi, mais ce matin j'ai couché ces lignes dans mon carnet et j'ai compris que j'allais refaire ma valise et reprendre le volant.

Se pourrait-il que ce soit ça,
Cette bête noire qui remue dans ma poitrine
Piétine, déchire, ronge tout autour d'elle,
Avec la férocité d'une hyène,
Ne me laissant qu'un trou béant dans le cœur
Et une sécheresse dans la gorge ?
La culpabilité…
Se pourrait-il que ce soit ça,
Aimer malgré soi ?
Aimer mal
Aimer sans savoir pourquoi
Aimer…

J'ai relevé mon stylo au moment où le serveur déposait mon café. Je ne l'ai pas bu. J'ai réglé l'addition et je suis partie, mon carnet à la main.

François

Elle frappe à la porte. Trois coups. Je sais que c'est elle parce que c'est sa façon de taper, tout doucement, sans s'imposer. Puis elle tente d'ouvrir mais la porte est fermée à clé. Je n'ai pas songé à l'ouvrir. Je n'ai pas songé qu'elle rentrerait. Pas aujourd'hui. Peut-être vendredi, la veille du retour de Jacques et Nathalie parce qu'elle y aurait été forcée, mais aujourd'hui non. Il y a eu un orage de chaleur, le temps est pluvieux, ce n'est pas un jour pour reprendre la route. Il est treize heures. Augustin dort, je ne peux pas crier *Attends j'arrive !* Je me transfère dans mon fauteuil, je quitte la chambre puis je longe le couloir. Quand j'ouvre la porte, je la trouve le poing levé, prête à toquer une nouvelle fois. Elle recule, gênée.

« Je me suis dit que vous dormiez sans doute… »

Puis elle attend, son sac de voyage à la main, comme si elle n'était pas chez elle. La pluie tombe sur ses cheveux, dégouline sur son visage. Elle n'a pas l'air plus reposée que quand elle est partie. Elle a les yeux cernés de noir et le teint chiffonné. Pourtant elle est là.

« Il dort ? demande-t-elle tout bas.

— Oui. Entre. »

Moi aussi je suis maladroit. Je ne sais pas ce qu'il convient de dire ou de faire. Je ne veux pas la faire repartir en courant. C'est mieux de la jouer ainsi : comme si elle était juste partie faire une course. Elle entre dans la maison, dépose son sac au sol, se débarrasse de sa veste en jean. Elle regarde tout autour d'elle comme si elle ne reconnaissait plus rien.

« Camille va bien ? »

Elle ne répond pas. Je crois qu'elle ne m'a pas entendu. Elle avance au hasard, dans le salon, dans la cuisine, ses yeux agrippant une foule de détails.

« Il est dans la chambre », dis-je.

Éléonore

À quoi ai-je bien pu penser ? Pas une fois, pas *une seule fois* pendant ces six jours de fuite je n'ai pensé à ce que je faisais, à l'inconscience de mon geste. Tout me revient soudain en pleine face. Des dizaines de petits détails assassins. Le transat posté à hauteur de fauteuil roulant, sur la table du salon, pour que François puisse soulever et déposer Augustin sans encombre. Le plan de travail de la cuisine transformé en nurserie, où s'étalent sorties-de-bain, matelas de change, crèmes hydratantes, liniment, sérum physiologique. L'évier transformé en baignoire avec un minuscule canard en plastique. Les bodys et pyjamas en train de sécher sur les dossiers des chaises. Lavés comment ? C'est un mystère. Les poubelles soigneusement fermées, entassées dans un coin. Les boîtes de lait vides. Le pack d'eau qu'il a sûrement traîné jusqu'ici, à demi éventré.

La voix de François résonne dans mon dos : « Il est dans la chambre. »

Et je marche telle une somnambule en direction de la chambre. Les volets sont entrouverts, laissant passer un mince filet de lumière. Le lit à barreaux a été déserté : impossible pour François d'y déposer Augustin, impossible de l'en sortir. Le matelas double a été poussé au sol. Comment ? Combien de temps lui a-t-il fallu ? Un oreiller s'y trouve ainsi qu'une mince couverture, sur le côté de François, le côté gauche. À droite, le petit corps d'Augustin, encore plus minuscule que dans mon souvenir, entouré d'un traversin. Il dort avec un de mes tee-shirts contre lui, serré dans son poing. Ma voix déraille : « C'est toi qui as fait ça ? »

Dans mon dos, François acquiesce. Je me laisse tomber à genoux sur le matelas. Je me trouve sans force. Épuisée.

« Je vais m'allonger un peu… »

François se racle la gorge.

« Tu veux l'installer dans son lit ? On va remettre notre matelas en place. »

Mais je secoue la tête.

« Non. Comme ça c'est bien. »

Je m'étends sur le matelas, pose mes mains sur mes yeux et les presse fort.

« Viens », dis-je.

François

Nous passons cette drôle de journée au lit. Dehors, l'orage reprend. Le tonnerre gronde. La pluie tombe et un vent tiède chargé d'odeurs de terre balaie la Bourgogne. Nous gardons les volets fermés. Léo est allongée entre Augustin et moi. Dans l'obscurité, elle vide son sac, déverse des flots de mots qui s'enchaînent sans animosité ni colère. Juste par un besoin impérieux.

« J'ai besoin de vivre un peu maintenant. »

Maintenant que tu vas mieux, maintenant que tu as Augustin, maintenant qu'on refait surface. C'est ce que j'entends.

« J'ai besoin de sortir, d'avoir vingt-cinq ans, de rire. Je ne peux pas m'enterrer ici. Pas pour toujours. Je n'ai pas fait mes adieux à Paris, moi. Il y a encore tant de spectacles que j'aimerais voir… Tant de frissons à ressentir… Les avant-premières, les pots en terrasse, les soirées qui se terminent au petit matin… Vendeuse en boulangerie, ça n'a jamais été mon rêve…

— Je sais, Léo. Je sais. »

Nous ne concluons rien, ne décidons rien. Elle parle et je l'écoute. Quand Augustin se réveille, vers seize heures, nous ne quittons pas la chambre. Léo s'éclipse, va faire chauffer un biberon dans la cuisine. Et elle revient, elle reprend sa place sur le matelas, Augustin au creux de ses bras. Elle lui donne le biberon avec des gestes maladroits qu'elle ne maîtrise pas encore. Elle s'habituera.

« Les travaux vont recommencer et je ne pourrai pas m'empêcher de penser : à quoi bon ?

— Arrête. Tu n'as pas à choisir entre ici et là-bas. Paris est à une heure en TGV. Tu peux partir et revenir aussi souvent que ça te chante.

— Non… Tu sais bien que non. Ma mère a besoin de moi à la boulangerie.

— Je te remplacerai si tu dois partir.

— Tu me remplaceras… Et Augustin ?

— Ta mère se fera une joie de s'en occuper. On se relaiera auprès de lui. »

Elle secoue la tête, obstinée.

« Tu as ta formation.

— Ma formation… cette bonne blague. »

Elle ne réplique rien. Elle se perd dans la contemplation du crâne de notre fils, soucieuse.

« Tu as raison. Tu as le droit de vivre et de partir. Augustin et moi, tes parents, ta grand-mère, on est une famille maintenant. Ce mot-là, il ne faisait pas grand sens pour moi, avant. Mais maintenant je crois que j'ai compris le concept…

— Le concept ? Quel concept ?

— On est comme une boussole. Tu peux partir naviguer aussi loin et aussi souvent que tu le souhaites, on sera toujours là pour t'empêcher de te perdre et te permettre de revenir. »

Elle lève le regard vers moi, repose le biberon d'Augustin. Sa main hésite, puis se pose sur le crâne de notre fils, le parcourt avec lenteur. C'est la première fois que je lui vois un geste aussi tendre.

« Oui… Je crois que c'est le concept… »

56

François

« Alors on en est où ? »

La question de mon kinésithérapeute me cueille au milieu d'un étirement. Il est en forme, il rentre de vacances, a dû courir sur la plage chaque matin. C'est un jeune gaillard tout juste sorti d'études et qui respire le dynamisme. C'est pour cela que je l'ai choisi lui.

« Ce projet d'orthèses, précise-t-il en lisant l'incompréhension dans mes yeux.

— Oh, ça…

— Oui, *ça*. Vous vouliez refaire une demande en septembre, non ?

— Oui, c'était l'idée…

— Il ne faut pas traîner, on est déjà mi-septembre. On va s'y prendre autrement cette fois. On va maximiser les chances d'une réponse positive. J'ai déjà établi un plan et pris contact avec un spécialiste en médecine physique et de réadaptation qui consulte à Auxerre. On va mettre en place un entraînement physique intensif qu'il vous faudra suivre pendant quelques semaines, voire quelques mois. L'objectif sera de vous redonner un tonus musculaire qui vous permettra de passer l'épreuve d'effort. Bien sûr, il vaudrait mieux poursuivre l'entraînement ensuite.

— Un entraînement intensif ?

— Quatre jours par semaine minimum. Vous revenez de loin. Mais il faut savoir ce qu'on veut, non ? Ce projet d'orthèses, c'est une sacrée étape. Je crois qu'on peut y arriver, monsieur Louvier. Vous êtes relativement jeune.

— Relativement. »

Il grimace : « Vous savez ce que je veux dire.

— Oui.

— Alors... vous êtes prêt à vous lancer dans l'aventure ? Mon confrère attend mon appel. »

Il relâche mes jambes, guette une réaction sur mon visage. Lui est enthousiaste, prêt à se jeter sur le téléphone.

« Je ne sais pas. »

Il se fige.

« Comment ça ?

— Je veux dire... Je suis toujours motivé pour refaire une demande mais...

— Pas d'excuses, monsieur Louvier. Il ne faut pas rester sur un échec, c'est mauvais pour l'ego !

— Le timing n'est peut-être pas le bon.

— Il n'y a jamais de bon timing. »

Je souris. Il m'amuse, avec son énergie sans limite.

« Je viens d'avoir un bébé, vous savez.

— Oh, non je ne savais pas... félicitations !

— Nous avons eu un bébé et ma femme... Ma femme a besoin de temps pour elle en dehors de la maison. Un entraînement intensif en ce moment, ce n'est pas une bonne idée. »

Il a du mal à cacher sa déception. On dirait que c'est lui qui a besoin de ces orthèses.

« Je ne suis pas si mal en fauteuil pour le moment. Je me débrouille, vous savez. Rien ne presse. »

Il fait mine de comprendre mais je vois bien qu'il a du mal à avaler la pilule.

« Tout de même… il ne faudra pas abandonner.

— Non.

— Promis ?

— Promis. Vous savez… quand un accident comme ça vous arrive, tout le monde s'oublie un peu pour faire de vous le centre de l'attention.

— J'imagine.

— C'est ce qui s'est passé. Éléonore, ma femme, elle a laissé tomber beaucoup de choses dans sa vie pour m'aider à traverser cette épreuve et… Je crois que c'est à mon tour maintenant de lui rendre la pareille. Je peux m'oublier un petit peu. »

Une faible lueur brille dans ses yeux. Est-ce qu'il saisit ? Est-ce qu'il a une femme dans sa vie, lui aussi ? Il frappe dans ses mains.

« Bon, alors on en reparle d'ici la fin d'année ? Disons décembre. Promettez-moi de garder ça dans un coin de la tête d'ici là.

— Bien sûr.

— Comment il s'appelle votre bébé ?

— Augustin. »

Il fronce les sourcils.

« Augustin, c'est un prénom de bébé, ça ? Je veux dire… mon arrière-grand-père s'appelait comme ça… »

Il ne termine pas sa phrase, s'embourbe en s'apercevant de sa boulette. Je lui tends mon téléphone où le visage d'Augustin s'affiche en fond d'écran, ses deux billes nacrées fixant avec attention l'objectif.

« Ah oui, constate-t-il. C'est un bébé. »

Je ne peux retenir un éclat de rire.

« Heureusement que vous êtes un bon kiné, parce que psychologue… vous auriez été une calamité !

— Hé, ho, monsieur Louvier, ce n'est pas très sympa, ça ! »

Il me met deux poids entre les mains. Cinq kilos chacun.

« Allez, on va bosser les triceps. »

Il se venge, j'en suis certain.

Éléonore

Tous pensent que je suis une maman fatiguée mais une maman malgré tout. Personne ici ne sait que j'ai abandonné mon enfant pendant une semaine entière. Ni mes parents ni Madeleine. François a gardé le secret. Il ne l'évoque jamais, fait comme si ma fugue n'avait jamais existé. Moi j'y pense en permanence. Dès que mon regard se pose sur Augustin, c'est à mon geste que je pense et cela me paraît évident : je ne suis pas une mère. Une mère ne ferait jamais ça. Je suis une jeune femme de vingt-cinq ans, bientôt vingt-six, qui a porté un enfant sans le réaliser vraiment et qui joue à l'adulte, qui tente de prodiguer les bons soins, de nourrir son bébé comme il faut, à la bonne heure, qui se trompe souvent et apprend difficilement. Rien ne m'est naturel, contrairement à François.

J'ai repris mon poste à la boulangerie avec un certain soulagement. Il m'est plus facile de retrouver Augustin quand j'ai pu aérer mon esprit quelques heures, discuter avec les clients, profiter du calme de la boutique. Je suis presque heureuse de le soulever dans mes bras à la fin de la journée. Je ne suis toujours pas une mère mais François essaie chaque jour de me persuader du contraire. Il prétend qu'Augustin ne peut s'endormir sans ce tee-shirt imprégné de mon odeur, qu'il me regarde plus intensément que n'importe qui et qu'il réagit à ma voix.

« Tu mens. Ma mère, mémé ou moi, ça ne fait pas grande différence pour lui. »

Je le pose malgré tout sur ma poitrine. Il redresse sa petite tête avec mille efforts, cherche mon regard, et je me prends à espérer que François dise vrai.

Camille m'a invitée à passer le week-end à Paris. Dans le cadre de son travail, elle organise une avant-première au Théâtre des Variétés. Une adaptation du dernier Goncourt. Mélanie et Audrey seront de la partie. Il paraît qu'elles seront ravies de me revoir. J'ai d'abord dit non, puis j'ai consulté François.

« C'est une bonne idée, a-t-il déclaré. Fils Prodige et moi on voulait regarder le match de rugby entre mecs samedi après-midi. Avec Jacques.

— Quel match de rugby ? »

Mon père, assis non loin dans un fauteuil, a haussé les sourcils. Visiblement, il n'y a pas de match, mais j'ai fait semblant de les croire. J'ai besoin de retrouver un peu de ma légèreté.

François

Elle a recommencé à écrire. Elle ne me l'a pas dit mais je l'ai surprise l'autre jour dans l'arrière-boutique pendant sa pause déjeuner. Elle était penchée au-dessus de son carnet.

« Pourquoi tu restes enfermée ici ? Pourquoi tu ne viens pas avec nous dans le salon ? »

Elle a sursauté, a voulu cacher son carnet comme au début, quand elle gardait cela pour elle.

« Le bruit des travaux est moins fort ici.

— Tu as repris l'écriture ? »

Elle a acquiescé. J'ai pensé que c'était une bonne nouvelle.

« Ta pièce de théâtre ?

— Oui. »

Elle n'a pas poursuivi. Elle n'avait pas envie de s'étendre sur le sujet. Je l'ai laissée en paix. Je crois que c'est une bonne nouvelle qu'elle écrive de nouveau… Au Clos des hortensias, elle écrivait pour s'évader, pour s'enfuir de notre quotidien morose, fuir notre couple, mais aujourd'hui ?… Aujourd'hui les choses sont différentes. Elle prend doucement ses marques avec Augustin. Elle commence à lui parler. Jusqu'alors elle s'occupait de lui en silence. L'autre jour, il pleurait parce que la boîte à musique s'était arrêtée, et elle a déclaré qu'il était comme elle : elle aussi, petite, avait besoin de bruit en permanence pour s'endormir.

« Pas vrai, maman ? »

Nathalie a confirmé : « On laissait l'aspirateur en route toute la journée. »

Léo a eu l'air heureuse. Elle souriait. Je crois que c'est bon signe qu'elle joue au jeu des points communs avec Augustin. Elle commence à réaliser qu'elle est sa mère.

Alors, même si elle s'échappe le week-end à Paris avec empressement, même si c'est douloureux pour moi de la sentir loin, ailleurs, même si elle a ressorti son carnet de moleskine et qu'elle ne veut rien m'en dire, je crois que je n'ai pas trop à m'inquiéter… Je l'espère.

*

« Elle est encore à Paris ? »

La question tombe au milieu de la soupe préparée par Nathalie. Madeleine avait tiqué en entrant dans la maison, en constatant que la table n'était dressée que pour quatre. Elle avait ravalé sa remarque à plusieurs reprises, s'était contentée de pincer les lèvres. Mais au milieu de la soupe, alors que Jacques montait le son de la télévision et que Nathalie berçait Augustin pour me permettre de terminer mon assiette, c'est devenu trop lourd à porter pour elle.

« Oui, dis-je d'un ton neutre pour couper court à cet embryon de conversation.

— C'est quoi cette fois ? L'autre jour c'était une avant-première au théâtre.

— Je… J'avoue que je n'en sais rien. »

Léo n'a rien précisé cette fois, comme si elle n'avait plus vraiment besoin de ma permission. Elle m'a juste annoncé qu'elle partait pour le week-end et elle a bouclé un sac. Qu'aurais-je pu dire ? Elle était radieuse, empressée. Elle nous a embrassés avec tendresse, Augustin et moi, avant de filer.

Madeleine fait claquer sa langue, se tourne vers Jacques, un air de reproche dans les yeux.

« Tu ne lui dis rien ? C'est ta fille. »

Jacques hausse les épaules comme s'il ne comprenait absolument pas où sa mère voulait en venir. Nathalie nous tourne ostensiblement le dos, agitant doucement un Augustin en pleurs.

« C'est pour ça qu'il pleure… Il sent sa mère loin, déclare Madeleine.

— Mais non, dis-je. Il a des reflux, c'est pour ça qu'il pleure. »

Nathalie me lance un regard chargé de reconnaissance.

« Elle voit des amis, c'est tout », murmure-t-elle, mais sa voix est couverte par les pleurs.

Madeleine ne se risque pas à répliquer. Nous savons tous qu'elle n'en pense pas moins. Je termine ma soupe mais j'ai l'estomac noué. Est-ce que Madeleine a raison ? Est-ce que Léo est en train de m'échapper ?

« Madeleine est de la vieille école », lâche Nathalie plus tard dans la cuisine.

Jacques est allé installer sa mère dans le salon. Elle a choisi un téléfilm. Ils nous attendent devant des pages de publicité. J'aide Nathalie en passant un coup d'éponge sur la table. Elle charge le lave-vaisselle.

« Oui… »

Une légère tension s'installe. Je sens bien qu'elle n'en a pas fini, qu'elle peine à trouver les mots.

« Éléonore a besoin de retrouver un peu d'insouciance.

— Je sais. »

Nathalie lance le lave-vaisselle, se redresse et presse mon épaule sans oser me regarder. C'est la première fois qu'elle a un geste aussi tendre à mon égard.

« Tu viens regarder le téléfilm avec nous ?

— Augustin dort. Je devrais en profiter pour avancer dans ma formation.

— D'accord. »

Je sais bien que je ne parviendrai pas à retenir une seule ligne mais j'ai l'estomac un peu lourd et l'envie d'être seul.

Éléonore

Camille m'a conviée à une fête dans l'appartement d'Étienne et de ses colocataires. Il y a une vingtaine de personnes, beaucoup de bruit et de musique. C'est étrange, je ne me sens plus tout à fait en osmose avec la jeunesse parisienne libre et insouciante, et pourtant je suis bien au milieu d'eux. J'ai l'impression de rattraper tous ces mois au Clos des hortensias, toutes ces soirées gâchées, enfermée seule dans ma chambre au-dessus de mon carnet. Je ne participe pas à leurs débats politiques enflammés. Je ne prends pas part aux parties de beer pong. Je ne m'agace pas non plus de voir Camille et Étienne se chercher du regard, se rapprocher, se toucher et s'embrasser sans cesse. J'en souris. Je suis présente et absente en même temps. Je me nourris de leur frivolité, de leur joie féroce. Je bois peu. Je me laisse emplir par toute cette vie.

Depuis la fenêtre de chez Étienne, on a une vue sur le pont Mirabeau, faiblement éclairé par les lampadaires. Je pense aux vers d'Apollinaire.

Sous le pont Mirabeau coule la Seine
Et nos amours
Faut-il qu'il m'en souvienne
La joie venait toujours après la peine

Je pense à François. À Augustin. Ils me manquent, et pourtant je suis bien là. Je sais que je les retrouverai demain et cette simple perspective gonfle ma poitrine d'émotion. J'immortalise la vue sur mon téléphone portable et je l'envoie à François. Il est minuit.

François

Je suis sur le point d'éteindre la lumière. J'ai réussi à avaler une dizaine de pages de ma formation. À l'autre bout de la chambre, Augustin dort, entouré d'un traversin, sur le matelas double, au sol. Nous ne l'avons jamais remis en place. Léo a déclaré qu'elle voulait que nous continuions de dormir tous les trois. C'est ce que nous faisons… Sauf quand elle s'en va.

Son message arrive au moment où je pose le doigt sur l'interrupteur de la lampe de chevet. Un cliché. Une vue de Paris. Le pont Mirabeau, silhouette brumeuse dans la nuit. Rien d'autre. Je ne sais pas où elle est.

Avec qui. Elle ne l'a pas dit. Le poème d'Apollinaire me revient.

L'amour s'en va comme cette eau courante
L'amour s'en va
Comme la vie est lente
Et comme l'Espérance est violente

Mon cœur se serre. Est-ce un présage ? Est-ce une élégante façon de me faire passer un message ? Je ne sais plus que penser. Il est minuit. Elle est loin. Je tape quelques mots que j'envoie aussitôt : *Je t'aime.*

Je m'en vais rejoindre Augustin sur notre matelas. Il a la respiration rapide mais tranquille. Une réponse arrive : *Je vous aime.*

57

Éléonore

La journée touche à sa fin. Je nettoie les vitres de la boulangerie. Ma mère est avec Augustin. François s'est installé derrière le comptoir, il s'occupe de compter la caisse. Maintenant qu'il me remplace régulièrement, il en connaît aussi long sur le métier que moi.

« Tu as quelque chose de prévu le week-end prochain ? »

J'insiste quelques secondes avec mon chiffon en microfibre sur une tache coriace. Je me laisse du temps pour répondre. Bien sûr que j'ai quelque chose de prévu. Comme les semaines précédentes. M'échapper à Paris, me laisser prendre par le tourbillon de vie. Une expo. Une balade sur les quais de Seine. Un cinéma. Nous trouverons de quoi remplir ces deux jours, Camille et moi. Mais la voix de François m'a paru chargée d'une certaine attente. Je m'essuie le front tout en jetant un œil à l'almanach affiché derrière le comptoir. Et alors je comprends. La date fatidique approche. L'anniversaire funeste. J'avais fini par l'oublier, obnubilée par mes escapades. Dans quelques jours, cela fera deux ans que la vie de François a volé en éclats. Je mens : « Non. »

François me scrute quelques secondes. Bien sûr il ne me croit pas, mais il fera sans doute semblant.

« J'ai un projet. Je vais avoir besoin de ton aide. »

Il m'explique tout ça dans la cour pendant que nous partageons une de nos rares cigarettes.

« Faire une fête ? je répète, étonnée.

— Dans la nouvelle maison. Les travaux ont bien avancé, le salon est terminé. Il suffirait d'installer une table, des chaises, une enceinte pour mettre un peu de musique, et on commanderait des plats chez le traiteur du coin.

— Une fête ? » dis-je encore, hébétée.

Une fête pour célébrer la perte de son autonomie, l'explosion de sa carrière, la fin de sa vie d'avant… J'ai du mal à comprendre.

« En petit comité. Ryan, son môme, Elsa, Isabelle… qui pourra même inviter son Charles. »

Il a un air amusé.

« Tu pourras faire passer le mot à Camille ? Elle sera la bienvenue.

— D'accord… »

Il m'observe en soufflant la fumée de sa cigarette. Une mèche de cheveux tombe devant ses yeux.

« Tu fais une drôle de tête. Tu avais d'autres plans ?

— Non. C'est juste…

— Crache le morceau, Mini.

— Une fête pour célébrer ton accident… C'est étrange, non ?

— Quelle meilleure façon de dire au destin que je l'emmerde ? »

Il a un sourire au fond des yeux. Je lui pique sa cigarette. Il passe un bras autour de ma taille, m'attire à lui.

« Si ça ne te convainc pas, on n'a qu'à dire que c'est une pendaison de crémaillère… Ou qu'on arrose la naissance d'Augustin. On a des raisons de faire la fête, non ? »

Je me laisse emplir par la nicotine. Peut-être bien que cette date fatidique n'est plus celle de son accident mais de sa deuxième naissance. Un nouveau corps. Un nouvel homme. Une autre existence.

« Tu es avec moi sur ce projet ?

— Bien sûr. »

François

Bien sûr, j'ai envie de revoir Ryan, Elsa, Isabelle. J'ai besoin de retrouver les bruits du monde, de reprendre contact avec la vie. Mais cette fête d'anniversaire, c'est surtout pour elle que je l'organise. Je veux raccrocher Léo à ma vie, nous recréer un univers commun. Avant nous avions le Melchior, la troupe, les soirées jusqu'au petit matin, l'amour du théâtre. Maintenant elle a sa vie secrète à Paris et moi j'ai mon fils, sur qui se cristallise toute mon existence. Léo me manque. J'y ai songé longuement. Puisqu'elle ne pense qu'à rejoindre Paris chaque week-end – la fête, la vie, la musique, un peu de légèreté –, je n'ai qu'à faire venir Paris à elle. Une fête et des amis communs pour la raccrocher à moi. À nous. Est-ce que ça suffira ?

Éléonore

Il y a deux ans, un message vocal m'annonçait à la sortie de la salle de sport que François avait eu un accident grave, qu'il se trouvait au bloc opératoire, que son état était sérieux. Ce même jour, notre vie à tous les deux explosait.

Il y a un an, au Clos des hortensias, je trouvais François allongé dans la salle de bains, souillé, glacé, l'haleine empestant l'alcool, le dos nécrosé par une escarre. Ce même soir, nous échappions de justesse à la catastrophe grâce à quelques mots lancés par désespoir : *On va faire un enfant, François. Toi et moi.*

Je ne sais pas si c'est cet enfant qui a sauvé notre couple ou la Bourgogne, la maison aux vieilles pierres, la présence précieuse de ma famille, ou le temps tout simplement…

Aujourd'hui, François fête sa deuxième année de vie en fauteuil et nous dressons une table pour accueillir une dizaine de convives au milieu de notre tout nouveau salon. Dans un coin de la pièce, Augustin, allongé sur un tapis d'éveil, agite un hochet. Il fait ses premières vocalises. Des « o », des « a ». Il a trois mois. Il mesure soixante centimètres et le monde s'est mis à tourner autour de lui. Il est le soleil de François, sa principale raison d'être, et a redonné vie à toute la famille : Madeleine vient désormais trois jours par semaine pour pouponner et délaisse son club de tricot. Ma mère oublie ses douleurs à la hanche et déambule à travers toute la maison pour ramasser hochets, peluches et girafes en plastique. Mon père a déjà acheté un bac à sable et un tricycle. Il ne crie plus lorsqu'on évoque sa retraite, commence même à l'envisager tout doucement.

J'ai toujours du mal à réaliser que ce petit être est mon enfant, que je suis une mère. J'ai encore souvent l'impression d'être un imposteur, de jouer un rôle qui n'est pas le mien, d'avoir volé la vie d'une autre. Tôt ou tard quelqu'un s'apercevra de la mystification et on me reprendra tout. Cette crainte aussi stupide qu'irrationnelle ne me quitte pas. La nuit, parfois, je me réveille et j'ai besoin de m'assurer qu'Augustin est bien là, à côté de moi, que personne ne me l'a repris. Dans un autre contexte, à une autre période de ma vie, la maternité m'aurait sans doute été naturelle. Plus facile en tout cas. Mais elle s'est imposée dans le brouillard et l'obscurité, dans un empressement maladroit pour sauver François, pour éloigner la mort. Il me faudra du temps pour dissocier Augustin de cette période sombre. Je ne veux pas qu'il porte notre passé comme une ombre pesante. Je ferai en sorte que son histoire commence en Bourgogne avec les premières fleurs du printemps et nos caresses timides.

« Ils arrivent à quelle heure ? je demande à François tout en lissant la nappe en papier du plat de la main.

— Ryan et Marlon seront à la gare à dix-sept heures. Les autres n'arriveront pas avant dix-neuf heures.

— Bon… On va accélérer. »

Nous serons neuf ce soir : Ryan et son fils, Isabelle sans son Charles, Elsa et sa plus jeune fille Émilie – son mari restant à la maison avec l'aînée malade –, Camille, et nous deux. Sans oublier Madeleine, qui a insisté pour être de la fête. Nous installerons Elsa dans le clic-clac, Émilie dans le lit à barreaux d'Augustin. Le reste des convives dormiront dans un hôtel, à trois kilomètres de la maison.

L'autre soir, pendant que nous nous brossions les dents, François m'a annoncé qu'il avait invité Antoine. J'ai retenu mon souffle.

« Tu crois que ça ira ? »

J'ai haussé les épaules. Ce n'était pas pour moi que j'étais inquiète mais pour François : et si la présence d'Antoine venait détruire ce nouvel équilibre que nous nous étions construit ? Heureusement, Antoine a annoncé qu'il ne serait pas là. Il a dit être attendu sur scène. Ses réseaux sociaux ne mentionnent pourtant aucune date ce samedi-là. Il a eu la délicatesse de nous laisser à notre équilibre. Ils se verront une autre fois, seul à seul. Et ce sera mieux.

« Tu vas chercher Ryan à la gare avec mon père et moi je m'occupe du traiteur avec Augustin ? je lance tout en m'étirant.

— Ça marche. »

La maisonnette est encore en travaux. Elle sent le plâtre et le ciment. Les ampoules sont à nu et le sol recouvert de bâches en plastique. Mais les toilettes sont en fonction et le salon à peu près habitable. Nous installerons un radiateur d'appoint, quelques lampes d'ambiance. Nos rires se chargeront de faire de ces quatre murs une maison.

François

Il n'y avait pas de meilleure façon de célébrer ce funeste anniversaire. Je le réalise en voyant le salon se remplir, en entendant Ryan alpaguer Madeleine à grand bruit, Isabelle saluer Camille, Elsa soulever Augustin dans ses bras avec des yeux émus. Léo court de l'un à l'autre, récupère une veste, tend un verre de vin. Elle a les joues roses. Elle porte un pantalon noir et un chemisier rouge, un de ceux qu'elle mettait régulièrement pendant nos premiers rendez-vous clandestins.

Il n'y avait pas de meilleure façon de se moquer du destin, de l'emmerder une bonne fois pour toutes. Gainsbourg aurait approuvé, lui et son *Je connais mes limites. C'est pourquoi je vais au-delà*.

« Eh, mec ! s'écrie Ryan. T'as pas dit à mamie qu'on repartait sur la route des vins demain matin à huit heures tapantes ? »

Madeleine nous observe, ne sachant si c'est du lard ou du cochon.

« Ne me tentez pas ! » nous avertit-elle.

Ryan éclate de rire. Ce soir encore, il est debout. Il porte ses orthèses, s'appuie sur ses béquilles. Un jour moi aussi je me tiendrai debout et Léo pourra poser sa tête contre ma poitrine.

« Marlon ? Où il est encore passé ?

— Ici ! » indique Léo.

Le petit Marlon est occupé à donner une main à Émilie, qui avance timidement, en tanguant. Des premiers pas hésitants qui me donnent cruellement envie de voir Augustin grandir. Je regarde Elsa qui le tient contre sa poitrine, le fait gazouiller, puis Marlon qui couve Émilie du regard, l'aide à se relever d'une petite chute. Bon Dieu, que de chemin parcouru. Il y a peu de temps, si peu de temps, nous n'étions que tous les trois dans cette chambre du centre de rééducation, Elsa, Ryan et moi. Elsa veillait sur nous, tentait de nous maintenir à flot. Ryan essayait de me convaincre de ne pas utiliser les lames de rasoir. Aujourd'hui nos progénitures assurent la relève, se rencontrent, s'apprivoisent.

« Léo ? »

Elle s'approche. Elle ne touche plus terre. Je crois que ça lui plaît, tout ce monde autour de nous, toutes ces mains qui l'agrippent.

« Tu veux appeler tes parents pour qu'ils trinquent avec nous ? »

Elle acquiesce. Je la retiens quelques secondes pour lui voler un baiser.

Éléonore

Il avait raison, bien sûr. Une fête pour faire de cette date autre chose qu'un souvenir douloureux. Une occasion de se réunir. Le chauffage d'appoint est inutile avec toute cette chaleur humaine. Nous avons sabré le champagne : « À la vie, aux amis ! » Augustin s'est endormi dans son lit-parapluie, dans un coin de la pièce. Émilie ne quitte plus Marlon, elle réclame sa main en permanence. Mes parents s'apprêtent à partir. Ils ne veulent pas s'éterniser, ont peur de déranger.

« Tu viens, maman ? » demande mon père en s'adressant à Madeleine.

Elle fait mine de ne pas l'entendre. Elle est collée à Ryan. Il lui montre sur son téléphone les photos de leur escapade sur la route des vins.

« Et là c'était un selfie avec le vigneron, vous vous souvenez ? »

Ma mère tire mon père par la veste.

« Allez, viens, laisse-la ! »

Je les raccompagne sur le perron. Ils ont l'air heureux de nous voir redonner vie à la bâtisse.

« Vous serez bien, là, constate ma mère. Vous aurez votre autonomie. »

Je les regarde partir. J'attrape quelques bribes de conversation derrière moi. François confiant à Elsa :

« Je crois que Madeleine est en train de tomber amoureuse. »

Le rire d'Elsa.

« Cette maison, elle a du cachet. »

Je me retourne : c'est Isabelle, que je n'ai pas entendue arriver. Elle a une coupe de champagne à la main. Elle est rajeunie, radieuse.

Je ne sais pas vraiment que répondre. Voilà neuf mois que nous ne nous sommes pas vus, François, Isabelle et moi. Il n'y a pas de secret autour de cela. La cause de l'absence d'Isabelle c'était moi, ma grossesse. C'est évident. Ce soir, elle est là et tout est différent : Augustin est né, je ne porte plus la vie, je ne représente plus ni la féminité ni la maternité. Je ne suis que moi, une jeune fille dépassée, une mère maladroite, je suis certaine qu'elle le sait. Et puis elle a retrouvé l'amour. Il n'y a plus d'enjeu ni de sentiment ambivalent autour de François. La donne est différente. Cependant, il nous faut reprendre nos marques.

« Oui, on sera bien ici », dis-je.

Elle m'observe avec un demi-sourire.

« Mais Paris vous manque. »

Est-ce que François s'est confié à elle sur mes absences ?

« François se plaint de mes fugues ?

— François ? Non… Il ne m'a jamais rien dit à ce propos. C'est votre amie Camille. Elle m'a dit que vous étiez devenue sa colocataire à temps partiel.

— Je… »

Elle boit une gorgée pour me laisser le temps de formuler une réponse mais je n'en trouve pas. Je laisse le silence s'installer.

« François se plaît ici, non ? poursuit-elle.

— Oui.

— Il est changé. Je ne pensais pas le trouver aussi…

— Aussi ?…

— Comblé. Aussi vivant que l'ancien François, et différent à la fois.

— C'est le nouveau François. L'effet de la Bourgogne et d'Augustin.

— Et vous, vous n'y êtes pour rien du tout ?

— Non. C'est vous qui me l'avez dit. Il ne fallait pas que je me donne autant d'importance. Vous vous souvenez ? »

Elle sourit.

« Vous aviez même dit qu'aucune fille, si jolie soit-elle, ne pourrait le sauver.

— Je m'obstinais à vouloir faire revenir le François d'avant. Le comédien. Je pensais qu'il devait à tout prix remonter sur scène.

— Plus maintenant ?

— Maintenant j'ai un homme dans ma vie. J'ai bien assez à faire. Je vous laisse vous occuper du cas François. »

Nous sourions en silence dans la nuit froide d'octobre.

« Il m'arrive parfois de me tromper, reprend-elle. J'aurais dû vous faire confiance plus souvent. L'idée de lui faire un enfant par exemple, ce n'était pas si stupide… Ce rôle de père lui va à merveille. »

Elle vide sa coupe, ajoute : « J'espère que vous vous accorderez. »

Je l'interroge du regard.

« À quel propos ?

— Entre vos envies parisiennes et son nouveau caractère, j'espère que vous trouverez vos marques.

— On s'en sortira.

— Bien sûr que vous vous en sortirez. Et vous n'avez pas besoin des conseils d'une quinquagénaire divorcée, vous avez largement fait vos preuves. »

Elle me désigne l'intérieur : « On va reprendre un peu de champagne ? »

Je ne suis pas aussi convaincue que j'ai voulu le laisser paraître, mais l'heure n'est pas au doute. Pas ce soir.

Toute la maison dort encore, excepté Jacques et Nathalie qui font déjà tourner la boulangerie. Sur le matelas à côté de moi, Léo ronfle légèrement. Augustin a les yeux ouverts et fixe le plafond avec étonnement. Je le soulève sans faire de bruit et je l'accroche à moi, dans son porte-bébé. Puis nous passons tous les deux dans mon fauteuil. Je n'ai pas dormi plus d'une heure ou deux. Pas de spasmes, pas de douleurs, juste l'excitation d'avoir réuni tout ce petit monde dans notre futur chez-nous. La soirée s'est éternisée jusqu'à l'aube. Elsa a été la première à sombrer, s'excusant platement de nous fausser compagnie. Elle a rejoint Émilie qui dormait déjà dans le salon de Jacques et Nathalie et s'est effondrée dans le clic-clac. Isabelle a suivi, sur le coup des trois heures, emmenant Camille qui logeait dans le même hôtel. Léo a rendu les armes à quatre heures, après un énième bâillement. Sans surprise, Madeleine et Ryan ont continué à discuter jusqu'au petit matin, testant les différentes gnôles trouvées dans la cave de Jacques. Marlon dormait, allongé sur un matelas mis à sa disposition, enroulé dans un duvet.

Sans faire de bruit, je traverse le couloir et le salon, où Elsa et Émilie dorment toujours. Dans la cuisine, Jacques a laissé un immense sachet contenant pains aux raisins, croissants, chaussons aux pommes, pains au chocolat. Dans deux heures, ils seront tous levés, plus ou moins reposés de leur courte nuit. Nous débarrasserons les restes de la soirée et nous nous attablerons tous ensemble autour du petit déjeuner. Avec des gestes lents, encore ensommeillés, je lance le café puis je prépare un biberon pour Augustin qui patiente en silence. Nous nous installons près de la fenêtre dans un rayon de soleil. Il tète, les yeux mi-clos. Je l'observe, un sourire aux lèvres. Je repense aux mots que j'ai échangés avec Camille la veille, pendant que Léo fumait dehors.

« Qu'est-ce qu'elle fait, tout ce temps à Paris ? »

Camille a gardé les yeux rivés sur son verre. Malgré les années, sa timidité à mon égard est restée, tapie au fond d'elle.

« On va voir des expos, on va au théâtre, on boit un verre. Enfin…

— Enfin ?

— La plupart du temps elle écrit. Elle ne fait rien d'autre qu'écrire dans son carnet. Elle n'a jamais voulu me dire ce qu'elle y griffonnait. »

Éléonore

C'est la grande farandole ce matin. Les arrivées au compte-gouttes. Il pleut, une brume poisseuse s'accroche aux arbres. Ce serait un temps à filer le bourdon, s'il n'y avait pas ce petit déjeuner de lendemain de fête. Camille et Isabelle arrivent les premières. Elsa commence déjà à empaqueter ses affaires et celles d'Émilie.

« Tu fais quoi ? s'insurge François. Personne ne part avant treize heures, je vous préviens ! »

On dresse la table d'un petit déjeuner gargantuesque. Viennoiseries, fruits, yaourts, fromages. Marlon joue au basket dans le salon, manque de faire voler en éclats la cafetière. Isabelle tente d'émerger au-dessus de son bol de café, François lui fait remarquer que les réveils semblent difficiles, passé cinquante ans. Elle lui répond quelque chose qui fait rire Elsa. De l'autre côté de la table, Ryan et Madeleine tentent de nous convaincre de faire baptiser Augustin.

« Il faut au moins qu'il reçoive le premier sacrement, c'est important ! » déclare Madeleine, là où Ryan pense plutôt à une occasion de faire la fête et de se voir attribuer officiellement le titre de parrain. On oublie la pluie. On remet de la musique. François apostrophe, plaisante, s'esclaffe, et je songe : il est de retour, pour de bon. C'est lui, le même qu'à l'époque du Melchior, celui qui s'épanouit dans les rires, dans le bruit, celui autour duquel on gravite.

Il faut raccompagner Ryan et Marlon à la gare. Je m'en charge, en profitant pour déposer Camille sur le même quai, son train arrive dans la demi-heure. À mon retour, c'est Elsa qui entasse son sac de voyage dans le coffre de sa voiture. Dans son siège auto, Émilie nous adresse des petits coucous de la main.

« Eh bien… bon retour ! »

On échange des bises. François promet de l'appeler, de lui envoyer régulièrement des photos d'Augustin. La voiture s'éloigne déjà.

« Bon, alors ça y est… il n'y a plus que nous », je constate avec une certaine nostalgie.

Isabelle passe dans mon dos, nous rappelant sa présence.

« Je vous aide à débarrasser ? » propose-t-elle.

On s'y met tous les trois. François remplit les sacs-poubelle et le bac de tri, Isabelle passe le balai, je replie chaises et tables. Augustin s'amuse à observer ses pieds sur son tapis d'éveil. La musique s'est tue, personne ne la relance. Je m'apprête à le faire quand je réalise qu'une drôle de tension flotte dans l'air. Un silence troublé. Je les observe à la dérobée, sans en avoir l'air. Je les vois échanger un regard long, insistant. François esquisse un geste. Isabelle secoue la tête.

« Qu'est-ce qu'il se passe ? »

Je les prends de court. Isabelle ouvre la bouche, reste muette. François passe une main dans ses cheveux. Je connais ce geste par cœur, signe qu'il est nerveux. Je ne comprends pas vraiment ce qu'ils peuvent tramer derrière mon dos. À vrai dire, je suis plus interrogative qu'inquiète.

« Je vous vois jouer aux mimes depuis tout à l'heure. »

Isabelle repose le balai contre le mur, s'y adosse. Elle laisse François avancer vers moi dans son fauteuil, mal assuré. Bon sang, qu'est-ce qu'ils me font ?

« Écoute, je… Tu me promets de ne pas t'énerver, d'accord ? »

Je fronce les sourcils. J'attends avec une certaine impatience.

« J'aurais voulu que ça vienne de toi mais je crois que tu n'aurais jamais osé.

— Bon Dieu, de quoi tu parles ?

— Je sais que c'est quelque chose de personnel, que tu aimes garder ça pour toi, qu'en quelque sorte c'est ton jardin secret, mais…

— Accouche !

— Mais c'est aussi ton rêve, pas vrai ? Si tu gardes tout ça pour toi, il ne pourra jamais se réaliser. »

Je me tourne vers Isabelle en espérant une réponse plus claire et concise, mais elle s'est tout à coup prise de passion pour Augustin, qui lui offre une échappatoire rêvée. Elle joue à « coucou caché », accroupie au-dessus de lui.

« J'ai parlé à Isabelle de ton carnet, lâche-t-il enfin.

— De mon carnet ?

— De ton projet. De ta pièce de théâtre. »

J'ouvre la bouche, avec cette affreuse sensation d'un étau qui se referme autour de ma gorge, qui m'enserre, m'étrangle.

« Elle a été intéressée par le pitch, mais aussi par les personnages. Elle aime beaucoup le petit vieux qui s'abrutit devant la télévision. Elle le trouve particulièrement fascinant. Et elle adore le titre : *Solitudes ordinaires*. »

Isabelle, toujours accroupie au-dessus de mon fils, me jette un regard tendu à la dérobée. Je tente de déglutir avant de parler, de modérer ma voix, mais c'est plus fort que moi : « Je t'avais dit que je voulais garder ça pour moi, que je refusais d'en parler à qui que ce soit.

— Ce n'est pas *qui que ce soit*. C'est Isabelle. »

Je baisse le ton comme si j'espérais qu'Isabelle ne m'entendrait pas. Peine perdue dans cette pièce close.

« Alors tu as parlé de mes personnages…

— Je lui ai brossé un portrait très grossier de chacun.

— De chacun…

— Oui. Pour lui donner une idée de ton univers. »

Il ne comprend pas. Je vois bien dans son regard qu'il ne comprend pas ce qu'il vient de faire, l'ampleur de sa trahison, l'ampleur de ma colère.

« Elle est d'accord pour te lire, Léo. C'est une grande chance ! »

Il le pense réellement. Il a un sourire qui se veut encourageant. Isabelle, elle, ne se risque pas à approuver.

« Si j'ai accepté de t'en parler, dis-je d'une voix qui tremble, c'était un gage de confiance.

— Et j'en suis touché. Mais j'aimerais t'offrir l'occasion de…

— De quoi ? »

Cette fois, plus de tremblements. Je crie. Augustin cesse d'agiter ses pieds. Un premier gémissement se fait entendre, qui se transforme rapidement en pleurs.

« Dis-moi, François, qu'est-ce que tu ne comprends pas quand je parle ? »

Isabelle tente d'agiter un hochet pour calmer Augustin, en vain.

« À quel moment dans ton éducation, Éliane a oublié de t'enseigner le *non* ?

— Léo… »

C'est terrible comme dans ces moments où on est submergés par la fureur, tout nous revient, le moindre détail oublié, la moindre humiliation subie. Les pleurs d'Augustin s'intensifient, et ma rage avec.

« Non, François, je t'assure, la scène ça n'est pas fait pour moi. *Mais si, passe ce casting, c'est un ami, tu seras formidable sur scène !* Non, François, je ne veux pas faire l'amour maintenant. *Mais si, attends, laisse-moi déboutonner ton chemisier, tu vas aimer.* Non, François, je ne veux pas te faire un enfant. *S'il te plaît, Léo, tu verras, si tu me fais cet enfant, tout ira mieux, je me reprendrai en main.* NON, FRANÇOIS, JE NE VEUX PAS FAIRE LIRE MON PUTAIN DE CARNET ! »

Augustin se met à hurler à pleins poumons. Isabelle le soulève dans la précipitation.

« Donnez-le-moi ! » je vocifère.

François tente de s'interposer mais je le contourne, je tends mes bras à Isabelle : « Donnez-moi mon fils ! »

Elle ne bronche pas, me le rend.

« Merci d'être venue, lui dis-je d'un ton vibrant de colère. Et merci de la proposition. Mais ce sera non. »

Je quitte la pièce sous les hurlements d'Augustin qui se débat dans mes bras. Je ne réfléchis pas vraiment. Je l'installe dans le siège bébé et je monte au volant de ma voiture.

« Où tu vas ? » crie François dans mon dos.

Je claque la portière et je démarre sans répondre. Le ciel est gris, brumeux. J'écrase le volant de rage et Augustin, à l'arrière, se calme. Il me fixe dans le rétroviseur de ses yeux gris qui virent doucement au vert-de-gris de son père. Je roule au hasard, sur des routes surplombant les vignes.

« Quoi qu'il arrive, tu n'y es pour rien, d'accord ? Je resterai ta maman et François restera ton papa. »

Il m'observe sans manifester d'émotion particulière. Juste un peu de curiosité.

François

Tout vole dans la pièce. Tant pis pour Isabelle. J'envoie valdinguer les chaises, la table, les assiettes en carton, les sacs-poubelle, tout ce qui me tombe sous la main, puis je me mets à hurler parce que ce n'est pas encore assez, parce que j'ai besoin de plus, tellement plus, pour exprimer cette injustice : « Je fais ça pour elle ! Je fais ça pour qu'elle ait une chance de quitter le comptoir de la boulangerie ! Pour qu'elle donne enfin un sens à ses escapades à Paris ! Qu'elle essaie au moins de faire vivre son rêve au lieu de se saouler avec Camille et des inconnus, de gâcher son temps passé loin de nous !

— François, calme-toi. »

Isabelle reste à une distance raisonnable de moi, me répète plus fermement : « Allez, redescends, d'accord ?

— Elle ne peut pas m'enlever mon fils comme ça !

— Elle ne l'a pas enlevé. Elle est juste partie faire un tour.

— Avec lui. Il hurlait !

— Je suis sûre que tout va bien. Il hurlait à cause des cris. Il a dû se calmer.

— Pourquoi elle en fait tout un drame ? C'était une simple proposition ! Je voulais juste l'aider !

— Je sais, François. »

Isabelle s'approche lentement, se poste dans mon dos. Elle se risque à poser ses mains sur mes épaules mais ce geste ne parvient pas à m'apaiser.

« Deux ans de cris, de scènes, de petits pas en avant pour finalement revenir à zéro ! On croit qu'on avance au milieu de tout ce carnage, que ça a un sens, qu'on évolue, qu'on grandit, qu'on s'endurcit en tant que couple, mais c'est que des conneries tout ça ! On ne va nulle part ! Il n'y a aucune logique à ce merdier ! On tourne en rond encore et encore, et à force on s'enfonce, on creuse, et tu sais quoi ? J'ai plus envie d'essayer ! J'en ai marre de tout faire de travers ! J'en ai marre d'être toujours cet égoïste, ce connard qui prend et qui ne donne rien ! J'ai beau essayer de changer, de devenir meilleur, plus attentionné, c'est toujours ça qui revient ! Mes putains d'erreurs !

— Elle a parlé sous le coup de la colère. Elle s'est sentie trahie. Elle n'a pas réfléchi à ce qu'elle disait. »

Elle resserre ses mains sur mes épaules, pose son menton contre mon crâne. Son parfum me calme malgré moi. Ce parfum, c'est mon passé, c'est quelque chose de familier, de doux.

« Elle m'a trompé avec Antoine, tu le savais ?

— …

— Et elle est partie une semaine entière en me laissant seul ici avec Augustin, en plein mois d'août. J'ai dû laver nos vêtements dans l'évier de la cuisine, changer Augustin sur un plan de travail en priant pour qu'il ne tombe pas car j'aurais été incapable de le rattraper. J'ai dû ramper sur le sol comme un cafard pour pouvoir nourrir notre fils. Quand elle est revenue, je ne lui ai pas fait un reproche, pas un seul ! Au contraire, je lui ai promis qu'elle pouvait aller et venir à sa guise, que nous l'attendrions sagement ici. »

Isabelle ne trouve rien à répondre. Trop de révélations. Trop complexe. Ou ce n'est plus ses affaires, je ne sais pas. Elle continue de me serrer contre elle, et moi je retiens des sanglots de rage.

Quelques minutes ont passé quand, depuis l'extérieur, nous parviennent le bruit d'un moteur puis le crissement du gravier. Isabelle se redresse.

« Elle est déjà de retour, tu vois. Essaie de rester calme. »

La voiture se gare sans à-coups, avec souplesse. Pas de freinage brutal, pas de portière ouverte dans la précipitation. Visiblement, Léo s'est apaisée. Nous la voyons s'extraire du véhicule puis le contourner pour sortir Augustin de son siège auto à l'arrière. Il s'est endormi. Elle le soulève délicatement, le plaque contre elle. Elle revient calmement dans la maisonnette. Isabelle murmure : « Je m'éclipse. »

Elle file précipitamment. Ses pas s'éloignent, quand Léo apparaît dans le salon saccagé. Elle ne s'attarde pas sur les chaises, la table, le champ de bataille au sol. Elle me fixe, moi. Elle ne dit rien mais quelque chose dans ses yeux semble dire : *Tu n'as pas changé, tu es toujours ce même minable qui ne se contrôle pas, qui casse, qui cogne, tu es pathétique.* Le silence enfle. La tension avec. Je me décide à prononcer quelques mots, les seuls qui me viennent, d'une voix d'outre-tombe : « Plus jamais tu ne m'enlèves mon fils. Plus jamais. »

Quelque chose se durcit dans son regard. Elle avance d'un pas, me tend le bébé endormi.

« Tu l'as. »

Puis elle recule. Je lance : « C'est tout ? »

Car je vois bien qu'elle s'apprête à tourner les talons.

« C'est tout. Qu'est-ce que tu veux ? Des excuses ? J'ai crié trop fort sans doute. Mais tu as trahi ma confiance.

— Je voulais t'aider.

— L'enfer est pavé de bonnes intentions. »

Je ferme les yeux très fort pour tenir ma révolte à distance.

« Je voulais juste… à mon niveau… faire en sorte de… t'aider à te réaliser… »

Je les rouvre. Elle déglutit en fixant le mur derrière moi. Elle est dure. Impitoyable.

« Je vais prendre une douche. Je rangerai ton bazar après. »

Elle n'attend pas de réponse, elle tourne les talons et disparaît.

58

Éléonore

Un soir durant ce terrible mois de novembre, un seul soir, nous parvenons à nous rapprocher. Sur notre matelas, au sol. Dans l'obscurité. À la faveur d'une tempête. Le vent hurle dehors, les arbres craquent. J'ai besoin de sa présence, d'un peu de chaleur. Je tâtonne dans la pénombre, je rencontre son torse qui tressaille. Je cherche son visage, ses yeux, son nez, sa bouche. Je les parcours des doigts puis je pose mes lèvres sur les siennes. Au début il reste figé puis, sous la pression de mon souffle brûlant, de mes implorations muettes, ses lèvres s'entrouvrent. J'y glisse ma langue. Il enserre ma taille. À côté de nous, Augustin dort. Nous ne réfrénons pas notre désir. Nos langues se mêlent. Il passe ses mains sous mon pyjama. J'enfouis mes doigts dans ses cheveux. Ce ne sont que des baisers, des baisers d'adolescents, et pourtant ils sont plus sensuels, plus brûlants que tout.

Près d'un mois que nous sommes enfermés dans le silence. Un mois que nous faisons semblant, que nous échangeons sans vraiment nous parler. *Tu as lavé Augustin ? Tu as besoin d'aide pour le changer ? Le repas est prêt ? Je vais me coucher. Je pars, je rentre ce soir.* Elle ne précise plus où elle va ni pourquoi. Je ne le lui demande pas. Nous dépérissons. Ma spasticité est revenue plus forte que jamais. J'ai dû demander une nouvelle piqûre pour l'atténuer.

Un midi où Léo est à la capitale, Madeleine demande : « Il y a de l'eau dans le gaz, les tourtereaux ? »

Nathalie garde la tête baissée. Jacques monte le volume de la télévision. Bien sûr, tout le monde l'a senti. Les travaux de la maisonnette touchent à leur fin et notre histoire aussi, tristement, ironiquement.

« Elle devrait arrêter de partir sans cesse ! » assène Madeleine avec sévérité.

Je ne cherche pas à défendre Léo. Personne ne le fait autour de la table. Pourtant elle ne découche plus, elle se contente de partir pour la journée. Elle est toujours de retour pour le bain d'Augustin, elle y tient. Elle s'est mise à lui chanter des comptines. Elle le fait rire.

C'est moi qu'elle abandonne, pas son fils.

Un mois donc que je contemple, désarmé, les soubresauts de notre couple, et puis cette nuit, elle est venue se blottir contre moi. Elle s'est mise à me caresser, à m'embrasser. Dans nos baisers, il y avait une rage impuissante. Nous étions devenus incapables de nous parler, de nous présenter des excuses, de nous demander pardon.

Ce matin, je me réveille avec le souvenir de ces baisers irréels, presque rêvés. Léo est déjà levée. Il est huit heures. Elle doit être derrière le comptoir de la boulangerie. Elle a probablement nourri et habillé Augustin avant de le confier à Nathalie. Je l'entends gazouiller dans le salon. Je tire les rideaux d'un geste sec. La journée qui m'attend me semble bien morne : me forcer à lire quelques lignes de ma formation, puis me rendre à ma séance bi-hebdomadaire chez le kiné, accompagner Nathalie faire les courses, croiser Léo pour le déjeuner et échanger des banalités. À moins que les baisers de la nuit n'aient changé la donne... Au bout du matelas, j'aperçois quelque chose, comme un tas de feuilles qu'on aurait déposé. Je me déplace avec raideur à la force de mes bras. Ce sont bien des feuilles, un dossier plus exactement. Il comporte une cinquantaine de feuillets imprimés et reliés à l'aide d'une baguette. Le Post-it jaune sur la première de couverture présente l'écriture de Léo.

Lis-le. Objectivement. Si tu penses que c'est bon – vraiment bon –, je t'autorise à l'envoyer à Isabelle. Si elle a aimé, qu'elle me contacte. Sinon, ne m'en parlez plus jamais. Merci.

Léo.

P-S : Qu'est-ce que tu n'as pas saisi, François Louvier ? Si quelqu'un devait me lire un jour, si je trouvais ce courage, c'est à toi que j'aurais confié mon texte. À toi et à personne d'autre. Ni à Isabelle ni à aucun metteur en scène. Idiot.

Je souris, incrédule, décolle le Post-it. Le titre apparaît en dessous, en caractères gras : *Solitudes ordinaires*. Je fais défiler quelques pages. Un travail appliqué : une police de caractères soignée, des paragraphes justifiés, une mise en page aérée, des sauts de lignes. Elle a dû y passer du temps. Je me frotte les yeux, tente de prendre la mesure de ce geste. Léo ne m'en veut plus. Léo a entendu ma proposition, s'est braquée dans un premier temps mais s'est finalement plongée corps et âme dans son texte pour y apposer un point final, le relire, le corriger, le réorganiser, le peaufiner. Elle l'a tapé à l'ordinateur, a travaillé sa mise en page. Ce n'est pas un brouillon qu'elle m'a remis, c'est un vrai travail, un projet abouti. Je ne sais toujours pas où elle a disparu tous ces derniers jours mais je sais maintenant à quoi elle a occupé son temps.

Éléonore

Nous n'en avons pas parlé pendant le déjeuner. François a avalé son repas avant de filer chez le kiné, accompagné de ma mère. J'en ai été soulagée, au fond. Avait-il déjà lu quelques paragraphes, le premier acte ? Je mourais d'envie de le savoir tout en redoutant son verdict.

À la boulangerie, tout l'après-midi, j'ai regretté de lui avoir confié mon texte. Pas assez abouti, mal structuré. Plus j'y pensais, plus j'avais envie de m'éclipser, de me faufiler dans la maison pour le lui reprendre. J'ai tenu bon.

Quand nous nous retrouvons enfin seule à seul, c'est dans la salle de bains après le dîner. Je me brosse les dents. Il hydrate la peau de ses jambes, effectue ses soins. C'est le moment, nous le savons. Nos regards se croisent dans le miroir et nous parlons tous les deux en même temps. Je demande : « Tu as trouvé le texte ? » Tandis qu'il déclare : « Il partira au courrier demain. Isabelle l'aura entre les mains dans deux jours. »

Je crache mon dentifrice, m'agrippe au lavabo.

« Tu l'as lu ?

— Ce matin. En deux heures.

— Tu as… aimé ? »

Il me lance un regard qui semble dire : *Tu en doutais ?*

« Je savais exactement ce que j'y trouverais.

— Qu'est-ce que tu y as trouvé ?

— Un regard sans concession sur la société, sur les relations humaines, sur nos tourments et nos pensées les plus sombres. Je savais que ce serait brillant.

— Arrête.

— Quoi ?

— Tu dis ça pour me flatter.

— Alors attends d'avoir l'avis d'Isabelle si tu ne me crois pas. »

Je me raidis. Isabelle n'aura pas l'enthousiasme ni la bienveillance de François. Elle ne me doit rien. Elle aura un regard professionnel, tranché, sans appel.

« C'est trop tard, lance-t-il en lisant le doute sur mon front. Je l'ai prévenue qu'elle recevrait ton manuscrit. Il partira comme prévu demain. »

Il reprend le massage de ses jambes à l'huile hydratante, ajoute : « Je ne me fais pas trop de souci. »

Moi, je sens que je ne pourrai pas trouver la paix tant qu'elle ne m'aura pas écrit. Et si le texte est si mauvais qu'elle n'appelle jamais ?

« On pourrait juste lui dire que j'ai changé d'avis…

— Non, gronde François d'un air impitoyable.

— On pourrait…

— Viens. »

Il m'attire à lui. Je reste sur la défensive.

« Je suis fier de toi. Quoi qu'il arrive.

— C'était si nul ?

— Tais-toi ! »

Il enserre ma taille, me bâillonne, menace : « Je ne vais quand même pas t'attacher au lit jusqu'à demain midi pour t'empêcher de détruire ton texte ? »

Il agrippe mes poignets, les serre. Ça ressemble à nos jeux d'avant, à nos jeux d'amants.

« Peut-être que tu vas devoir le faire », dis-je.

Il sourit, m'assoit sur ses genoux de force, plonge dans mon cou.

« Ne me laisse pas de traces, d'accord ?

— J'essaierai. »

Nous claquons la porte de la salle de bains. Nous rions comme des gosses.

François

« Inclinez-la légèrement. Plus vers la droite. Voilà, ça passe. »

Jacques souffle comme un buffle. Alban, l'apprenti, grimace. La penderie passe finalement sans dommage.

« Où on la met ?

— Contre le mur de gauche. »

La maisonnette est en effervescence aujourd'hui. C'est le grand jour. C'est lundi, la boulangerie est fermée. Jacques et Alban sont allés très tôt ce matin au box de stockage où se trouvent toutes nos affaires rapatriées du Clos des hortensias. Ils ont chargé le camion de location. Pendant ce temps, Léo et sa mère terminaient de nettoyer la maisonnette de fond en comble pour faire disparaître les dernières traces de peinture, de ciment et de poussière. Je me suis occupé d'Augustin tout en revoyant les détails logistiques. J'ai été nommé « grand chef des travaux ». *Pas de jambes mais un cerveau*, voilà ce qu'a décrété Léo. Alors je supervise le déménagement, je donne les instructions, je veille à ce que les plans d'aménagement dessinés par mes soins sur le calepin soient respectés. Tout a été pensé pour moi, pour permettre à mon fauteuil de se faufiler partout. Léo me laisse faire, elle me fait confiance, et puis je sens bien qu'elle a l'esprit préoccupé par ce texte, l'avoir envoyé à Isabelle la torture. Cela fait déjà deux semaines et elle n'a aucune nouvelle. Je sais Isabelle débordée. J'espère de tout mon cœur que c'est la raison de son silence.

Je ne suis pas sûr que Léo me pardonnerait d'avoir précipité la fin de ses espoirs.

Elle m'a laissé carte blanche pour toute la maison, donc, sauf la chambre d'Augustin. Elle en a choisi la moquette et m'a tanné pour obtenir les éléments de décoration repérés sur internet : le tapis blanc en forme de nuage, la veilleuse lune, le fauteuil en osier, les rideaux bleus et la commode style scandinave.

« Vous salissez tout ! maugrée Nathalie en constatant que le salon est déjà envahi de traces de boue.

— Allez, on s'en fiche ! » réplique Léo, qui tangue sous le poids d'un carton marqué « VAISSELLE ».

Elles s'occupent de remplir la cuisine. Une cuisine entièrement pensée pour moi avec des plans de travail et des interrupteurs à hauteur de fauteuil.

« Alors la compagnie, ça avance ? »

Madeleine apparaît, poussant devant elle Augustin dans sa poussette. Elle est de mission baby-sitting pendant cette journée qui s'annonce intense.

« Maman… », soupire Jacques qui est de retour, manches retroussées, prêt à en découdre avec le reste du camion. « Tu encombres le passage ! On est déjà bien assez nombreux ! »

« Vous arrêtez de râler, tous ? » s'agace Léo en essuyant son front.

La seconde d'après pourtant, elle s'en donne à cœur joie en s'apercevant que les cartons ont été mal étiquetés.

« Ce n'est pas la vaisselle là-dedans ! C'est le meuble télé en petits morceaux ! Qu'est-ce que vous voulez que je fasse de ça ? »

Madeleine s'éclipse en rouspétant. Jacques peste entre ses dents. Alban ne sait plus où se mettre. Nathalie et moi échangeons un regard. Nous ne pouvons nous empêcher de rire en silence. Cette maison qui se remplit doucement de nos affaires, tous ces bras pour nous aider, ces prises de bec… C'est ça une famille.

Éléonore

Le SMS arrive au milieu de la matinée, alors que je replace quelques pâtisseries dans la vitrine de la boulangerie. Mon cœur se contracte quand je découvre le prénom d'Isabelle. Je dois m'y reprendre à deux fois pour déverrouiller l'écran. Je jure, m'énerve, étale du sucre glace partout. Enfin je lis le message : *Éléonore, j'ai terminé votre texte dans la nuit. On en parle à Paris autour d'un café ? À votre convenance. Bise.*

J'ai les mains qui tremblent, la voix qui part dans les aigus.

« François ? »

Je n'ai aucune idée de l'endroit où il peut être : ici, chez le kiné ou ailleurs, d'un coup je ne sais plus…

« FRANÇOIS ? »

Alban et mon père passent la tête par la porte de l'arrière-salle.

« Tout va bien ? »

J'agrippe Alban par le bras.

« Remplace-moi deux secondes, d'accord ? »

Il ouvre de grands yeux. Je ne lui laisse pas le temps de poser de questions, je disparais.

Ils sont tous les deux dans le salon, sur le tapis d'éveil, près du sapin que ma mère a déjà installé. Augustin est sur le ventre, en appui sur ses deux bras tendus. Il fixe un ours en peluche que François a placé devant lui pour l'inciter à l'attraper. François est à côté, au sol. Il agite des maracas multicolores.

« Regarde ! me lance-t-il, fasciné. Il a compris que ça faisait de la musique ! Il les attrape et les secoue ! Regarde, il va le faire ! »

Augustin tend une main, reste en équilibre sur l'autre bras. Je me laisse tomber à côté d'eux. Je regarde mon fils saisir les maracas et les porter à sa bouche pour les mordiller assidûment.

« Il va le faire. Tout à l'heure il l'a fait.

— Isabelle m'a écrit. »

Je l'empêche d'embrayer encore sur Augustin : je lui colle mon téléphone entre les mains et je surveille son visage avec anxiété tandis qu'il décrypte les mots.

« C'est super. »

Il relève la tête, me rend le téléphone, confiant.

« Je t'avais dit que c'était brillant.

— Je ne crois pas qu'elle ait aimé.

— Pourquoi tu dis ça ?

— Elle ne s'embêterait pas à me faire venir pour un café si elle avait aimé. Elle m'aurait appelée, aurait débriefé tout de suite. Là elle veut me ménager, elle tente d'y mettre les formes. François, tu m'écoutes ? »

Car il est de nouveau obnubilé par Augustin. Les maracas s'agitent. François le pointe du doigt, l'air ravi.

« Ce gosse te rend complètement idiot.

— Je suis certain qu'Isabelle a aimé. Elle ne te ferait pas déplacer pour rien. »

Je me mords les lèvres. Je ne sais pas. J'ai tant voulu un retour sur mon texte, et aujourd'hui je le redoute.

« Si je vais la rencontrer à Paris, tu viendras avec moi ? »

Il se renfrogne légèrement. Je ne sais pas pourquoi il a autant pris Paris en grippe, pourquoi il refuse d'y retourner même une demi-journée.

« Tu pourrais aller prendre un café avec Antoine pendant que je suis avec Isabelle. Tu serais là ensuite pour me récupérer à la petite cuillère. Ça me rassurerait que tu sois là… »

Il réfléchit. Je sens bien que ça se bouscule dans sa tête. Rester campé sur ses positions, refuser de revoir cette ville qui a été le cadre de son apogée, ou me soutenir quoi qu'il en coûte.

« Bon, finit-il par trancher. Je viendrai avec Augustin. On ira tous les trois. »

Je presse son épaule, passe une main dans les cheveux de crin de notre fils.

« Merci. »

François

Isabelle a donné rendez-vous à Léo dans un café à proximité de notre ancien appartement. Je ne suis pas spécialement ravi d'être de retour ici, dans ce quartier que j'ai arpenté sur mes deux jambes ou en scooter, libre et insouciant. Je le fais pour elle. Uniquement pour elle. Tout autour de nous, les décorations de Noël ont envahi les rues. Sapins, luminaires, vitrines décorées. Il fait un froid vif. Augustin est installé dans son porte-bébé contre moi. Je tente de manier le fauteuil comme je peux. Fichus trottoirs. Fichus piétons, partout ! Léo a le regard fixé droit devant elle. Elle est dévorée par l'angoisse. Moi aussi je me sens nerveux, mais pour d'autres raisons. Ce rendez-vous que j'ai donné à Antoine. Pas longtemps : un café, quinze minutes. Ce sera suffisant pour une première prise de contact. Et si ça se passait mal ? Et si la colère me saisissait en le voyant entrer dans le troquet ? Mais il y a Augustin blotti tout contre moi et je veux croire que ça me rend plus fort.

« On y est. »

Léo s'arrête. Derrière la vitrine du café, Isabelle, assise à une petite table, nous adresse un signe. Elle est souriante. Elle semble d'excellente humeur.

« Tu vois, ça va aller. »

À travers la vitre, Isabelle me parle et je parviens à lire sur ses lèvres : *Tu viens aussi ?* Je secoue la tête, lui fais signe que je m'éloigne. Je serre la main de Léo, elle est brûlante et moite malgré la température glaciale.

« Allez, arrête de stresser ! Elle a sa tête des bons jours. »

Léo passe une main sur le crâne d'Augustin. Elle oublie de m'embrasser.

C'est sur un petit banc en face de l'église Saint-Ambroise que nous nous retrouvons près d'une heure plus tard. Elle est pâle mais soulagée, je peux le voir à la lueur dans ses yeux. Elle s'assied, soulève Augustin et l'embrasse.

« Alors ? »

Elle a du mal à se recentrer, visiblement. Elle continue de renifler le petit crâne recouvert d'un bonnet, le regard égaré.

« Je ne sais pas par où commencer…

— Alors balance tout, dans n'importe quel ordre.

— Bon… »

Pourtant rien ne vient.

« Tu as vu Antoine ? demande-t-elle à la place.

— Oui.

— Longtemps ?

— Vingt minutes. Je lui ai dit que je n'avais pas plus de temps.

— C'était bien ? »

Je hausse les épaules.

« Je crois. »

À vrai dire, Antoine était si nerveux, si maladroit en face de moi, que j'ai été obligé d'animer la conversation. Il fallait chasser la raideur, éloigner le malaise. J'ai parlé d'Augustin, beaucoup, du quotidien avec lui, de ses premiers rires, de ses roulés-boulés à travers le salon, de ses pieds qu'il attrape à la moindre occasion, de son goût déjà prononcé pour la musique. J'ai raconté la maisonnette en Bourgogne, ses murs en pierre apparente, la cheminée dans notre salon, la cuisine équipée, noire et bois. Comme il ne retrouvait toujours pas la parole, j'ai parlé, sans trop savoir pourquoi, des orthèses. Il écoutait attentivement, hochait la tête, touchait à peine à son café.

« Tu ne fumes plus ? »

Voilà les seuls mots qui sont sortis quand il a repris ses esprits en fouillant dans sa poche de manteau.

« Non. Presque plus. Et toi ? »

Il a eu une grimace d'aveu. Je l'ai regardé sortir son paquet de cigarettes, son briquet. Il avait toujours le même trench-coat beige, comme celui que je portais aussi à l'époque, et ses Converse grises. J'ai songé : il n'a pas changé d'un pouce. Dans la vitrine, j'ai aperçu mon reflet : mon anorak bleu, mon bonnet, mon fils dans son porte-bébé. Moi, je n'étais plus le même. J'avais parcouru du chemin, j'avais vieilli, j'étais monté en grade. À nous voir ainsi, nous qui avions longtemps été comparés à deux frères, on pouvait désormais penser que j'étais le père et lui le fils. À cause de la posture, de l'attitude. Il était gêné, moi non. Je ne l'étais plus. Je menais la conversation.

« Et toi ? Tu joues dans quoi en ce moment ? »

Nous nous sommes quittés peu après avec un sentiment en demi-teinte. Heureux de nous être revus et troublés de constater que nous n'étions plus tout à fait en phase.

« À une prochaine ?

— Oui. À une prochaine ! »

Il a filé à une répétition. Moi j'ai commandé un deuxième café. Augustin s'était endormi contre moi.

Sur le banc, face à l'église, Léo ne m'en demande pas plus. Elle se décide enfin à libérer ses mots.

« Isabelle a aimé le texte.

— Tiens, tiens, qu'est-ce que je disais ?

— Bien sûr, il faudra le retravailler un peu. Elle m'a suggéré d'y ajouter plus de didascalies, de rééquilibrer les actes II et III, d'aiguiser encore les dialogues de certaines scènes pour rendre l'émotion plus pure.

— C'est beaucoup de travail ?

— Elle pense que ce ne sera pas trop long, que je suis vraiment sur la bonne voie. Pour un premier texte, elle a dit qu'elle était impressionnée. Elle se propose de faire ce travail de réécriture avec moi. »

Les joues de Léo se teintent de rose. Je pose une main sur son genou. Elle reprend son souffle avant de poursuivre : « En parallèle elle me suggère de m'inscrire à des master class d'écriture pour le théâtre. Un de ses amis auteurs en anime. C'est… »

Elle fronce le nez. Je sens poindre un certain embarras.

« C'est génial ! Non ?

— J'ai dit que je verrais.

— Pourquoi ?

— Ça coûte une certaine somme.

— On se débrouillera. On était prêts à mettre beaucoup dans mes orthèses. On peut en mettre une partie dans tes master class.

— Il n'y a pas que ça… Les cours s'étalent sur deux jours par semaine pendant trois mois. Les mardis et mercredis. À Paris. Il me faudrait dormir sur place, déserter la boulangerie.

— Je peux te remplacer derrière le comptoir le temps qu'il faudra.

— Non… Je ne sais pas. »

Elle passe une main sur ma nuque, son regard se fait soucieux. Autour de nous, les premiers flocons tourbillonnent et les touristes s'arrêtent pour photographier l'église sous la poudre.

« Isabelle serait prête à adapter ton texte au théâtre ? »

Voilà pour moi la question essentielle, celle qui déterminera tout le reste.

« Elle… Elle a laissé entendre que c'était l'idée. »

Pendant quelques instants, nous regardons deux pigeons planer au milieu de la neige timide. Augustin pousse un cri ravi.

« Alors tu devrais accepter. »

Elle ouvre la bouche, cherche un argument à m'opposer mais rien ne vient. Elle se rend, avec un sourire un peu vacillant, un peu incrédule.

« D'accord… »

59

François

« Alors ?

— *Alors ?* »

Je fixe le kiné sans comprendre. Aujourd'hui c'est séance de gainage. Je m'en sors un peu mieux maintenant qu'Augustin roule du dos sur le ventre, m'obligeant à être au sol avec lui et à me déplacer coûte que coûte pour le suivre.

« Alors quel jour on est ? »

Il me désigne le calendrier journalier qui trône sur son bureau.

« Mardi 12 janvier, dis-je.

— Et donc ? »

Je commence à comprendre où il veut en venir. Il m'avait averti : il me relancerait sur ce projet d'orthèses en fin d'année. Il a été plus prévenant que prévu, il a laissé passer les fêtes, le réveillon du Nouvel An, avant de revenir à la charge. Je n'y avais guère pensé à cette période. Nous prenions nos marques dans la nouvelle maison. Le sapin brillait dans le salon de Jacques et Nathalie. Madeleine cuisinait des pains d'épices ou des sablés tous les jours. Augustin poussait des vocalises de plus en plus fortes.

Léo était légère, avec cette nouvelle perspective qui s'ouvrait à elle. Je me suis laissé envelopper par la chaleur des fêtes de Noël. J'ai mangé et bu plus que nécessaire. Nous avons multiplié les réveils nocturnes en cette fin d'année, non pas à cause d'Augustin et de ses dents qui commençaient à l'embêter, mais pour des séances de baisers qui n'en finissaient pas. J'explore le plaisir autrement, ces baisers humides, langoureux, nos doigts emmêlés dans les cheveux de l'autre sont en passe de devenir la chose la plus érotique que j'aie jamais connue. Je me redécouvre chaque jour…

« Alors, vous y avez réfléchi ?

— Non. Enfin si, mais… Disons que la situation n'a pas évolué favorablement.

— Vous pouvez être plus clair ? Et ne relâchez pas le gainage pour autant !

— Léo… ma compagne… elle se lance dans un nouveau projet. Quelque chose de vraiment énorme. Il faut qu'elle le réussisse. Ce n'est pas le moment pour moi de démarrer un entraînement intensif. »

Un silence. Je fixe le sol, mes deux mains en appui. Je sais bien ce qu'il pense. Il soupire.

« Il n'y a jamais de moment idéal.

— Si. Plus tard. En mai, Augustin commencera la crèche. Trois jours par semaine. Je pourrai être plus disponible.

— Si vous le dites… »

Je ne cherche pas à protester. Je suis à bout de souffle, j'ai mal. Et puis j'ai peur qu'il ait raison, au fond. Je choisis souvent la facilité. La Bourgogne pour ne plus avoir à me confronter à la ville, aux bus, aux trottoirs, à la foule, à tous ces obstacles du quotidien. Le projet d'orthèses remis à plus tard pour ne pas affronter un nouvel échec. Est-ce cela ? Je ne serais qu'un énorme lâche ?

« En mai. Promis ! »

Éléonore

« Entrez ! »

Isabelle s'efface pour me laisser passer. Elle porte encore son manteau, visiblement elle vient juste d'arriver.

« Venez, on va s'installer dans le salon. »

Je la suis dans une pièce immense et lumineuse au parquet brut et aux fines moulures. L'espace est envahi de plantes vertes et s'ouvre sur une cuisine à l'américaine. Ainsi, c'est là que François a vécu pendant près de dix ans. Là qu'il rentrait quand nous devions nous quitter, reprendre chacun notre quotidien. J'ai longuement fantasmé sur son intérieur, son intimité avec Isabelle. Aujourd'hui j'y suis. Je découvre l'odeur de leur appartement, santal et jasmin, mais aussi le vieux chat qui dort dans son panier en ronflant.

« Comment s'est passée la master class ?

— Super. On était huit. On a pu s'attarder sur chacun de nos textes.

— Octave est passionnant, n'est-ce pas ?

— Totalement ! »

Octave, c'est l'ami d'Isabelle, auteur de théâtre, il anime le cours. C'est un Sénégalais de trente-cinq ans qui manie la langue de Molière mieux que personne. Surtout, il a cette capacité à capter l'attention de chacun et à nous faire perdre la notion du temps, pendant sept heures.

« Mettez-vous à l'aise. Vous avez dîné ?

— Pas encore.

— Alors je vais nous faire réchauffer quelque chose. Nous attaquerons le travail de votre texte une fois notre estomac plein. »

Elle s'active dans la cuisine américaine.

« Un verre de vin pour patienter ?

— D'accord. »

Je m'installe à la table, retire ma veste, dépose mon manuscrit et ma trousse devant moi. Je songe à François. Que penserait-il du fait que je me trouve chez lui ?

« Vous dormez chez votre amie Camille ?

— Oui.

— Alors vous n'êtes pas pressée par le temps ?

— Pas vraiment.

— Bien. Tant mieux. »

Il est vingt-deux heures. Nous y sommes toujours. Isabelle raie, annote dans la marge, propose des ajouts. Je tente de protester lorsqu'une tirade essentielle passe sous son trait de stylo rouge.

« Non, ça c'est important. Vraiment important. »

Isabelle fait la moue, relit.

« C'est à garder mot pour mot ?

— Oui ! »

Je suis soulagée quand je la vois céder, me rendre mes mots. La serrure de la porte d'entrée nous fait tout à coup lever le nez de nos relectures. Apparaît un homme au manteau noir et à l'attaché-case de la même couleur.

« Voici Charles », indique Isabelle.

Je découvre son visage quand il avance à la lumière du salon. La cinquantaine bien tassée, des cheveux poivre et sel coupés court, des yeux sympathiques ornés de pattes-d'oie qui donnent l'impression qu'il sourit toujours. Il porte le costume-cravate. Enfin un homme dont le style vestimentaire satisfait Isabelle, je songe. Elle se lève, se charge des présentations.

« Charles, mon compagnon. Éléonore, la femme de François. »

Il sourit, l'air amusé par cette drôle de situation.

« C'est vous l'illégitime ? »

Isabelle le rabroue : « Ne la mets pas mal à l'aise ! »

Mais il poursuit, taquin : « Pourquoi tu n'as pas invité François ? Nous serions au grand complet.

— Pourquoi pas ! » réplique Isabelle.

Charles me tend une main. Il a quelque chose de pétillant dans le regard.

« Ça pourrait faire un vaudeville sympa, qu'en pensez-vous ? Un dîner à huis clos tous les quatre, quelques bons mots, un plat oublié dans le four, le ton qui monte, l'alcool qui échauffe les esprits. Et voilà qu'on se mettrait à laver notre linge sale à table. »

Il rit encore. Je parviens à esquisser un sourire.

« J'adore les vaudevilles ! ajoute-t-il. Je suis très bon public. »

Isabelle le houspille voyant qu'il prend ses aises, s'attarde.

« Nous avons du travail ! »

Il me donne une tape sur l'épaule.

« Ravi de vous avoir rencontrée ! »

Et il passe dans la cuisine américaine, où il se sert un apéritif.

« Bien, on s'y remet », déclare Isabelle.

Mais je remarque qu'elle a les joues roses, la pupille brillante, et qu'elle est obligée de relire plusieurs fois la même réplique. Elle est amoureuse comme une adolescente. Et moi je songe : une pièce de théâtre légère, drôle, bon enfant… Pourquoi pas ?

Isabelle a repris son travail d'annotation. Moi, je suis ailleurs, à ce nouveau scénario qui s'écrit déjà dans ma tête. Je n'ai pas envie d'une autre satire sombre comme *Solitudes ordinaires*. Je ne suis plus au Clos des hortensias, je veux du rire, de la légèreté, de la bonne humeur. En silence je remercie Charles. Sûr qu'il aura sa part dans mon futur spectacle, je donnerai son prénom à l'un de mes personnages !

François

« C'était ma caille ? » interroge Madeleine tandis que je rejoins la table du dîner.

Je viens de raccrocher après un appel de près de trois quarts d'heure.

« Non. C'était votre chevalier servant.

— Quel chevalier servant ?

— Ryan, pardi !

— Oh ! Que raconte-t-il pour t'accaparer si longtemps ?

— Je ne sais pas si je devrais vous le dire… »

Nathalie et Jacques nous observent avec amusement. Elle remplit nos assiettes, lui nos verres.

« Je ne veux pas vous briser le cœur, Madeleine.

— Tatata ! Accouche, veux-tu !

— Il a fait la connaissance d'une femme sur internet.

— Sur internet ?

— Ils se sont rencontrés sur un forum, en fait. Un forum pour personnes paraplégiques. Elle habite Lyon.

— C'est pas la porte à côté pour lui.

— Ça n'a pas l'air de l'embêter. Ils s'appellent tous les soirs. Ils prévoient de se rencontrer à la fin du mois.

— Il est amoureux, le petit ? »

Je ne peux m'empêcher de sourire.

« Peut-être bien. »

Nous reprenons notre dîner. Madeleine repose sa cuillère au bout de quelques secondes.

« Et ma caille, pourquoi elle n'appelle pas ? »

Jacques lève les yeux au ciel.

« Elle appellera plus tard. À cette heure-ci elle termine tout juste ses cours. Elle doit être en route pour retrouver Isabelle. »

Depuis trois semaines que Léo a démarré ses master class, je commence à connaître son programme. Quand elle rentre le mercredi soir, elle nous parle des heures durant d'Octave, de ses bons mots, de ses blagues, des autres élèves. Elle nous lit des extraits des exercices qu'elle a rédigés. Elle évoque sa nouvelle idée de pièce de théâtre, une comédie autour d'un dîner raté et d'un mariage encore plus raté. Elle nous raconte Isabelle et ce travail qu'elles font sur *Solitudes ordinaires* : elles terminent le travail de réécriture, pensent démarrer très vite celui de mise en scène. Léo s'épanouit, envisage de devoir se rendre à Paris plus souvent encore. Isabelle veut l'associer pleinement à la mise en scène afin de ne pas dénaturer sa vision du texte. *Un troisième jour par semaine sera peut-être nécessaire*, a-t-elle confié lundi soir. Elle est radieuse, enchantée. Je ne crois pas l'avoir jamais connue ainsi, aussi vivante, aussi lumineuse, pas même à l'époque de notre rencontre.

Ce soir-là, au dîner, je trouve Jacques et Nathalie bien silencieux. De temps en temps, ils échangent des regards que je ne sais pas interpréter.

« Tout va bien ? » finis-je par demander.

Alors Nathalie pose la main sur l'avant-bras de son mari, et Madeleine, devinant que quelque chose se trame, lâche : « Jacquie, tu ne vas pas nous annoncer une mauvaise nouvelle ? »

J'ai cette même crainte en voyant l'air grave de mon beau-père.

« Non. Enfin… »

Nathalie se tamponne le coin des lèvres avec sa serviette, donne un coup de coude à son mari pour qu'il poursuive. Et Jacques, dont parler n'est pas le fort, déclare sans transition : « On va vendre la boulangerie. »

Madeleine en fait tomber sa cuillère, avant de pousser un juron.

« Jacquie, tu t'es décidé à prendre ta retraite ? Pince-moi, Je rêve ! »

Nathalie esquisse un sourire timide. Le soulagement se lit sur ses traits.

« Oui. Jacques va enfin prendre sa retraite. Nous avons publié l'offre de reprise cette semaine.

— Ça alors ! Mais qu'est-ce qui t'a décidé ? »

Jacques hausse les épaules, bougonne quelque chose que nous ne comprenons pas.

« Il est temps de profiter d'un peu de repos, et aussi d'Augustin », déclare Nathalie à sa place.

Je ne prends pas part à l'enthousiasme de Madeleine. Quelque chose s'est figé en moi sans que je sache très bien pourquoi.

« Quand est-ce que vous rendez votre tablier ? j'interroge tout de même.

— On tirera jusqu'à l'été. On profitera de la fermeture annuelle d'août pour faire la transition avec les nouveaux propriétaires.

— Et la maison ? je demande.

— On gardera la maison, bien sûr. On fera juste condamner la porte qui la relie à la boulangerie. »

Madeleine taquine Jacques. Nathalie recommence à manger lentement sa soupe. La télévision tourne toujours en fond. Je n'entends plus grand-chose dans ce brouhaha diffus. J'ai ce sentiment de malaise qui persiste et Nathalie le note.

« C'est mieux ainsi, dit-elle, comme si je remettais en question le bien-fondé de cette décision.

— Oui. Bien sûr.

— Éléonore a d'autres chats à fouetter, elle a mieux à faire. On ne veut pas la retenir ici avec cette boulangerie qui embête tout le monde. »

Alors tout à coup je comprends ce qui a motivé leur décision : ce ne sont pas les soixante et un ans de Jacques ni même Augustin – dont ils profitent déjà au quotidien –, c'est Léo. Elle a de plus en plus de mal à maintenir sa présence derrière le comptoir. Bientôt, c'est un minuscule deux jours par semaine qu'elle assurera et personne ne la blâmera. Jacques et Nathalie ne veulent pas la retenir, l'enfermer malgré elle.

« C'est un vrai cauchemar de recruter par ici, poursuit Nathalie. C'est mieux comme ça. On arrivait de toute façon en bout de course. »

Jacques acquiesce. Étrangement, lui qui ne se voyait pas raccrocher il y a quelques mois semble convaincu de cette décision. Madeleine pousse un soupir de satisfaction : « Enfin Jacquie se rend à la raison ! Tu verras, c'est merveilleux la retraite ! »

Tout le monde rit autour de la table. Moi, non. Je me sens toujours crispé.

Je ne parviens pas à m'endormir avant très tard cette nuit-là. Je songe à la boulangerie qui va fermer, à cette décision qui ravit tout le monde, qui soulagera Léo. Moi, je ne réussis pas à m'en réjouir. Ce comptoir, ces longues heures où je remplace Léo quand elle s'évade à Paris, c'est tout ce qu'il me reste, c'est mon dernier contact avec le monde, mon dernier rôle à jouer. Dans moins de trois mois, Augustin entrera à la crèche. J'en ai le cœur brisé mais je sais que c'est important pour lui de se socialiser. Il ne peut pas demeurer ad vitam æternam dans son porte-bébé, accroché à moi. Léo sera la moitié de la semaine à Paris, prise dans l'effervescence de ce spectacle à venir. Je n'aurai plus rien pour donner un sens à mon quotidien. La formation de community manager ? J'ai raté la session d'examens en ligne. Une note éliminatoire. Je n'ai pas le courage de recommencer. Ça ne m'intéresse pas. Alors quoi ?

L'aube se lève sur la petite cour gravillonnée. Je suis assis dans mon fauteuil, face à la fenêtre. Je n'ai pas fermé l'œil de la nuit. Dans quelques instants, Augustin s'éveillera et réclamera son biberon. Je saisis mon téléphone portable posé sur l'accoudoir. Je cherche le prénom dans le répertoire. *Kiné Julien*. Je sais qu'il est trop tôt mais si je ne le fais pas maintenant, j'ai peur de changer d'avis. Je tape quelques mots que j'envoie immédiatement sans même les relire. *Je suis prêt à démarrer l'entraînement intensif. On repart dans le projet orthèses.*

Éléonore

Le printemps réveille la Bourgogne. Les pâquerettes et les primevères envahissent les fossés. Les prunus et les saules du village sont en fleurs. L'air se charge de notes herbées. Dans quelques jours nous fêterons l'anniversaire de notre installation ici. Je me sens heureuse. J'aime ce qu'est devenue notre vie, François, Augustin et moi. J'aime cette double existence que je mène : la frénésie et le tourbillon de ma vie parisienne trois jours par semaine, le calme et le silence de notre maisonnette de pierre le reste du temps. J'aime partir avec le TGV de six heures trente chaque mardi matin et j'aime revenir, épuisée et pressée, le jeudi soir. Augustin a quatre dents. Il commence à ramper. Est-ce pour cela que François s'est remis bille en tête à son projet d'orthèses ? Est-ce pour suivre Augustin, pour se redresser lentement, en même temps que lui, et se tenir debout quand il fera ses premiers pas ? J'aime à le croire. Il a repris un entraînement intensif chez son kinésithérapeute, mais pas seulement. À la maison, parfois, je le trouve en train de faire des pompes ou des séries d'abdominaux. Cependant, sans que je me l'explique, il a de la mélancolie au fond des yeux.

« Tu as définitivement abandonné la formation de community manager ? » je demande un dimanche après-midi alors que nous profitons de la sieste d'Augustin pour nous allonger sur des transats dans la cour.

Il me lance un regard désabusé qui semble dire : *Je t'en prie, tu y as vraiment cru ?*

« Tu devrais consulter les petites annonces… »

J'y vais avec des pincettes. Je le sens fragile en ce moment, dérouté par les événements qui s'enchaînent si rapidement : mon spectacle en train de se monter, la future entrée à la crèche d'Augustin, la vente de la boulangerie.

« J'ai bien assez à faire avec mon entraînement intensif.

— Je sais. Je me disais juste… On cherche sans doute des professeurs de théâtre dans les environs. Ça ne doit pas courir les rues. Quelques heures dans une MJC, ça pourrait être sympa, non ? »

Il ne répond rien. Il s'est retranché derrière ses lunettes de soleil.

« Il ne s'agit pas de monter sur scène. Juste de transmettre ta passion, de permettre à des gosses de s'initier.

— On verra », tranche-t-il.

Je sais pertinemment qu'il n'en fera rien.

« Et toi ? Où tu en es dans la mise en scène ? interroge-t-il pour faire diversion. Tu ne m'as plus rien raconté depuis longtemps. Vous étiez sur le point de lancer le casting…

— C'est que… on remet en cause certaines décisions en ce moment.

— C'est-à-dire ?

— J'essaie de convaincre Isabelle de procéder à quelques modifications dans le texte.

— Elle n'est pas d'accord ?

— Elle attend de voir ce que je propose. Elle est sceptique.

— Quelles modifications ? Tu ne veux rien m'en dire ? »

À ce moment-là, Augustin se met à pleurer et je me lève d'un bond. Je sens le regard de François dans mon dos pendant que je me dirige vers la maisonnette. A-t-il senti que je n'avais pas vraiment envie d'en parler ?

François

Il se passe quelque chose avec Léo. Une intuition, un sentiment diffus qui ne me quitte pas. Pourtant, tous les éléments sont au beau fixe. Le printemps s'épanouit et Léo avec. Elle est belle à se damner. Elle a perdu son poids de grossesse, a coupé ses cheveux. Désormais ils lui arrivent aux épaules. Elle fait plus dame comme ça. Elle se parfume, porte des sandales compensées. Elle semble heureuse de nous retrouver chaque jeudi soir, Augustin et moi. Elle reprend son poste à la boulangerie avec le sourire. Elle me laisse la caresser dans l'obscurité de la chambre. Parfois c'est même elle qui provoque nos câlins, qui vient lécher mon cou, mordiller mes oreilles, chercher ma langue. Elle m'encourage lors de mes sessions de sport, me tend les poids ou la bouteille d'eau, compte les séries avec moi. Elle joue avec Augustin, l'applaudit quand il démarre le quatre pattes. Mais elle est ailleurs, il y a au fond de son regard une absence qui me déroute.

« Arrête de faire ton parano ! s'agace Ryan.

— Tu ne peux pas comprendre. Toi tu es en pleine idylle dégoulinante de niaiserie. »

Comme prévu, Ryan a rencontré Alicia et ils ont décidé de faire un bout de chemin ensemble. Ils se voient un week-end sur deux. Elle aussi est maman, d'une petite fille de trois ans. L'accident lui a volé son compagnon mais pas son moral, visiblement. Elle s'est lancée dans une équipe de tennis handisport. Ryan ne manquait déjà pas d'énergie, mais à ses côtés il en a repris une double dose.

« Ton problème, mec, c'est que tu ne peux pas être heureux. Juste heureux. Il faut toujours que tu ailles inventer un truc !

— Je sens quelque chose…

— Tu sens, tu sens ! Tu sens quoi ? Que dalle ! Une impression fugace, tu as dit. Ohé, le poète, si tu arrêtais de te prendre la tête ? »

Je n'insiste pas, ça ne sert à rien, il ne comprend pas. Personne ne peut comprendre. Je connais Léo aussi bien que moi-même maintenant et je sens que quelque chose l'habite, la détourne de moi.

« Tu modifies encore ton texte ? »

Elle sursaute, referme le clapet de l'ordinateur. Nous voilà repartis en arrière. Le silence, la méfiance. Elle passe des heures devant l'écran et, à la croire, le spectacle est toujours en stand-by, en attente de modifications dont elle ne veut pas me parler. Y a-t-il réellement des modifications ? D'ailleurs, y a-t-il réellement un spectacle ? Je n'en ai pas la preuve. Je n'ai pas discuté avec Isabelle depuis une éternité. Peut-être ne se passe-t-il rien de ce que Léo prétend. Peut-être ce projet bidon n'est-il là que pour justifier ses séjours parisiens de plus en plus longs ?

« Je peux lire les nouveautés du script ? Tu ne veux pas avoir mon avis ? »

Elle me lance un regard étrange, suspicieux, secoue la tête avec fermeté. Elle rougit, je ne manque pas de le noter.

« Pas pour l'instant. »

Il se passe quelque chose. Définitivement.

Le soir même, alors que nous dînons tous ensemble chez Jacques et Nathalie – nous n'avons pas perdu cette habitude –, son portable sonne. Elle se lève de table, disparaît dans le couloir et referme la porte de la salle de bains derrière elle pour répondre. Elle n'a jamais agi ainsi. Je suis incapable de terminer mon assiette.

« Petit appétit ? » demande Nathalie.

J'acquiesce. J'ai l'impression de me disloquer de l'intérieur. Si Léo avait rencontré un autre homme à Paris, si elle était tombée amoureuse, s'y prendrait-elle différemment ? Non. Elle agirait exactement ainsi, jouant à être là, souriante et dévouée, tout en étant là-bas, dans ses bras en pensée. C'est ainsi que j'ai dupé Isabelle moi aussi. Pendant un an.

Éléonore

Le mois prochain Augustin entrera à la crèche. Il faut lui acheter de nouveaux vêtements et ses premières chaussures. Il marchera bientôt, prétend le pédiatre. Il a rarement vu un bébé aussi vif, aussi actif. Il se cramponne aux meubles, à mes jambes et sans arrêt au fauteuil de François.

« Il veut challenger son père ! » a déclaré celui-ci.

François a démarré un nouvel entraînement aux barres parallèles, destiné à l'habituer tout doucement à la station debout. Il semble satisfait de lui-même, de sa progression, mais sans que je me l'explique, il conserve une tristesse au fond du regard.

Lorsque nous nous retrouvons tous les deux à la maison, il est silencieux, comme préoccupé. Et moi je m'attelle à des tas de tâches pour éviter que nous ne discutions vraiment. J'étiquette chacun des vêtements d'Augustin en vue de la crèche. Je vais jusqu'à étiqueter son sac à dos et repasser ses chaussettes.

« Tiens, constate François un soir. Tu n'écris plus. »

Il perçoit ma pâleur soudaine, je le sais.

« Tu as fini les modifications que tu devais proposer à Isabelle ?

— Non. Enfin si. Lâche-moi avec ça ! »

Je suis prise en étau, harcelée par Isabelle, surveillée par François. Je mords pour mieux me défendre. Rien ne me soulagera. L'instant de vérité approche, je vais devoir le prendre de plein fouet, je ne peux plus y couper. J'ai la boule au ventre rien que d'y penser. François ne me ratera pas.

François

Je suis allé voir la tronche d'Octave sur internet. Un Omar Sy. Noir, une belle gueule, un sourire éclatant. Est-ce lui ? Si Léo a rencontré quelqu'un à Paris, il y a de grandes chances que ce soit lui. Me reviennent les termes qu'elle a utilisés pour le décrire, les yeux brillants : *Il a une telle repartie, personne ne lui arrive à la cheville, et un sens du dialogue ! Il écrit comme il respire, si tu voyais ça ! On est tous captifs quand il parle.*

Il l'a mise dans sa poche sans difficulté, la jeune élève de vingt-six ans, frétillante, encore innocente. Il l'a sortie de son quotidien monotone de mère, de femme de paraplégique. Il n'a sans doute pas eu à faire beaucoup d'efforts pour la séduire.

J'ai envie de pleurer, ça me prend dès que j'y pense, soit presque tout le temps, même chez le kiné. L'autre jour je me suis carrément écroulé entre les barres parallèles.

Je ne sais pas si Isabelle avait senti que je m'éloignais à l'époque comme je sens Léo dériver lentement. Je crois que son déni l'avait protégée, mais la chute n'en avait été que plus brutale. Moi, je sais. Je me tiens prêt. Je ne m'effondrerai pas quand elle parlera. Je ferai face et j'essaierai de rester digne. Jacques et Nathalie ont raison : quand on aime quelqu'un, on ne doit pas le retenir. De ce séjour en Bourgogne, chez les Lambray, j'aurai au moins appris ça : ce que signifie aimer.

Ce soir-là, elle est à la douche, Augustin dort dans sa chambre. J'ai vu son téléphone clignoter sur le plan de travail, indiquant l'arrivée d'un message. Elle a coupé le vibreur et la sonnerie. Elle tâche de ne plus éveiller mes soupçons, c'est un signe qui ne trompe pas. J'hésite, je me fais violence. Suis-je prêt à prendre la réalité en pleine figure ? Sous la douche, elle vient de relancer l'eau. Elle se lave donc les cheveux. Deux shampoings, toujours. J'ai le temps de rouler jusqu'au plan de travail, de jeter un coup d'œil. L'écran est verrouillé par un code, cependant je peux voir l'expéditeur et les premiers mots du message. Je suis d'abord soulagé en constatant qu'il s'agit d'Isabelle. Puis je découvre le début de son texto. Elles se tutoient. Mais ce n'est pas la raison de l'uppercut. *Il faut que tu parles à François. Ne fais pas durer ça plus longtemps…*

Quand mes mains ont fini de trembler, je repose le téléphone sur le plan de travail. Puis, avec lenteur, je regagne ma place dans le salon, près de la fenêtre comme un très vieil homme déjà abandonné.

« Tu ne viens pas te coucher ? »

Le sèche-cheveux a résonné pendant une éternité. Puis Léo est apparue dans son peignoir.

« Non. Plus tard. »

Je fixe la nuit dehors. Isabelle sait. Isabelle l'a couverte un temps mais maintenant elle la presse de tout me révéler. Je ne sais pas ce qui est le pire : savoir que Léo est amoureuse d'un autre homme ou que mon ex-femme a couvert ses cachotteries. Je n'ai pas envie de crier, de cogner. Je n'ai pas envie de me confronter à elle. Je conserve mes forces dans un instinct de survie. J'aurai besoin de toute mon énergie pour affronter la chute.

Éléonore

Je sens qu'il ne dort pas, sa respiration est trop rapide. Moi non plus je ne peux pas fermer l'œil. Plus après le message d'Isabelle. Comment suis-je censée procéder ? Quels mots utiliser ? Comment éviter qu'il ne se braque, s'énerve, qu'il jette des objets ? *Tu n'as pas le choix, ma grande. Il fallait y penser avant.* Et dire que c'est moi qui ai provoqué ça… Je me suis jetée dans la gueule du loup, sans personne pour m'y pousser. Une part de moi sait qu'il s'agit de la bonne décision, celle qui mûrissait depuis longtemps, il le fallait… Une autre regrette. Pourquoi ai-je fait ça ? Pourquoi a-t-il fallu que je donne un grand coup de pied dans la fourmilière ? Pourquoi ne me suis-je pas contentée de notre petit quotidien tranquille et heureux, de François père au foyer, investissant son énergie dans son entraînement physique ? Nous aurions pu poursuivre ainsi, regardant grandir Augustin sans bousculer nos vies, moi à la maison en pointillé, François m'attendant.

Un mouvement se fait entendre dans le lit. Nous sommes dans l'obscurité mais je sens que François s'est tourné vers moi. Il parle d'une voix rauque, qui me paraît étrangement lointaine : « Si tu dois partir, je ne te retiendrai pas. Je… Je voulais que tu le saches. »

Je me fige, pas certaine d'avoir compris. Je balbutie : « Pourquoi tu dis ça ? »

Un silence de plomb envahit la chambre. Puis il déclare : « J'ai vu le message d'Isabelle… »

Alors je cesse de respirer. Isabelle. L'ultimatum. Je l'ai repoussé tant et plus, mais c'est terminé. C'est maintenant.

60

François

Mon pouls est trop rapide. J'ai les mains moites, le cœur battant. Ça fait une éternité que je n'ai plus ressenti ces émotions, cet affolement. Dans le miroir, j'observe la femme qui s'occupe de moi. Elle est jeune et timide. Je connais chacun des mouvements qui suivront. Je les ai enregistrés par cœur. Ces trois années n'ont pas suffi à me les faire oublier. D'abord la petite éponge qui tamponne la peau pour étaler la première couche de poudre. La base matifiante. Puis viendra le fond de teint, généreux, jusque dans le cou. Ensuite le blush. Une nuance plus claire pour les hommes. Pendant que la jeune femme s'occupe de la peau de mon visage, une autre reprend le pli de mon costume sombre, d'époque.

« Ce soir, je suis Maupassant ! » je lance au petit garçon agrippé à mes jambes et qui me fixe, étonné. « Quoi ? Tu ne connais pas Guy de Maupassant ? »

Augustin se met à répéter : « San, san ! »

Il a presque un an et demi. Il commence à répéter des syllabes et à parler. Quelques mots. *Papa. Maman. Veux. Boit. Caca. Oiseau.* J'ai refusé qu'on lui coupe les cheveux. Il les a longs, comme moi. Tout le monde dit qu'il est moi en miniature. Nous avons les mêmes yeux vert-de-gris et les mêmes mimiques. Ma miniature, justement, s'agite en désignant l'éponge de la maquilleuse.

« Veux veux !

— Quelqu'un pourrait maquiller mon fils ? »

Quelques rires. Un des assistants se présente, amusé, s'accroupit devant Augustin.

« Comme papa ?

— Faites semblant. Il sera content. »

On installe Augustin sur un fauteuil à côté de moi. Son visage poupin, si sérieux, fixe le miroir devant lui. Une main se pose sur mon épaule. Les senteurs d'un parfum que je connais par cœur chatouillent mes narines. Dans le reflet, Isabelle me sourit, dans un élégant tailleur bleu roi, les cheveux retenus en chignon.

« Si tu as deux minutes, une journaliste attend. »

Je repère la femme dans le reflet du miroir. Une petite trentaine, l'air stressé, elle se ronge l'ongle du pouce.

« Je ne vais pas y couper, hein ? »

Isabelle confirme.

« À vrai dire je les comprends, dit-elle. La tenue de cette soirée… et tout ce qui l'a provoquée… c'est assez exceptionnel, non ? »

Dans le miroir, je fais signe à la journaliste d'approcher. Elle me salue d'une poignée de main plus franche que je ne le pensais, puis elle cherche du regard un endroit où elle pourrait s'installer sans gêner les maquilleurs et les coiffeurs.

« Voulez-vous que je reste là debout ?

— Prenez un fauteuil, installez-vous entre mon fils et moi. »

Les assistants lui font une place. Sur son siège, Augustin a attrapé un pinceau de maquillage et s'en sert comme d'une brosse à cheveux.

« Bien. Merci d'accepter de vous entretenir avec moi quelques instants avant le début du spectacle.

— Je vous en prie.

— Je peux utiliser un dictaphone ?

— Allez-y. »

Elle active l'enregistreur de son téléphone. Elle est toujours nerveuse, mais l'enthousiasme de m'interviewer semble prendre le dessus.

« Je suis heureuse de vous rencontrer. Je vous suivais déjà à l'époque, quand vous jouiez aux côtés d'Antoine Moutard et les autres… »

Elle se reprend, rougissant légèrement : « Alors dites-moi… À quoi doit-on votre grand retour ce soir au Théâtre Saint-Jean ? »

Je repense à cette nuit-là, la nuit où j'ai cru tout perdre… Et je ne peux m'empêcher de sourire.

« Tout a commencé par un quiproquo. Un terrible quiproquo.

— Ah ?

— Tout a commencé une nuit d'avril. Il était deux ou trois heures du matin. J'étais persuadé que ma femme allait me quitter. J'ai décidé de me confronter à elle. »

Elle ne cille pas, attentive.

« Je lui ai dit que j'avais compris : ses cachotteries, les appels pris dans la salle de bains à voix basse. J'étais dévasté mais j'ai déclaré que si elle voulait partir, je ne la retiendrais pas. C'est alors qu'elle m'a entraîné dans la cuisine. En pleine nuit. Elle a ouvert un tiroir et elle en a sorti *Solitudes ordinaires*… »

Elle ne peut s'empêcher de s'exclamer avec zèle : « Alors les rumeurs sont vraies ? C'est elle, c'est votre compagne qui a écrit cette pièce de théâtre et c'est votre… c'est votre ex-femme qui l'a mise en scène ?

— Oui. C'est bien ça.

— Incroyable ! »

Elle gratte maintenant dans un calepin, bien que le dictaphone enregistre tout.

« Éléonore Lambray, c'est votre compagne, et Isabelle Louvier, c'est votre ex ?

— Oui.

— Lambray, c'est *a-y* ? »

J'acquiesce. Je tais l'essentiel, la formidable histoire derrière l'histoire : le travail obstiné de Léo pour transformer sa pièce, ses manigances secrètes avec Isabelle, sa crainte de me révéler le pot aux roses. Cela, nous le raconterons à Augustin plus tard. Ce sera comme ces vieilles légendes familiales qu'on se transmet oralement.

« On dit qu'elles l'ont montée exprès pour vous. Pour vous obliger à revenir sur scène.

— On dit ça ? » je demande, amusé.

Elle rougit, avoue à demi-mot : « On dit des tas de bêtises dans le milieu. On dit que ce sont elles qui vous ont sauvé et remis debout après le… vous voyez… »

Ses yeux s'arrêtent sur mon fauteuil, mes jambes.

« Ce n'est pas faux. Elles et le petit jeune homme à votre droite. »

À côté de nous, Augustin a réussi à attraper un rouge à lèvres et s'en barbouille allègrement le visage.

Éléonore

Je me suis réfugiée dans ce petit café sur le point de fermer. Impossible pour moi d'affronter la foule qui commence à se presser devant le théâtre, ou même d'intégrer les loges où les comédiens se préparent, où les maquilleurs et les costumiers s'activent. Ce soir le Tout-Paris va découvrir mon texte et je ne suis pas prête à faire face aux critiques, aux réactions du public, aux applaudissements ou aux silences déçus. Est-ce qu'on s'y habitue à force ? Octave prétend que oui, que l'angoisse n'est plus si forte après quelques pièces. Malgré mon trac, je serai dans la salle ce soir, tapie dans l'obscurité. François sera sur scène pour son grand retour et je ne voudrais rater ce moment pour rien au monde.

« Un deuxième expresso ? demande le serveur, visiblement pressé de fermer l'établissement.

— Non merci. »

Je dépose la monnaie dans la coupelle et je passe aux toilettes. Vingt heures quarante-cinq, indique mon téléphone. Isabelle m'a envoyé deux SMS. Le dernier est inquiet : *Où es-tu ???* Je suis restée une fille de l'ombre, je suis mortifiée à l'idée de croiser un journaliste. Je prends de grandes inspirations devant le miroir des toilettes. *Je suis prête.* Je m'oblige à le répéter. Mon maquillage est subtil, mes boucles d'oreilles élégantes, ainsi que la robe longue et noire que ma mère m'a aidée à choisir. Je ferme les yeux quelques instants, prise d'un vertige. Me raccrocher à des souvenirs heureux. C'est ce que je fais quand le stress est trop fort. François. Augustin. Ce soir, c'est à une nuit d'avril que j'ai envie de penser. Je pose les mains à plat sur le lavabo, m'oblige à respirer profondément.

Je replonge dans le passé, dans cette chambre à l'obscurité oppressante, au moment où François prononce ces quelques mots : *Si tu dois partir, je ne te retiendrai pas. Je voulais que tu le saches.*

Ma voix, ce soir-là, n'est pas plus forte qu'un souffle.

« Pourquoi tu dis ça ?

— J'ai vu le message d'Isabelle… »

Ma main cherche alors la lampe de chevet à tâtons, trouve l'interrupteur. Un halo éclaire nos visages. À cet instant, François est pâle comme la mort, le visage défait.

« Viens, je murmure. Il faut que je te montre quelque chose. »

Je l'aide à se transférer dans son fauteuil puis je l'entraîne dans la cuisine.

« Qu'est-ce que tu fiches, Léo ? » lance-t-il abruptement pendant que je déplace les couteaux et les planches à découper d'un tiroir.

Enfin je sors mon manuscrit, soigneusement dissimulé, enroulé dans du papier journal. Que de précautions stupides !

« Lis. Tu vas comprendre. »

Je lui mets le texte entre les mains, ce texte qu'il connaît déjà. Il est identique à celui qu'il a parcouru en novembre, ou presque. Sous le titre a été ajouté un sous-titre : *« Solitude », la nouvelle de Maupassant (1884) revisitée.* Il fronce les sourcils.

« Tourne les pages », dis-je.

Il s'exécute, toujours sans comprendre. Entre certaines scènes, certains dialogues, ont été insérés des passages en rouge, destinés à un narrateur.

« Ce sont les modifications que tu voulais apporter au texte ?

— Oui.

— Je ne vois toujours pas le rapport avec le message d'Isabelle.

— J'ai intégré Maupassant pour donner une inspiration classique à ma pièce. Lui offrir un cachet qu'elle n'avait pas.

— Ton texte était très bien comme tu l'avais écrit. »

Il me parle toujours avec raideur, soupçonneux.

« Sans doute, mais… j'avais un comédien en tête. Je voulais en faire un personnage central.

— Et… ?

— Il n'aurait jamais accepté de jouer dans ma pièce sans ça. Il a un talent immense pour le classique revisité. Il boude le contemporain. Il est si beau et dramatique dans le classique qu'on ne peut que lui donner raison.

— Je ne comprends pas. Vous avez l'embarras du choix en matière de comédiens. Pourquoi ce type ? »

Son ton s'est durci.

« Je n'en voulais pas d'autre. C'était lui, ou ma pièce tombait à l'eau. Alors j'ai tenu bon face à Isabelle. J'ai retravaillé mon texte en y intégrant Maupassant. Je me suis prise au jeu. C'est un très beau texte, très puissant, d'une tristesse lancinante. Quand je l'ai présenté à Isabelle, elle a reconnu que ma pièce n'en prenait que plus de hauteur, plus d'ampleur. »

Cette fois, François recule en secouant la tête.

« Tu cherches à m'embrouiller, Léo. Je le sens.

— Pas du tout.

— Quel est le rapport avec le SMS d'Isabelle ?

— J'y viens. »

Je lui reprends le manuscrit des mains et j'ouvre la dernière page : *Distribution des rôles*. Le premier rôle de la liste est « le narrateur : Maupassant ». En face se trouvent un prénom et un nom : François Louvier. François repousse aussitôt le fascicule.

« N'importe quoi ! »

Je le laisse manœuvrer avec son fauteuil, s'enfuir vers le salon. Je poursuis d'une voix plus forte : « Isabelle était persuadée que c'était vain, que tu ne remonterais jamais sur scène. J'ai pris les paris. J'ai réécrit ce texte pour toi, pour t'offrir un rôle digne de ce nom. Au fond, ça a toujours été une évidence. J'écrivais, et c'était toi que je voyais sur scène donnant vie à mes personnages. Personne d'autre.

— Tu ne sais pas ce que tu dis !

— Seulement je me suis engagée sur une date, une date précise. Maintenant le temps commence à presser et Isabelle doute sérieusement de la réussite de mon projet. Elle insiste pour que je te parle au plus vite. C'est programmé à l'automne et…

— Je ne monterai pas sur scène, Léo. Quoi que tu dises. Quoi que tu aies fait. Je suis… Je suis désolé que tu aies réécrit ton texte pour moi… Ça ne suffira pas. Je ne suis plus cet homme. »

Il me lance un regard désemparé et triste. Moi je retiens ma déception, je tente de ne pas me laisser abattre. Pas tout de suite. Je contre-attaque : « Tu es qui ? Quel genre de type tu es ? Un simple vendeur en boulangerie bientôt sur le carreau ? Un père ? Tu n'es plus que ça ? »

Je le provoque. Je ne vois que faire d'autre avec la déception qui comprime mes poumons. Isabelle m'avait prévenue : c'était risqué. Un pari inconsidéré. Mais si ce n'était pas moi, qui d'autre aurait pu le faire ?

« Je ne sais pas encore qui je suis avec certitude mais je ne suis plus un comédien.

— Il y a quelques mois, j'étais persuadée de me connaître, moi aussi. J'étais persuadée que ma pièce ne valait rien, que je devais garder mes histoires dans ma tête ou sur un carnet de moleskine. Tu avais compris, toi, que rien d'autre ne me faisait vibrer davantage que l'écriture, mais que je n'aurais jamais le courage de me faire lire, que je ne croyais pas suffisamment en moi. Tu as pris les devants. Tu m'as obligée à me révéler. Pas vrai ? »

François secoue la tête. Le silence s'éternise.

« Léo, ne me fais pas ça. Tout ça c'est derrière moi.

— C'est une très belle pièce. Isabelle dit qu'elle ne ressemble à aucune autre. Les mots de Maupassant s'immiscent entre les dialogues, subliment ces instants de vie, leur donnent une lumière.

— Relancez le casting. Vous trouverez un comédien qui saura être digne de ton œuvre.

— Ce rôle du narrateur, il est empreint de gravité, de profondeur. Tu seras Maupassant, tu seras celui qui réunit toutes les voix de mes personnages, celui qui murmure au public. Tu seras parfait.

— Léo, arrête, s'il te plaît.

— Non… »

Les larmes perlent au coin de mes yeux. Tout ce que je redoutais, tout ce que j'ai tenu à repousser pendant de longues semaines est en train de se produire.

« Tu refuses ? »

Il lève son visage vers moi. Un visage désolé.

« Je suis navré, Léo. »

Je remballe mon manuscrit dans le papier journal avec des gestes brusques. Je ne le replace pas dans le tiroir de la cuisine. Je le jette à la poubelle.

« Qu'est-ce que tu fais ? m'interpelle François.

— Je retourne me coucher.

— Non, ton manuscrit. Récupère-le. Tu trouveras un autre comédien. Isabelle et toi vous trouverez quelqu'un d'autre et ce spectacle sera une réussite.

— Il n'y aura pas de spectacle.

— Pardon ?

— J'ai fait inscrire une clause dans le contrat que j'ai signé avec Isabelle. Une clause restrictive. Le spectacle est conditionné à ta participation dans le premier rôle. En cas de refus, il devient caduc.

— Tu plaisantes ?

— Non. »

Il tente de me rattraper pendant que je regagne la chambre. Son fauteuil bute contre les murs du couloir. Il jure grossièrement.

« Pourquoi tu as fait une connerie pareille ? Tu peux me le dire ?

— Tu vas réveiller Augustin.

— Pourquoi tu as fait ça ? Pourquoi tu t'es sabotée ?

— Je me suis sabotée ? Moi ? »

Nous nous affrontons. Je sens que j'ai mes dernières cartes à jouer, que mes mots pourraient tout changer à cet instant précis.

« Si tu renonces à ce qui te fait vibrer, alors je renoncerai à ce qui me fait vibrer, pour que tu comprennes l'ampleur du gâchis qui consiste à passer à côté d'une part de nous-mêmes.

— Léo… Tu as fait une bêtise énorme…

— Une bêtise que j'ai couchée noir sur blanc. Je ne reviendrai pas en arrière. »

Ses mâchoires se crispent. Ses poings aussi. Nous continuons de nous fixer avec désespoir, au milieu de la chambre. Il est trois heures du matin. Nous ne voyons plus d'issue, ni l'un ni l'autre.

« Tant pis. Bonne nuit. »

Dans l'obscurité revenue, le silence enfle. Nous sommes allongés l'un à côté de l'autre sans nous toucher. François finit par lâcher : « Tu es encore plus têtue et obstinée qu'Isabelle.

— Peut-être parce que je t'aime encore plus bêtement et obstinément qu'elle.

— Peut-être… »

Je me redresse. Mes mains cherchent son visage à tâtons, se posent sur ses joues.

« François, tu n'as rien à changer à ce que tu es. Tu n'as pas à cacher ton fauteuil ou tes jambes. Tu es un comédien, assis ou debout. Tout ce que les gens verront, c'est l'aura qui t'enveloppe, ton talent immense.

— Tais-toi. »

Il ne prononce pas un mot, n'esquisse pas un geste. Pourtant, à cet instant précis, je sens que j'ai gagné, que ce silence est une capitulation.

« François ?… Tu dors ?

— Ce rôle du narrateur, il est vraiment aussi beau et aussi grave que tu le décris ?

— Plus encore.

— Il est installé où ?

— Sur le devant de la scène. Dans la lumière. Il capte tous les regards.

— Il est assis ?

— Bien sûr, dans un élégant fauteuil Louis XVI, une jambe repliée sur l'autre, légèrement nonchalant, tu vois ?

— Je vois. »

Dans le silence qui suit, les mots de Maupassant me reviennent. À force de les avoir lus et relus, d'y avoir passé des heures, ils se sont imprimés dans mon esprit. Alors je les récite à voix haute : « *Je ne sais pourquoi, je respire mieux ici, la nuit, que partout ailleurs. Il me semble que ma pensée s'y élargit. J'ai, par moments, ces espèces de lueurs dans l'esprit qui font croire, pendant une seconde, qu'on va découvrir le divin secret des choses. Puis la fenêtre se referme. C'est fini.* Tu entends comme c'est beau… Ce sera sublime avec ta voix. Avec ta prestance.

— Arrête. »

Nous laissons passer de longues minutes. Nos pensées cognent contre les murs de la chambre, nous enferment. Puis il parle de nouveau : « Tu as évoqué une date à l'automne. Une date bien précise pour la première représentation.

— Oui.

— Laquelle ? »

François

« Vous resterez avec Augustin dans les coulisses ? Qui veillera sur lui ?

— Moi ! » lance la jeune maquilleuse.

Elle s'est prise d'affection pour mon fils. Il la suit partout de sa démarche cahotante. Elle ne cesse de lui ébouriffer les cheveux. J'ai tenu à ce qu'il soit tout près de moi pour cette grande première, dans les coulisses, à quelques mètres de la scène. Si je venais à flancher, il me suffirait de chercher son regard dans les replis des rideaux sombres. Il est ma force, ce soir plus que jamais.

« Où est Léo ? Elle n'est même pas passée me saluer ! »

Cette fois, c'est à Isabelle que je m'adresse. Isabelle qui semble aussi inquiète que moi.

« Bonne question ! Je ne sais pas où elle se cache. Je crois qu'elle a le trac.

— Le trac ? C'est pourtant moi qui monte sur scène !

— Ne t'en fais pas, elle s'est sans doute isolée aux toilettes ou fondue dans la masse. Elle sera dans la salle. »

Je n'ai plus tellement le temps de protester, autour de moi, les autres acteurs se sont levés. Ils commencent tout doucement à se diriger vers le petit couloir menant aux coulisses. Je réajuste ma veste de costume très sobre, appelle Augustin pour obtenir un baiser. Je lui bouffe la joue puis je donne le feu vert pour qu'on pousse mon fauteuil. Pendant quelques mois j'ai eu l'espoir secret de pouvoir monter sur scène sur mes deux jambes à l'aide de prothèses. J'ai encore intensifié mon entraînement, harcelé le prothésiste. Les orthèses sont arrivées au mois d'août, mais je n'avais pas réalisé les efforts qu'il me faudrait encore fournir pour parvenir à tenir debout avec. Je suis loin de pouvoir me déplacer à l'aide de béquilles. Pour le moment j'en suis toujours à me cramponner aux barres parallèles, équipé des orthèses, suant sous l'effort musculaire que me demande la simple posture verticale. Un jour, peut-être, j'y parviendrai. Pas ce soir. Ce soir, on m'a installé une rampe d'accès pour rejoindre les coulisses, et cela me va.

Le murmure de la salle nous parvient à travers l'épais rideau rouge. Je songe à Léo qui doit être assise de l'autre côté, le cœur battant aussi vite que le mien. C'est son texte qui va voir le jour. C'est sa grande première, à elle aussi. Le Tout-Paris va la découvrir. C'est pour ça que j'ai accepté de monter sur scène, d'endosser le costume de Maupassant : pour lui permettre de lancer sa carrière. Et puis l'excitation m'a saisi dans les loges tout à l'heure, ces fourmis dans les veines, cette impatience fougueuse dans la poitrine. Le plaisir est revenu : ce plaisir brut, presque animal, que je connaissais à l'époque, celui que j'ai cherché à réfréner pendant toutes les répétitions en me persuadant que je ne le faisais que pour elle, qu'après, c'en serait fini. Six représentations et c'est tout. Ce soir, je songe que tout est possible. Que je n'ai pas dit mon dernier mot.

« Monsieur Louvier, on vous installe ? »

Les autres comédiens se placent sur scène, derrière un décor ou en coulisse, prêts pour quand viendra leur tour d'entrer sous les projecteurs. Mon fauteuil d'époque Louis XVI trône sur le devant de la scène comme l'avait indiqué Léo. Un assistant m'aide à effectuer le transfert. Le trac rend mes mouvements plus incertains.

« Mon fils…

— Il est là-bas, monsieur Louvier, deuxième glissière. Vous le voyez ? »

Il est dans les bras de la maquilleuse. Il agite une main dans ma direction. Je lui rends son coucou. J'aurais aimé que Léo soit là, j'aurais aimé pouvoir serrer sa main, lui dire mon appréhension au creux de l'oreille mais également les frissons qui parcourent ma colonne. L'excitation. Mais Léo doit retenir son souffle elle aussi, prise du même vertige que moi.

« Vous êtes bien installé ? me demande l'assistant. Je peux vous laisser ? »

Il regarde sa montre. Le compte à rebours. Une minute trente avant les trois coups. Dans la salle, la clameur diminue. Les voix deviennent des chuchotis.

« C'est tout bon », dis-je d'une voix étranglée.

Alors il s'éloigne et je me retrouve seul face au rideau pourpre. Derrière moi, plus un mouvement.

Les autres comédiens ont pris place, se tiennent immobiles. Les lumières de la scène s'éteignent. Nous sommes plongés dans l'obscurité, tout comme le public. Quand le rideau s'ouvrira après les trois coups, un unique faisceau s'allumera, braqué sur moi. Ce sera moi, et moi seul, que le public découvrira. Je ferme les yeux. Le silence a envahi la salle. Je me répète des phrases pour ne pas perdre pied. *Je suis François Louvier, j'ai quarante-cinq ans et demi, je suis toujours comédien. Ce soir, je suis sur scène pour la première fois depuis trois ans. Nous sommes le 24 octobre. Il y a trois ans, jour pour jour, un bus m'a pris mes jambes.* Le premier coup résonne, suivi du deuxième, puis du troisième. Le rideau commence à glisser dans un froissement léger qui trouble à peine le silence de la salle. Je relève la tête. *Ce soir, j'emmerde le destin de la plus merveilleuse des façons.*

Éléonore

Isabelle se trouve à ma gauche, aussi tendue que moi. À ma droite, ma mère et mon père ainsi que mémé Madeleine et Camille. Juste derrière, ne tenant pas en place dans son fauteuil, Ryan, aux côtés d'Alicia. Ils chuchotent. Ils se sont déjà fait rabrouer à plusieurs reprises par des spectateurs mécontents. Elsa est assise juste devant moi, aux côtés de son mari. Elle semble impressionnée de se trouver dans un endroit pareil, ne cesse de jeter des coups d'œil admiratifs à la salle.

Dans le fond, tout à l'heure, j'ai aperçu Antoine. Il m'a adressé un signe que je lui ai rendu. J'étais trop nerveuse pour sourire. Il est venu, ai-je songé avec soulagement. Je n'ai pas tout gâché. Il est venu, et d'autres de la bande sont là : Coco, Sofiane, Bertrand, Nanou… J'en ai la gorge nouée.

Les trois coups résonnent et je vois Isabelle se crisper comme je me crispe. Le rideau se met à glisser lentement. Isabelle saisit ma main au moment où le faisceau illumine la scène, révèle François. Nous le découvrons assis dans son fauteuil d'époque, dans son costume sombre, les cheveux plaqués en arrière, les yeux surlignés de noir. Je chuchote : « C'est lui. »

Et Isabelle acquiesce. C'est lui, c'est bien lui. L'accident ne l'a pas effacé, pas terni le moins du monde. Il irradie. Son visage semble taillé dans la pierre, ses pupilles captent tous les regards. La salle semble du même avis que nous car, le temps de cette seconde suspendue, deux cents personnes retiennent leur souffle. Puis les premiers mots de Guy de Maupassant s'égrènent, rendus majestueux par l'intensité de sa voix :

« C'était après un dîner d'hommes. On avait été fort gai. Un d'eux, un vieil ami, me dit : "Veux-tu remonter à pied l'avenue des Champs-Élysées ?" Et nous voilà partis, suivant à pas lents la longue promenade, sous les arbres à peine vêtus de feuilles encore. Aucun bruit, que cette rumeur confuse et continue que fait Paris. Un vent frais nous passait sur le visage, et la légion des étoiles semait sur le ciel noir une poudre d'or. »

Un silence. Les doigts d'Isabelle broient ma main.

« Mon compagnon me dit : “Je ne sais pourquoi, je respire mieux ici, la nuit, que partout ailleurs. Il me semble que ma pensée s’y élargit. J’ai, par moments, ces espèces de lueurs dans l’esprit qui font croire, pendant une seconde, qu’on va découvrir le divin secret des choses. Puis la fenêtre se referme. C’est fini.” »

La lueur du projecteur décroît. Le public est captif. Un éclairage plus subtil révèle alors le fond de scène et son décor : un immeuble plongé dans la nuit où des dizaines de petites fenêtres allumées brillent comme des étoiles. Un panneau bleu en fer forgé, au pied du bâtiment, indique « Clos des hortensias », et un astérisque renvoie à cette précision : *Mais ce pourrait être n’importe où ailleurs.* La lueur faiblit. L’immeuble disparaît et un nouveau faisceau apparaît, mettant en lumière une table dressée et quatre individus en train de dîner. Nous nous retrouvons plongés dans l’une de ces habitations. Le père, l’œil féroce, surveille sa tribu avec sévérité. Au moindre raclement de cuillère il se raidit, tape du poing sur la table. La femme, dos courbé, est éteinte. Elle bouge à peine. Les enfants jouent à se frôler sous la table de la pointe de leurs pieds. La famille du deuxième.

La voix de François cueille le public par surprise au milieu de ce dîner sinistre :

« Pauvres gens ! Ce n’est pas du dégoût qu’ils m’inspirent, mais une immense pitié. Parmi tous les mystères de la vie humaine, il en est un que j’ai pénétré : notre grand tourment dans l’existence vient de ce que nous sommes éternellement seuls, et tous nos efforts, tous nos actes ne tendent qu’à fuir cette solitude. Ceux-là […] cherchent, comme nous, comme toutes les

créatures, à faire cesser leur isolement, rien que pendant une minute au moins ; mais ils demeurent, ils demeureront toujours seuls. »

Isabelle renifle. Je fouille discrètement dans mon sac et je lui tends un mouchoir. Je ne peux décoller mon regard de François. Il est grave, plus intense que jamais. Le drame l'a rendu majestueux. Il ne surjoue plus. Il joue à peine. Il vit la pièce. Il est dans une justesse déconcertante.

« Il n'a rien perdu, chuchote Isabelle.

— Non.

— L'enfoiré. Il est encore meilleur qu'avant. »

Nous rions avec nervosité et plus loin quelqu'un nous lance un *Chut !* irrité. Sur scène, le père a quitté la table et le salon. La vie reprend. Les enfants jouent. La femme se redresse. Elle s'installe à la fenêtre, visage posé dans la paume de sa main. Elle entame un monologue triste et désemparé en observant les fenêtres d'en face. Et la voix de François, tel un chuchotement égaré, vient s'infiltrer entre les répliques de son lent monologue lancinant.

« Ce souterrain, c'est la vie. Parfois j'entends des bruits, des voix, des cris… je m'avance à tâtons vers ces rumeurs confuses. Mais je ne sais jamais au juste d'où elles partent ; je ne rencontre jamais personne, je ne trouve jamais une autre main dans ce noir qui m'entoure. Me comprends-tu ? »

« Un tyran, voilà ce qu'est devenu mon mari. Je lui parle et il n'entend qu'un bourdonnement. Je suis un vulgaire insecte. J'ai peur, chaque seconde, de recevoir un coup du plat de sa main. Il pourrait m'assommer du simple plat de sa main. »

« Non, personne ne comprend personne, quoi qu'on pense, quoi qu'on dise, quoi qu'on tente. »

« Mes enfants… Mes malheureux enfants… Ils se vident de leur substance quand il est là. Ils ne sont plus que des enveloppes vides. Sitôt qu'il disparaît, ils reviennent à la vie. »

« La terre sait-elle ce qui se passe dans ces étoiles que voilà, jetées comme une graine de feu à travers l'espace, si loin que nous apercevons seulement la clarté de quelques-unes, alors que l'innombrable armée des autres est perdue dans l'infini, si proches qu'elles forment peut-être un tout, comme les molécules d'un corps ? »

Les lumières s'éteignent. Je frissonne, et la salle tout entière avec moi.

Je me laisse emporter par ce tourbillon d'émotions comme si je découvrais la pièce pour la première fois, comme si je ne l'avais pas écrite moi-même. Je prends la main de l'homme solitaire dans son fauteuil et je murmure à son oreille qu'il n'est pas seul, pas tout à fait. Je ris du narcissique Stevie, me moque de lui avec la salle. Je libère mes larmes avec la mère qui n'arrive pas à être mère. Puis je me réconcilie en même temps que le couple du cinquième. Je ris, souris, renifle, tremble, espère… mais c'est la voix de François qui me retourne le plus. La poésie et l'authenticité de ses envolées lyriques.

« Nous nous aimons les uns les autres comme si nous étions enchaînés, tout près, les bras tendus, sans parvenir à nous joindre. Un torturant besoin d'union

nous travaille, mais tous nos efforts restent stériles, nos abandons inutiles, nos confidences infructueuses, nos étreintes impuissantes, nos caresses vaines. Quand nous voulons nous mêler, nos élans de l'un vers l'autre ne font que nous heurter l'un à l'autre. »

La fin de l'acte III arrive. Je sais que le spectacle est presque terminé et pourtant, après l'avoir tant appréhendé, j'ai envie qu'il ne finisse jamais. Les habitants de l'immeuble ouvrent leur fenêtre, chacun à tour de rôle. La mère de famille d'abord, venue s'accouder pour fumer en cachette, croise le regard du vieil homme solitaire. Leurs yeux ne se défilent pas. Le vieil homme ose, timidement :

« Belle journée, n'est-ce pas ? »

Le visage de la femme s'illumine, se transforme. Elle se redresse.

« Bravo pour vos géraniums », répond-elle en lorgnant la jardinière.

Un sourire. Quelque chose opère. Une magie.

« On fait ce qu'on peut pour passer le temps.

— Vous pourriez m'apprendre. Je peine à relancer mes bégonias… »

Une autre fenêtre s'ouvre plus haut. Le couple.

« Bonjour, désolés, on a fait sécher du linge tout à l'heure, il a dû s'envoler. Est-ce qu'il est tombé chez vous ? »

À une autre, un buste apparaît en débardeur moulant jaune, le front en sueur. Stevie.

« La chaussette bleue, c'est à vous ? »

Une autre fenêtre. Une autre vie. La mère qui ne se sent pas mère et son bébé dans les bras.

« Bonjour, je… Désolée, c'est que… J'ai juste entendu des voix… J'ai parfois l'impression d'être seule dans l'immeuble. »

Les gamins du père tyrannique se mettent à chahuter. Le vieil homme solitaire se penche plus avant par la fenêtre, attrape le regard de la mère désemparée :

« Seule ? Jamais ! Regardez les fenêtres… Regardez toutes ces fenêtres ! »

Stevie s'emballe, déploie les bras :

« Ouvrons grand toutes les fenêtres ! »

Ils se mettent tous à sourire et à chuchoter en même temps. Ils s'interpellent, se posent des questions, se lancent une chaussette, un sachet d'engrais, rient. Ils se rencontrent. Enfin. Par-delà le brouhaha, la voix de François entame sa dernière tirade :

« *"Quant à moi, maintenant, j'ai fermé mon âme. Je ne dis plus à personne ce que je crois, ce que je pense et ce que j'aime. Me sachant condamné à l'horrible solitude, je regarde les choses, sans jamais émettre mon avis. […] Me comprends-tu ?" Nous avions remonté la longue avenue jusqu'à l'arc de triomphe de l'Étoile, puis nous étions redescendus jusqu'à la place de la Concorde, car il avait énoncé tout cela lentement, en ajoutant encore beaucoup d'autres choses dont je ne me souviens plus. Il s'arrêta et, brusquement, tendant le bras vers le haut obélisque de granit, debout sur le pavé de Paris et qui perdait, au milieu des étoiles, son long profil égyptien, monument exilé, portant au flanc l'histoire de son pays écrite en signes étranges, mon ami s'écria : "Tiens, nous sommes tous comme cette pierre." Puis il me quitta sans ajouter un mot. Était-il gris ? Était-il fou ? Était-il sage ? Je ne le sais encore. Parfois il me semble qu'il avait raison ; parfois il me semble qu'il avait perdu l'esprit. »*

François

Le noir se fait. Trois secondes de silence majestueux qui contiennent à elles seules toute l'émotion de cette représentation. Puis la salle éclate en applaudissements. Le rideau se ferme. Les comédiens quittent leur posture figée aux différentes fenêtres du décor, se regroupent au centre de la scène, se congratulent rapidement en chuchotant, se pressent. Nous devons maintenant saluer notre public. Claude et Agnès s'approchent de moi, me soulèvent chacun par un bras. Nous l'avons prévu ainsi : ils me soutiendront chacun d'un côté, leurs épaules seront mes béquilles, leurs bras enserreront ma taille. Nous nous alignons tous, encastrés les uns contre les autres, au centre de la scène. Comme un bloc, ils me maintiennent debout. Le rideau s'ouvre et nous découvrons le public dans la lumière. Je n'attrape qu'un visage. Celui de Léo. Il est transfiguré. Sous les applaudissements qui redoublent d'intensité, nous nous inclinons une première fois. Pas de pas en arrière. Nous restons sur place. Toute la troupe s'est adaptée à moi. Nous nous tenons fiers et immobiles. Puis, comme la foule acclame, nous nous inclinons à nouveau en une deuxième révérence. Je ne me rends pas compte que mes larmes se sont mises à couler. Dans le public, les gens se lèvent. J'aperçois Antoine au fond qui frappe dans ses mains à s'en faire mal. Le reste de la bande est là, les coudes hauts. Plus près de la scène : Jacques, Nathalie, Madeleine. Ma famille. Et puis ma presque famille : Ryan, Elsa, Isabelle. Mes larmes coulent en pleine lumière parce qu'ils sont tous là, parce que je suis monté sur scène, parce que ce soir, même sans orthèses, en plein cœur de Paris, je me tiens debout.

Quelques rires résonnent au milieu des acclamations. Un minuscule bambin de quatre-vingt-deux centimètres est en train de courir sur scène pour rejoindre son père. Les applaudissements n'en finissent plus de résonner. Isabelle et Léo ne se lâchent pas la main. Elles pleurent toutes les deux. J'articule sans bruit à leur intention, et je suis certain qu'elles me comprennent, certain qu'elles l'ont déjà deviné, bien avant moi :

« Je suis debout. »

REMERCIEMENTS

Je voudrais d'abord dédier ce texte à Yann et Pauline, sans qui ce roman n'aurait probablement pas vu le jour, ou en tout cas pas tel qu'il existe aujourd'hui, avec cette lumière et cette tendresse que leur couple m'a inspirées.

J'étais une inconnue pour eux. Pourtant, ils ont accepté de répondre à mes questions en toute authenticité, sur la base d'une simple prise de contact sur les réseaux sociaux. Une visio plus tard, nous voilà à échanger des vocaux sur des sujets aussi pointus et divers que les soins post-opératoires, le parcours de rééducation, la spasticité, les douleurs neuro, le fonctionnement des orthèses… Depuis, nous avons eu la chance de nous rencontrer « pour de vrai », de nouer des liens qui perdurent encore aujourd'hui, trois ans plus tard. Ils sont de ces rencontres qui donnent tant de sens au métier d'écrivain… Je dédie donc ce roman à leur couple, lumineux et inspirant, à leur petite merveille, arrivée dans leur vie il y a plus d'un an et – signe incroyable du destin – dont ils ont appris l'existence au moment où ils plongeaient dans mon manuscrit tout juste achevé.

À mon fils Martin, qui a décidé de m'offrir un joli clin d'œil lui aussi. Il aura attendu que je pose les derniers mots de ce récit, « je suis debout », un certain 30 mars, pour faire ses premiers pas.

À ma deuxième merveille, dont l'apparition dans ce roman était prémonitoire : petit Augustin aux cheveux noir de jais et aux yeux gris nacre…

Je tiens à exprimer toute ma gratitude au docteur Sarah Mathieu, spécialiste en médecine physique et de réadaptation, qui a accepté de relire mon texte avec son regard médical. Merci pour ce travail méticuleux et essentiel, pour votre regard professionnel mais surtout profondément humain sur le quotidien et la vie intime des blessés médullaires.

Merci à mon amie Sophie Tal Men, sans qui cette mise en relation n'aurait jamais eu lieu.

Merci, enfin, aux équipes formidables d'Albin Michel et du Livre de Poche qui ont cru si fort en ce texte… Francis, Gilles, Anna, Lina, Béatrice, Audrey et tous les autres, si nombreux, qui m'entourent depuis 2019.

Sans oublier Gilles Paris, à qui je dois tant.

De la même autrice :

Aux Éditions Carnets Nord

TOUT LE BLEU DU CIEL, 2019

Aux Éditions Albin Michel

LES LENDEMAINS, 2020
JE REVENAIS DES AUTRES, 2021
TOUT LE BLEU DU CIEL, réédition collector, 2021
LES DOULEURS FANTÔMES, 2022
LA DOUBLURE, 2022
LES FEMMES DU BOUT DU MONDE, 2023
LA FAISEUSE D'ÉTOILES, réédition collector, 2024

Au Livre de Poche

LA FAISEUSE D'ÉTOILES, en partenariat avec l'UNICEF, 2023

PAPIER CERTIFIÉ

Le Livre de Poche s'engage pour l'environnement en réduisant l'empreinte carbone de ses livres. Celle de cet exemplaire est de :
600 g éq. CO_2
Rendez-vous sur www.livredepoche-durable.fr

Composition réalisée par PCA

Achevé d'imprimer en juillet 2025 en Espagne par
LIBERDÚPLEX
Dépôt légal 1re publication : août 2025
LIBRAIRIE GÉNÉRALE FRANÇAISE
21, rue du Montparnasse – 75298 Paris Cedex 06
marketing@livredepoche.com

18/0952/5